JN093834

TOEIC® L&Rテスト 精選模試 リーディング3

中村紳一郎/Susan Anderton[監修]
小林美和/Bradley Towle[著]

100 questions × 5 sets

the japan times 出版

Copyright © 2015 Educational Testing Service. *TOEIC®* Listening and Reading Directions are reprinted by permission of Educational Testing Service, the copyright owner. All other information contained within this publication is provided by The Japan Times Publishing, Ltd. and no endorsement of any kind by Educational Testing Service should be inferred.

TOEIC の本質を追い続ける模試 —— まえがきに代えて

本書は、2017 年の発刊以来、公式問題集に次ぐ TOEIC 対策書の定番として、のべ 20 万人を超える皆さまにお使いいただいた「TOEIC (L&R) テスト精選模試」シリーズの第 3 弾です。

このシリーズの執筆陣の母体であるエッセンス イングリッシュ スクールは、1993 年の学校創立以来、25 年以上の長い年月をかけて TOEIC の本質を追ってきました。その間に、日本人とネイティヴ講師陣は、のべ 1,000 回以上 TOEIC を受験し、出題傾向をつぶさに分析してきました。本書は、そうして蓄積された経験と知識を最大限に活かし、Bradley Towle が中心になって問題の作成と編成を行った模擬問題集です。

TOEIC は、英文が長文化し、語彙問題の難易度が上がるという全体的な変化が見られるものの、テスト設計の背後にある理念は一貫しています。それは受験者の英語コミュニケーション能力をなるべく深く正確に測るというものです。

本書は、TOEIC の出題パターンの変化を最大限に反映しつつ、本試験で根本的に試されている力が身につくよう組まれた 5 つの模試を収めています。TOEIC の長年の出題傾向から逸脱しない範囲で、真の英語力を養う問題を織り込みました。ですから、これらの模試に徹底的に取り組むことで、どのような問題が出題されても十分に得点を上げられる力をつけていただけるものと自負しています。

作成した問題は、「出版用プレテスト」の形で、のべ 300 人以上の方に受験していただき、信頼性と妥当性を検証し、修正と差し替えを重ね、模試としての質を最大限に向上させました。同時に、プレテストで得られた解答データを設問の解説にも活かしました。受験者（学習者）が選びやすい誤答には、とくにていねいな説明を加えています。

「990 点講師の日」と「これがエッセンス」というコラムも、つまずきやすいポイントを再確認し、解答の戦略を練るうえで、おおいに役立つことと思います。また、姉妹編の『TOEIC® L&R テスト 精選模試リスニング 3』とあわせて取り組むことで、効果はよりいっそう大きくなることでしょう。

本書の製作が佳境に入ったころ、コロナ禍が世界を襲いました。外出自粛要請が行われる事態となりましたが、私たち執筆陣にとっては、静かに編集作業に向き合える貴重な時間でもありました。この事態が完全に終息するにはまだしばらく時間が必要かもしれません。このような状況下で本書を手に取ってくださった皆さまが、ピンチをチャンスに変えるべく、次の TOEIC に備え、本書で実力を磨いてくだされば、私たちにとって、それ以上の喜びはありません。

2020 年 6 月

エッセンス イングリッシュ スクール 学校長
中村紳一郎

本書の構成と使い方

この問題集は、問題編と解答・解説編に分かれています。

問題編

■ 別冊の問題編には、リーディングセクションの模試（100 問）が 5 回分収録されています。各回とも、制限時間の 75 分を守って解答してください。

■ 解答用紙（Answer Sheet）は巻末についています。切り離してお使いください。

解答・解説編

■ 本冊が解答・解説編です。解答・解説は以下の要素で構成されています。

① 問題の英文と選択肢	復習をしやすいように、解答・解説編にも問題の英文と選択肢を掲載してあります。
② 語注	TOEIC テストで頻出する語句を中心に選んでいます。語彙力増強にお役立てください。
③ 訳	問題文や設問、選択肢の和訳です。
④ 正解	正解の選択肢の記号です。正解一覧は、各テストの最後に掲載しています。
⑤ 正答率	すべての設問に、本書用に実施したプレテストの受験者のデータをもとにした「正答率」が記してあります。この数値が低ければ低いほど、受験者が間違えやすい難易度の高い問題だといえます。
⑥ 出題パターン分類	本書では、Part 5 と Part 6 の問題を 19 の出題パターンに分類しています。詳細は viii ページをお読みください。
⑦ 解き方	すべての設問について、正解を導くための手順、考え方を説明しています。
⑧ コラム 1 「990点 講師の目」	学習者の弱点を知り尽くしている講師が、とくに注意すべきポイントがある設問について、解き方のアドバイスをしています。
⑨ コラム 2 「これがエッセンス」	スコアアップのためのパート全体に関する戦略や学習のポイントを伝授します。TOEIC に頻出する表現も紹介しています。

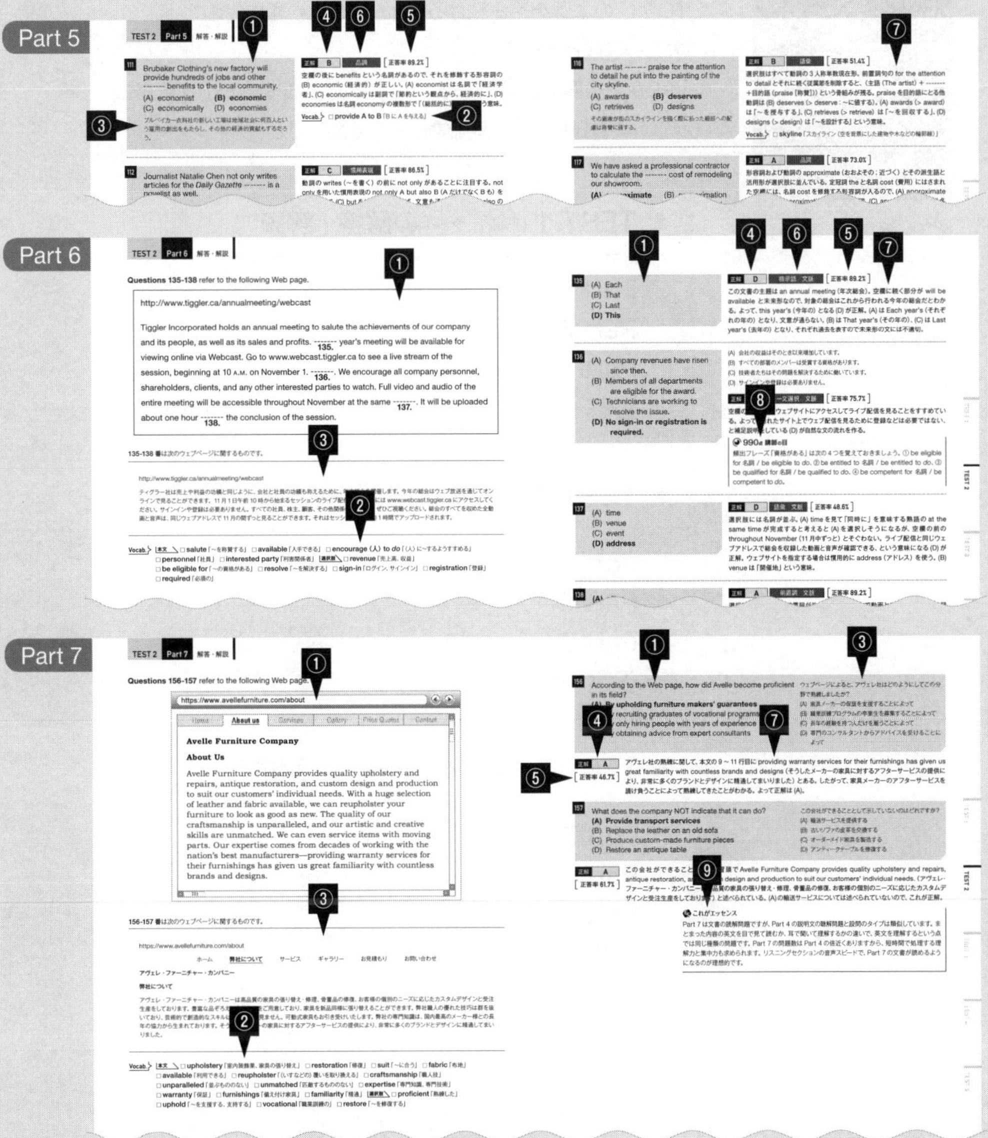

■ 巻末には、各テストの正答数から、実際の試験でのスコアを予測できる「予想スコア算出表」が掲載されています。実力の推移を見るためのツールとしてご活用ください。

無料ダウンロード特典について

本書には、より効果的な学習をサポートする以下の特典教材が付いています。

① 頻出語彙リスト（MP3 音声つき）
② Part 5 正解入り英文（MP3 音声つき）
③ 本番形式（Listening + Reading）マークシート

ジャパンタイムズ出版のサイト BOOK CLUB（https://bookclub.japantimes.co.jp/book/b512633.html）よりダウンロードしてご利用ください。音声は、ジャパンタイムズ出版のスマホ用音声再生アプリ「OTO Navi」（無料）でもお聞きいただけます。

解答・解説編 —— 目次

編集協力：大塚智美／千田智美／硲允／渡邉真理子　**スコアデータ分析協力**：神崎正哉
装丁：竹内雄二　**本文デザイン・DTP 組み版**：清水裕久（PescoPaint）
音声編集：ELEC 録音スタジオ　**ナレーター（特典音声）**：Peter von Gomm（米）／ Karen Haedrich（米）

990点講師直伝

リーディングセクションのパート別攻略法

リーディングセクションの問題構成と時間配分

パート	問題内容	問題数	解答時間の目安
Part 5	短文穴埋め問題	30問	10分
Part 6	長文穴埋め問題	16問 (4問×4)	8分
Part 7	読解問題 1つの文書 2つの文書 3つの文書	 29問 (10文書) 10問 (5問×2) 15問 (5問×3)	57分

リーディングセクションでは、読まなければならない英文の量が以前よりも確実に増えています。リーディングセクション全体の制限時間は75分間です。時間内にすべて解き終えるためには、**Part 5を10分(1問20秒)、Part 6を8分(1文書2分)、Part 7を57分(1問1分強)で解**く必要があります。

ただし、速く解くことばかりに意識が行き、取りこぼしが増えてしまっては本末転倒です。たとえ最後の数問を解き残しても、それまでの正答数が高ければハイスコアを狙えます。「スピード」と「精度」の両方を保つように心がけましょう。

Part 5 攻略法

空欄を含む一文があり、空欄を埋めるのに適切な語句を(A)～(D)から選びます。ビジネスや日常的なコミュニケーションに必要となる「文法力」と「語彙力」が問われます。

- □ **1問あたり平均20秒で解き、全体の解答時間を10分に抑える**ことが目標です。迷う問題も「最大30秒」を肝に銘じ、直感でどれかにマークして次に進みます。英語力が上がるにつれ、直感の精度も上がります。
- □ **選択肢を最初に見て、問題のパターン(viiiページ参照)をつかむ**ことで、効率よく解答できます。「文法」の問題は、文の意味よりもカタチ(構造)に着目して解きます。一方、「語彙」の問題は、文脈に合うものやコロケーション(語と語の決まった組み合わせ)を形成するものを選びます。
- □ 空欄前後を見るだけで答えがわかることもありますが、問題文の一部だけを見て判断すると、ケアレスミスの可能性も高くなります。ハイスコアを目指す方は、できるかぎり一文全体を確認するようにしましょう。上級者は、問題文を先に読んでから、選択肢を見て答えを出す、という正攻法で解いたほうがスムーズに解答できることもあります。

Part 6 攻略法

4つの空欄を含む文書があり、空欄を埋めるのに適切な語句や文を (A) ~ (D) から選びます。文書は4つ出題され、メール、ビジネスレター、記事、広告など題材はさまざまです。

- □ Part 6は、Part 5とは似て非なるパートです。個々の設問に答えながら、同時に本文全体の文脈をつかむ必要があるためです。**1文書2分を目安**に、解答に時間をかけすぎないよう注意しましょう。
- □ 本文を冒頭から読み、トピックを押さえながら、空欄にたどり着いた時点で選択肢をチェックします。語彙、時制、接続副詞など、空欄を含む一文以外に答えのヒントがある文脈問題が多くを占めます。解答の手がかりを見逃さないために、飛ばし読みをしないことが大切です。
- □ 空欄に適切な一文を入れる「一文選択問題」が各文書に1問ずつ含まれています。空欄前後の文脈を踏まえながら、本文のテーマに合うものや、自然な流れになるものを判断します。Part 7にあてる時間を確保するため、本文と選択肢をひととおり確認しても答えがわからなければ先に進むのが得策です。

Part 5とPart 6の問題パターン

本書のPart 5とPart 6の問題にはすべて、解答・解説編に、該当するパターン名が記載されています。

(1) 語彙	同じ品詞の語が並び、語彙力を試すもの。give upやtake overといった「句動詞」を問うものもある。
(2) 品詞	ある語が品詞を変えて並んでおり、空欄前後の語順や文の構造から、正しい形を選ぶもの。文意の考慮が必要となることもある。
(3) 前置詞	選択肢には前置詞が並んでいる。その中から、文意が成立するものや、フレーズが完成するものを選ぶ。
(4) 前置詞 vs 接続詞	意味の似た前置詞と接続詞が並び、どちらかを選ぶもの。空欄の後ろが名詞句になっていれば前置詞、節〈主語+動詞〉になっていれば接続詞が入る。
(5) 格	代名詞の3つの格(主格・所有格・目的格)や、所有代名詞・再帰代名詞から、正しいものを選ぶ。
(6) 態	2つの態(能動態・受動態)のどちらかを選ぶもの。多くの場合、空欄の後ろに目的語があれば能動態、なければ受動態と見なすことができる。
(7) 時制	動詞の適切な時制を問うもの。Part 6では、空欄を含む文の外にヒントがある「文脈時制」の問題が出題される。

(8) 主述の一致	主語と動詞の関係で動詞の形を決めるもの。主語の単複に動詞の形を合わせるというのが典型的な出題。
(9) 準動詞	準動詞とは「動詞をほかの品詞（名詞・形容詞・副詞）に変えたもの」で、不定詞と動名詞と分詞の3つがある。それらの正しい使い分けを問うもの。
(10) 他動詞 vs 自動詞	目的語をとる動詞（他動詞）と、目的語をとらない動詞（自動詞）の使い分けを問うもの。
(11) 慣用表現	英語の「決まった言い回し」を問う。"Please help yourself to ..." など、特定の場面で使われる表現もあり、英語環境に日ごろから親しんでいることが重要。
(12) 修飾	修飾される語との語法的な関係が正しい、形容詞や副詞などを選ぶもの。
(13) 構文	文構造の理解が正解を導くのに必要なもの。either A or B や so ～ that など、定型構文を問うものもある。
(14) 語法	ある語の独特の用法を問うもの。assure〈人〉that ...や、encourage〈人〉to *do* など、動詞に続く形を問うのが典型的な例。
(15) 比較	形容詞と副詞には「原級・比較級・最上級」の3つの「級」がある。その中から、文脈または前後の語句に合う正しい「級」を選ぶもの。
(16) 関係詞	さまざまな関係代名詞や関係副詞から正しい選択肢を選ぶもの。直前の名詞（先行詞）と、後ろの構文に着目することで正解が得られる。
(17) 指示語	空欄部分が何（だれ）を指しているかを文脈から見極めて、正しい指示語を選ぶもの。
(18) 文脈	自然な文脈になる語を正解とするもの。Part 5 では文意が通る接続詞を選ぶ問題、Part 6 では前後の文脈をつなぐ接続副詞（therefore や however など）を選ぶ問題がその典型。
(19) 一文選択	ある一文が空欄になっており、文脈上ふさわしいものを選ぶ。

Part 7 攻略法

はじめの29問は、1つの文書（シングルパッセージ）を読み、それぞれの文書について2つから4つの設問に答えます。その後、2つの文書（ダブルパッセージ）について5つの設問に答えるものが2セット、3つの文書（トリプルパッセージ）について5つの設問に答えるものが3セット出題されます。題材となる文書は、メールやウェブページ、オンラインチャットなど、日常的なビジネスの現場を再現したものが多くあります。

☐ 基本的には、以下の手順で解くのが効果的です。

まず、問題文の上に書かれている **Questions 147-148** refer to the following memo. の下線部から、文書のタイプを確認します。

《出題される主な文書タイプ》
e-mail（メール）、memo（社内連絡）、letter（ビジネスレター）、notice（通知）、information（情報）、advertisement（広告）、Web page（ウェブページ）、text-message chain（テキストメッセージ）、online chat discussion（オンラインチャットの話し合い）、press release（プレスリリース）、article（記事）など

↓

次に、文書のタイトルや太字、全体のレイアウトを見て、趣旨を把握します。ダブルパッセージやトリプルパッセージは、この時点で文書の関係をつかみます。

↓

本文を読み進める前に、設問を読み、問われている内容を押さえます。設問中にキーワードがあればチェックします。

↓

キーワードをヒントに、本文の文脈に注意しながら答えとなる情報を探します。

↓

設問に関連する部分を精読し、選択肢の内容と照合して答えを選びます。

☐ **キーワードだけを拾い読みする解き方は通用しません。**シングルパッセージでも、答えとなる情報が複数の文章に分散している場合があるため、本文全体を読むことが大切です。リーディング力のある方は、設問よりも先に本文を読んだほうが、誤答のひっかけに惑わされにくくなり、確実に解答できます。

☐ 言い換え表現（パラフレーズ）が、Part 7 を攻略する最大のカギです。たとえば、本文の breakfast（朝食）という具体的な語は、選択肢では meal（食事）のような包括的な言葉で言い換えられることがよくあります。一方、**本文と同じ語句を使っている選択肢は、ひっかけであることも多い**ので注意します。

☐ 本文の適所に文を入れる「一文挿入問題」が、シングルパッセージに 2 問登場します。まず、挿入する一文の内容をもとに、本文のどの段落に入るかを推測します。さらに、挿入文の**「代名詞」「時・場所を表す副詞（then, here など）」「文脈をつなぐ副詞（also, therefore など）」に注意**しながら、直前の文と結びつく箇所を特定します。

☐ 本文の中にある語（またはフレーズ）の意味に最も近いものを選ぶ「同義語問題」が、3 ～ 5 問出題されます。一文の文脈に注意しながら、問われている語の本文内での意味を確認します。その後、選択肢の語と入れ替えて、同じ意味になるものを判断します。日ごろから「英英辞書」を活用し、英語を英語のまま言い換える力を磨いておきましょう。

☐ ダブルパッセージやトリプルパッセージには、複数の文書の情報をつなぎ合わせて解く「クロスリファレンス問題（複数文書参照問題）」があり、5 問のうち 1 ～ 3 問含まれています。同じ内容を指すキーワードに注意しながら、本文の流れに逆らわずに文書全体を読むようにしましょう。

Part 7 の主な設問タイプ

《目的・主旨を問うもの》

- □ What is the purpose of the e-mail? 「このメールの目的は何ですか?」
- □ Why was the letter written? 「この手紙はなぜ書かれましたか?」
- □ Why did Mr. Gupta contact Ms. Patel? 「グプタさんはなぜパテルさんに連絡しましたか?」
- □ What is the topic of the article? 「この記事のトピックは何ですか?」

《読み手・対象者を問うもの》

- □ For whom is the notice most likely intended? 「この通知はどんな人を対象にしていると思われますか?」

《掲載場所を問うもの》

- □ Where would the information most likely be found? 「この情報はどこで見つかると思われますか?」
- □ Where would the article most likely appear? 「この記事はどこに掲載されていると思われますか?」

《人物・役職を問うもの》

- □ Who most likely is Tom Fowler? 「トム・ファウラーはどういう人だと思われますか?」

《依頼内容を問うもの》

- □ What does Mr. Green ask Ms. Chang to do? 「グリーンさんはチャンさんに何をするよう頼んでいますか?」
- □ What is Ms. Chang asked to do? 「チャンさんは何をするよう頼まれていますか?」

《添付物・同封物を問うもの》

- □ What is attached to the e-mail? 「メールに添付されているものは何ですか?」
- □ What is included with the letter? 「レターに同封されているものは何ですか?」
- □ What has been sent along with the letter? 「レターとともに送付されたものは何ですか?」

《本文の内容を選択肢と照合するもの》

- □ What is stated/mentioned about ...? 「…に関して何が述べられていますか?」
- □ What is indicated about ...? 「…に関して何が述べられて(示されて)いますか?」
- □ What is suggested/implied about ...? 「…に関して何が示唆されていますか?」
- □ What is true about ...? 「…に関して正しい記述はどれですか?」

《NOT 問題》

- □ What is NOT indicated about the park? 「公園について述べられていないことは何ですか?」

《書き手の意図を問うもの》

- □ At 10:03 A.M., what does Mr. Jones mean when he writes, "..."? 「午前 10 時 3 分にジョーンズさんが『…』と書いているのはどういう意味ですか?」

《一文挿入問題》

- □ In which of the positions marked [1], [2], [3] and [4] does the following sentence best belong? 「[1]、[2]、[3]、[4] のうち、次の文が入る最もふさわしい箇所はどこですか?」

《同義語問題》

- □ The word "..." in paragraph X, line Y is closest in meaning to 「第 X 段落 Y 行目の『…』に最も意味の近い語は」

テストの前日にもう一度確認しておきたいこと

1 会場へ持っていくもの

□ 受験票	写真（縦 4cm ×横 3cm）を貼り付けます。
□ 写真つき身分証明書	運転免許証、個人番号カード、学生証など。
□ 筆記用具	鉛筆数本またはシャーペン、消しゴム。
□ 腕時計	試験会場に時計がない場合があります。
□ 軽食・飲み物	試験中に眠くならない程度のもの。 もちろんテスト中の飲食は禁止です。
□「がんばろう！」という気持ち	今までの学習の成果を信じましょう！

2 テストの流れ

午前実施	午後実施	
9:25 ～ 9:55	14:05 ～ 14:35	**受付**（受験票と身分証明書の提示） □ 9:55 または 14:35 以降は休憩がありません。 □ 受付後、必要事項の記入をあらかじめ済ませておいてください。
9:55 ～ 10:20	14:35 ～ 15:00	**試験の説明、会場の音量チェック、受験票 B の回収、テストブック配布** □ 会場によって音響設備はまちまちです。聞こえにくいと感じたら、思い切って試験監督に伝えましょう。 □ 携帯電話の電源を切るよう指示があります。電源の切り方を確認しておきましょう。 □ 試験開始までの 5 分程度、沈黙の時間があります。緊張しているのは周りの受験者も皆同じです。目を閉じて深呼吸をし、リラックスしてテストの開始を待ちましょう。
10:20	15:00	**テストブックの開封** □ シールを両手で無理に開けようとすると、表紙まで破れてしまう場合があります。冊子の間に片手（または鉛筆）を入れれば、一気にスパッと切れます。
10:20 ～ 11:05	15:00 ～ 15:45	**リスニング** －約 45 分間－（46 ～ 47 分の場合もあり*） ＊教室正面に書かれた試験終了時刻が「12:21」「17:01」なら 46 分、「12:22」「17:02」なら 47 分。
11:05 ～ 12:20	15:45 ～ 17:00	**リーディング** －75 分間－ □ 時間配分は Part 5 を 10 分、Part 6 を 8 分、Part 7 を 57 分を目安に。

※新型コロナウイルス感染状況に伴い、変更の可能性があります。最新情報は公式サイト（https://www.iibc-global.org/toeic.html）をご確認ください。

3 試験中の禁止行為

□ テストブックへの書き込み（○や✓、下線を含む）

□ リスニングテスト中にリーディングセクションを見ること、またはリーディングテスト中にリスニングセクションを見ること

TEST 1の解答・解説

101 While ------- are excited by the idea of relocation, the suggested timeline is problematic.

(A) we (B) our
(C) ours (D) ourselves

移転は楽しみですが、提案されているスケジュールには問題があると思います。

正解 A 格 [正答率 99%]

空欄は接続詞 While に続く節〈S と V を持つ 2 語以上のまとまり〉の主語なので、主格の (A) we（私たちは）が正しい。(B) our（私たちの）は所有格で〈帰属〉を表す。(C) ours（私たちのもの）は所有代名詞で、持ち物を指す。(D) ourselves（私たち自身）は再帰代名詞。

Vocab. □ **relocation**「移転」 □ **timeline**「予定表」 □ **problematic**「問題となる」

---

102 Work is underway to convert the vacant warehouse on Third Street ------- a restaurant.

(A) than (B) as
(C) into (D) with

3 番通りの空き倉庫をレストランにする改修工事が行われている。

正解 C 前置詞 [正答率 57.6%]

〈convert A into B〉（A を B に変える）という慣用表現を作る (C) into が正解。この into は〈変化〉を表す。(A) than（～より）は〈比較〉を、(B) as（～として）は〈称号〉を表す（例：as coach [指導者として]）。(D) with（～とともに）は〈共存〉を表す。

Vocab. □ **underway**「進行中で」 □ **convert**「～を変える」 □ **vacant**「空いている」

---

103 Hossco has just announced the ------- annual revenues in company history.

(A) high (B) higher
(C) highly **(D) highest**

ホスコ社は、同社史上最高額となる年間売上を発表したばかりだ。

正解 D 比較 [正答率 75.8%]

空欄前の the に注目する。定冠詞の the は何かを〈特定する働き〉を持つので、頂点を特定する (D) highest（いちばん高い）が適切。highest は形容詞 high の最上級。(A) high（高い）は形容詞の原級、(B) higher（より高い）は形容詞の比較級、(C) highly は「高く」という意味の副詞。

Vocab. □ **annual**「年 1 回の」 □ **revenue**「収益」

---

104 Ms. Gellar and Mr. Carlton will manage the new social media department -------.

(A) doubly **(B) jointly**
(C) variously (D) considerably

ゲラーさんとカールトンさんは新設のソーシャル・メディア部門を共同で管理する。

正解 B 語彙 [正答率 36.4%]

選択肢に -ly で終わる副詞が並ぶ語彙問題。空欄に入る副詞は述語動詞の manage（～を管理する）を修飾するので、Ms. Gellar と Mr. Carlton の二人が「共同で管理する」という自然な文脈を作る (B) jointly が正解。(A) doubly は「倍に」、(C) variously は「さまざまに」、(D) considerably は「かなり」という意味。

Vocab. □ **manage**「～を運営する」

---

105 Processing time was increased because of an error on the permit -------.

(A) applying (B) applicably
(C) applies **(D) application**

許可証の申請用紙に間違いがあったため、手続きに時間がかかった。

正解 D 品詞 [正答率 78.8%]

空欄の前に前置詞 on があるので、その目的語となる名詞の (D) application（申請）が正しい。permit application で「許可申請書」という意味。前の名詞が後の名詞を修飾する形だ。(A) applying は apply（申し込む）の動名詞または現在分詞、(B) applicably（適切に）は副詞、(C) applies は動詞の 3 人称単数現在形。

Vocab. □ **processing**「処理」 □ **permit**「許可」

これがエッセンス

Part 5 には、基礎的な文法理解を問う問題と、やや高度な知識を必要とする問題が混在しています。基礎的な文法問題は素早く確実に解答し、Part 6 と Part 7 に取り組むための時間を確保しましょう。

106 No submissions for the photography competition will be accepted ------- the June 20 deadline.

(A) beyond (B) since
(C) from (D) once

6月20日の締め切り以降は、写真コンテストへの提出は受け付けません。

正解 A 前置詞 [正答率 78.8%]

「締め切り以降は」と自然な文脈を作る (A) beyond (～以降は) が正解。(B) since は「～以来」、(C) from は「～から」という意味の前置詞。since には接続詞の用法もある。(D) once は「かつて」という意味の副詞、または「～したら」という意味の接続詞 (例 : Please call me once you arrive at the station. [駅に着いたら電話してください])。

Vocab. □ **submission**「提出」 □ **deadline**「締め切り」

---

107 Researchers have found ------- high levels of pollution in a number of local ponds.

(A) alarm **(B) alarmingly**
(C) alarming (D) alarmed

研究者たちは地元のいくつもの池が警戒すべき高いレベルで汚染されていることを発見した。

正解 B 品詞 [正答率 54.5%]

空欄には直後の形容詞 high (高い) を修飾する副詞が入るので、(B) alarmingly (警戒が必要なほどに) が正解。(A) alarm は「警報機」という意味の名詞または、「～に危急を知らせる」という意味の動詞で be alarmed at (～を警戒している) のように使われる。(C) alarming は動詞 alarm の動名詞または現在分詞、(D) alarmed は過去形または過去分詞。

Vocab. □ **researcher**「研究者」 □ **pollution**「汚染」

---

108 The food that was provided for the conference on Saturday morning had actually been prepared the day -------.

(A) ago (B) early
(C) before (D) away

土曜日の朝の会議で出された食事は、実は前日に調理されたものだった。

正解 C 語彙/語法 [正答率 87.9%]

(C) before を入れれば、the day before で「前日」という意味になり、文意が通る。(A) ago は five years ago (5年前) のように期間を表す名詞の後に置かれて「～前に」という意味の副詞。(B) early は「早い」という意味の形容詞、または「早く」という意味の副詞。(D) away は「離れて」という意味の副詞。

Vocab. □ **provide**「～を提供する」 □ **conference**「会議」

990点 講師の目

the day の直後に空欄がある点が解答のカギです。the day ------- の形で〈時〉を表す副詞句を成立できるのは選択肢中 before だけです。ago も before も「前に」という意味を表す副詞の機能を持ちますが、ago は「今」を、before は「ある一時点」を起点にする点も確認しておきましょう。

---

109 For details about our language course offerings, or ------- in a class, please visit our Web site.

(A) to enroll (B) enrolled
(C) enrolls (D) are enrolling

当校の語学教室の詳細もしくは登録につきましては、当校のホームページをご覧ください。

正解 A 準動詞/構文 [正答率 54.5%]

カンマの後に please visit our Web site (当校のホームページをご覧ください) という命令形の文があるので、「何のためにそうする必要があるのか」という〈目的〉を表す不定詞の (A) to enroll が入る。(B) enrolled は動詞 enroll (登録する) の過去形または過去分詞、(C) enrolls は3人称単数現在形、(D) are enrolling は現在進行形。

Vocab. □ **detail**「詳細」

---

110 The employees at Alcott, Inc. always try to fill supply ------- as quickly as possible.

(A) customers (B) placements
(C) deliveries **(D) orders**

アルコット社のスタッフはいつも備品の注文になるべく迅速に応じるように努めている。

正解 D 語彙 [正答率 51.5%]

空欄には動詞 fill の目的語となり、直前の supply (供給品、備品) とともに名詞句を作る名詞が入る。正解は (D) orders (注文)。fill an order で「注文に応じる」という意味。(A) customers は「顧客」、(B) placements は「配置」、(C) deliveries は「配達」という意味。

Vocab. □ **employee**「従業員」

111 Our Stellar Strands line of hair-care products will be ------- as of January 1.

(A) hopeful **(B) discontinued**
(C) aspiring (D) permissive

ステラー・ストランズ・ブランドのヘアケア製品は1月1日をもって製造を中止します。

正解 B 語彙 [正答率 72.7%]

主語はOur Stellar Strands line of hair-care products（ステラー・ストランズ・ブランドのヘアケア製品）なので、(B)を選びwill be discontinued（製造中止される）とすると文意が通る。(A) hopefulは「希望を持って」、(C) aspiringは「～を志す」(例:an aspiring author［作家志望の人］)、(D) permissiveは「寛大な」という意味の形容詞。

Vocab. □ **line**「(一定規格の) 商品」 □ **as of**「～付けで」

---

112 At this time, Mr. McCauley has neither booked a flight to Berlin ------- arranged accommodations for his stay.

(A) yet (B) and
(C) nor (D) but

現時点でマッコーリー氏はベルリン行きのフライトの予約も滞在する宿泊場所の手配もしていない。

正解 C 構文 [正答率 84.8%]

Mr. McCauley hasの後のneitherに注目する。neitherはneither A nor Bの形で「AでもなくBでもない」という意味になるので、(C) norが正しい。neither A nor Bとともに、both A and B（AもBも～である）とeither A or B（AかBかいずれかが～である）も覚えておこう。

Vocab. □ **arrange**「～の手はずを整える」
□ **accommodation**「宿泊施設」

---

113 The Edge Technology Web site ------- several tutorial videos demonstrating the various functions of its software.

(A) watches (B) remains
(C) features (D) appears

エッジテクノロジーのホームページには同社ソフトウェアのさまざまな機能を紹介するチュートリアル動画があります。

正解 C 他動詞 vs 自動詞／語彙 [正答率 81.8%]

選択肢はすべて動詞の3人称単数現在形。several tutorial videos（チュートリアル動画）を目的語にとり、文意が通る他動詞の(C) features（> feature：［際立つもの］を持っている）が正解。(A) watches（> watch）は「～を見る」という意味の他動詞。(B) remainsと(D) appearsはbe動詞と同じ働きをする自動詞で、remainは「～のままでいる」、appearは「～のように見える」という意味。

Vocab. □ **tutorial**「個別指導の」 □ **various**「さまざまな」
□ **function**「機能」

---

114 General audiences have proven to be more ------- of director Alvin Stern's movies than professional film critics.

(A) appreciation (B) appreciate
(C) appreciates **(D) appreciative**

一般の観客はアルヴィン・スターン監督の映画を、プロの批評家より好意的に受け入れていることが明らかになった。

正解 D 品詞 [正答率 75.8%]

空欄前の不定詞to beに注目する。be動詞は後ろに来る語と意味上の主語をイコールの関係で結ぶので、主語のGeneral audiencesの様子を表現する形容詞の(D) appreciative（価値を認めて）がふさわしい。(A) appreciation（評価）は名詞、(B) appreciate（～を高く評価する）は動詞、(C) appreciatesは動詞の3人称単数現在形。

Vocab. □ **general**「一般の」 □ **critic**「評論家」

---

115 Uncertainty about Dextracom's future has increased ------- rumors that the CEO intends to resign.

(A) amid (B) beside
(C) above (D) near

デクストラコム社の先行きに対する不安は、CEO辞任のうわさが流れる中でその度合いを増してきた。

正解 A 前置詞 [正答率 27.3%]

選択肢には前置詞が並んでいる。このうち直後の名詞rumors（うわさ）とうまくかみ合い、文意を成立させるのは、「～の渦中で」という意味で〈同時進行〉を表す(A)のamid。(B) besideは「～の真横に」、(C) aboveは「～の上方に」、(D) nearは「～の近くに」という意味。

Vocab. □ **rumor**「うわさ」 □ **intend to *do***「～するつもりだ」
□ **resign**「辞職する」

これがエッセンス

Part 5で出題される熟語や慣用句は決して難易度の高いものではありませんから、即座に解答できるようにしましょう。語彙問題が苦手な方は、単語集などを活用してボキャブラリー強化に努めてください。

116 ------- all executives have had a chance to review it, the draft of the press release cannot be considered finalized.

(A) Even (B) Without
(C) Despite **(D) Unless**

重役全員が目を通すまでは、プレスリリースの原稿は最終とは見なされない。

正解 D 前置詞 vs 接続詞 [正答率 60.6%]

空欄の後の部分に注目する。ここではall executives have had a chance ... と〈S＋V＋O〉の形の節が続くので、前置詞である(B) Without（～なしで）と(C) Despite（～にもかかわらず）は誤りと判断できる。副詞の(A) Even（～さえ）にも節をつなぐ機能はなく、正解は接続詞の(D) Unless（～しないかぎり）と特定できる。

Vocab.＞ □ **review**「～を見直す」 □ **consider A B**「AをBだと見なす」 □ **finalize**「～を完結させる」

990点 講師の目

接続詞と前置詞の識別問題はTOEICでは頻出です。たとえば、「～しないかぎり」を表す場合、接続詞ならunlessですが、前置詞ならwithoutです。「～にもかかわらず」という意味も、接続詞ならalthough、前置詞ならdespiteというように使い分けます。

---

117 Ms. Costanza handles all article ------- for *City Scenes* magazine and also assists with editing duties.

(A) submit (B) submitter
(C) submissions (D) submitted

コスタンサさんは『シティシーン』誌の原稿管理をすべて行っているうえに、編集の手伝いもしている。

正解 C 品詞 [正答率 48.5%]

Ms. Costanza handles all article -------で〈S＋V＋O〉が完成しているので、直前のarticleと名詞句を作る(C)のsubmissions（提出）が正解。(D) submittedを過去分詞として用いてもarticle submitted（提出された記事）という名詞句ができるが、allに続く可算名詞のarticleは複数形articlesにする必要があるため、(D)は誤り。(B) submitter（提出者）もallに続く可算名詞なので複数形にする必要がある。(A) submit（～を提出する）は動詞。

Vocab.＞ □ **handle**「～を扱う」 □ **edit**「編集する」 □ **duties**「職務」

---

118 Although sales did not meet expectations, all representatives were awarded a bonus -------.

(A) however **(B) anyway**
(C) especially (D) instead

売上は期待値に届かなかったが、それでも携わった販売員は皆ボーナスをもらった。

正解 B 語彙／修飾 [正答率 87.9%]

選択肢には副詞が並んでいる。カンマ前の「売上は期待値以下」という内容とカンマ後の「販売員は皆ボーナスをもらった」という対照的な内容の文を〈逆接〉の接続詞Although（～だが）が結び、文は構造上完結しているが、(B)のanyway（とにかく）を入れれば、「なぜボーナスが支給されたか」のあいまいさが解消される。 (A) howeverは「しかしながら」、(C) especiallyは「とくに」、(D) insteadは「その代わりに」という意味。

Vocab.＞ □ **meet**「（期待など）を満たす」 □ **expectation**「期待」 □ **representative**「販売担当者」

---

119 Ms. Liu sent the client an e-mail in which she ------- the urgency of a prompt reply to her questions regarding the project.

(A) to explain **(B) explained**
(C) explain (D) was explained

リューさんは顧客にメールを送り、企画に関する質問に迅速に答えてほしいと説明した。

正解 B 構文 [正答率 87.9%]

空欄には動詞explain（～を説明する）のさまざまな形が並んでいる。in which〈前置詞＋関係代名詞〉があるので、名詞にはさまれた空欄に動詞を入れて節を作る必要がある。正解は、主文の動詞sentと同じ過去形の(B) explained（説明した）。

Vocab.＞ □ **urgency**「緊急（性）」 □ **prompt**「即座の」 □ **regarding**「～に関して」

---

120 The budget committee eventually agreed on a ------- for achieving its financial goals.

(A) negotiation (B) confidence
(C) result **(D) strategy**

予算委員会は財政目標に達するための戦略に最終的に合意した。

正解 D 語彙 [正答率 60.6%]

選択肢に名詞が並ぶ語彙問題。空欄の前のagreed onに注目する。空欄には合意した対象である名詞が入るので正解は(D) strategy（戦略）。a ------- for achieving its financial goals（財政目標に達するための～）から正解を導いてもよい。(A) negotiationは「交渉」、(B) confidenceは「自信」、(C) resultは「結果」という意味。

Vocab.＞ □ **committee**「委員会」 □ **eventually**「結局」 □ **achieve**「～を達成する」

121 Heavy snow is predicted for tomorrow morning, ------- commuters are advised to allow extra time for traffic delays.

(A) during (B) because
(C) as long as **(D) so**

明日の朝は大雪の予想ですので、通勤者の皆様は交通の遅れに備えて、時間に余裕をお持ちください。

正解 D 前置詞 vs 接続詞／文脈 [正答率 84.8%]

前置詞と接続詞の使い分けの問題。空欄に続く commuters are advised to allow extra time は〈主語＋動詞〉がそろっているので、前置詞の (A) during（～の間に）は候補から外せる。接続詞の (B) because（～なので）、(C) as long as（～するかぎり）、(D) so（よって）のうち、自然な文脈を形成する (D) so が正解。

Vocab. □ **predict**「～を予測する」 □ **commuter**「通勤者」

990点 講師の目

カンマ (,) を含む英文を苦手とする人が多いようです。確かに、筆者の意図をくんだ解釈が必要となる場面ではカンマの捉え方が難しい場合がありますが、TOEIC の文法問題ではあまり気にする必要はありません。句や節の切れ目がある、くらいに捉えておきましょう。

---

122 This textile processing equipment was designed ------- according to the recommendations of Dr. Alejandro.

(A) partly (B) partial
(C) parts (D) part

この織物機は一部、アレハンドロ博士の提案に従って設計された。

正解 A 品詞 [正答率 93.9%]

この文の述部である was designed ------- according to ... は空欄がなくても成り立つので、空欄には動詞 was designed（設計された）以下を修飾する副詞の (A) partly（部分的に）が入る。(B) partial（一部の）は形容詞、(C) parts と (D) part は名詞。

Vocab. □ **textile**「織物」 □ **equipment**「装置」
□ **recommendation**「提案」

---

123 ------- eats a meal in the break room should wash and put away any dishes before returning to the office.

(A) Whom (B) Who
(C) Whoever (D) Whose

休憩室で食事をした方は職場に戻る前に食器を洗って片づけてください。

正解 C 関係詞 [正答率 90.9%]

空欄が文頭にあることに注目する。(A) Whom、(B) Who、(D) Whose は関係代名詞で、関係代名詞にはその前に置く〈先行詞〉(名詞) が必要だが、空欄の前にはそれがないので、いずれも空欄には入らない。正解は (C) Whoever（～する人はだれでも）。Whoever (= Anyone who) は、anyone という先行詞を内包する〈複合関係代名詞〉である。

Vocab. □ **put away**「～を元のところにしまう」

---

124 A successful product launch will require a large amount of ------- among the company's various departments.

(A) collaboration (B) attraction
(C) initiation (D) combination

製品の発売を成功させるためには、会社のさまざまな部署間の多大な協力が必要だ。

正解 A 語彙 [正答率 66.7%]

選択肢に名詞が並ぶ語彙問題。(A) collaboration（協力）だけが「部署間の多大な～が必要」という文脈に合う。(B) attraction は「魅力」、(C) initiation は「開始」、(D) combination は「組み合わせ」という意味。

Vocab. □ **launch**「発売、開始」

---

125 Interviews have been set up with ------- of the four candidates under consideration for the teaching position.

(A) which **(B) each**
(C) these (D) much

その講師のポストに応募している4人の候補者との面接がそれぞれ設定された。

正解 B 語法 [正答率 63.6%]

問題文を能動態にして考えてみよう。They have set up interviews with -------（～との面接を設定した）となるので、空欄にはwithの目的語になる〈人〉を表す名詞が入る。(B) の each（各自）が入れば、空欄後の前置詞句 of the four candidates とも意味がかみ合う。この each は形容詞ではなく名詞であることを確認しよう。(A) which は「どちらかの」、(C) these は「これらの」、(D) much は「多くの」という意味。

Vocab. □ **set up**「～を設定する」 □ **candidate**「候補者」
□ **under consideration**「検討中の」

126 As with most manufacturers, LMS Inc. is ------- to sudden changes in the price of raw materials.

(A) vulnerable (B) hesitant
(C) charged (D) expensive

多くのメーカーと同様に、LMS 社は原材料費の突然の価格変化に弱い。

正解 A 語彙 [正答率 30.3%]

選択肢に形容詞が並ぶ語彙問題。be ------- to の形で「～の影響を受けやすい」という意味になる (A) vulnerable (影響を受けやすい) がふさわしい。(B) hesitant は「ためらって」、(C) charged は「課金された」、(D) expensive は「高価な」という意味。

Vocab. □ **manufacturer**「製造業者」 □ **raw material**「原材料」

---

127 This product review gives a thorough ------- of not only the new smartphone but also its optional accessories.

(A) describe **(B) description**
(C) to describe (D) descriptive

この製品レビューは新しいスマートフォン本体だけでなく、オプションの付属品についても詳細な説明をしている。

正解 B 品詞 [正答率 87.9%]

この文の述語動詞は他動詞の gives (～を与える)。a thorough ------- of ... (…の詳細な～) 以下が目的語になっている。目的語は名詞なので、正解は〈名詞を作る接尾辞の -tion〉が付いた名詞の (B) description (説明)。(A) describe (～を説明する) は動詞、(C) to describe は不定詞、(D) descriptive (記述した) は形容詞。

Vocab. □ **thorough**「詳細な、完全な」 □ **accessory**「付属品」

---

128 The design of the promotional brochure ------- to have been changed without the client's authorization.

(A) formatted (B) allowed
(C) differed **(D) seemed**

販促用パンフレットのデザインはクライアントの承諾なしに変更されたようだ。

正解 D 他動詞 vs 自動詞 [正答率 51.5%]

空欄の前全体が主語で、空欄の直後は to 不定詞である点に注目する。(A) formatted (> format : ～の書式を作る) と (B) allowed (> allow : ～を許す) は他動詞なので不可。残る自動詞の (C) differed (> differ : 違う) と (D) seemed のうち、後ろに to 不定詞をとり、文意が成立するのは (D)。seem to 不定詞で「～のようだ」という意味。

Vocab. □ **promotional**「販売促進の」 □ **brochure**「パンフレット」 □ **authorization**「許可」

---

129 Unless any unexpected problems arise, construction of the new Compton Building downtown ------- precisely on schedule.

(A) concluded (B) concluding
(C) will conclude (D) has concluded

予期せぬ問題が起きないかぎり、中心街の新しいコンプトンビルの建設は予定どおりに終わるだろう。

正解 C 時制 [正答率 66.7%]

選択肢には自動詞 conclude (完了する) が時制を変えて並んでいる。文頭の Unless any unexpected problems arise (予期せぬ問題が起きないかぎり) は〈未来における条件〉を表すので、正解は、〈未来〉を表す (C) will conclude。

Vocab. □ **arise**「起こる」 □ **construction**「建設 (作業)」 □ **precisely**「正確に」

---

130 The seminar instructor provided so much ------- information that attendees felt they had not learned much from her session.

(A) accountable (B) impatient
(C) repetitive (D) dissatisfied

セミナー講師の情報の繰り返しが多かったので、受講者たちは彼女の講義から学ぶことが少ないと感じた。

正解 C 語彙／構文 [正答率 33.3%]

選択肢に形容詞が並ぶ語彙問題。この文は so ～ that ... (あまりに～なので…だ) 構文が使われていて、that 以下で、attendees felt they had not learned much from her session (受講者たちは彼女の講義から学ぶことが少ないと感じた) と述べているので、(C) repetitive (繰り返しの多い) を入れれば文意が通る。(A) accountable は「説明責任がある」、(B) impatient は「忍耐強くない」、(D) dissatisfied は「不満な」という意味。

Vocab. □ **provide**「～を提供する」 □ **attendee**「参加者」

これがエッセンス

Part 5 によく出題される語彙問題は、選択肢に知らない単語が並んでいる場合、考えても解きようのない問題もあります。その場合は即座に解答をマークして次の問題に進みましょう。節約した時間をほかの問題を解く時間にあてることができます。

Questions 131-134 refer to the following e-mail.

To: a.scalia@wemail.com
From: employment@kiefercorp.com
Date: May 10
Subject: Your Application

Dear Mr. Scalia,

Thank you for your recent application for the night-shift security guard opening at Kiefer Corporation. Unfortunately, the position already -------(**131.**) by the time your submission was received. -------(**132.**), there are no other vacancies within our security department. -------(**133.**). We will therefore keep your document on file and notify you of any future openings on our security team.

We appreciate your interest and wish you the best of luck in your -------(**134.**).

Natalia Pinewood
Human Resources Manager
Kiefer Corporation

131-134 番は次のメールに関するものです。

あて先 : a.scalia@wemail.com
送信者 : employment@kiefercorp.com
日付 : 5 月 10 日
件名 : 貴殿の応募について

スカリア様

先日はキーファー社の夜勤警備員の欠員にご応募いただき、ありがとうございました。残念ながら、このポジションはあなたの応募を受け取ったときにはすでに定員に達してしまっていました。現在、私どもの警備部門内に空きはありません。履歴書を見るとあなたは応募要件を十分に満たしています。したがって、私たちはあなたの書類をファイルに保管しておき、警備チームに今後空きが出たらご連絡いたします。

応募に感謝し、就職活動の幸運を心よりお祈り申し上げます。

ナタリア・パインウッド
人事部部長
キーファー社

Vocab. 本文 □ **application**「申し込み」 □ **opening**「(地位などの) 空き」 □ **unfortunately**「残念ながら」 □ **submission**「提出」 □ **vacancy**「欠員」 □ **notify A of B**「A に B を知らせる」 □ **appreciate**「~に感謝する」
選択肢 □ **available**「入手できる」 □ **résumé**「履歴書」 □ **qualified**「適任の」 □ **personnel**「社員、職員」 □ **exemplary**「模範的な」

131

(A) is filled
(B) has filled
(C) has been filled
(D) had been filled

正解 **D** 時制／態／文脈 ［正答率 18.2%］

選択肢には動詞 fill（～を満たす）が時制と態を変えて並んでいる。空欄の後に続く部分 by the time your submission was received（あなたの応募を受け取ったときには）の時制が過去であることに注目する。過去より前に完了していることは過去完了形で表すので、(A) の現在形、(B) と (C) の現在完了形は不適切。また、主語は「満たされる」側なので、過去完了形で受動態の (D) が正解。

132

(A) At present
(B) Meanwhile
(C) Until then
(D) Otherwise

正解 **A** 語彙／文脈 ［正答率 84.8%］

空欄の前の文で「すでに定員に達した」と過去に対する状況が述べられる一方、空欄の後の文に「私どもの警備部門内に空きはありません」と続いている。現状を追加説明する (A) At present（現在のところ）を入れると時系列に沿った流れができ、文が自然につながる。よって正解は (A)。(B) Meanwhile は「一方で」、(C) Until then は「そのときまでずっと」、(D) Otherwise は「さもなければ」という意味。

133

(A) Visit our Web site for a complete list of available positions.
(B) Your résumé shows you to be a highly qualified candidate.
(C) All of our personnel must clear a thorough background check.
(D) Our company maintains an exemplary safety record.

(A) 全求人リストを見るには弊社のウェブサイトをご覧ください。
(B) 履歴書を見るとあなたは応募要件を十分に満たしています。
(C) 全職員が入念な経歴チェックをパスしなくてはなりません。
(D) わが社は模範的な安全記録を保持しています。

正解 **B** 一文選択／文脈 ［正答率 81.8%］

空欄の後の文、We will therefore keep your document on file（したがって、私たちはあなたの書類をファイルに保管しておく）の中にある therefore（したがって）に注目する。therefore は前文に対して結果を述べる際に使う「つなぎ言葉」。よって、ファイルに保管するという結果を導く文が、前文の空欄に入らなくてはならない。有能だ、したがってファイルに保管する、という文の論理的流れを作る (B) が正解。

134

(A) role
(B) interview
(C) training
(D) search

正解 **D** 語彙／文脈 ［正答率 48.5%］

記事の文脈から適切な名詞を判断する問題。不採用の手紙の末尾で「幸運を祈る」と結んでいるので、これからも続くであろう求人への応募の幸運を祈ると推測される。よって、就職先を探すための (D) search（探索）が適切。

990点 講師の目

おなじみのカタカナ英語の意外な使い方に注意しましょう。opening は「開始」のほかに「（職などの）欠員、空き」という意味で Part 6 に頻出します。open を使った頻出表現 be open to「～に開放されている」「～を受け入れる用意がある」とあわせて押さえておきましょう。

Questions 135-138 refer to the following article.

Entrepreneur Makes Educational Effort

Entrepreneur Richard Ramos is ------- **135.** a new scholarship program for students of business at Bengal College. According to a Bengal spokesperson, the first Ramos Scholarships are to be awarded prior to the start of Bengal's upcoming fall term. These one-year scholarships ------- **136.** the cost of books, tuition, and general living expenses for three undergraduate students per year.

------- **137.**. After 20 successful years in the industry, he sold his business and dedicated ------- **138.** to helping promising entrepreneurs acquire start-up financing. Today, Ramos runs the venture capital firm Swell Capital.

135-138 番は次の記事に関するものです。

企業家による教育援助

企業家のリチャード・ラモス氏は、ベンガル大学でビジネスを専攻している学生を対象に、新しい奨学金プログラムの基金を拠出します。ベンガル大学の広報担当者によると、最初のラモス奨学金はベンガル大学の今年度の秋学期の開始前に贈られることになっています。この１年間の奨学金は年間３人の大学生を対象に、書籍代、授業料、生活費全般をカバーします。ラモス氏はサーフショップの元オーナーで、大学の学位を持っていません。業界で 20 年間成功を収めた後にビジネスを売却して、有望な企業家が会社を立ち上げるために必要な資金調達の手助けをしています。現在、ラモス氏はベンチャー・キャピタルのスウェル・キャピタル社を経営しています。

Vocab. 本文 □ **entrepreneur**「企業家、起業家」 □ **award**「～を授与する」 □ **prior to**「～に先立って」 □ **tuition**「授業料」
□ **undergraduate student**「学部生」 □ **industry** 「業界」 □ **dedicate *one*self to**「～に献身する」 □ **promising**「有望な」
□ **acquire**「～を獲得する」 □ **start-up**「起業に関連する」
□ **venture capital**「ベンチャー・キャピタル（おもにベンチャー企業に投資する会社）」 選択肢 □ **prestigious**「名声のある」
□ **institution**「制度、機関」

135
(A) receiving
(B) contesting
(C) funding
(D) considering

正解 C 語彙／文脈 [正答率 42.4%]

選択肢はすべて動詞の現在分詞。空欄の前が be 動詞で空欄の後ろは名詞なので、進行形〈be 動詞＋現在分詞＋名詞〉の構文と考える。この文章は奨学金プログラムに関する記事なので、(C) の funding（～に資金を提供する）を選択すると文意が通る。(A) receiving は「～を受け取る」、(B) contesting は「～を争う」、(D) considering は「～について熟慮する、～を…と見なす」という意味。

990点 講師の目

ラモス氏は奨学金の設立にあたって検討したでしょうから (D) も正解なのでは、と思うかもしれませんが、空欄に続く文が「最初のラモス奨学金は贈られることになっている」とこれから起きる予定を表しています。検討中なのに奨学金の開始日が決まっているのは論理的ではありませんよね。Part 6 では、文法問題の場合も一文だけでなく、前後の文脈を追って選択する必要があります。

136
(A) covering
(B) to cover
(C) have covered
(D) will cover

正解 D 時制／文脈 [正答率 78.8%]

空欄を含む文には動詞がないので、述語動詞となりえる (C) have covered か (D) will cover に候補は絞られる。これから始まる奨学金プログラムに対して、(C) は現在完了形で「カバーしたところだ」となるので不適切。未来形の (D) will cover が正解。

137
(A) Ramos is a former surf shop owner without a college degree.
(B) We have interviewed many of his current students.
(C) This prestigious institution has a unique history.
(D) Ramos stressed the importance of education at the ceremony.

(A) ラモス氏はサーフショップの元オーナーで、大学の学位を持っていません。
(B) 私たちは大勢の彼の現在の生徒にインタビューしました。
(C) この権威ある制度にはユニークな歴史があります。
(D) ラモス氏は式典で教育の重要性について強調しました。

正解 A 一文選択／文脈 [正答率 54.5%]

空欄の次の文で、ラモス氏はビジネスを売却したと述べられているので、ラモス氏は何かビジネスをしていた人だということがわかる。よってラモス氏のビジネスを説明している (A) が適切。この記事の中で式典に関する話は一度も述べられておらず、ラモス氏が式典で話したとする (D) は唐突。ラモス氏を紹介する次の文にも文脈がつながらない。

138
(A) he
(B) his
(C) him
(D) himself

正解 D 格 [正答率 90.9%]

選択肢には人称代名詞 he（彼）の格の活用形が並ぶ。空欄を含む文の主語は he。この文の動詞 dedicated の目的語も「彼」。主語の行為が主語に対してなされる場合には、「～自身」という意味を表す再帰代名詞 *one*self(*one*selves) を用いる。よって、(D) が正解。

Questions 139-142 refer to the following excerpt from a manual.

Digital files -------
139. to hiring decisions must not be deleted until at least one calendar year passes following their creation. These records are necessary for maintaining proper oversight of our -------
140.. The files may also be used in their defense in case an unsuccessful candidate makes a claim against them. -------
141.. This policy allows for routine backups and annual archiving. The Information Technology Department automatically makes backups of such files as they enter the system. The backups are then uploaded into cloud storage and other offsite storage media on a -------
142. basis to ensure an accessible archive.

139-142 番は次のマニュアルからの抜粋に関するものです。

採用決定に関するデジタルファイルは、作成されてから少なくとも暦上の１年間が過ぎるまで消去されてはなりません。これらの記録は採用担当者を適切に監督し続けるために必要です。もし不採用にされた応募者が採用担当者に対してクレームをつけた場合には、ファイルは採用担当者を守るために使われるかもしれません。このようなタイプのデータが保存されることは重要です。この方針は定期的なバックアップと年１回のアーカイブ化を念頭に置いたものです。IT 部署はそうしたファイルがシステムに入力されると、自動的にそれらのバックアップを作成します。その後、アーカイブへのアクセスを確実にするために、バックアップはクラウド・ストレージやその他の遠隔地保管メディアに年１回アップロードされます。

Vocab. 本文 □ **proper**「適切な」 □ **oversight**「監督」 □ **unsuccessful**「失敗した」 □ **allow for**「～を考慮に入れる」 □ **annual**「年１回の」 □ **cloud storage**「クラウド・ストレージ」 □ **offsite storage**「遠隔地保管」 選択肢 □ **premise**「前提」 □ **preserve**「～を保存する」 □ **requirement**「要件」 □ **reasonable**「道理にかなった、妥当な」 □ **settlement**「合意」

139
(A) relate
(B) related
(C) relation
(D) relatively

正解 B　品詞／修飾／語法 [正答率 93.9%]

選択肢には動詞 relate（～を関係させる）が品詞を変えて並んでいる。空欄と to hiring decisions がなくても文は成立するので、この部分全体で修飾句になるとわかる。修飾語になり、かつ空欄直後の to と結びつくのは (B) related（関連した）。related to ～で「～に関連した」という慣用表現。(C) relation（関係）は名詞、(D) relatively（比較的）は副詞。

140
(A) elections
(B) premises
(C) recruiters
(D) standards

正解 C　語彙／文脈 [正答率 36.4%]

空欄の前に for maintaining proper oversight（適切に監督し続けるために）とあるので、適切に監督しなければならないのは何かを考える。候補は (C) recruiters（採用担当者）または (D) standards（基準）の2つに絞られる。さらに空欄の後に続く文中の a claim against them に注目しよう。them が空欄に入る語の言い換えと考えると、(C) は採用担当者に対するクレーム、(D) は基準に対するクレームとなるが、不採用者は採用の基準を知るよしもないので、(C) が適切だとわかる。

141
(A) It is important for this type of data to be preserved.
(B) So far only one applicant meets our requirements.
(C) The results will be determined within seven days.
(D) We have since negotiated a reasonable settlement.

(A) このようなタイプのデータが保存されることは重要です。
(B) これまでのところ一人の応募者だけが我々の必要条件を満たしています。
(C) 結果は7日以内に明らかになるでしょう。
(D) それ以来、私たちは妥当な決着に向けて交渉しています。

正解 A　一文選択／文脈 [正答率 72.7%]

このマニュアルは採用決定に関するデータ保存の仕方についてである。空欄はデータ保持の理由とデータ保存の仕方の間にあるので、データ保存に関する文が入るのが文脈として自然な流れ。(A) 以外の選択肢はデータ保存に関する文ではない。よって、(A) が正解。

990点 講師の目

英文では同じ言葉を繰り返し使うことを嫌うので、代名詞やほかの表現で言い換えられることがよくあります。digital files、these records、the files、such files はすべて「採用に関するデータ」を表し、選択肢の this type of data も同様です。このように表現は変わっても、何を指しているかをしっかり押さえられると文脈を追うことができます。

142
(A) daily
(B) weekly
(C) monthly
(D) yearly

正解 D　語彙／文脈 [正答率 54.5%]

選択肢には〈頻度〉を表す語が並んでいる。文書の冒頭で at least one calendar year（少なくとも暦上の1年間）、中ほどの文で annual（年1回の）でデータをアーカイブし保持する、との記述があることから、空欄はそれらの語を言い換えているとわかる。よって、(D) yearly（年ごとの）が正解。

Questions 143-146 refer to the following e-mail.

To: customerservice@townsbank.com
From: haley_tatum@wizmail.com
Date: December 20
Subject: Credit Card 024613-91-434

Dear Service Representative,

I am writing to dispute a transaction in the amount of $232.47 on my most recent credit card billing statement. It was posted on November 24 from the Waterford Hotel. This charge was presumably for ------- **143.** on that date. The fact is ------- **144.** I canceled my booking with Waterford at 11 A.M. on November 22. Their reservation policy clearly states, "no expense will be incurred when cancelations are made at least 48 hours prior to 6 P.M. on the check-in date."

A clerk by the name of Beth spoke with me during the call I made to cancel my reservation. ------- **145.** gave me a confirmation code of 7A18.

------- **146.**.

Thank you,

Haley Tatum

143-146 番は次のメールに関するものです。

あて先 : customerservice@townsbank.com
送信者 : haley_tatum@wizmail.com
日付 : 12 月 20 日
件名 : クレジットカード 024613-91-434

サービス担当者様

私は直近のクレジットカード請求書に記載された 232.47 ドルのクレジットカード取引に異議を唱えるために連絡しています。それはウォーターフォード・ホテルから 11 月 24 日に請求されていました。この課金はその日の宿泊に対するものでしょう。実のところ、私はウォーターフォードの予約を 11 月 22 日の午前 11 時にキャンセルしています。予約方針には明確に次のように記述されています、「チェックインの日付の午後 6 時から少なくとも 48 時間前にキャンセルした場合には、料金は発生しない」。

予約のキャンセルをするためにした電話でベスという名のフロント係と話しました。彼女は私に 7A18 という確認コードをくれました。

私の請求書から上記の課金を取り除いてください。

どうぞよろしくお願いします。

ハーレイ・テータム

Vocab. 本文 □ **dispute**「～に強く反論する」 □ **billing statement**「請求明細書」 □ **post**「(元帳などに) ～を記入する」 □ **presumably**「どうも～らしい」 □ **booking**「予約」 □ **incur**「～を被る」 □ **clerk**「(ホテルの) フロント係」 □ **confirmation**「確認 (書)」 選択肢 □ **convey**「～を伝える」 □ **appreciation**「感謝」

143

(A) lodging
(B) banking
(C) shopping
(D) accounting

正解 A 語彙／文脈 [正答率 27.3%]

選択肢には -ing で終わる名詞が並んでいる。課金の対象が空欄になっており、メールはホテルからの請求に対してなので、課金対象は宿泊と考えるのが自然。この段落最終行の check-in（チェックインの）もヒントになる。正解は (A) lodging（宿泊施設）。(B) banking は「銀行取引」、(C) shopping は「買い物」、(D) accounting は「会計」という意味。

144

(A) when
(B) how
(C) why
(D) that

正解 D 語法／文脈 [正答率 57.6%]

空欄の直前は be 動詞なので、空欄以下の文は SVC の C（補語）となる。S＝C なので、「事実＝キャンセルしたこと」とすると文意が通る。(D) that は「～が…する（である）ということ」という意味の名詞節を導く接続詞。よって (D) が正解。(A) は「いつキャンセルしたか」、(B) は「どのようにキャンセルしたか」、(C) は「なぜキャンセルしたか」と間接疑問文を作るが、いずれも文意が通らない。

145

(A) Both
(B) She
(C) You
(D) It

正解 B 指示語 [正答率 81.8%]

選択肢には代名詞が並ぶ。空欄が何（だれ）を指しているのか、文脈から見極めて正しい指示語を選ぶ問題。空欄の前の文に A clerk by the name of Beth spoke with me（ベスという名のフロント係が私と話した）と述べられているので、コードを伝えたのはベスだと推測できる。よって、ベスという第三者（3 人称）を表す (B) She が正解。

146

(A) Please check your inventory for this model number.
(B) Please remove the above charge from my bill.
(C) Please convey my sincere appreciation.
(D) Please inform Waterford of the change in plans.

(A) この型番の在庫をチェックしてください。
(B) 私の請求書から上記の課金を取り除いてください。
(C) どうぞ私の深謝を伝えてください。
(D) どうぞウォーターフォードに計画の変更を伝えてください。

正解 B 一文選択／文脈 [正答率 21.2%]

一文選択がメールの終わりの部分に位置していることに注目する。メールや手紙では最後に締めの言葉、あるいは提案や主張・要求を述べることが多い。本文の冒頭でクレジットカードの請求への異議を唱えているので、「間違ったカード請求を取り除いてほしい」とメールを書いた目的を具体的に述べている (B) が適切。

これがエッセンス

メールでは通常、第 1 段落に目的や書き手の立場を示す内容が書かれます。I am writing ... で始まる書き出しは「…のために連絡しています」と、文書の目的を述べる典型的な表現です。書き手と受け手の立場がどのような関係にあるかに注意しながら本文を読み進めましょう。

Questions 147-148 refer to the following form.

Full Name: Brandon Scott Monroe
Address: Rua São Cristóvão 1677, Salvador, Bahia 40220-370
Telephone: (71) 5913-7093

By signing below, I agree to allow the use of my image in promotional materials concerning the services and operations of OPAL. These materials include but are not limited to posters, brochures, advertisements and the OPAL Web site. Personal or group portraits may be used as well as photos taken of me actively providing instruction in OPAL classrooms. I will not seek payment for use of my image, and I release OPAL from any liability in regard to such use.

Signature: Brandon Monroe
Date: March 1

147-148 番は次のフォームに関するものです。

姓名： ブランドン・スコット・モンロー
住所： サンクリストバオ通り 1677 番 サルバドール市 バイーア州 40220-370
電話番号： (71)5913-7093

以下に署名することによって、OPAL のサービスと運用に関する宣伝資料における私の画像の使用に同意します。これらの資料には、ポスター、パンフレット、広告、OPAL のウェブサイトが含まれますが、これに限定されるものではありません。OPAL の教室で精力的に指導している私の画像同様、個人または集団の写真を使用できます。私は自分の画像の使用に対する対価を要求しません。また、その使用に関して OPAL に責任を求めません。

署名： Brandon Monroe
日付： 3月1日

Vocab. 本文 □ **promotional material**「宣伝用の資料」 □ **concerning**「～に関して」 □ **brochure**「パンフレット」 □ **seek**「～を求める」 □ **release A from B**「A の B を免除する」 □ **liability**「(支払いなどの) 責務」
選択肢 □ **grant permission**「許可する」 □ **responsibility**「責任」 □ **make a complaint**「不満を言う」 □ **submit**「～を提出する」

147 What is the purpose of the form?
(A) To grant permission
(B) To accept responsibility
(C) To make a complaint
(D) To submit a request

このフォームの目的は何ですか?
(A) 許可を与えること
(B) 責任を認めること
(C) 不満を述べること
(D) 要望を提出すること

正解 **A**
[正答率 65.8%]

本文の冒頭にBy signing below, I agree to ... (以下に署名することによって、…することに同意します) とあることから、この書式は同意書だとわかる。よって正解は (A)。

148 What most likely is OPAL?
(A) A publishing company
(B) An advertising agency
(C) An educational organization
(D) A photography studio

OPAL は何だと思われますか?
(A) 出版社
(B) 広告代理店
(C) 教育機関
(D) 写真スタジオ

正解 **C**
[正答率 56.6%]

OPAL に関しては、本文の 2 行目の the services and operations of OPAL というフレーズから何らかのサービスを提供していること、5 行目の OPAL classrooms というフレーズから教室を運営していることがわかる。これらを総合すると、OPAL は何らかの教育機関であると推測できるので、正解は (C)。

990点 講師の目

固有名詞についての設問は、本文中からその語句が述べられているところを探す方法で正解の根拠を見つけます。TOEIC のリーディングではこのように文書から必要な情報を見つけるスキル (スキャニング・スキル) が求められる問題があります。このスキルは TOEIC で高得点を取るだけでなく、実務でも必要とされるので、身につけておきたいものです。

Questions 149-150 refer to the following invitation.

You Are Invited To

The Law Offices of Vern & Dunn

Client Appreciation Party

Saturday, March 10
From 4 P.M. to 8 P.M.
Lion Heart Hotel
Grand Ballroom
2801 Kingsley Court
Memphis, TN 38019

We are so very thankful for all those who support our firm as clients, business associates, and with referrals. We hope you will join us for an evening of appetizers, drinks and live music by the Four Corners Jazz Quartet.

You may even be the winner of a wonderful door prize!

Family and group portraits will be available on site, taken by local photographer Shane Langford.

See you there!

149-150 番は次の招待状に関するものです。

ヴァーン・アンド・ダン法律事務所
クライアント感謝パーティに
ご招待します。

3月10日　土曜日
午後4時から午後8時まで
ライオン・ハート・ホテル
大宴会場
キングスレー・コート2801番
メンフィス市 テネシー州 38019

弊社をご支援いただいておりますクライアントの皆様、取引先の皆様、またご紹介いただいている皆様には深く感謝申し上げます。ぜひとも軽食とドリンク、フォー・コーナーズ・ジャズ・カルテットによる生演奏の夕べにお越しくださいませ。

入り口で配られる抽選券ですてきな商品も当たるかもしれません!

会場では、地元の写真家シェーン・ランフォードさんの撮影による家族写真と集合写真のご用意がございます。

お待ちしております!

Vocab. 本文 □ **appreciation**「感謝」 □ **ballroom**「宴会場」 □ **associate**「(事業などの) 仲間」 □ **referral**「紹介、推薦」 □ **appetizer**「前菜」 □ **door prize**「ドアプライズ (パーティ会場などの入り口で配られる抽選券でもらえる賞品)」
選択肢 □ **venue**「開催地」 □ **exhibit**「～を展示する」 □ **photograph**「～の写真を撮る」 □ **attendee**「参加者」

149 What information is included on the invitation?

(A) The name of a performing group

(B) The deadline for a reply

(C) The telephone number of a venue

(D) The address of a legal firm

何の情報が招待状に含まれていますか？

(A) 演奏団体の名称

(B) 返信の締め切り日

(C) 会場の電話番号

(D) 法律事務所の所在地

正解 A

[正答率 64.2%]

招待状本文の3～4行目にlive music by the Four Corners Jazz Quartetとある。byは〈行為者〉を示す前置詞なので、Four Corners Jazz Quartetは演奏者の名前であることがわかる。よって正解は(A)。

990点 講師の目

本文中にある情報、またはない情報を問う問題は選択肢に挙げられたものを一つひとつ照合していかなくてはならないので、正解を出すのに時間がかかります。Part 7には即答できる問題と時間のかかる問題の両方がありますから、時間がないときには思い切って運に任せていったん解答し、時間が余ったら最後に再挑戦するのも作戦のうちです。その時間で、ほかのいくつかの即答できる問題で正解を出すことができると考えましょう。

150 What is indicated about Shane Langford?

(A) His co-workers will be at the event.

(B) He will accept a prize at the event.

(C) His art will be exhibited at the event.

(D) He will photograph attendees at the event.

シェーン・ランフォードについて何が示されていますか？

(A) 彼の同僚がそのイベントに出席する予定だ。

(B) 彼はそのイベントで受賞する予定だ。

(C) 彼の芸術作品がそのイベントで展示される予定だ。

(D) 彼はそのイベントで出席者を撮影する予定だ。

正解 D

[正答率 68.8%]

シェーン・ランフォードについては本文の後半でFamily and group portraits will be available on site, taken by local photographer Shane Langford.（会場では、地元の写真家シェーン・ランフォードさんの撮影による家族写真と集合写真のご用意がございます）と記載されているので、ランフォードさんはこのイベントで参加者の写真を撮ることがわかる。よって正解は(D)。

Questions 151-152 refer to the following text-message chain.

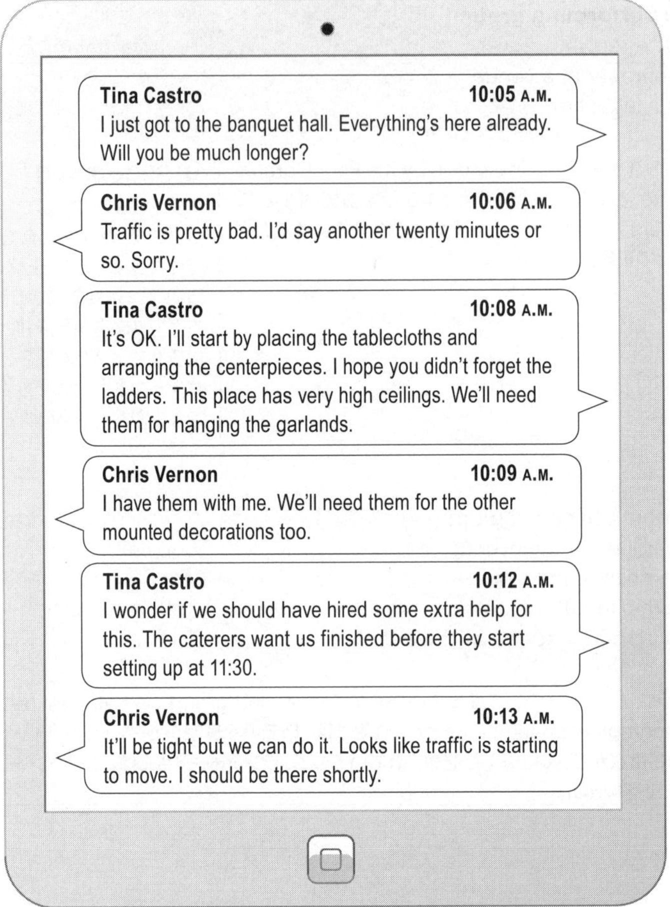
Tina Castro 10:05 A.M.
I just got to the banquet hall. Everything's here already. Will you be much longer?
Chris Vernon 10:06 A.M.
Traffic is pretty bad. I'd say another twenty minutes or so. Sorry.
Tina Castro 10:08 A.M.
It's OK. I'll start by placing the tablecloths and arranging the centerpieces. I hope you didn't forget the ladders. This place has very high ceilings. We'll need them for hanging the garlands.
Chris Vernon 10:09 A.M.
I have them with me. We'll need them for the other mounted decorations too.
Tina Castro 10:12 A.M.
I wonder if we should have hired some extra help for this. The caterers want us finished before they start setting up at 11:30.
Chris Vernon 10:13 A.M.
It'll be tight but we can do it. Looks like traffic is starting to move. I should be there shortly.

151-152 番は次のテキストメッセージのやり取りに関するものです。

ティナ・カストロ　午前 10 時 05 分
宴会場に着いたところです。全部もうここにあります。あなたはもう少しかかりますか?

クリス・ヴァーノン　午前 10 時 06 分
道がかなり混んでいます。もう 20 分くらいかかると思います。すみません。

ティナ・カストロ　午前 10 時 08 分
大丈夫ですよ。テーブルクロスを敷いて、テーブルの飾りを置き始めていますね。あなたがはしごを忘れていなければいいのですけれど。ここは天井がとても高くて、花輪をつるすのに必要なんです。

クリス・ヴァーノン　午前 10 時 09 分
持ってきています。ほかの飾りつけにも必要ですよね。

ティナ・カストロ　午前 10 時 12 分
もう何人か補助の人を雇っておけばよかったのですかね。ケータリングの人たちは、自分たちが準備を始める 11 時 30 分までには私たちの作業を終わらせてほしいそうです。

クリス・ヴァーノン　午前 10 時 13 分
きついけどできますよ。車が動き始めたみたいです。すぐに着きます。

Vocab. 本文 □ **get to**「～に到着する」 □ **banquet hall**「宴会場」 □ **traffic**「交通(量)」 □ **centerpiece**「テーブルの中央に置く装飾品」 □ **ladder**「はしご」 □ **garland**「花輪、花綱」 □ **mount**「～を設置する、固定する」 □ **decoration**「装飾品」 □ **wonder if**「～かなと思う」 □ **caterer**「ケータリング業者」 選択肢 □ **purchase**「～を購入する」 □ **transport**「～を運ぶ」 □ **equipment**「備品」 □ **vehicle**「乗り物」

151 What does Ms. Castro say she will do next?
(A) Contact a catering service
(B) Start painting a room
(C) Purchase additional items
(D) Begin to prepare tables

カストロさんは次に何をすると言っていますか？
(A) ケータリング業者に連絡する
(B) 部屋の塗装を始める
(C) 追加の品物を買う
(D) テーブルの準備を始める

正解 D
[正答率 70.4%]

カストロさんの10時05分の記述から場面は宴会場であること、ヴァーノンさんの10時06分の記述から到着が遅れる見込みであることがわかる。カストロさんはヴァーノンさんが遅れるという連絡を受けて、10時08分のメッセージでテーブルクロスを敷いてテーブルの飾りつけを始めると書いている。よって正解は(D)。

990点 講師の目
「次に何をすると言っているか」が問われていますが、何の次なのでしょう？ Part 7で突然出てくるnext問題は「この場面の次」を指します。また、たとえ直接言及している箇所がなくても推測して解答することが求められる、most likelyなどを用いた推測問題の出題パターンもあります。問題を解きながら慣れていきましょう。

152 At 10:09 A.M., what does Mr. Vernon mean when he writes, "I have them with me"?
(A) He is bringing some other workers.
(B) He is transporting the rest of the decorations.
(C) He remembered to obtain some equipment.
(D) He put all the food into his vehicle.

午前10時09分にヴァーノンさんが「持ってきています」と書いているのはどういう意味ですか？
(A) 彼はほかに何人か作業する人を連れてきている。
(B) 彼は残りの飾りを運んでいる。
(C) 彼は忘れずにある備品を手に入れた。
(D) 彼は車に全部の食べ物を積んでいる。

正解 C
[正答率 61.2%]

10時08分のカストロさんの記述にI hope you didn't forget the ladders.（はしごを忘れていなければいいのですけれど）とあり、それを受けてヴァーノンさんがI have them with me.（持ってきています）と書いているのでthemはladdersであるとわかる。よって正解は(C)。laddersをsome equipmentと言い換えている。

Questions 153-155 refer to the following e-mail.

To:	Aaron Holms <a.holmes@kwikautoloans.com>
From:	Dirk Woodruff <d.woodruff@armand.com>
Re:	Request
Date:	10 February
Attached:	document1.doc

Dear Mr. Holms,

I am writing in response to your request for confirmation of the occupational status of Gwyneth Nester. It is Armand Inc.'s policy that we must obtain written consent before we disclose information about an employee. Please print out the attached form, have Ms. Nester complete and sign it, and then return it to us. Barring legal requirements, Armand reserves the right to decline requests for information about any employee, regardless of consent, for any reason.

Sincerely,

Dirk Woodruff
Director of Human Resources

153-155 番は次のメールに関するものです。

あて先: アーロン・ホームズ <a.holmes@kwikautoloans.com>
差出人: ダーク・ウッドラフ <d.woodruff@armand.com>
件名: 依頼
日付: 2月10日
添付: 書類1.doc

ホームズ様

ギネス・ネスターさんの雇用に関する確認依頼に対して回答いたします。アーマンド社の方針としまして、従業員に関する情報を開示する前に書面による同意が必要です。添付いたしました書式を印刷し、ネスターさんに記入、署名していただいたうえで、ご返送をお願いします。法的要件を除き、同意があったとしても、理由のいかんにかかわらず、アーマンド社は従業員の情報に対する請求を拒否する権利を有します。

よろしくお願いします。

ダーク・ウッドラフ
人事部長

Vocab. 本文 □ **attached**「添付された」 □ **occupational status**「仕事上の地位」 □ **barring**「～がなければ」 □ **reserve**「(権利など) を保有する」 □ **decline**「～を丁重に断る」 □ **regardless of**「～にかかわらず」 □ **consent**「同意、承諾」
選択肢 □ **verify**「～を確かめる」 □ **clarification**「説明」 □ **compliment**「～を称賛する」 □ **retract**「～を撤回する」

153 Why did Mr. Holms most likely contact Armand Inc.?
(A) To verify details about Ms. Nester's employment
(B) To request clarification on a policy
(C) To recommend a job candidate
(D) To compliment the work of Ms. Nester

ホームズさんはなぜアーマンド社に連絡したと思われますか?
(A) ネスターさんの雇用について詳細を確認するため
(B) 方針の説明を要求するため
(C) 求職者を推薦するため
(D) ネスターさんの仕事を称賛するため

正解 A
[正答率 52.0%]

まずホームズさんの名前がこのメールのあて先欄に書かれていることを確認しよう。メール本文の冒頭に I am writing in response to your request for confirmation of the occupational status of Gwyneth Nester.(ギネス・ネスターさんの雇用に関する確認依頼に対して回答いたします)とあるので、ホームズさんはネスターさんがアーマンド社で働いているかどうかの確認をするために連絡をとったことがわかる。よって正解は(A)。

154 What was most likely sent along with the e-mail?
(A) A performance evaluation
(B) An authorization form
(C) A job application
(D) A list of references

メールと一緒に何が送られたと思われますか?
(A) 業績評価書
(B) 委任状
(C) 求人票
(D) 身元照会先リスト

正解 B
[正答率 65.8%]

メールに添付されているものを判断する情報としてはヘッダーの Attached 欄に加え、本文の 3 ~ 4 行目に Please print out the attached form, have Ms. Nester complete and sign it, and then return it to us.(添付いたしました書式を印刷し、ネスターさんに記入、署名していただいたうえで、ご返送をお願いします)とある。書式はその前の文から written consent のためのものであるとわかるので、メールに添付されているのは委任状だと考えられる。よって正解は(B)。

155 According to Mr. Woodruff, what is Armand Inc. entitled to do?
(A) Renegotiate an agreement
(B) Withhold certain information
(C) Modify job requirements
(D) Retract an employment offer

ウッドラフさんによると、何をする権利がアーマンド社にはありますか?
(A) 契約を再交渉する
(B) ある情報を保留する
(C) 仕事の要件を修正する
(D) 雇用の申し出を撤回する

正解 B
[正答率 39.8%]

アーマンド社の権利についてはメール本文の最終文で Barring legal requirements, Armand reserves the right to decline requests for information about any employee, regardless of consent, for any reason.(法的要件を除き、同意があったとしても、理由のいかんにかかわらず、アーマンド社は従業員の情報に対する請求を拒否する権利を有します)とある。アーマンド社は情報提供を拒否する権利があると述べているので、正解は(B)。withhold は「(情報など)を提供しない」という意味。

これがエッセンス

Part 7 では、知識を問う問題はあまり出題されません。設問の内容を正確に本文と照合して正解を出す「運用力」が求められています。また、問題そのものの難易度は決して高いわけではなく、解答時間の制約がなければ全問正解も不可能ではありません。しかし、限られた時間の中で正解を導くには「速く正確に」理解する力を高めることと、Part 5 と Part 6 をできるだけ早く解いて Part 7 に時間をかけられるようにすることが不可欠です。

Questions 156-157 refer to the following e-mail.

To:	Human Resources Department
From:	Ahmad Hussein
Re:	Transfer request
Date:	May 3

I am writing to request a transfer from the Accounts Payable Department to Employee Benefits. I noticed an open position for a financial analyst posted on the Human Resources page of the internal Web site. I spoke with the head of Personnel, who indicated I have all of the necessary qualifications.

Despite the transfer being a lateral move in terms of duties and pay grade, I make this request in hopes of broadening my background in financial management here at Vector Consolidated.

I look forward to an opportunity to interview for the opening.

Sincerely,

Ahmad Hussein

156-157 番は次のメールに関するものです。

送り先：　人事部
送信者：　アフマド・フセイン
件名：　異動願い
日付：　5月3日

私は、経理部支払い担当から福利厚生部への異動を願い出るためにこのメールを書いています。私は社内ウェブサイトの人材開発のページに掲載された金融アナリストの募集を見つけました。人事部長と話をしたところ、私は必要な資格をすべて持っているとのことでした。

この異動は職務と給与水準において同一レベルですが、株式会社ベクトルにおいて財務管理の知識を広げたいと思い、この申請をいたします。

この募集への面接の機会をいただければと思います。

よろしくお願いします。

アフマド・フセイン

Vocab. 本文 □ **transfer**「異動」 □ **open**「(職などに) 空きがある」 □ **post**「～を掲示する」 □ **qualification**「資格」 □ **lateral move**「同一レベル内での異動、横滑り人事」 □ **consolidated**「連結した」 選択肢 □ **assume**「(職など) を引き受ける」 □ **qualify for**「～の資格を得る」

156 Where does Mr. Hussein aspire to work?
(A) In the Information Technology Department
(B) In the Human Resources Department
(C) In the Accounts Payable Department
(D) In the Employee Benefits Department

フセインさんはどこで働きたいと思っていますか?
(A) 情報システム部
(B) 人事部
(C) 経理部支払い担当
(D) 福利厚生部

正解 D
[正答率 52.0%]

本文の冒頭で、I am writing to request a transfer ... to Employee Benefits.（私は…福利厚生部への異動を願い出るためにこのメールを書いています）と述べられていることから、フセインさんは福利厚生部への異動を希望していることがわかる。よって正解は (D)。

157 Why most likely does Mr. Hussein want the transfer?
(A) To increase his monthly salary
(B) To assume a supervisory position
(C) To add to his experience in a field
(D) To qualify for better insurance benefits

フセインさんはなぜ異動したいのだと思われますか?
(A) 月給を増やすため
(B) 管理職に就任するため
(C) ある分野における経験を積むため
(D) よりよい保険給付の資格を得るため

正解 C
[正答率 68.8%]

第2段落の文の後半で、I make this request in hopes of broadening my background in financial management here at Vector Consolidated（株式会社ベクトルにおいて財務管理の知識を広げたいと思い、この申請をいたします）と述べられていることから、知識を広げるために異動を希望していることがわかる。よって正解は (C)。add to *one*'s experience は「経験を積む」という意味。

これがエッセンス

Part 7の基本的な解答法は、正解の根拠を文書から探すことです。しかし、文書全体を読まないと解けない問題もあれば、キーワードが見つかれば正解が出せる問題もあります。問題数が多く、時間に迫られるのがリーディングセクションですから、すぐに正解が出せそうな問題を見抜くこともスコアアップにつながります。

Questions 158-160 refer to the following article.

HELOC Pros and Cons

By Caleb Zernn, Certified Financial Planner

Homeowners who have built up equity in their homes but are short of cash may consider HELOCs, or home-equity lines of credit. A line of credit is a set amount of money that a bank or other institution agrees to lend you. If and when you need it, you can draw money from the line up to that amount. — [1] —. HELOCs are fairly simple to obtain and relatively inexpensive. The initiation fees are typically low, as are the interest rates. The low costs of HELOCs make them a good choice for homeowners who want greater flexibility to cover unanticipated expenses such as the sudden need to purchase a new furnace or make an emergency repair. — [2] —.

Generally, borrowers are only required to make interest payments at first. They will eventually have to start paying off the principal at the conclusion of the "draw period". — [3] —. A disadvantage of HELOCs is that nearly all of these loans have variable interest rates. This means the borrower's costs could potentially go up after the loan has been secured. Also, lenders usually have the option to cancel the line of credit at any time. — [4] —.

158-160 番は次の記事に関するものです。

ヘーロックのメリットとデメリット

公認ファイナンシャル・プランナー　ケレイブ・ゼルン

資産価値のある自宅を所有しているけれども現金が少ない住宅所有者は、ヘーロック、すなわち持ち家を担保にした融資を検討するかもしれません。融資限度額は銀行などの機関が融資に同意した設定額です。現金が必要になった場合にはその設定額までお金を引き出すことができます。—[1]—。ヘーロックはとても簡単に利用でき、費用も比較的安くすみます。一般的に初期費用は利子と同様に低額です。ヘーロックの低コスト性は、新しい暖房炉の購入や緊急の修繕などが突然必要になった場合の予期せぬ出費により柔軟に対処したい住宅所有者にとってはよい選択でしょう。—[2]—。

一般的に、借り手は当初、利子の支払いだけを求められます。最終的に「引き出し期間」の満了時には元金部分の返済を始めなくてはいけません。—[3]—。ヘーロックの欠点は、ほぼすべてのローンが変動金利制であることです。これは、借り手の返済額がローンの確定後に増える可能性があるということを意味します。また通常、貸し手にはいつでも融資を中止する権利があります。—[4]—。

Vocab. 本文 □ **pros and cons**「よい点と悪い点、賛否両論」 □ **equity**「純資産額」 □ **home-equity lines of credit**「ホーム・エクイティ・ライン（ズ）・オブ・クレジット（持ち家を担保にして限度額まで借りられる契約）」※ line of credit は「融資限度額」 □ **initiation fee**「初期費用、着手金」 □ **interest rates**「金利」 □ **unanticipated**「予期していない」 □ **furnace**「暖房炉」 □ **pay off**「～を全額支払う」 □ **principal**「元金」 □ **draw period**「借入期間、引き出し期間」 □ **variable**「可変の」 □ **secure**「～を確保する、（債務の）支払いを保証する」 選択肢 □ **home appliance**「家電、家庭用品」

158 According to Mr. Zernn, what would a HELOC enable someone to do?

(A) Obtain an advanced educational degree
(B) Replace a major home appliance
(C) Purchase a more economical automobile
(D) Pay off a large credit card debt

ゼルンさんによると、ヘーロックで何をすることができるようになりますか？

(A) 上級学位の取得
(B) 大規模な家庭用品の交換
(C) より経済的な自動車の購入
(D) 多額のクレジットカード負債の返済

正解 B
[正答率 30.6%]

第1段落 [2] の直前の文で、ヘーロックの利点として flexibility to cover unanticipated expenses such as the sudden need to purchase a new furnace or make an emergency repair（新しい暖房炉の購入や緊急の修繕などが突然必要になった場合の予期せぬ出費に対処する柔軟性）を挙げていることから、住宅の設備を買い換えることができるようになるとわかる。よって正解は (B)。

159 What is NOT mentioned about HELOCs in the article?

(A) They offer low interest rates on borrowed money.
(B) They can be terminated without notice.
(C) They usually do not cost much to initiate.
(D) They may charge high fees for late payments.

ヘーロックについて、記事の中で述べられていないのはどれですか？

(A) 借入金に対する利子が低い。
(B) 予告なく終了する可能性がある。
(C) 開始するのにあまりお金がかからない。
(D) 延滞すると高額の費用がかかる可能性がある。

正解 D
[正答率 27.5%]

ヘーロックに関しては文書全体で述べられており、選択肢を一つひとつ検証する必要がある。(A) と (C) は第1段落の7～8行目、(B) は [4] の直前の内容と合致する。しかし (D) については第2段落5～7行目に This means the borrower's costs could potentially go up after the loan has been secured.（これは、借り手の返済額がローンの確定後に増える可能性があるということを意味します）とはあるものの、延滞については述べられていない。よって正解は (D)。

160 In which of the positions marked [1], [2], [3], and [4] does the following sentence best belong?

"This is the official time during which money can be borrowed using the credit line."

(A) [1]
(B) [2]
(C) [3]
(D) [4]

[1]、[2]、[3]、[4] のうち、次の文が入る最も適切な箇所はどこですか？

「これは、融資限度額を使ってお金を借りることができる公的な期間です。」

(A) [1]
(B) [2]
(C) [3]
(D) [4]

正解 C
[正答率 47.4%]

挿入される文は This is the official time ... と始まっている。この this は前の文で言及されたことを受けていて、また、the official timeと公的な期間であることを示している。空欄の直前に期間に関する記述があるのは、"draw period"（引き出し期間）に続く [3]。この用語に対する説明として設問の文が入ると考えればよい。よって正解は (C)。

これがエッセンス

Part 7 は、文書全体に目を通さないと正解できない問題を含むことがあるので読み飛ばすことは危険です。しかし、じっくりと解釈しながら読む時間はありません。多くの問題に触れて、読み返さずに英語の語順どおりに内容を理解していくなど、効率的な読み方を練習しておきましょう。

Questions 161-163 refer to the following information.

> Congratulations! The entire Cooper & Jung team would like to thank you for choosing us to help you find an ideal location for your business, and we wish you much success. As a tenant, you will be responsible for any items used or stored on the rental premises, as well as any damage that may occur to the property throughout the term of your lease. We want to ensure that our clients are protected financially. To this effect, we highly recommend purchasing commercial rental insurance from our friends at the Stonewell Company. Their commercial insurance policies provide coverage for property damage, loss of merchandise, and even lawsuits filed by customers. While our clients consistently say that Stonewell Company offers affordable rates, your monthly premiums will depend on various risk factors as well as the safety and security features of the space you occupy. For more information about commercial rental insurance, visit Stonewell Company online at www.stonewell.com.

161-163番は次の情報に関するものです。

おめでとうございます！ お客様のビジネスに最適な場所を見つけるお手伝いをするために弊社をお選びいただいたことに、クーパー・アンド・ユングー同感謝申し上げます。あなたの多大なるご成功をお祈りしております。賃借人として、あなたには賃借物件で使用または保管されている物品、および賃貸期間中に発生するかもしれないあらゆる損害についての責任が発生します。私どもは賃借人様を財政面でしっかりお守りしたいと考えています。そのために、弊社の協力企業ストーンウェル・カンパニーの商業用賃貸保険に加入していただきますよう強くおすすめします。この商業用賃貸保険契約には、物件の損傷や商品の紛失だけでなく顧客からの訴訟についての補償が含まれます。お客様にはストーンウェル・カンパニーの掛け金は手ごろだとの声をいただいておりますが、月々の保険料は、ご利用いただく物件の安全性だけでなく、さまざまなリスク要因によって決まります。商業用賃貸保険の詳細については、www.stonewell.com からストーンウェル・カンパニーのホームページにアクセスしてください。

Vocab. 本文 □ **premise**「建物、店舗」 □ **property**「物件」 □ **term**「期間」 □ **ensure**「～を確実にする」 □ **to this effect**「この趣旨に沿って」 □ **insurance policy**「保険契約（書）」 □ **lawsuit**「訴訟」 □ **file**「（告訴など）を提起する」 □ **affordable**「手ごろな」 □ **premium**「保険料」 選択肢 □ **real estate agency**「不動産業者」 □ **law firm**「法律事務所」 □ **patron**「常連客、顧客」 □ **aspect**「面、側面」

161 What type of organization most likely produced this information?
(A) A retail shop
(B) An insurance company
(C) A real estate agency
(D) A law firm

どんな種類の組織がこの情報を出したと思われますか?
(A) 小売店
(B) 保険会社
(C) 不動産業者
(D) 法律事務所

正解 C
[正答率 61.2%]

この情報を出した組織を判断するための表現として、1～2行目にthank you for choosing us to help you find an ideal location for your business(お客様のビジネスに最適な場所を見つけるお手伝いをするために弊社をお選びいただいたことに感謝申し上げます)とある。また3行目にAs a tenant, you will be ... とあることから、この情報を受け取るのは賃借人で、発信者は貸し主である不動産業者だとわかる。よって正解は(C)。

162 The word "term" in paragraph 1, line 5, is closest in meaning to
(A) condition
(B) duration
(C) expression
(D) description

第1段落5行目のtermに最も意味の近い語は
(A) 条件
(B) 期間
(C) 表現
(D) 記述

正解 B
[正答率 61.2%]

termという語はthe contract term(契約期間)のように「期間」、a technical term(専門用語)のように「用語」、terms and conditions(契約条件)のように「条件」などの意味を持つ多義語である。この文ではthroughout the term of your lease(賃貸期間中)というフレーズの中で、ある場所または期間のすべてを表す前置詞のthroughoutの後にあることから、「期間」の意味で使われていることがわかる。よって正解は(B) duration(期間)。

163 What is mentioned about Stonewell Company's rates?
(A) They are the lowest in the region.
(B) They are higher for patrons involved in legal proceedings.
(C) They are adjusted on a monthly basis.
(D) They are influenced by aspects of the rental property.

ストーンウェル・カンパニーの料金について何と述べられていますか?
(A) その地域で最も低い。
(B) 法的手続きにかかわる顧客には高額である。
(C) 月ごとに調整される。
(D) 賃借物件の性質に左右される。

正解 D
[正答率 45.9%]

下から4行目以降で、your monthly premiums will depend on various risk factors as well as the safety and security features of the space you occupy(月々の保険料は、ご利用いただく物件の安全性だけでなく、さまざまなリスク要因によって決まります)と述べているので、保険料は物件の安全性を含むさまざまな要因によって決まることがわかる。よって正解は(D)。

これがエッセンス

長い英文を読むのを苦手とする人には、ポイントを絞って読むことをおすすめします。具体的には本文よりも先に設問を読んで、その後に解くのに必要なところを本文から探す読み方です。長い英文にはさまざまな情報が含まれていますから、読みに緩急をつけて、効率よく読み進めることがリーディングのポイントです。

Questions 164-167 refer to the following online chat discussion.

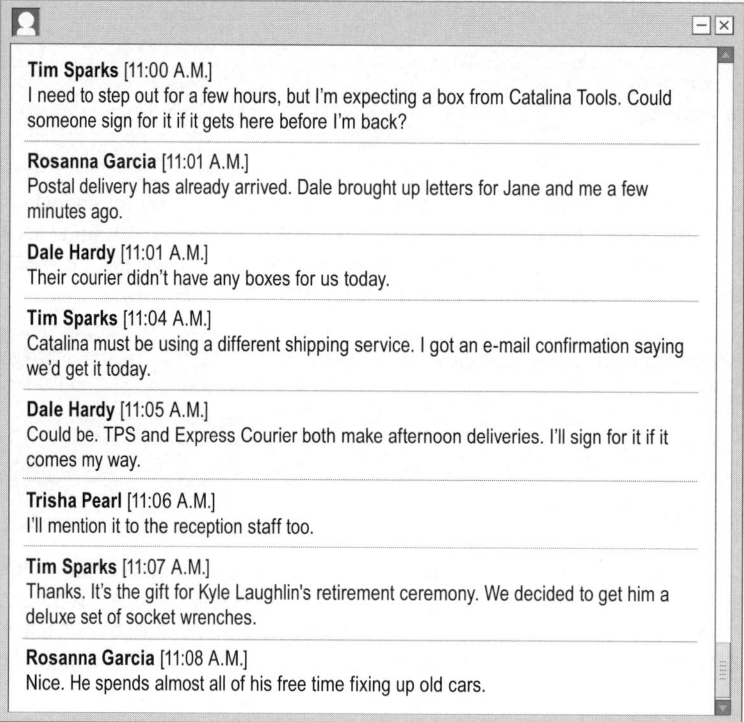

Tim Sparks [11:00 A.M.]
I need to step out for a few hours, but I'm expecting a box from Catalina Tools. Could someone sign for it if it gets here before I'm back?

Rosanna Garcia [11:01 A.M.]
Postal delivery has already arrived. Dale brought up letters for Jane and me a few minutes ago.

Dale Hardy [11:01 A.M.]
Their courier didn't have any boxes for us today.

Tim Sparks [11:04 A.M.]
Catalina must be using a different shipping service. I got an e-mail confirmation saying we'd get it today.

Dale Hardy [11:05 A.M.]
Could be. TPS and Express Courier both make afternoon deliveries. I'll sign for it if it comes my way.

Trisha Pearl [11:06 A.M.]
I'll mention it to the reception staff too.

Tim Sparks [11:07 A.M.]
Thanks. It's the gift for Kyle Laughlin's retirement ceremony. We decided to get him a deluxe set of socket wrenches.

Rosanna Garcia [11:08 A.M.]
Nice. He spends almost all of his free time fixing up old cars.

164-167 番は次のオンラインチャットの話し合いに関するものです。

ティム・スパークス [午前 11 時 00 分]
私は数時間席を外さなくてはいけないのですが、カタリナ・ツールズから荷物が届くはずなのです。私が戻ってくる前に届いたら、だれかサインしておいてもらえませんか？

ロザンナ・ガルシア [午前 11 時 01 分]
郵便配達はもう来ましたよ。デールが数分前にジェーンと私に手紙を持ってきてくれました。

デール・ハーディー [午前 11 時 01 分]
配達の人は、今日は小包を持っていませんでした。

ティム・スパークス [午前 11 時 04 分]
カタリナは別の配送業者を使っているに違いありません。今日届くというメールでの確認をもらっています。

デール・ハーディー [午前 11 時 05 分]
そうかもしれませんね。TPS とエクスプレス・クーリエは午後の配達をやっています。もし届いたらサインしておきますよ。

トリーシャ・パール [午前 11 時 06 分]
受付の人にも言っておきますね。

ティム・スパークス [午前 11 時 07 分]
ありがとうございます。それはカイル・ラフリンさんの退職式の贈り物なのです。私たちは彼に高級ソケットレンチセットを贈ることにしました。

ロザンナ・ガルシア [午前 11 時 08 分]
いいですね。彼は暇さえあれば古い車を直していましたからね。

Vocab.
本文 □ **courier**「配達人」 □ **shipping service**「配送サービス」 □ **confirmation**「確認（書）」 □ **fix up**「～を修理する」
選択肢 □ **merchandise**「商品」 □ **confirm**「～を確認する」 □ **deadline**「締め切り」 □ **intend to *do***「～するつもりだ」
□ **approve of**「～をよいと思う、妥当だと認める」

164 Why did Mr. Sparks start the online chat discussion?
(A) He wants to arrange a meeting.
(B) He wants someone to accept a delivery.
(C) He needs help transporting some goods.
(D) He would like people to make suggestions.

なぜスパークスさんはこのオンラインチャットの話し合いを始めたのですか？
(A) 彼は会議の調整をしたい。
(B) 彼はだれかに配達を受け取ってほしい。
(C) 彼は商品を送るのに手助けを必要としている。
(D) 彼は人々に提案をしてほしいと思っている。

正解 B
[正答率 68.8%]

スパークスさんは 11 時 00 分のコメントで、数時間外出するが、カタリナ・ツールズから荷物が届く予定だと述べ、Could someone sign for it if it gets here before I'm back?（私が戻ってくる前に届いたら、だれかサインしておいてもらえませんか？）と依頼している。したがってスパークスさんは、自分の代わりに荷物の受け取りを依頼するためにこのチャットを始めたことがわかる。よって正解は (B)。

990点 講師の目
オンラインチャットを始めた理由を尋ねる問題ですが、言い換えれば、チャットの主題またはコメントの意図が問われています。Part 7 ではさまざまな文書が出題されますが、どのような文書であってもその主題をつかむようにしましょう。

165 What did Mr. Hardy do shortly before the discussion began?
(A) Contacted Catalina Tools
(B) Distributed mail to coworkers
(C) Packaged some merchandise
(D) Confirmed a shipping deadline

この話し合いが始まるすぐ前に、ハーディーさんは何をしましたか？
(A) カタリナ・ツールズに連絡した
(B) 同僚に郵便を届けた
(C) 商品を詰めた
(D) 発送期日を確認した

正解 B
[正答率 53.5%]

ガルシアさんの 11 時 01 分のコメントに Dale brought up letters for Jane and me a few minutes ago.（デールが数分前にジェーンと私に手紙を持ってきてくれました）とあることから、デール・ハーディーはチャットが始まった 11 時より前に、届いた手紙を手渡したことがわかる。よって正解は (B)。

166 What is suggested about Kyle Laughlin?
(A) He arrived late to the office today.
(B) He is employed as an auto mechanic.
(C) He intends to stop working soon.
(D) He planned a recent company event.

カイル・ラフリンについて何が示唆されていますか？
(A) 彼は今日遅れて職場に着いた。
(B) 彼は自動車整備士として雇われている。
(C) 彼はまもなく仕事を辞めるつもりだ。
(D) 彼は最近の会社の催し物を計画した。

正解 C
[正答率 70.4%]

11 時 07 分のスパークスさんのコメントに It's the gift for Kyle Laughlin's retirement ceremony.（それはカイル・ラフリンさんの退職式の贈り物なのです）とあることから、ラフリンさんは退職を控えていることがわかる。よって正解は (C)。

167 At 11:08 A.M., what does Ms. Garcia most likely mean when she writes, "Nice"?
(A) She trusts the quality of a brand.
(B) She enjoyed attending the ceremony.
(C) She is impressed with some work.
(D) She approves of a selection.

午前 11 時 08 分にガルシアさんが「いいですね」と書いたのはどういう意味だと思われますか？
(A) 彼女はそのブランドの品質を信用している。
(B) 彼女は式典の出席を楽しんだ。
(C) 彼女はある仕事に感銘を受けた。
(D) 彼女はある選択に賛成している。

正解 D
[正答率 67.3%]

ガルシアさんの 11 時 08 分のコメントの Nice.（いいですね）は、スパークスさんの 11 時 07 分のコメントの We decided to get him a deluxe set of socket wrenches.（私たちは彼に高級ソケットレンチセットを贈ることにしました）を受けている。また、ガルシアさんは Nice. と言った後に He spends almost all of his free time fixing up old cars.（彼は暇さえあれば古い車を直していましたからね）と続けていることから、ラフリンさんへの贈り物への肯定的な感想を述べたことがわかる。よって正解は (D)。

Questions 168-171 refer to the following e-mail.

E-mail Message

To:	r.huntsman@tripmasters.com
From:	c.logiudice@mymail.com
Re:	Mediterranean trip
Date:	May 18

Dear Mr. Huntsman,

As discussed earlier today, I am writing to provide a summary of our telephone conversation to prevent any potential confusion. Three companions in addition to myself plan to travel to the Mediterranean this summer. — [1] —. We would like to leave Manchester on June 20 and return on July 11. Our schedule is flexible to some degree. — [2] —. Our departure date is firm, but we could return to Manchester as late as July 14 if better prices or more convenient arrangements become available.

We wish to visit the following locations, spending four to six nights at each stop: Athens, the Isle of Crete, Rome, and Florence. — [3] —. Please feel free to arrange the sequence of the visits based on the best available airfares and hotel vacancies. I also saw an architectural tour advertised online that we would like to include in our trip. — [4] —. Here is a link to the page: www.athens-journeys.com.

I look forward to receiving our proposed itinerary.

Sincerely,

Carol LoGiudice

168-171 番は次のメールに関するものです。

あて先：　r.huntsman@tripmasters.com
送信者：　c.logiudice@mymail.com
件名：　地中海旅行
日付：　5月18日

ハンツマン様

今日話し合ったとおり、混乱を避けるために電話で話した内容のまとめをお送りします。私と3人の友人は今年の夏、地中海への旅行を計画しています。—[1]—。マンチェスター出発は6月20日、帰りは7月11日が希望です。日程には若干融通が利きます。—[2]—。出発日は確定ですが、もし価格がよりお得だったり乗り継ぎが便利だったりするなら、マンチェスターへの戻りは7月14日までは可能です。

私たちはそれぞれの滞在場所で4泊から6泊しながら次の場所に行きたいと思っています：アテネ、クレタ島、ローマ、そしてフィレンツェです。—[3]—。最安の航空運賃とホテルの空室状況に応じて、訪問の順序は自由に調整してください。また、私たちの旅行に組み入れたいと思っている建築ツアーのインターネット広告を見つけました。—[4]—。そのページへのリンクはこちらです：www.athens-journeys.com.

私たちの旅程案をいただくのを楽しみにしています。

よろしくお願いします。

キャロル・ロジュディチェ

Vocab. 本文 □ **confusion**「混乱」 □ **firm**「確定で」 □ **vacancy**「空室」 □ **itinerary**「旅程」 選択肢 □ **resolve**「～を解決する」
□ **ensure**「～を確実にする」 □ **be open to**「～に前向きだ、～を受け入れる」
□ **be concerned about**「～を心配している、気にしている」

168 Why most likely did Ms. LoGiudice write the e-mail?
(A) To correct a previous mistake
(B) To resolve a minor disagreement
(C) To change the number of travelers
(D) To ensure mutual understanding

なぜロジュディチェさんはこのメールを書いたと思われますか?
(A) 以前の間違いを修正するため
(B) 軽微な意見の相違を解消するため
(C) 旅行者数を変更するため
(D) 相互の理解を確実にするため

正解 D
[正答率 65.8%]

このメールを書いた理由は、第1段落1～2行目に I am writing to provide a summary of our telephone conversation to prevent any potential confusion.(混乱を避けるために電話で話した内容のまとめをお送りします)と述べられている。行き違いがないように電話で話し合った内容を送っているとわかるので、正解は(D)。

169 What does Ms. LoGiudice mention about the trip she is planning?
(A) She must postpone her departure until July.
(B) She is open to certain types of changes.
(C) She will be traveling with a group of fellow employees.
(D) She intends to meet with clients in several cities.

ロジュディチェさんは計画している旅行について何と言っていますか?
(A) 出発を7月まで延期しなくてはいけない。
(B) ある種の変更は受け入れる。
(C) 同僚らと一緒に旅行するつもりだ。
(D) いくつかの都市で顧客と会うつもりだ。

正解 B
[正答率 52.0%]

旅行について、メールの中で日程の希望、帰着日に融通が効くこと、行きたい場所が述べられている。そのうち帰着日に関して、第1段落の最後の文に we could return to Manchester as late as July 14 if better prices or more convenient arrangements become available(もし価格がよりお得だったり乗り継ぎが便利だったりするなら、マンチェスターへの戻りは7月14日までは可能です)とあり、(B)と合致する。

170 What will Mr. Huntsman see by clicking on the included link?
(A) A promotion for a tour
(B) An offer from an airline
(C) An advertisement for a hotel
(D) A review of a travel agency

ハンツマンさんがリンク先をクリックすると、何が見つかりますか?
(A) ツアーの宣伝
(B) 航空会社の値引き
(C) ホテルの広告
(D) 旅行代理店のレビュー

正解 A
[正答率 62.7%]

第2段落の[4]の直前に I also saw an architectural tour advertised online that we would like to include in our trip.(また、私たちの旅行に組み入れたいと思っている建築ツアーのインターネット広告を見つけました)とあり、Here is a link(リンクはこちらです)と続けていることから、リンク先には建築ツアーの情報があると考えられる。よって正解は(A)。

171 In which of the positions marked [1], [2], [3], and [4] does the following sentence best belong?

"We are not concerned about the order."

(A) [1]
(B) [2]
(C) [3]
(D) [4]

[1]、[2]、[3]、[4] のうち、次の文が入る最も適切な箇所はどこですか?
「順序については気にしません。」
(A) [1]
(B) [2]
(C) [3]
(D) [4]

正解 C
[正答率 50.5%]

挿入文に the order(その順序)とあることから、挿入文の前で何かが複数言及されていると推察できる。[3]の直前で Athens, the Isle of Crete, Rome, and Florence(アテネ、クレタ島、ローマ、そしてフィレンツェ)の4カ所が挙げられており、また[3]の直後で Please feel free to arrange the sequence of the visits ...(訪問の順序は自由に調整してください)と書いていることから、(C)の[3]に設問の文を入れれば、文脈が通るとわかる。

これがエッセンス
挿入文が入っていない状態の文書では、空欄の後で違和感を覚えることもあれば、挿入される英文がなくても自然に読めてしまうものも多くあります。したがって、いずれかの空欄に文が挿入されることを意識して文書を読むのではなく、まずは文書全体の内容理解に努めましょう。

Questions 172-175 refer to the following form.

Peak Trust Bank
Customer Satisfaction Survey

Please check the boxes to indicate your level of agreement with the statements. If you wish to speak to a representative about anything on this survey, please provide contact information along with your name.

1 = Strongly Disagree **2 = Disagree** **3 = Not Sure**
4 = Agree **5 = Strongly Agree**

	1	2	3	4	5
Overall, I am satisfied as a customer of Peak Trust Bank.				✗	
I feel Peak Trust Bank values me as a customer.				✗	
Peak Trust Bank's online services are convenient and easy to use.			✗		
The employees at Peak Trust Bank are courteous and helpful.		✗			
The employees at Peak Trust Bank appreciate my business.		✗			
Necessary forms are easy to find and readily available in the lobby.					✗
Furniture in the lobby is neatly arranged, comfortable, and functional.					✗

Comments:
I initially found the online bill payment system confusing, but a call center employee helpfully talked me through the process. I need more experience before I can form an opinion. The tellers and staff at this branch are usually courteous, but I had a recent negative experience here. I came in to ask about possibly securing a small business loan. During my appointment with the loan officer, another employee stepped into the room and said he needed to talk to her—she then left me waiting for over 20 minutes. Neither employee apologized.

Name: *Chelsea Trent (642)555-0139*

172-175 番は次のフォームに関するものです。

ピーク・トラスト銀行
お客様満足度調査

次の記述についてお客様の認識と一致する記入欄にチェックを入れてください。このアンケートについて担当者とお話しされたい場合は、お名前とともにご連絡先の情報をご記入ください。

1＝まったくあてはまらない **2＝あてはまらない** **3＝わからない** **4＝あてはまる** **5＝かなりあてはまる**

	1	2	3	4	5
ピーク・トラスト銀行の顧客として、全体的に満足している。				×	
ピーク・トラスト銀行は、私を顧客として大切にしていると思う。				×	
ピーク・トラスト銀行のオンラインサービスは、便利で使いやすい。			×		
ピーク・トラスト銀行の行員は丁寧で親切である。		×			
ピーク・トラスト銀行の行員は私の事業を評価してくれている。		×			
必要なフォームはロビーで見つけやすく、手に入れやすい。					×
ロビーの調度品はきちんと配置され、快適で機能的である。					×

コメント：
私は当初、オンラインでの料金払い込みがわかりにくく感じましたが、コールセンターの方がご親切にやり方を伝えてくださいました。意見を述べるには、もう少し経験が必要です。この支店の窓口係と行員の方はだいたい丁寧だと思いますが、ここで私は最近望ましくない経験をしました。私は、中小企業向けローンを組めるかどうかについて相談に来ました。融資担当者との面談中に、別の行員の方が、彼女と話をする必要があると言って割り込んできて、その後、彼女は出て行ったまま私を20分以上待たせたのです。どちらの行員の方からも謝罪はありませんでした。

お名前： チェルシー・トレント (642)555-0139

172 What does Ms. Trent indicate on the form?
(A) She has never used the bank's online services.
(B) She appreciates the furniture in the bank's lobby.
(C) She often has difficulty finding the bank's forms.
(D) She thinks the bank's location is very convenient.

トレントさんはこのフォームで何を示していますか？
(A) 彼女はその銀行のオンラインサービスを利用したことがない。
(B) 彼女はその銀行のロビーの調度品をいいと思っている。
(C) 彼女はその銀行のフォームを見つけるのが難しいことがよくある。
(D) 彼女はその銀行の場所がとても便利だと思っている。

正解 B ［正答率 58.1%］

(A) はコメントの冒頭に I initially found the online bill payment system confusing ... (私は当初、オンラインでの料金払い込みがわかりにくく感じました) とあるので誤り。表の 6 つ目の項目でフォームの入手しやすさで最高評価の「5」にマークをしていることから (C) も誤り。(D) の銀行の場所については述べられていない。(B) は表のいちばん下の項目でロビーの調度品について最高評価をしているので、これが正解。

173 What is suggested about the form?
(A) Ms. Trent downloaded it from a Web site.
(B) Ms. Trent completed it at a bank branch.
(C) Ms. Trent received it in the mail.
(D) Ms. Trent requested it from an employee.

このフォームに関して何が示唆されていますか？
(A) トレントさんはそれをサイトからダウンロードした。
(B) トレントさんは銀行の支店でそれを記入した。
(C) トレントさんはそれを郵便で受け取った。
(D) トレントさんは従業員にそれを要求した。

正解 B ［正答率 48.9%］

コメント欄の 3 ～ 4 行目に The tellers and staff at this branch (この支店の窓口係と行員) という記述があり、また同じ文の最後に here (ここで) と書かれている。書面に支店名が載っていないことからも、トレントさんはこの支店でアンケートを記入したものと考えられる。よって正解は (B)。

174 What does Ms. Trent complain about?
(A) The time she spent waiting on the telephone
(B) Stricter requirements for loans
(C) The interruption of a meeting
(D) Her credit card's high interest rate

トレントさんは何について不満を述べていますか？
(A) 彼女が電話口で待った時間
(B) 貸し付けのより厳しい要件
(C) 面談の中断
(D) 彼女のクレジットカードの高金利

正解 C ［正答率 56.6%］

トレントさんの不満に関しては、コメントの 6 ～ 8 行目に During my appointment with the loan officer, another employee stepped into the room and said he needed to talk to her—she then left me waiting for over 20 minutes. (融資担当者との面談中に、別の行員の方が、彼女と話をする必要があると言って割り込んできて、その後、彼女は出て行ったまま私を 20 分以上待たせたのです) とあることから、面談中にほかの行員が割り込んできたことへの不満を述べているのがわかる。よって正解は (C)。

175 What is implied about Peak Trust Bank?
(A) It will have a representative contact Ms. Trent.
(B) It declined Ms. Trent's loan application.
(C) It has staff available 24 hours a day.
(D) It will require its tellers to undergo additional training.

ピーク・トラスト銀行について何が示されていますか？
(A) 担当者に、トレントさんに連絡させる。
(B) トレントさんの貸し付け申請を却下した。
(C) スタッフが 24 時間対応している。
(D) 窓口係に追加の訓練を受けるよう命じる。

正解 A ［正答率 41.3%］

フォームの冒頭 2 ～ 3 行目に If you wish to speak to a representative about anything on this survey, please provide contact information along with your name. (このアンケートについて担当者とお話しされたい場合は、お名前とともにご連絡先の情報をご記入ください) とあり、フォームの下にトレントさんの名前と電話番号が記入されている。つまり、このフォームの提出後に担当者が連絡をするものと考えられる。よって正解は (A)。(A) は〈have ＋〈人〉＋ *do*〉(〈人〉に～させる) の形。

これがエッセンス

アンケート用紙のように表とコメントからなる文書は、その両方に目を通してそれらの関係を理解することが大切です。また、注意書きや説明文も見落とせません。文書のあらゆる箇所が問われるものと思って準備しましょう。

Vocab. 本文 □ **satisfaction**「満足 (感)」 □ **overall**「全体的には」 □ **courteous**「礼儀正しい」 □ **appreciate**「～を正しく評価する」 □ **readily**「容易に」 □ **neatly**「きちんと」 □ **initially**「当初」 □ **confusing**「混乱させる」 □ **teller**「窓口係」 □ **branch**「支店」 □ **secure a loan**「ローンを組む」 選択肢 □ **decline**「～を丁重に断る」 □ **undergo**「～を受ける」

Questions 176-180 refer to the following articles.

Say Goodbye to D-Loop

DALTON (10 November)—After over a year of deliberation, Dalton Mayor Ursula Kruger announced at a press briefing today plans for complete reconstruction of the juncture of Piedmont Avenue and Melrose Lane. A proposed expansion of the roundabout connecting the two roads, locally known as "D-Loop", was deemed infeasible due to spatial constraints.

The decision to build a standard 4-way crossing, complete with traffic lights, comes despite objections by many local groups and individuals. "I've lived here all my life, and D-Loop has been part of this town since before I was born," says Dalton resident Norman Marcos. "It's an integral part of Dalton's charm and character."

Mayor Kruger also expressed regret at the loss of the notable landmark, but she said increasingly heavy traffic in the area leaves the town government with little choice. Asked about the 10-metre bronze statue in the center of the roundabout, Mayor Kruger responded that its fate has yet to be determined.

Cultural Heritage Museum Opens to the Public

DALTON (20 March)—The new Cultural Heritage Museum officially opened its doors today with a special ribbon-cutting ceremony. The Dalton Heritage Society provided all of the funding for the creation of the new building. The museum houses artwork, photographs, old newspaper clippings and other cultural artifacts associated with Dalton's history and its founders. The town mayor spoke briefly at the opening before cutting the ceremonial ribbon. She later posed for photos with *The Sentinel*, which was dedicated to the museum after she decided its removal would be necessary to facilitate the roadwork project at Piedmont and Melrose.

176-180 番は次の 2 つの記事に関するものです。

D ループにさようなら

ダルトン（11 月 10 日）——1 年以上にわたる検討の末、ダルトン町長のウルスラ・クルーガー氏は今日の記者会見で、ピエモンテ通りとメルローズ通りの交差点の全面改修工事の計画を発表した。この 2 つの道路をつなぐ、地元では「D ループ」として知られる、この環状交差点を拡張する案は、スペースの制限があるため実現不可能だと見なされていた。

信号機を備えた標準的な四つ角交差点を設置するという決定は、地元グループと個人の多くの反対があるにもかかわらず行われた。「私は生まれてからずっとここで暮らしていて、D ループは私が生まれるよりも前からこの町の一部でした」と、ダルトンの住民、ノーマン・マルコスさんは話す。「これは、ダルトンの魅力と特色の欠かせない一部です」。

クルーガー町長も、この有名なランドマークを失うことに対して遺憾の意を表明したが、この地域で次第に増えつつある交通渋滞により、町政には選択肢がほとんど残されていないと述べた。クルーガー町長は、環状交差点の中心にある高さ 10 メートルのブロンズ像について質問を受け、その運命はまだ決まっていないと返答した。

文化遺産博物館、一般公開される

ダルトン（3 月 20 日）——今日、新しい文化遺産博物館が特別なテープカットの祝典とともに正式にオープンした。ダルトン遺産協会が、この新しい建物の建設のためのすべての資金を提供した。この博物館は、芸術作品、写真、昔の新聞の切り抜きや、ダルトンの歴史と創設者たちに関連したその他の文化的な工芸品を収蔵している。町長は、祝典のテープをカットする前に、開館式で短いスピーチを行った。彼女はその後、「ザ・センチネル」と一緒に写真のためにポーズをとった。「ザ・センチネル」は、ピエモンテとメルローズの道路工事計画を進めるにはその撤去が必要であると彼女が決定した後、博物館に寄贈された。

Vocab. 本文 □ **deliberation**「熟考」 □ **juncture**「接合点」 □ **roundabout**「環状交差点」 □ **infeasible**「実現不可能な」 □ **constraint**「制約するもの」 □ **complete with**「～を備えた」 □ **integral**「不可欠な」 □ **determine**「～を決定する」 □ **house**「～を収蔵する」 □ **artifact**「人工遺物」 □ **be dedicated to**「～に捧げられる」 □ **facilitate**「～を促進する」

選択肢 □ **vote on**「～に関して投票で決める」 □ **controversial**「論争の的となっている」 □ **convene**「～を招集する」 □ **be headquartered**「本部を置いている」 □ **be opposed to**「～に反対している」 □ **mural**「壁画」 □ **plaque**「飾り額」

176 What was most likely announced on November 10?
(A) A plan to vote on a controversial issue
(B) A plan to seek a new town leader
(C) A plan to convene a special committee
(D) A plan to redesign a busy intersection

11月10日に何が発表されたと思われますか?
(A) 議論を呼ぶ問題に対して投票を行う計画
(B) 町の新しいリーダーを求める計画
(C) 特別委員会を開催するための計画
(D) 混雑する交差点を再設計するための計画

正解 D
[正答率 65.8%]

設問の日付は、1つ目の記事の冒頭に出てくる。第1段落2～4目に、Dalton Mayor Ursula Kruger announced ... plans for complete reconstruction of the juncture of Piedmont Avenue and Melrose Lane.(ダルトン町長のウルスラ・クルーガー氏は…ピエモンテ通りとメルローズ通りの交差点の全面改修工事の計画を発表した)と書かれている。また、この記事の第3段落2～3行目に she said increasingly heavy traffic in the area leaves the town government with little choice(この地域で次第に増えつつある交通渋滞により、町政には選択肢がほとんど残されていないと述べた)とあり、混雑する交差点の改修計画だということがわかるので、正解は(D)。

177 According to the first article, why was the proposed expansion rejected?
(A) Because of the high cost
(B) Because of public opposition
(C) Because of a lack of space
(D) Because of a famous landmark

1つ目の記事によると、提案された拡張が却下されたのはなぜですか?
(A) 高いコストのため
(B) 住民の反対のため
(C) スペース不足のため
(D) 有名なランドマークのため

正解 C
[正答率 16.8%]

1つ目の記事の第1段落4～6行目に A proposed expansion of the roundabout connecting the two roads, ... was deemed infeasible due to spatial constraints.(この2つの道路をつなぐ…環状交差点を拡張する案は、スペースの制限があるため実現不可能だと見なされていた)と書かれているので、正解は(C)。本文の spatial constraints(スペースの制限)を選択肢では a lack of space(スペース不足)と言い換えている。なお、拡張案を却下する形となった今回の決定に住民が反対したとあるため、(B)は不正解。(D)は、決定への住民の反対理由である。

178 What is implied about Ursula Kruger?
(A) She was born and raised in Dalton.
(B) She belongs to the Dalton Heritage Society.
(C) She has begun her campaign for reelection.
(D) She spoke at the Cultural Heritage Museum.

ウルスラ・クルーガーに関して何が示されていますか?
(A) 彼女はダルトンで生まれ育った。
(B) 彼女はダルトン遺産協会に所属している。
(C) 彼女は再選のためのキャンペーンを始めた。
(D) 彼女は文化遺産博物館で話した。

正解 D
[正答率 53.5%]

1つ目の記事の第1段落2行目に Dalton Mayor Ursula Kruger announced ...(ダルトン町長のウルスラ・クルーガー氏は発表した)とあり、ウルスラ・クルーガーがダルトンの町長であることがわかる。文化遺産博物館のオープンを伝える2つ目の記事本文の7～8行目に The town mayor spoke briefly at the opening before cutting the ceremonial ribbon.(町長は、祝典のテープをカットする前に、開館式で短いスピーチを行った)と書かれているので、正解は(D)。

179 What is mentioned about the Dalton Heritage Society?
(A) It financed a construction project.
(B) It is headquartered inside a museum.
(C) It is displaying the works of Norman Marcos.
(D) It is opposed to a roadwork project.

ダルトン遺産協会に関して何が述べられていますか?
(A) それは建設プロジェクトに融資した。
(B) その本部は博物館の中にある。
(C) それはノーマン・マルコスの作品を展示している。
(D) それは道路工事プロジェクトに反対している。

正解 A
[正答率 53.5%]

2つ目の記事本文の3～4行目にThe Dalton Heritage Society provided all of the funding for the creation of the new building.(ダルトン遺産協会が、この新しい建物の建設のためのすべての資金を提供した)と書かれているので、(A)が正解。本文のprovided all of the funding(すべての資金を提供した)を選択肢ではfinanced(融資した)に言い換えている。「資金提供する」はほかに、fund(～に資金提供する)やprovide funding[financing] to(～に資金を提供する)などの表現がある。

180 What most likely is *The Sentinel*?
(A) A local newspaper
(B) A bronze statue
(C) An outdoor mural
(D) A historical plaque

「ザ・センチネル」は何だと思われますか?
(A) 地元の新聞
(B) ブロンズ像
(C) 外の壁画
(D) 歴史のある飾り額

正解 B
[正答率 47.4%]

2つ目の記事の下から3行目以降に*The Sentinel*, which was dedicated to the museum after she decided its removal would be necessary to facilitate the roadwork project(「ザ・センチネル」は、道路工事計画を進めるにはその撤去が必要であると彼女が決定した後、博物館に寄贈された)と書かれている。また、1つ目の記事の第3段落の3～4行目にAsked about the 10-metre bronze statue in the center of the roundabout(環状交差点の中心にある高さ10メートルのブロンズ像について質問を受け)とあり、撤去が決まって博物館に寄贈されたのはブロンズ像だと推測できるので、正解は(B)。

これがエッセンス

ダブルパッセージの問題では、2つの文書の関係性をつかむことが大切です。この問題では両方ともarticle(記事)で同じ種類の文書ですが、メールと広告など異なる種類の文書による出題も見られます。いずれにせよ2つの文書には何らかの関係性があり、その関係性について問う問題が多く出題されます。

Questions 181-185 refer to the following Web page and e-mail.

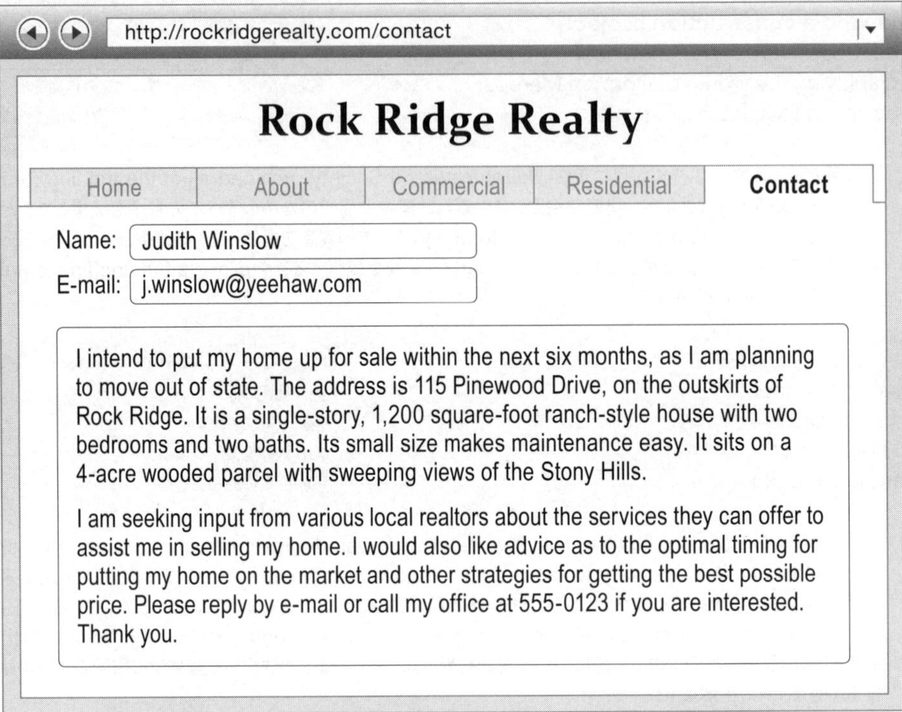

http://rockridgerealty.com/contact

Rock Ridge Realty

Home | About | Commercial | Residential | Contact

Name: Judith Winslow

E-mail: j.winslow@yeehaw.com

I intend to put my home up for sale within the next six months, as I am planning to move out of state. The address is 115 Pinewood Drive, on the outskirts of Rock Ridge. It is a single-story, 1,200 square-foot ranch-style house with two bedrooms and two baths. Its small size makes maintenance easy. It sits on a 4-acre wooded parcel with sweeping views of the Stony Hills.

I am seeking input from various local realtors about the services they can offer to assist me in selling my home. I would also like advice as to the optimal timing for putting my home on the market and other strategies for getting the best possible price. Please reply by e-mail or call my office at 555-0123 if you are interested. Thank you.

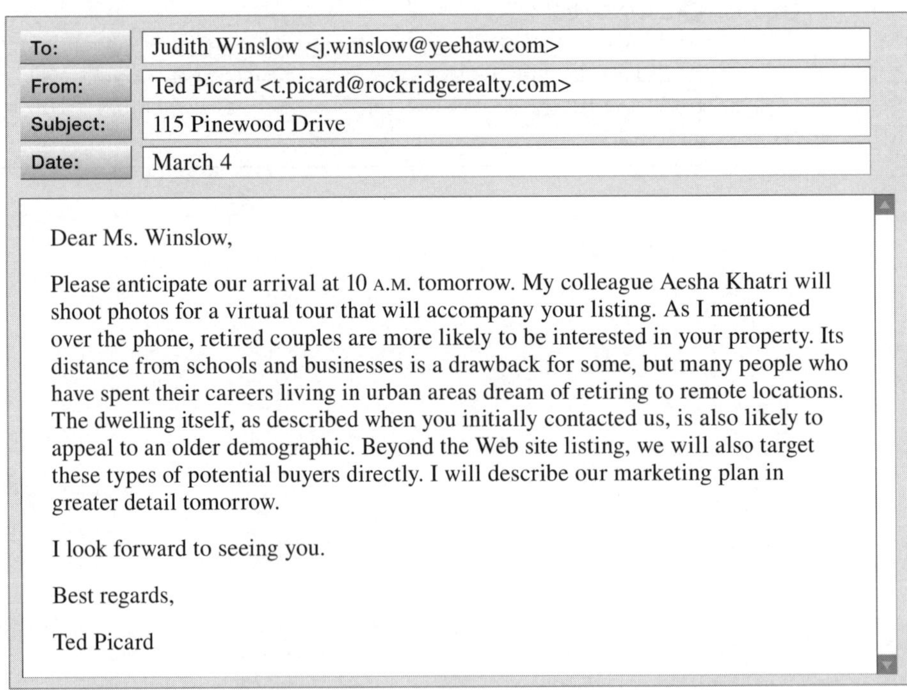

To: Judith Winslow <j.winslow@yeehaw.com>

From: Ted Picard <t.picard@rockridgerealty.com>

Subject: 115 Pinewood Drive

Date: March 4

Dear Ms. Winslow,

Please anticipate our arrival at 10 A.M. tomorrow. My colleague Aesha Khatri will shoot photos for a virtual tour that will accompany your listing. As I mentioned over the phone, retired couples are more likely to be interested in your property. Its distance from schools and businesses is a drawback for some, but many people who have spent their careers living in urban areas dream of retiring to remote locations. The dwelling itself, as described when you initially contacted us, is also likely to appeal to an older demographic. Beyond the Web site listing, we will also target these types of potential buyers directly. I will describe our marketing plan in greater detail tomorrow.

I look forward to seeing you.

Best regards,

Ted Picard

181-185 番は次のウェブページとメールに関するものです。

http://rockridgerealty.com/contact

ロック・リッジ不動産

ホーム　　このサイトについて　　商用　　住居　　**お問い合わせ**

氏名：　ジュディス・ウィンズロー
メール：　j.winslow@yeehaw.com

私は州外へ引っ越すことを計画しているので、今後 6 カ月以内に自分の家を売りに出すつもりです。住所は、ロック・リッジ郊外のパインウッド通り 115 番地です。1 階建てで、面積 1,200 平方フィートのランチ様式で、ベッドルームが 2 つと浴室が 2 つあります。小さいので、メンテナンスが容易です。4 エーカーの木々の多い区画に建ち、ストーニー・ヒルズが見渡せます。

自宅売却の際の支援サービスについて、地元のさまざまな不動産仲介業者から情報をいただけたらと思っています。また、家を売りに出す最適なタイミングや、なるべくいい価格を得るためのその他の戦略について、アドバイスをいただけたらと思います。興味がおありでしたら、メールで返信いただくか、私のオフィス 555-0123 までお電話ください。よろしくお願いします。

あて先：　ジュディス・ウィンズロー <j.winslow@yeehaw.com>
送信者：　テッド・ピカード <t.picard@rockridgerealty.com>
件名：　パインウッド通り 115 番地
日付：　3 月 4 日

ウィンズロー様

明日の午前 10 時に到着しますのでよろしくお願いします。私の同僚のアイーシャ・カトリが、あなたの（物件の）掲載に付随するバーチャルツアーのための写真を撮影する予定です。お電話でお話ししたように、引退したカップルが、あなたの物件に関心を持つ可能性が高いです。学校や企業から遠いことは、人によっては難点ですが、都市部で働いてきた多くの人々は、退職して人里離れた場所に移るのを夢見ます。また、最初に連絡をいただいたときにご説明されていたように、ご住居自体、高齢層の興味を引くと見られます。ウェブサイトの物件一覧に掲載するほか、この種の潜在的な購買者に直接的に訴求する予定です。より詳しいマーケティング計画について、明日お伝えいたします。

お会いできるのを楽しみにしております。

よろしくお願いいたします。

テッド・ピカード

Vocab. 本文 □ **put up for sale**「～を売りに出す」 □ **outskirts**「郊外」 □ **single-story**「1 階建ての」
□ **ranch-style house**「ランチ様式の家（牧場主の家屋を模した平屋のこと）」 □ **sit on**「～にある」 □ **parcel**「区画」
□ **sweeping**「広範囲の」 □ **input**「意見」 □ **realtor**「不動産仲介業者」 □ **optimal**「最適な」
□ **put on the market**「～を売りに出す」 □ **anticipate**「～に備える」 □ **accompany**「～に付随する」 □ **drawback**「欠点」
□ **dwelling**「住居」 □ **initially**「最初に」 □ **appeal to**「～に訴求する」 □ **demographic**「（年齢などの）層」
選択肢 □ **prior to**「～よりも前に」

181 What does Ms. Winslow indicate that she is uncertain about?
(A) Where she intends to relocate
(B) How much she can pay for a realtor
(C) When she will put her home up for sale
(D) Whether she would consider renting her property

ウィンズローさんは、何がわからないと述べていますか？
(A) どこに移住するつもりなのか
(B) 不動産仲介業者にいくら支払えるか
(C) 自分の家をいつ売りに出すか
(D) 自分の不動産物件の賃貸を検討するかどうか

正解 C
[正答率 58.1%]

ウェブページのメッセージ入力欄の冒頭にI intend to put my home up for sale within the next six months（私は今後6カ月以内に自分の家を売りに出すつもりです）と書かれている。読み進めると、第2段落2～3行目にI would also like advice as to the optimal timing for putting my home on the market（また、家を売りに出す最適なタイミングについてアドバイスをいただけたらと思います）とあり、家を売りに出すタイミングがはっきりせずアドバイスを求めているので、正解は(C)。

990点 講師の目
ダブルパッセージの設問では、「According to the Web page, ...（ウェブページによると…）」というように参照する文書を明示してある場合もありますが、この設問のように指定されていないものもあります。この設問ではウェブページのメッセージがウィンズローさんによるものであることから、参照するのはウェブページであることがわかりますが、複数の文書を参照しないといけない問題もありますから、注意が必要です。

182 What did Mr. Picard most likely do prior to sending the e-mail?
(A) He posted a listing for Ms. Winslow's property.
(B) He asked Ms. Winslow to provide some documents.
(C) He inspected some land owned by Ms. Winslow.
(D) He contacted Ms. Winslow at her workplace.

ピカードさんはメールを送る前に何をしたと思われますか？
(A) ウィンズローさんの不動産物件を一覧に掲載した。
(B) いくつかの書類を提供するようウィンズローさんに依頼した。
(C) ウィンズローさんが所有するいくつかの土地を調査した。
(D) 職場にいるウィンズローさんに連絡した。

正解 D
[正答率 19.9%]

ピカードさんがウィンズローさんに送信したメール本文の2～3行目にAs I mentioned over the phone（お電話でお話ししたように）とあり、二人が事前に電話で話したことがわかる。また、ウェブページのメッセージ入力欄の第2段落の4行目にPlease reply by e-mail or call my office at 555-0123 if you are interested.（興味がおありでしたら、メールで返信いただくか、私のオフィス555-0123までお電話ください）とあり、ピカードさんはこのメールを送るより前に、職場にいるウィンズローさんに電話で連絡したと考えられるので、正解は(D)。

183 What is implied about Aesha Khatri?
(A) She has met with Ms. Winslow once before.
(B) She helps create online marketing for real estate.
(C) She is considering making an offer on 115 Pinewood Drive.
(D) She has recently retired from her job in Rock Ridge.

アイーシャ・カトリに関して何が示唆されていますか？
(A) 彼女は以前に一度、ウィンズローさんと会ったことがある。
(B) 彼女は不動産のオンラインマーケティングの製作を手伝っている。
(C) 彼女はパインウッド通り115番地に関して申し込むことを検討している。
(D) 彼女は最近、ロック・リッジでの仕事を退職した。

正解 B
[正答率 64.2%]

メール本文の1～2行目にMy colleague Aesha Khatri will shoot photos for a virtual tour that will accompany your listing.（私の同僚のアイーシャ・カトリが、あなたの[物件の]掲載に付随するバーチャルツアーのための写真を撮影する予定です）と書かれている。この時点で正解は(B)だと判断できるが、さらに、メール本文の7行目のBeyond the Web site listing（ウェブサイトの物件一覧に掲載するほか）を読むと、この写真がウェブサイト用のものだということがはっきりする。

184 Why does Mr. Picard most likely believe the house will attract potential buyers?

(A) It is close to a major employer.

(B) It is small and easy to maintain.

(C) It is situated in a good school district.

(D) It is being offered at a good price.

この家が潜在的な買い手の興味を引くとピカードさんが考えているのはなぜだと思われますか?

(A) 大手の雇用主に近いから。

(B) 小さくてメンテナンスが容易であるから。

(C) よい学区にあるから。

(D) 手ごろな値段で売りに出されているから。

正解 B

[正答率 35.2%]

ウェブページのメッセージ入力欄の第1段落4行目に、この家に関して、Its small size makes maintenance easy.(小さいので、メンテナンスが容易です)と書かれている。これを受け、メール本文の6~7行目にThe dwelling itself, as described when you initially contacted us, is also likely to appeal to an older demographic.(また、最初に連絡をいただいたときにご説明されていたように、ご住居自体、高齢層の興味を引くと見られます)とあり、ピカードさんはこの家の小ささが高齢者にとって魅力的だと考えていると推測できる。よって正解は(B)。

185 According to the e-mail, what will Mr. Picard do on March 5?

(A) Negotiate the terms of a contract

(B) Research a number of Web sites

(C) Contact a real estate agency

(D) Provide explanation of a strategy

メールによると、ピカードさんは3月5日に何をする予定ですか?

(A) 契約の条件を交渉する

(B) 多くのウェブサイトを調査する

(C) 不動産業者に連絡する

(D) 戦略について説明する

正解 D

[正答率 65.8%]

ピカードさんは、メール本文の8~9行目でI will describe our marketing plan in greater detail tomorrow.(より詳しいマーケティング計画について、明日お伝えいたします)と述べている。このマーケティング計画が(D)のstrategy(戦略)にあたる。また、その説明をするのは、このメールの送信日(March 4)と冒頭の記述から翌日の3月5日だとわかるので、正解は(D)。

Questions 186-190 refer to the following excerpt from a guidebook, e-mail, and information.

Outdoor Recreation

As visitors to Albuston surely know, Eldora Valley is one of the warmest regions in the country. Fortunately, there are many places to cool down while enjoying the area's natural wonders.

Natural Swimming Holes

Waterloo Pool – Fed by frosty cold spring water, this popular pool south of downtown in Albuston's Hester Park maintains a consistent temperature throughout the year. The water level can be lower in dry seasons, but cases of the pool running completely dry are extremely rare. Be warned—it's a long, hot walk to and from the parking lot.

Hampton Pool – Located in Eldora Park, Hampton Pool offers beautiful scenery, consistent water level and temperature, and smaller crowds than Waterloo Pool. Through centuries of erosion, the water has carved a cavern into an adjacent cliff, which provides plenty of cooling shade. Spring water steadily drips down from the ceiling of rock above and also pours over the edge of the cliff as a small waterfall. Admission into the park is limited, so get there early, especially on weekends.

To: g.thompson@zemail.com
From: f.holder@woohoo.com
Date: May 10
Subject: Business idea

Hi Gary,

The shaved ice vendor in the Waterloo Pool parking lot does great business. Why don't we look into doing the same thing at Hampton Pool on weekends? The product cost is low. After all, it's just ice, syrup and a paper cone. We could sell from a compact minivan equipped with a freezer and run a gas-powered generator to provide the electricity.

There are fewer people than at Waterloo, since Hampton is out of town and visitor entry is limited. Still, there is always a long line of cars filled with people waiting to get in on weekends. The pool is far from the parking lot too, so everyone is hot by the time they get back to their cars. If we could get permission to set up near the entrance, we could sell to people both coming in and going out.

Regards,

Fred Holder

Visitor Information

Eldora Park and the Hampton Pool are open daily from 10:00 A.M. to 6:00 P.M. Vehicle entry is limited to the number of available parking spaces. All vehicles must fit neatly into a standard-sized parking space. Trailers and oversized vehicles, such as campers, are not allowed. The parking area gate is locked at 6:30 P.M.

Food and beverages are permitted, but no glass containers are allowed. Please make use of garbage and recycling bins in the parking area and along the trail leading to the pool. The use of cooking appliances or any type of motorized equipment is not permitted anywhere on these premises.

186-190 番は次のガイドブックからの抜粋とメールと情報に関するものです。

屋外のレクリエーション

アルバストンを訪れる人ならきっと知っているエルドラ・バレーは、国内で最も温暖な地域の 1 つです。幸い、この地域の自然の驚異を楽しみながら、涼しく過ごせる場所がたくさんあります。

天然のプール

ウォータールー・プール――繁華街の南方、アルバストンのヘスター・パークにあるこの人気のプールは、氷のように冷たい湧き水が流れ込み、年間を通して安定した水温を保っています。乾季には水位が低くなることがありますが、プールが完全に干上がることはきわめてまれです。ご注意いただきたいのは、駐車場からの行き来に暑い中長距離を歩くことになります。

ハンプトン・プール――エルドラ・パークに位置するハンプトン・プールには美しい景色があって安定した水位と水温を保ち、ウォータールー・プールより人混みも少ないです。何世紀にもわたる侵食によって、隣接する崖に水が洞窟を掘り、たくさんの涼しい日陰をもたらしています。上部の岩の天井から湧き水がたえまなくしたたり落ち、崖の端からも小さな滝のように降り注いでいます。パークへの入場は限られているので、とくに週末は、早めに行きましょう。

あて先： g.thompson@zemail.com
送信者 f.holder@woohoo.com
日付： 5 月 10 日
件名： ビジネスのアイデア

ゲイリー様

ウォータールー・プールの駐車場でのかき氷の露天は、非常にいいビジネスになっています。ハンプトン・プールでも週末に同じことをすることを検討してみませんか？ 製造コストはあまりかかりません。結局のところ、氷とシロップと紙のコーンカップだけです。冷凍庫を装備した小型のミニバンから販売できますし、電力を供給するにはガス駆動の発電機を動かせばいいでしょう。

ハンプトンは郊外にあり、来場者の入場が制限されているので、ウォータールーよりも人が少ないです。とはいえ、週末にはいつも、入場を待つ人でいっぱいの車の長い列ができています。プールは駐車場からも離れているので、車に戻ってくるころにはみんな暑くなっています。入り口付近に設営する許可が得られれば、入場客と帰り客の両方に販売することが可能です。

よろしくお願いいたします。

フレッド・ホールダー

ご来場の皆様へのお知らせ

エルドラ・パークとハンプトン・プールは、毎日午前 10 時から午後 6 時までオープンしております。お車でのご入場は、ご利用可能な駐車スペースの数に制限させていただいております。いずれのお車も、標準サイズの駐車スペースにきちんと収まる必要がございます。トレーラーや、キャンピングカーなどの大きすぎるお車はご入場いただけません。駐車場の門は、午後 6 時半に施錠されます。

お食事やお飲み物の持ち込みは可能ですが、ガラス容器の使用は禁止させていただいております。駐車場内とプールまでの通路脇にあるごみ箱やリサイクルボックスをご利用ください。敷地内において、調理器具やあらゆる種類の電動器具はご使用になれません。

Vocab. 本文 □ **feed**「～を供給する」 □ **spring water**「湧き水」 □ **run dry**「干上がる」 □ **erosion**「侵食」 □ **cavern**「洞窟」 □ **adjacent**「隣接した」 □ **waterfall**「滝」 □ **shaved ice**「かき氷」 □ **look into**「～を検討する」 □ **generator**「発電機」 □ **oversized**「大きすぎる」 選択肢 □ **concession stand**「売店」 □ **hours of operation**「営業時間」 □ **make A available to B**「B が A を利用できるようにする」 □ **receptacle**「容器」

186 According to the guidebook, what is true of both pools?
(A) They are both situated near cliffs.
(B) They are both fed by spring water.
(C) They both have consistent water levels year-round.
(D) They both feature waterfalls.

ガイドブックによると、両方のプールに関して正しい記述はどれですか?
(A) どちらも崖の近くに位置している。
(B) どちらも湧き水が流れ込んでいる。
(C) どちらも年間を通じて安定した水位が保たれている。
(D) どちらにも滝がある。

正解 B
［正答率 48.9%］

ガイドブックからの抜粋で、ウォータールー・プールの項目の冒頭に Fed by frosty cold spring water (氷のように冷たい湧き水が流れ込み) と書かれており、ハンプトン・プールの項目の 5 行目にも Spring water steadily drips down from the ceiling of rock above (上部の岩の天井から湧き水がたえまなくしたたり落ちています) という記述があるので、(B) が正解。1 年中、水位が保たれているのはハンプトン・プールだけで、ウォータールー・プールの説明には The water level can be lower in dry seasons (乾季には水位が低くなることがあります) とあるので、(C) は誤り。

187 In the guidebook excerpt, the word "cases" in paragraph 2, line 4, is closest in meaning to
(A) samples
(B) claims
(C) instances
(D) studies

ガイドブックの抜粋の第 2 段落 4 行目の cases に最も意味が近い語は
(A) 見本
(B) 主張
(C) 事例
(D) 研究

正解 C
［正答率 53.5%］

設問の cases は、cases of the pool running completely dry という文中の主部にあたる名詞句の中にあり、of 以下の名詞句に修飾されている。〈動詞＋補語句〉から成る述部 are extremely rare は「きわめてまれだ」という意味なので、文全体を訳すと「プールが完全に干上がる（　）はきわめてまれだ」となる。この（　）には、case のさまざまな語義の中から「場合、事例」を選ぶと文意が通るので、この意味を持つ (C) が正解。

188 What is suggested about Eldora Park?
(A) It charges less for admission than Hester Park.
(B) It is not accessible on weekdays.
(C) It operates a concession stand.
(D) It is located outside of Albuston.

エルドラ・パークに関して何が示唆されていますか?
(A) ヘスター・パークより入場料が安い。
(B) 平日は入ることができない。
(C) 売店を運営している。
(D) アルバストンの郊外に位置している。

正解 D
［正答率 38.2%］

ガイドブックの抜粋の第 3 段落 1 行目に Located in Eldora Park とあるが、この受動態の分詞構文の主語は、直後に続く主文の主語と同じく Hampton Pool なので、ハンプトン・プールはエルドラ・パークにあるとわかる。さらに、ガイドブックの抜粋の冒頭から、これらはアルバストン付近にあることも判明する。メールの第 2 段落 1 行目に Hampton is out of town (ハンプトンは街の郊外にある) とあることから、ハンプトン・プールがあるエルドラ・パークもアルバストンの街のすぐ近くにあると考えられる。したがって、(D) が正解。

189 What part of Mr. Holder's business idea would most likely violate a rule?
(A) The type of serving containers
(B) The size of the proposed vehicle
(C) The suggested energy source
(D) The planned hours of operation

ホールダーさんのビジネスアイデアはどの部分が規則に違反すると思われますか？
(A) 提供する際の容器の種類
(B) 提案されている車両のサイズ
(C) 提案されているエネルギー源
(D) 計画されている営業時間

正解 C
[正答率 36.7%]

メールの第1段落3～5行目で、ホールダーさんは We could ... run a gas-powered generator to provide the electricity.（電力を供給するにはガス駆動の発電機を動かせばいいでしょう）と提案しているが、情報の第2段落3～4行目に The use of cooking appliances or any type of motorized equipment is not permitted anywhere on these premises.（敷地内において、調理器具やあらゆる種類の電動器具はご使用になれません）とあり、手動の機器以外の使用は規則違反だということがわかるので、正解は (C)。

190 According to the information, what does the park make available to visitors?
(A) Picnic tables
(B) Barbecue grills
(C) Waste receptacles
(D) Camping sites

情報によると、公園で来場客は何を利用できますか？
(A) ピクニックテーブル
(B) バーベキューグリル
(C) ごみ箱
(D) キャンプサイト

正解 C
[正答率 48.9%]

情報の第2段落1～2行目に Please make use of garbage and recycling bins in the parking area and along the trail（駐車場内と通路脇にあるごみ箱やリサイクルボックスをご利用ください）と書かれている。(C) の receptacle は「容器」を意味し、waste receptacle は「ごみ箱」のことなので、(C) が正解。ごみ箱はほかに、garbage box、trash bin、litter bin などと言われることもあり、本文と選択肢の言い換えを見抜くことが解答のポイントとなる。

これがエッセンス

トリプルパッセージの問題では、それぞれの文書がどのように関係するのかを把握しましょう。それぞれ別の種類の文書であっても、お互いにどこか共通した情報や、引用している情報などがあります。設問も、複数の文書を参照して解答するものがあります。リーディングセクションの中で、リーディング力とともに情報処理能力が求められるパートと言えるでしょう。

Questions 191-195 refer to the following e-mail, list, and receipt.

To:	h.wells@skylarkair.com
From:	a.geller@mymail.com
Subject:	Claim R90124
Date:	February 14
Attached:	R90124_list receipt

Dear Ms. Wells,

Please find attached a list of the contents of my suitcase lost by Skylark Air on Flight 901 to Tucson on February 6, along with the value of each item. I have included a listing for the case itself. As you requested during our call the other day, I have attached scanned copies of receipts for some of the more expensive items, such as a brand-new designer suit and a number of recently purchased electronic devices.

According to Skylark's claims department, I should receive payment equal to the value of the bag and its contents within four weeks. Please keep me informed as to progress on my claim.

Best regards,

Albert Geller

Claim # R90124

Item	Value
K&K Stallion	$125.00
Molva 3-piece silk suit	$895.00
Miscellaneous clothing	$550.00
Tablet computer	$610.00
Digital video recorder	$320.00
External storage device	$90.00
Smartphone	$800.00

Voltz Electronics

Thank you for dropping by!

Purchase date: January 22 **Member Name:** Albert Geller
Store Clerk: Kate Oliver **Member ID:** 234-116

Parker Omega III	$800.00
Sharpscreen EP24	$900.00
Warp Elephant TZ9	$90.00
Reynolds HG1 4-Pack	$18.00
Ping Ultra	$320.00
Lunestra B130	$610.00
Inkwell Color Set	$40.00
Subtotal	$2778.00
Tax	$222.24
Total	$3000.24

Congratulations! You earned 139 points that can be applied to your next purchase! Save time and money by shopping online at www.voltz.com. Free delivery for orders over $1,000.

191-195 番は次のメールとリストとレシートに関するものです。

あて先： h.wells@skylarkair.com
送信者： a.geller@mymail.com
件名： 損害請求 R90124
日付： 2月14日
添付： R90124_リスト.doc　スキャン.pdf

ウェルズ様

2月6日のトゥーソン行きスカイラーク航空901便で紛失した私のスーツケースの中身と、各品物の金額のリストを添付いたしますのでご覧ください。スーツケース自体もリストに含めました。先日のお電話で依頼されたとおり、最新のデザイナーブランドのスーツや最近購入した多くの電子機器など、より高価ないくつかの商品のレシートをスキャンしたものを添付します。

スカイラークの損失補償部門によると、私はバッグと中身の価値に相当する支払いを4週間以内に受け取れることになっています。私の損害請求の進行状況について逐次、ご連絡ください。

よろしくお願いいたします。

アルバート・ゲラー

損害請求 # R90124

内容物	金額
K&K スタリオン	125.00 ドル
モルヴァのシルクのスリーピース・スーツ	895.00 ドル
さまざまな衣類	550.00 ドル
タブレットコンピュータ	610.00 ドル
デジタルビデオカメラ	320.00 ドル
外付け記憶装置	90.00 ドル
スマートフォン	800.00 ドル

ヴォルツ・エレクトロニクス
ご来店ありがとうございました！

ご購入日： 1月22日　**会員名：** アルバート・ゲラー様
店舗担当： ケイト・オリヴァー　**会員 ID：** 234-116

パーカー オメガ III	800.00 ドル
シャープスクリーン EP24	900.00 ドル
ウォープ エレファント TZ9	90.00 ドル
レイノルズ HG1 (4パック)	18.00 ドル
ピン ウルトラ	320.00 ドル
ルネストラ B130	610.00 ドル
インクウェル カラー セット	40.00 ドル
小計	2778.00 ドル
税	222.24 ドル
合計	3000.24 ドル

おめでとうございます！ 139ポイントを獲得し、次のお買い物にご利用になれます！ www.voltz.comでオンラインショッピングし、時間とお金の節約を。1,000ドルを超えるお買い上げで送料無料。

Vocab. 本文 □ **attach**「～を添付する」 □ **scan**「～をスキャンする」 □ **brand-new**「最新の」 □ **a number of**「数多くの～」
□ **equal to**「～に相当する」 □ **keep 〈人〉 informed**「〈人〉に随時報告する」 □ **as to**「～に関して」
□ **miscellaneous**「種々雑多な」 □ **clerk**「店員」 選択肢 □ **reimbursement**「補償」 □ **confirm**「～を確認する」
□ **station**「～を配置する」 □ **redeem**「(クーポン)を商品に変える」
□ **loyalty program**「ポイントプログラム（一定の条件で顧客に特典やポイントを与えるサービス）」

191 What is the main purpose of the e-mail?
(A) To obtain reimbursement
(B) To claim a lost item
(C) To confirm an order
(D) To complain about a delay

メールの主な目的は何ですか？
(A) 補償を受けること
(B) 失われた物品を請求すること
(C) 注文を確認すること
(D) 遅延について苦情を述べること

正解 A
［正答率 19.9%］

メールの第1段落冒頭に Please find attached a list of the contents of my suitcase lost by Skylark Air on Flight 901 ... along with the value of each item.（スカイラーク航空 901 便で紛失した私のスーツケースの中身と、各品物の金額のリストを添付いたしますのでご覧ください）とあり、第2段落1～2行目に I should receive payment equal to the value of the bag and its contents（私はバッグと中身の価値に相当する支払いを受け取れることになっています）と書いていることから、(A) が正解。失われた物品自体を請求しているわけではないため、(B) は不正解。

990点 講師の目
トリプルパッセージの問題でも、このように1つの文書を参照して正解が出せるタイプの設問があります。即答できる問題も多いので、時間が足りない場合はこのタイプの問題だけでも解答したいものです。時間のかかる問題に手間取るよりも、即答できる問題をできるだけ多く解きましょう。

192 What is indicated about Ms. Wells?
(A) She is stationed at an airport in Tucson.
(B) She spoke with Mr. Geller prior to February 14.
(C) She handled Mr. Geller's booking on February 6.
(D) She was an attendant on board Flight 901.

ウェルズさんに関して何が示されていますか？
(A) 彼女はトゥーソンの空港に常駐している。
(B) 彼女はゲラーさんと2月14日よりも前に話した。
(C) 彼女は2月6日にゲラーさんの予約を手配した。
(D) 彼女は 901 便の乗務員だった。

正解 B
［正答率 56.6%］

ゲラーさんがウェルズさんに対し、メールの第1段落の3行目で As you requested during our call the other day（先日のお電話で依頼されたとおり）と書いており、メールの日付の2月14日よりも前に二人が電話で話したことがわかるので、正解は (B)。ゲラーさんが乗ったのは 901 便だが、ウェルズさんがこの飛行機の乗務員だったとは書かれておらず、ウェルズさんの勤務地もどこにも示されていないので (A) と (D) は誤り。また、予約についてはどこにも書かれていないので (C) も不正解。

193 What most likely is K&K?
(A) A brand of luggage
(B) A brand of wristwatch
(C) A brand of business apparel
(D) A brand of electronics

K&K とは何だと思われますか？
(A) 旅行かばんのブランド
(B) 腕時計のブランド
(C) ビジネス向けアパレルのブランド
(D) 家電製品のブランド

正解 A
［正答率 33.6%］

リストのいちばん上の品目に K&K Stallion の表記がある。メールの第1段落1～3行目に Please find attached a list of the contents of my suitcase lost by Skylark Air on Flight 901 ... I have included a listing for the case itself.（スカイラーク航空 901 便で紛失したスーツケースの中身のリストを添付します…スーツケース自体もリストに含めました）とあり、リストの2つ目以降を見るとスーツケースの中身だと推測できることから、K&K とはスーツケースのブランド名だと考えられる。よって (A) が正解。

194 Which item on the receipt is most likely a tablet computer?
(A) Parker Omega III
(B) Sharpscreen EP24
(C) Ping Ultra
(D) Lunestra B130

レシートの中のどの商品がタブレットコンピュータだと思われますか?
(A) パーカー オメガ III
(B) シャープスクリーン EP24
(C) ピン ウルトラ
(D) ルネストラ B130

正解 **D**
[正答率 74.9%]

リストの上から4番目に Tablet computer (タブレットコンピュータ) があり、その価格を見ると610ドルと書かれている。レシートの中でこの値段と一致するのは Lunestra B130 (ルネストラ B130) なので、正解は (D)。

195 On the receipt, what is implied about Mr. Geller?
(A) His purchase was shipped at no cost.
(B) He redeemed a coupon on January 22.
(C) He belongs to a customer loyalty program.
(D) His order was placed on a Web site.

レシートでゲラーさんに関して何が示唆されていますか?
(A) 彼が購入したものは無料で発送された。
(B) 彼は1月22日にクーポンを利用した。
(C) 彼は顧客ポイントプログラムに参加している。
(D) 彼の注文はウェブサイトで行われた。

正解 **C**
[正答率 15.3%]

レシートのタイトルに Voltz Electronics (ヴォルツ・エレクトロニクス) と書かれており、会員名に Albert Geller (アルバート・ゲラー) とある。さらに、このレシートの下の段に、Congratulations! You earned 139 points that can be applied to your next purchase! (おめでとうございます! 139ポイントを獲得し、次のお買い物にご利用になれます!) と書かれており、ゲラーさんが買い物ポイントをためていることがわかる。ゲラーさんは、ヴォルツ・エレクトロニクスの会員でポイントをためているので、(C) が正解。レシート下部に1,000ドルを超える購入で送料無料とあるのは、オンラインで購入 (shopping online) した場合。レシートの冒頭に Thank you for dropping by! とあることから、このレシートは店舗での買い物で発行されたと考えられるので、(A) と (D) は誤り。

Questions 196-200 refer to the following product description, customer review, and online response.

EZ Reader Online Store

Here is our top suggestion for you, based on your recent account activity.

Veggie Delicious Dishes

Description: Written by Charlene Boucher, executive director of the acclaimed Parisian Culinary Institute, *Veggie Delicious Dishes* features lists of all necessary ingredients and equipment and has easy-to-follow instructions for preparing a vast array of vegetarian and vegan cuisine, from appetizers to entrées.

[**Suggested Item Guarantee**]

If you are not satisfied with your purchase of a suggested item, notify EZ Reader within 10 days. We will then delete it from your device and credit your account.

CLICK HERE to download now for $89.00 (EZR Club members pay just $79.00!)

EZ Reader Reviews

Share your opinion with other readers and post a review!

Title: *Veggie Delicious Dishes*
Author: Charlene Boucher
Publisher: Golden Leaves
Your First Name: Gail
Your Last Initial: K
Are you an EZR Club member? X **Yes** ___ **No**

Number of Stars (0-5): 4.5

Comment:
The huge number and high quality of the recipes in this book makes it worth the price, even for a non-member. I have made over thirty of the dishes, and everything has turned out great. Patrons at my restaurant frequently request more vegan and vegetarian options on our menu, so this book helps. My favorite so far is the first recipe listed in the book. Unfortunately, it includes peanut oil, which we do not use unless the dish contains actual peanuts. This policy helps to eliminate potential confusion about ingredients. I would give this book five stars, but disappointingly, there are no desserts included.

Submit Review

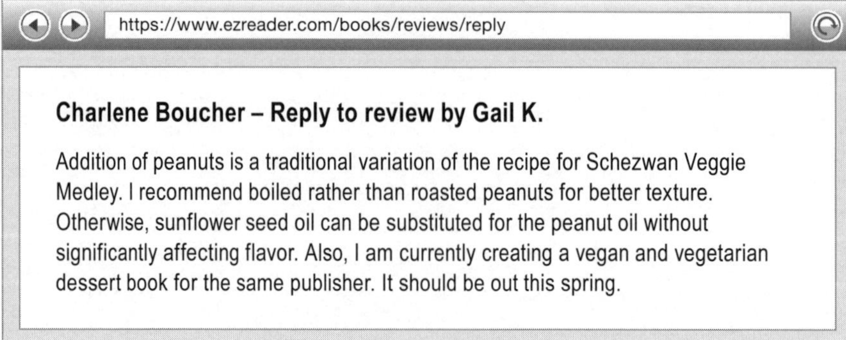
https://www.ezreader.com/books/reviews/reply

Charlene Boucher – Reply to review by Gail K.

Addition of peanuts is a traditional variation of the recipe for Schezwan Veggie Medley. I recommend boiled rather than roasted peanuts for better texture. Otherwise, sunflower seed oil can be substituted for the peanut oil without significantly affecting flavor. Also, I am currently creating a vegan and vegetarian dessert book for the same publisher. It should be out this spring.

196-200 番は次の商品説明とカスタマーレビューとオンラインでの返信に関するものです。

EZ リーダー・オンラインストア

お客様の最近のアカウント履歴に基づいた、一番のおすすめはこちらです。

『野菜のおいしい料理』

詳細： 高い評価を受けるパリ料理研究所のエグゼクティブ・ディレクター、シャーリーン・バウチャー著『野菜のおいしい料理』には、すべての必要な材料と道具の一覧が掲載され、前菜からメイン・ディッシュまで、ベジタリアンとビーガンのためのさまざまな料理の作り方がわかりやすく書かれています。

[おすすめアイテム保証]

おすすめした商品をご購入いただいてご満足いただけなかった場合、EZ リーダーまで 10 日以内にお知らせください。お使いの端末から消去し、お客様のアカウントに返金いたします。

こちらをクリックしていただくと、今なら 89 ドルでダウンロードいただけます（EZR クラブ会員のお客様のお支払いはわずか 79 ドルとなります！）

EZ リーダー・レビュー

ほかの読者の皆様に、お客様のご意見をお聞かせください。レビューを投稿しましょう！

タイトル： 『野菜のおいしい料理』
著者： シャーリーン・バウチャー
出版社： ゴールデン・リーブズ
お客様のお名前： ゲイル
お客様の名字のイニシャル： K
EZR クラブ会員ですか？ _×_ **はい** ___ **いいえ**

星の数（0-5）：4.5

コメント：

この本には質の高いレシピがとてもたくさん載っていて、会員でない人にも値段に見合う価値があります。この本の中から 30 品を超える料理を作りましたが、どれも素晴らしい料理になりました。私のレストランの常連のお客様から、ビーガンとベジタリアンの選択肢をメニューにもっと増やしてほしいと頻繁に頼まれるので、この本には助かっています。これまでの私のお気に入りは、この本の最初に載っていたレシピです。残念ながら、これにはピーナッツオイルが含まれていました。当店では、ピーナッツそのものが料理に入っていないかぎり、ピーナッツオイルは使っておりません。この方針は、原材料について混乱が起こらないようにするのに役立っています。星 5 つを付けたいところですが、がっかりしたことに、デザートが 1 つも載っていませんでした。

[レビューを投稿]

---

https://www.ezreader.com/books/reviews/reply

シャーリーン・バウチャー ——ゲイル・K さんのレビューへの返信

ピーナッツを加えるのは、シェズワン・ベジー・メドレーのレシピでは昔からあるアレンジです。食感をよりよくするために、いったピーナッツよりもゆでたものをおすすめします。あるいは、ピーナッツオイルの代わりにヒマワリ油を使うこともでき、風味に大きな影響を与えることはありません。それから、私は今、ビーガンとベジタリアン用のデザートの本を作っていて、同じ出版社から出ます。この春に発刊予定です。

Vocab. 本文 □ **acclaimed**「評価の高い」 □ **culinary**「料理の」 □ **feature**「～を掲載している」 □ **ingredient**「原材料」 □ **equipment**「器具」 □ **a vast array of**「幅広い～」 □ **cuisine**「料理」 □ **be satisfied with**「～に満足する」 □ **credit**「～に入金する」 □ **publisher**「出版社」 □ **turn out**「～という結果になる」 □ **patron**「常連客」 □ **eliminate**「～を除く」 □ **confusion**「混乱」 □ **texture**「食感」 選択肢 □ **diverse**「多様な」 □ **alternative**「ほかの選択肢、代案」

196 What is indicated in the description of *Veggie Delicious Dishes*?
(A) The author has received an award.
(B) Some dishes call for rare ingredients.
(C) The book is featured on a best-seller list.
(D) The recipes included are widely diverse.

『野菜のおいしい料理』の説明で述べられていることは何ですか?
(A) 著者はある賞を受賞した。
(B) 一部の料理には珍しい材料が必要だ。
(C) その本はベストセラーのリストに載っている。
(D) 掲載されているレシピはかなり多様だ。

正解 D
[正答率 58.1%]

商品説明の『野菜のおいしい料理』の説明欄を見ると、2 ~ 4 行目に *Veggie Delicious Dishes* ... has easy-to-follow instructions for preparing a vast array of vegetarian and vegan cuisine (『野菜のおいしい料理』にはベジタリアンとビーガンのためのさまざまな料理の作り方がわかりやすく書かれています) と述べられている。よって、(D) が正解。本文の instructions for preparing ... cuisine (…の料理を調理するための説明) を選択肢では recipes (レシピ) に、a vast array of (幅広い~) を widely diverse (かなり多様な) に言い換えている。

197 What is implied about Gail K?
(A) She will have her EZ Reader account credited.
(B) She paid $79.00 for Charlene Boucher's book.
(C) She maintains a vegetarian diet.
(D) She has posted numerous book reviews.

ゲイル・K に関して何が示唆されていますか?
(A) EZ リーダーのアカウントに返金を受けるだろう。
(B) シャーリーン・バウチャーの本に 79 ドルを支払った。
(C) ベジタリアンの食事を続けている。
(D) 本のレビューをたくさん投稿してきた。

正解 B
[正答率 59.6%]

ゲイル・K が書いたレビューを見ると、記入項目の 6 つ目 Are you an EZR Club member? (EZR クラブ会員ですか?) に Yes と答えている。また、記入項目の 1 つ目の Title (タイトル) と 2 つ目の Author (著者) 欄から、商品説明で取り上げられているシャーリーン・バウチャーの本『野菜のおいしい料理』を購入してレビューを書いていると判断できる。商品説明のいちばん下に EZR Club members pay just $79.00! (EZR クラブ会員のお客様のお支払いはわずか 79 ドルとなります!) とあり、EZR クラブ会員のゲイルさんは 79 ドルでこの本を買ったとわかるので、(B) が正解。

198 Who most likely is Gail K?
(A) The operator of a dining establishment
(B) The director of a cooking school
(C) A food critic for a newspaper
(D) A producer of online cooking videos

ゲイル・K はどういう人だと思われますか?
(A) 飲食店の運営者
(B) 料理学校のディレクター
(C) 新聞の料理評論家
(D) 料理のオンライン動画の作り手

正解 A
[正答率 59.6%]

ゲイル・K はレビューのコメント欄の 3 ~ 4 行目に Patrons at my restaurant frequently request more vegan and vegetarian options on our menu (私のレストランの常連のお客様から、ビーガンとベジタリアンの選択肢をメニューにもっと増やしてほしいと頻繁に頼まれる) と書いている。したがって、ゲイルさんは自分のレストランで料理を作っていると推測できるので、正解は (A)。選択肢では、restaurant を dining establishment (食事をする施設) と言い換えている。

199 What is suggested about Schezwan Veggie Medley?
(A) It cannot be prepared without peanut oil.
(B) It includes a variety of nuts and seeds.
(C) It is the first recipe in *Veggie Delicious Dishes*.
(D) It is Charlene Boucher's favorite dish.

シェズワン・ベジー・メドレーに関して何が示唆されていますか?
(A) ピーナッツオイルがないと作ることができない。
(B) さまざまな種類の木の実や種が入っている。
(C)『野菜のおいしい料理』の最初に載っているレシピだ。
(D) シャーリーン・バウチャーのお気に入りの料理だ。

正解 C
[正答率 35.2%]

Schezwan Veggie Medleyは、レビューに対する著者からの返信の1～2行目に出てくる料理名。続く2～4行目に、料理にピーナッツを加える場合のおすすめやピーナッツオイルの代用について書かれている。一方、ゲイルさんは*Veggie Delicious Dishes*についてのレビューのコメント欄5～8行目(My favorite so far is ... confusion about ingredients.)で、本の最初に載っているレシピを気に入っているが、ピーナッツが入らないのにピーナッツオイルを使うため、自分のレストランで出せないと述べている。これらの点からSchezwan Veggie Medleyはこの本の最初に載っていたレシピ(the first recipe listed in the book)だと考えられるので、(C)が正解となる。

200 What is most likely true about Charlene Boucher?
(A) She is currently collaborating with Golden Leaves.
(B) She refrains from offering alternatives for her recipes.
(C) She will begin writing another book this spring.
(D) She earns her income exclusively from publishing books.

シャーリーン・バウチャーに関して正しいと思われる記述はどれですか?
(A) 現在、ゴールデン・リーブズと一緒に仕事をしている。
(B) 自分のレシピについて代案を教えることを控えている。
(C) 別の本をこの春から書き始める予定だ。
(D) 本の出版だけで収入を得ている。

正解 A
[正答率 26.0%]

シャーリーン・バウチャーはレビューへの返信の本文4～5行目にI am currently creating a vegan and vegetarian dessert book for the same publisher.(私は今、ビーガンとベジタリアン用のデザートの本を作っていて、同じ出版社から出ます)と書いている。the same publisherは、レビューの3つ目の記入項目欄Publisher(出版社)からGolden Leavesだとわかる。つまり、バウチャーさんは今、ゴールデン・リーブズと本を作る仕事をしていることになるので、正解は(A)。レビューへの返信で春に刊行予定だ(It should be out this spring.)とあるので、(C)は誤り。

990点 講師の目

正誤問題は4つの選択肢それぞれについて文書と照らし合わせる必要があるので、解答にとても時間がかかります。設問のキーワードから文書中の参照箇所を見つけることになりますが、文章量が多いので大変な作業です。Part 7にはこのように手間のかかる問題があるので、Part 5やPart 6は短時間で解答し、できるだけ長い時間をこのような問題にあてられるようにしたいものです。

TEST 1 正解一覧

チェックボックスは答え合わせや習熟度確認のためにお使いください。

101	A	□□□
102	C	□□□
103	D	□□□
104	B	□□□
105	D	□□□
106	A	□□□
107	B	□□□
108	C	□□□
109	A	□□□
110	D	□□□
111	B	□□□
112	C	□□□
113	C	□□□
114	D	□□□
115	A	□□□
116	D	□□□
117	C	□□□
118	B	□□□
119	B	□□□
120	D	□□□
121	D	□□□
122	A	□□□
123	C	□□□
124	A	□□□
125	B	□□□
126	A	□□□
127	B	□□□
128	D	□□□
129	C	□□□
130	C	□□□
131	D	□□□
132	A	□□□
133	B	□□□
134	D	□□□
135	C	□□□
136	D	□□□
137	A	□□□
138	D	□□□
139	B	□□□
140	C	□□□
141	A	□□□
142	D	□□□
143	A	□□□
144	D	□□□
145	B	□□□
146	B	□□□
147	A	□□□
148	C	□□□
149	A	□□□
150	D	□□□
151	D	□□□
152	C	□□□
153	A	□□□
154	B	□□□
155	B	□□□
156	D	□□□
157	C	□□□
158	B	□□□
159	D	□□□
160	C	□□□
161	C	□□□
162	B	□□□
163	D	□□□
164	B	□□□
165	B	□□□
166	C	□□□
167	D	□□□
168	D	□□□
169	B	□□□
170	A	□□□
171	C	□□□
172	B	□□□
173	B	□□□
174	C	□□□
175	A	□□□
176	D	□□□
177	C	□□□
178	D	□□□
179	A	□□□
180	B	□□□
181	C	□□□
182	D	□□□
183	B	□□□
184	B	□□□
185	D	□□□
186	B	□□□
187	C	□□□
188	D	□□□
189	C	□□□
190	C	□□□
191	A	□□□
192	B	□□□
193	A	□□□
194	D	□□□
195	C	□□□
196	D	□□□
197	B	□□□
198	A	□□□
199	C	□□□
200	A	□□□

TEST 2 の解答・解説

101 The event planner was ------- with the price quote from Joshua's Catering.

(A) pleasure **(B) pleased**
(C) pleasing (D) pleasantly

そのイベント・プランナーはジョシュアズ・ケータリング社からの提示額に満足した。

正解 B 品詞 [正答率 89.2%]

〈be 動詞＋過去分詞〉で〈人の気持ち〉を表すことを知っていれば、即座に過去分詞の (B) pleased を選ぶことができる。(A) pleasure（喜び）は名詞、(C) pleasing（人の心を和ませる）は現在分詞から派生した形容詞、(D) pleasantly（心地よく）は副詞。なお please は「～を喜ばせる、満足させる」という意味の他動詞。

Vocab. □ **quote**「見積もり」

990点 講師の目

人の感情を表すとき、日本語では「人が物事に～する」と言いますが、英語では「物事が人を～させる」という視点で表現します。そのため、人を感情表現の主語にする場合、英語では「人が物事に～させられる」となり、受動態の文を用いる必要が生じるのです。

---

102 Because our deadline for publication is very -------, we will have to work quickly.

(A) few **(B) tight**
(C) small (D) low

出版物の締め切りはとても厳しいので、私たちは迅速に仕事をこなさねばならない。

正解 B 語彙 [正答率 97.3%]

選択肢に形容詞が並ぶ語彙問題。文頭の Because に続く節の主語 our deadline（我々の締め切り）が「どうなのか」を考え、適切な形容詞を選ぶ。締め切りの様子を表す語として適切なのは「時間の余裕がない、厳しい」という意味の (B) tight。(A) few は「(数が) 少ない」、(C) small は「(形状が) 小さい」、(D) low は「(値が) 低い」という意味。

Vocab. □ **deadline**「締め切り」 □ **publication**「出版 (物)」

---

103 Glapper Company's financial situation has improved ------- the past few months.

(A) by (B) on
(C) of **(D) in**

グラッパー社の財務状況はこの数カ月で改善した。

正解 D 前置詞 [正答率 81.1%]

〈in ＋時を表す名詞〉で「～の間に」という意味なので (D) in が正解。(A) by は〈by ＋期限を表す名詞〉で「～までに」、(B) on は〈on ＋日付や曜日〉で「～に」(例：on the 12th [Friday] = 12 日 [金曜日] に)、(C) of は as を伴い、〈as of ＋日付〉で「～の時点で」という意味。

Vocab. □ **financial situation**「財務状況」

---

104 A fault in the electrical system was ------- to blame for the recent drop in production at the Zurich plant.

(A) excluding (B) exclusive
(C) exclusively (D) exclusion

電気システムの欠陥が最近のチューリッヒ工場での生産量の低下のほかならない原因だ。

正解 C 品詞 [正答率 45.9%]

副詞の (C) exclusively（もっぱら、～だけ）が空欄に入れば、was ------- to blame という述語動詞を適切に修飾できる。(A) excluding は「～を除外して」という意味の前置詞、(B) exclusive（独占的な）は形容詞、(D) exclusion（除外）は名詞。

Vocab. □ **fault**「欠陥」 □ **be to blame for**「～の責任がある」

---

105 Before leaving the dental clinic, please set an appointment for your next ------- checkup.

(A) clean (B) examined
(C) reminding **(D) routine**

歯科クリニックからお帰りになる前に、次の定期検査のご予約をお済ませください。

正解 D 語彙 [正答率 59.5%]

選択肢に並ぶ形容詞の中から、空欄直後の checkup（検査）を適切に修飾するものを選ぶ。正解は、「定期の」という意味を表す (D) routine。(A) clean は「清潔な」、(B) examined は「検査を受けた」、(C) reminding は「～に思い出させる」という意味。(B) examined は examine の過去分詞、(C) reminding は remind の現在分詞でいずれも形容詞的に使われる。

Vocab. □ **appointment**「予約」 □ **checkup**「検査」

106 In addition to beach access, Grand Kohai Resort ------- features three beautiful swimming pools.

(A) many (B) other
(C) more **(D) also**

ビーチへのアクセスに加え、グランド・コハイリゾートは3つの美しいプールも擁しております。

正解 D 語法 [正答率 83.8%]

カンマの後の Grand Kohai Resort ------- features three beautiful swimming pools (グランド・コハイリゾートは3つの美しいプールを擁している) は、空欄部分がなくても文 (S + V + O) が完成している。よって、動詞の features を前から修飾でき、文意も通る副詞の (D) also (〜もまた) が正解。(A) many は「多くの」という意味の形容詞、または「多数」という意味の名詞。(B) other (ほかの) は形容詞、(C) more (もっと) は形容詞としても副詞としても使われる many/much の比較級。

Vocab. □ **feature**「〜を特徴とする」

---

107 Mr. Cade and Mr. Oswald were ------- introduced at a reception late last year.

(A) formality (B) formal
(C) formals **(D) formally**

ケイド氏とオズワルド氏は昨年末に、とあるパーティで正式に引き合わされた。

正解 D 品詞 [正答率 97.3%]

異なる品詞が並ぶ選択肢のうち、述語動詞の were ------ introduced を修飾できるのは副詞の (D) formally (正式に) のみ。(A) formality (正式さ) は名詞、(B) formal (正式な;イブニングドレス) は形容詞または名詞、(C) formals は名詞の複数形。

Vocab. □ **reception**「歓迎会、祝賀会」

990点 講師の目

この問題のように空欄部分がなくても文が成立する場合、空欄には修飾語句となる形容詞または副詞が入ります。基本的には名詞を修飾するのが形容詞で、動詞を修飾するのが副詞と覚えておきましょう。副詞は動詞の直前直後だけでなく、文のいろいろなところに入るので注意が必要です。

---

108 Project leader Mia Na will monitor the activity of every member of ------- team.

(A) she (B) hers
(C) her (D) herself

プロジェクトリーダーのミア・ナは、自分のチームの各メンバーの活動に目を配るつもりだ。

正解 C 格 [正答率 99%]

選択肢には she (彼女) の格が変化した語が並んでいる。空欄後の team (チーム) の前に置けるのは所有格の (C) her (彼女の) のみ。(A) she (彼女が) は主格、(B) hers (彼女のもの) は所有代名詞、(D) herself (彼女自身) は再帰代名詞。

Vocab. □ **monitor**「〜を監視する」

---

109 Austin Art Supply has earned many loyal customers ------- its wide selection and friendly staff.

(A) given that (B) resulting
(C) thanks to (D) both

オースティン・アート・サプライは豊富な品ぞろえと親切なスタッフで多くの得意客を獲得してきた。

正解 C 前置詞 vs 接続詞 [正答率 73%]

選択肢に前置詞や接続詞が混在しているが、空欄の後の部分に注目する。そこが〈S + V〉の節であれば正解は接続詞、名詞句であれば正解は前置詞となる。この文では its wide selection and friendly staff (豊富な品ぞろえと親切なスタッフ) という名詞句なので、正解は前置詞の (C) thanks to (〜のおかげで)。(A) given that (〜を考慮すれば) は接続詞、(B) resulting は resulting in の形で「〜という結果になる」という意味を表す分詞句を導く現在分詞。(D) both は「両方、両者;両方の」という意味の代名詞または形容詞。

Vocab. □ **earn**「〜を得る」 □ **loyal customer**「得意客、常連」

---

110 The morning ------- of the customer service training workshop will take place on the seventh floor.

(A) session (B) venue
(C) instructor (D) admission

カスタマーサービスの研修会の朝のセッションは7階で行われます。

正解 A 語彙 [正答率 97.3%]

選択肢に並ぶ名詞の中から、本文の主語として適切な語を選ぶ。述語動詞が will take place (開催される) であることがわかれば、(A) session (講習会) を選ぶことができる。(B) venue は「会場」、(C) instructor は「教官」、(D) admission は「入場」という意味で、いずれも take place の主語にはなれない。

Vocab. □ **take place**「開催される」

111 Brubaker Clothing's new factory will provide hundreds of jobs and other ------- benefits to the local community.

(A) economist **(B) economic**
(C) economically (D) economies

ブルベイカー衣料社の新しい工場は地域社会に何百人という雇用の創出をもたらし、その他の経済的貢献もするだろう。

正解 B 品詞 [正答率 89.2%]

空欄の後に benefits という名詞があるので、それを修飾する形容詞の (B) economic（経済的）が正しい。(A) economist は名詞で「経済学者」、(C) economically は副詞で「節約という観点から、経済的に」、(D) economies は名詞 economy の複数形で「（総括的に）経済」という意味。

Vocab. □ **provide A to B**「B に A を与える」

---

112 Journalist Natalie Chen not only writes articles for the *Daily Gazette* ------- is a novelist as well.

(A) and (B) except
(C) but (D) as

ジャーナリストのナタリー・チェンは『デイリーガゼット』に記事を寄稿するだけではなく、小説も書く。

正解 C 慣用表現 [正答率 86.5%]

動詞の writes（～を書く）の前に not only があることに注目する。not only を用いた慣用表現の not only A but also B（A だけでなく B も）を完成させる (C) but を空欄に入れれば、文意も通る。なお、but also の also は省略されることも多く、本文のように as well が使われることもある。

Vocab. □ **novelist**「小説家」

990点 講師の目

not only A but also B という慣用表現では、AとBに同じ品詞・同じ形の語句が入ることも覚えておきましょう。この問題では動詞句（writes ... と is ...）をつないでいますが、ほかにも同じ品詞のいろいろな語句をつなぐことができます。

---

113 Though they dislike the new policies regarding work attire, the employees ------- them.

(A) following (B) to follow
(C) will follow (D) follows

勤務時の新しい服装規定が気に入らなくても、社員は従うだろう。

正解 C 構文／主述の一致 [正答率 86.5%]

文頭の接続詞 Though が導く従属節の部分を読み飛ばし、カンマの後の主節の構文に注目する。主語の the employees（社員）と目的語 them にはさまれた空欄に入るのは述語動詞。選択肢の中で述語動詞になりえるのは (C) will follow と (D) follows の 2 つだが、(D) follows は単数名詞が主語の場合に用いる形なので、(C) が正解と判断できる。

Vocab. □ **dislike**「～を嫌う」 □ **attire**「服装」

---

114 Those seeking a budget increase must provide evidence that ------- supports the need for more funding.

(A) deeply (B) hardly
(C) cordially (D) durably

予算増を求める方は追加資金の必要性を明示してください。

正解 A 語彙 [正答率 29.7%]

選択肢には副詞が並んでいる。空欄の直後に述語動詞の supports があるので、空欄に入る副詞は support（～を支持する、裏づける）を修飾することがわかる。support と意味がかみ合う副詞は、(A) deeply（深く、しっかりと）。(B) hardly は「ほとんど～でない」、(C) cordially は「礼儀正しく」、(D) durably は「丈夫に」という意味。

Vocab. □ **budget**「予算」 □ **evidence**「証拠」
□ **funding**「資金（調達）」

---

115 Merchandise ordered through our online store is usually delivered ------- two weeks.

(A) between **(B) within**
(C) about (D) less

弊社のオンラインストアで注文された商品は、通常 2 週間以内に配達されます。

正解 B 前置詞 [正答率 99%]

空欄前後の delivered ------- two weeks に注目する。〈within＋期間〉で、「～以内に」という意味を表す。よって (B) within が正解。(A) between は「～の間に」、(C) about は「およそ」、(D) less は形容詞および副詞 little の比較級で「より少ない；より少なく」という意味。

Vocab. □ **merchandise**「商品」

116 The artist ------- praise for the attention to detail he put into the painting of the city skyline.

(A) awards **(B) deserves**
(C) retrieves (D) designs

その画家が街のスカイラインを描く際に払った細部への配慮は称賛に値する。

正解 B 語彙 [正答率 51.4%]

選択肢はすべて動詞の3人称単数現在形。前置詞句の for the attention to detail とそれに続く従属節を削除すると、〈主語 (The artist) + ------- +目的語 (praise [称賛])〉という骨組みが残る。praise を目的語にとる他動詞は (B) deserves (> deserve : ～に値する)。(A) awards (> award) は「～を授与する」、(C) retrieves (> retrieve) は「～を回収する」、(D) designs (> design) は「～を設計する」という意味。

Vocab. □ **skyline**「スカイライン (空を背景にした建物や木などの輪郭線)」

---

117 We have asked a professional contractor to calculate the ------- cost of remodeling our showroom.

(A) approximate (B) approximation
(C) approximating (D) approximately

専門の建築業者にショールームの改修にかかる概算の費用を算出するように頼んであります。

正解 A 品詞 [正答率 73.0%]

形容詞および動詞の approximate (おおよその ; 近づく) とその派生語と活用形が選択肢に並んでいる。定冠詞 the と名詞 cost (費用) にはさまれた空欄には、名詞 cost を修飾する形容詞が入るので、(A) approximate が正解。(B) approximation (近似) は名詞、(C) approximating は動名詞または現在分詞、(D) approximately (およそ) は副詞。

Vocab. □ **contractor**「建築業者」 □ **calculate**「～を計算する」

---

118 The committee head insists that Ms. Kim must attend the next meeting, ------- it is.

(A) whoever (B) anyone
(C) everywhere **(D) whenever**

委員長は、次回の会議がいつになるにせよ、キムさんが出席しなければならないと主張している。

正解 D 関係詞 [正答率 86.5%]

カンマの後の ------- it is の部分に注目する。主語 it と動詞 is があるので、候補は節を作る関係詞の (A) whoever (だれでも) と (D) whenever (いつであれ) に絞られる。主語の it は the next meeting (次回の会議) を指しているから、文意が通るのは「会議がいつになろうと」という意味を表す (D) whenever。(B) anyone (だれか) は代名詞、(C) everywhere (いたるところに) は副詞。

Vocab. □ **insist**「～と主張する」 □ **attend**「～に出席する」

---

119 ------- this week, Carson City will begin a massive project to resurface public roads in November.

(A) Announce **(B) Announced**
(C) Announcing (D) Announcement

今週発表されたとおり、カーソン・シティは公道の再舗装をする大型プロジェクトを11月に開始する。

正解 B 品詞／構文 [正答率 54.1%]

主語 Carson City の前にカンマがあることに注目する。この文は〈分詞 + , + S + V〉の分詞構文。よって候補は (B) Announced か (C) Announcing に絞られる。分詞の意味上の主語は SV 以下の内容だが、これは「発表される」側なので、(B) が正解。この文は As announced this week, ... と表現することもでき、「～したとおり」という意味の接続詞 As が省略されたと考えられる。

Vocab. □ **massive**「大規模な」 □ **resurface**「～を再舗装する」

990点 講師の目

一般的な分詞構文では、分詞の意味上の主語と主節の主語が同一で、分詞の主語は省略されます。主語が一致しない場合は分詞の前に主語を置く独立分詞構文という形になりますが、慣用的に使われる表現では、一致していなくても主語が省略されます。この問題の Announced も「～に発表されたとおり」という意味を表す慣用表現で、主語は Carson City ではなく、発表された内容です。

---

120 The delicate machinery must be carefully inspected ------- the cause of the problem to be determined.

(A) such as **(B) in order for**
(C) at once (D) so that

精巧な機械は、不具合の原因がないか入念に点検される必要がある。

正解 B 構文 [正答率 67.6%]

まず、空欄の後に続く節の構造を確認する。〈X (the cause of the problem) + to 不定詞 (to be)〉の形をしているので、in order for X to 不定詞で「X が～するために」という意味を表す (B) in order for が正解。(A) such as (～のような) は名詞が、(D) so that (～するために) は節が後ろに続く。(C) at once (すぐに) は副詞表現。

Vocab. □ **machinery**「機械 (類)」 □ **inspect**「～を点検する、検査する」
□ **determine**「～を特定する」

121 Profiles of managers and executives at ------- branch are accessible on our Web site.

(A) any (B) most
(C) entire (D) all

当社のウェブサイト上では全支店の管理職のプロフィールがご覧になれます。

正解 A 修飾 [正答率 37.8%]

空欄後に可算名詞の単数形 branch（支店）があり、冠詞が付いていないことに着目しよう。無冠詞の単数名詞の前に置けるのは、(A) any（どの～でも）。(B) most（たいていの）と (D) all（すべての）の後ろの可算名詞は複数形となる。(C) entire（全体の）が可算名詞とともに使われる場合は、an [the] entire branch のように冠詞が必要。

Vocab. □ **executive**「重役」 □ **accessible**「利用できる、入手できる」

990点 講師の目

any / every / each / all に続く名詞が単数になるのか複数になるのかは、確実に押さえておきたいポイントです。every は原則、単数形の名詞とともに使います。複数形の場合は every ten minutes のように「～ごとに」という意味になります。each は単数形、all は複数形の名詞が後ろに続きます。

---

122 Dale Gardener, who was hired just two years ago, has quickly become one of Titan Advertising's most ------- employees.

(A) valuing (B) value
(C) valued (D) valuation

デール・ガードナーは2年前に採用されたばかりだが、あっという間にタイタン広告社の最も貴重な従業員の一人となった。

正解 C 品詞 [正答率 83.8%]

適切な品詞を選ぶ問題。most ------- employees の部分に着目すれば、副詞の most（最も）に修飾され、名詞 employees を修飾する形容詞の (C) valued（貴重な）が入るとわかる。(A) valuing は動詞 value（～を重んじる）の動名詞または現在分詞、(D) valuation（評価）は名詞。

Vocab. □ **hire**「～を雇う」

---

123 A qualified jewelry appraiser can easily ------- between natural and synthetic gemstones.

(A) differentiate (B) convince
(C) assess (D) verify

資格を取得している宝石鑑定師は容易に天然石と合成宝石を識別できる。

正解 A 他動詞 vs 自動詞 [正答率 45.9%]

選択肢に動詞が並んでいるが、空欄直後に前置詞 between があることから、空欄に入る語は自動詞だとわかる。選択肢中、自動詞の用法を持つのは (A) differentiate（区別する）のみ。differentiate between A and B の形で「AとBの区別がつく」という意味を表す。(B) convince（～を説得する）、(C) assess（～を評価する）、(D) verify（～を証明する）はすべて他動詞なので、後ろには目的語となる名詞または名詞節が続く。

Vocab. □ **appraiser**「鑑定人」 □ **synthetic**「合成の」
□ **gemstone**「宝石」

---

124 Arguments presented by supporters of the restructuring plan were stronger than those of the -------.

(A) opposes (B) opposing
(C) opposite **(D) opposition**

再編成案の支持者側が示した主張のほうが、反対者側のものより説得力があった。

正解 D 品詞 [正答率 83.8%]

stronger than という比較表現に着目し、比較対象が① supporters（支持者）と②空欄に入る語の arguments（主張）であることを確認する。支持者と対照的な〈人〉を示す名詞の (D) opposition（反対者）が正解。(A) opposes は動詞 oppose（～に反対する）の3人称単数現在形、(B) opposing は動名詞または現在分詞、(C) opposite（反対の）は形容詞。

Vocab. □ **argument**「主張」 □ **restructuring plan**「再構成案」

---

125 The crew is confident that ------- progress being delayed, the construction work will finish on schedule.

(A) even though **(B) in spite of**
(C) on the contrary (D) no matter

遅れが出ているにもかかわらず、作業員は建設作業が予定どおりに終わると確信している。

正解 B 前置詞 vs 接続詞 [正答率 54.1%]

空欄の後ろは名詞なので、前置詞である (B) in spite of（～にもかかわらず）が正解。(A) even though は「たとえ～だとしても」、(D) no matter は（後ろに wh 節または that 節を続けて）「いくら～であっても、たとえ～でも」という意味の接続詞で、後ろの節をつなぐ。(C) on the contrary（それどころか）は副詞句で、名詞や節をつなぐ機能を持たない。

Vocab. □ **crew**「（共に仕事をする）チーム、作業員」
□ **confident**「自信がある」 □ **progress**「進捗状況」

126 While Mr. Bradford indeed violated company safety procedure, he did not do so -------.

(A) supposedly (B) feasibly
(C) alternatively **(D) purposely**

ブラッドフォード氏は確かに会社の安全手順に違反したが、それは意図的ではなかった。

正解 D 語彙 [正答率 35.1%]

選択肢に並ぶ副詞の中から、文脈に合う語を選ぶ問題。カンマの前の「ブラッドフォード氏が違反した」という節と後ろの「彼はそれを…しなかった」という対照的な内容の節を、〈譲歩〉を表す接続詞 While（～だけれども）で結んでいる。「どういうふうに違反しなかったのか」を適切に表す副詞は (D) purposely（意図的に）。(A) supposedly は「おそらく」、(B) feasibly は「実行できるように」、(C) alternatively は「代わりに」という意味。

Vocab. □ **indeed**「確かに、実に」 □ **violate**「～に違反する」

---

127 ------- the staff to make useful suggestions is a key trait of successful business managers.

(A) Inspiring (B) Inspire
(C) Inspired (D) Inspires

スタッフが実効性のある提案をするように持っていくことが、成功を生む管理者の大切な特性だ。

正解 A 品詞 [正答率 78.4%]

選択肢は動詞 inspire のさまざまな形。後ろに the staff to make ... と続き、〈inspire〈人〉to *do*〉（〈人〉に～する気を起こさせる）の形で使われている点を確認しよう。空欄には、直後の名詞 staff を目的語にとる動詞の機能と、文頭から suggestions までの問題文の主部をまとめる名詞の機能の両方が求められているので、動名詞の (A) Inspiring が正解。

Vocab. □ **suggestion**「提案」 □ **trait**「特性」

---

128 The ------- for your upcoming sales trip will be sent to you via e-mail once all of the reservations have been confirmed.

(A) reserve (B) legibility
(C) itinerary (D) statute

予約の確定後、あなたの今度の営業出張の旅程をメールでお送りいたします。

正解 C 語彙 [正答率 91.9%]

選択肢はすべて名詞。空欄に入る名詞は、後ろの前置詞句 for your upcoming sales trip（今度の営業のための出張の）に修飾されているので、意味がかみ合う (C) itinerary（旅程）が正解だとわかる。(A) reserve は「備え、保留」（動詞では「～を保有する」）、(B) legibility は「読みやすさ」、(D) statute は「法令、規則」という意味。

Vocab. □ **upcoming**「まもなくやって来る、今度の」
□ **confirm**「～を確認する、確定する」

---

129 The largest piece in the popular Packstar brand luggage set is ------- lightweight and easy to maneuver through airports.

(A) related (B) to relate
(C) relative **(D) relatively**

人気のあるパックスターブランドのバッグ・セットの中で最大のものでも、かなり軽量で空港内で容易に持ち運びできます。

正解 D 品詞／準動詞 [正答率 78.4%]

選択肢には動詞 relate（関係する）の派生語などが並んでいる。be 動詞 is と形容詞 lightweight（軽量の）にはさまれた空欄には、後ろの形容詞を修飾できる副詞が入るので、(D) relatively（比較的）が正解。(A) related は動詞の過去形または過去分詞。(B) to relate は to 不定詞。(C) relative は形容詞では「相対的な、ある程度の」、名詞では「同類、親族」という意味を表す。

Vocab. □ **luggage**「かばん」 □ **maneuver**「～をうまく動かす、操作する」

---

130 Conservationists made a ------- effort to persuade lawmakers to strengthen local environmental protections.

(A) concerted (B) multiple
(C) gathered (D) respective

自然保護活動家たちは、地域の環境保護を強化するよう議員たちを説得するために一丸となって尽力した。

正解 A 語彙 [正答率 29.7%]

選択肢に並ぶ語は形容詞の機能を持つ。熟語 make an effort（努力をする）の effort の前にある空欄には、「どんな努力か」を表す言葉が入る。正解は「一致団結した、協力による」という意味を表す (A) concerted。(B) multiple は「複数の」、(C) gathered は「集められた」という意味。(D) respective（それぞれの）は made their respective efforts の形で用いる。

Vocab. □ **conservationist**「自然保護主義者（活動家）」
□ **persuade**「～を説得する」 □ **lawmaker**「国会議員」

これがエッセンス

語彙問題は知っていれば解ける、知らなければ解けない問題ですが、TOEIC ではむやみやたらに難しい語彙や用法の特殊な言葉が出題されることはありません。新聞記事、メール、広告などでよく使われる語句を用いた出題が多いので、日ごろから英文に触れ、語彙力を高めておきましょう。

Questions 131-134 refer to the following message.

Dear customer,

Magic Wok Chinese Restaurant would like to thank you for taking the time to complete our customer satisfaction survey during your recent visit to our establishment. We value our patrons and have always taken ------- (131.) in delivering exceptional quality and service at our restaurants. The ------- (132.) you provided will doubtlessly assist us in doing just that.

Please accept this gift as a token of appreciation. ------- (133.). They are redeemable at any of ------- (134.) locations.

We look forward to your next visit!

Magic Wok Chinese Restaurant

131-134 番は次のメッセージに関するものです。

お客様各位

先日は当マジック・ウォック中華料理店にご来店いただいた際に、顧客満足度アンケートの記入にお時間を取っていただきありがとうございました。私たちはご愛顧くださるお客様を大切にし、レストランで格別のクオリティとサービスを提供することに常にプライドを持っております。お客様からいただいたご意見は、まさに私たちのそのような取り組みにおいて、間違いなく助けとなります。

お礼のしるしとしてどうぞこのギフトをお受け取りください。同封物は割引クーポンの冊子です。それらは私たちのどの店舗でもご利用いただけます。

次回のご来店を楽しみにしております！

マジック・ウォック中華料理店

Vocab. 本文 □ **complete**「～に記入する」 □ **survey**「アンケート調査」 □ **patron**「常連客」 □ **exceptional**「とくに優れた」 □ **provide**「～を提供する」 □ **as a token of**「～のしるしとして」 □ **appreciation**「感謝」 □ **redeemable**「（現金・品物などと）交換できる」 □ **location**「（ホテル・店などの）場所」 選択肢 □ **may**「～しますように」 □ **enclosed**「同封されたもの」 □ **booklet**「冊子」

131

(A) proud
(B) prides
(C) proudly
(D) pride

正解 D　品詞／慣用表現　[正答率 24.3%]

選択肢には名詞 pride（プライド）の派生語が並ぶ。空欄の前には have always taken（いつも取っている）という動詞句があり、目的語がなければ文意が通らない。よって、目的語となる名詞 (D) を選ぶ。take pride in は「～を誇りに思っている」という慣用表現であることからも (D) が正解とわかる。なお「プライド」の意味では pride は不可算名詞なので s は付かない。(A) proud（誇りを持った）は形容詞、(B) prides は動詞 pride（～を誇りに思う）の 3 人称単数現在形、(C) proudly（誇らしげに）は副詞。

132

(A) supplies
(B) recipes
(C) feedback
(D) training

正解 C　語彙／文脈　[正答率 97.3%]

選択肢はすべて名詞。空欄の前に The があり、空欄の後ろに〈S ＋ V〉の節があるので、空欄の名詞は省略された関係代名詞に続く節で修飾されていることがわかる。アンケートで you provided、つまり「あなた（＝顧客）が与えた」ものは何かを考えると (C) feedback（フィードバック、意見）が最も適切。(A) supplies は「供給」、(B) recipes は「レシピ」、(D) training は「訓練」という意味。

133

(A) May these cookies bring you great fortune.
(B) We hope more people will fill out survey forms.
(C) Enclosed is a booklet of discount coupons.
(D) The dish is quite simple to prepare.

(A) これらのクッキーがあなたに素晴らしい幸運をもたらしますように。
(B) 私たちはより多くの人々がアンケート用紙に記入することを願っています。
(C) 同封物は割引クーポンの冊子です。
(D) この料理は用意するのがとても簡単です。

正解 C　一文選択／文脈　[正答率 89.2%]

空欄の前の文は「このギフトをお受け取りください」という内容。よって、そのギフトが何かを補足説明している (C) が自然な流れを作る。

134

(A) its
(B) my
(C) your
(D) our

正解 D　指示語／文脈　[正答率 94.6%]

選択肢には代名詞の所有格が並んでいる。空欄の後に locations（店舗）とあるので、「レストランの店舗」の「レストランの」を言い換える所有格を選べばよい。本文ではレストランのことを we（私たち）と記述しているので、we の所有格 (D) our が正解。

これがエッセンス

ハイスコア獲得のためには単語理解が必要です。それも単純な意味だけでなく、単語が文の中でどのように使われているのか、また、その単語がよく使われる文脈はどういうものかを知ることが重要です。この知識が十分にあると、文脈に適した単語を素早く正確に選択できるようになります。知識の向上に有効なのは多読です。多読をして単語理解を深めましょう。

Questions 135-138 refer to the following Web page.

http://www.tiggler.ca/annualmeeting/webcast

Tiggler Incorporated holds an annual meeting to salute the achievements of our company and its people, as well as its sales and profits. ------- **135.** year's meeting will be available for viewing online via Webcast. Go to www.webcast.tiggler.ca to see a live stream of the session, beginning at 10 A.M. on November 1. ------- **136.**. We encourage all company personnel, shareholders, clients, and any other interested parties to watch. Full video and audio of the entire meeting will be accessible throughout November at the same ------- **137.**. It will be uploaded about one hour ------- **138.** the conclusion of the session.

135-138 番は次のウェブページに関するものです。

---

http://www.tiggler.ca/annualmeeting/webcast

ティグラー社は売上や利益の功績と同じように、会社と社員の功績も称えるために、年次総会を開催します。今年の総会はウェブ放送を通じてオンラインで見ることができます。11月1日午前10時から始まるセッションのライブ配信を見るためには www.webcast.tiggler.ca にアクセスしてください。サインインや登録は必要ありません。すべての社員、株主、顧客、その他関係者の皆様は、ぜひご視聴ください。総会のすべてを収めた全動画と音声は、同じウェブアドレスで11月の間ずっと見ることができます。それはセッション終了後約1時間でアップロードされます。

Vocab. 本文 □ **salute**「～を称賛する」 □ **available**「入手できる」 □ **encourage 〈人〉 to *do***「〈人〉に～するようすすめる」
□ **personnel**「社員」 □ **interested party**「利害関係者」 選択肢 □ **revenue**「売上高、収益」
□ **be eligible for**「～の資格がある」 □ **resolve**「～を解決する」 □ **sign-in**「ログイン、サインイン」 □ **registration**「登録」
□ **required**「必須の」

135
(A) Each
(B) That
(C) Last
(D) This

正解 **D** 指示語／文脈 [正答率 89.2%]

この文書の主題は an annual meeting（年次総会）。空欄に続く部分が will be available と未来形なので、対象の総会はこれから行われる今年の総会だとわかる。よって、this year's（今年の）となる (D) が正解。(A) は Each year's（それぞれの年の）となり、文意が通らない。(B) は That year's（その年の）、(C) は Last year's（去年の）となり、それぞれ過去を表すので未来形の文には不適切。

136
(A) Company revenues have risen since then.
(B) Members of all departments are eligible for the award.
(C) Technicians are working to resolve the issue.
(D) No sign-in or registration is required.

(A) 会社の収益はそのとき以来増加しています。
(B) すべての部署のメンバーは受賞する資格があります。
(C) 技術者たちはその問題を解決するために働いています。
(D) サインインや登録は必要ありません。

正解 **D** 一文選択／文脈 [正答率 75.7%]

空欄の前の文で、ウェブサイトにアクセスしてライブ配信を見ることをすすめている。よって、訪れたサイト上でウェブ配信を見るために登録などは必要ではない、と補足説明をしている (D) が自然な文の流れを作る。

990点 講師の目
頻出フレーズ「資格がある」は次の4つを覚えておきましょう。① be eligible for 名詞 / be eligible to *do*、② be entitled to 名詞 / be entitled to *do*、③ be qualified for 名詞 / be qualified to *do*、④ be competent for 名詞 / be competent to *do*。

137
(A) time
(B) venue
(C) event
(D) address

正解 **D** 語彙／文脈 [正答率 48.6%]

選択肢には名詞が並ぶ。(A) time を見て「同時に」を意味する熟語の at the same time が完成すると考えると (A) を選択しそうになるが、空欄の前の throughout November（11月中ずっと）とそぐわない。ライブ配信と同じウェブアドレスで総会を収録した動画と音声が確認できる、という意味になる (D) が正解。ウェブサイトを指定する場合は慣用的に address（アドレス）を使う。(B) venue は「開催地」という意味。

138
(A) after
(B) before
(C) since
(D) until

正解 **A** 前置詞／文脈 [正答率 89.2%]

選択肢には時を表す前置詞が並ぶ。空欄の前の文で動画と音声による完全収録データがアップロードされる、と述べられている。データはセッション終了後にアップロードされると考えるのが自然なので、(A) after（～の後に）が正解。

Questions 139-142 refer to the following advertisement.

Hammond Enterprises -------(**139.**) bids from qualified area businesses to provide local transport and delivery services. Complete details of required services, including typical delivery range and cargo, can be found on our Web site at www.hammond.com.

-------(**140.**). All bidders must submit evidence of liability and other -------(**141.**) forms of insurance. Additionally, all bidders must be able to provide verifiable documentation showing they meet licensing requirements for lawful provision of -------(**142.**) services.

139-142 番は次の広告に関するものです。

ハモンド社は地方輸送と配送サービスを提供するために、資格のある地域企業から入札を求めます。よくある配送範囲と積み荷を含め、要求されるサービスの全詳細は、ウェブサイト www.hammond.com で見ることができます。

私たちは 5 月 18 日までに受け取った入札のみ検討します。すべての入札者は損害賠償保険とその他関連保険の証明を提出しなくてはなりません。加えて、すべての入札者は、輸送サービスを合法的に提供するライセンスの要件を満たしていることを示す証明書を提出できなくてはなりません。

Vocab. 本文 □ **bid**「入札」 □ **cargo**「貨物」 □ **bidder**「入札者」 □ **submit**「～を提出する」 □ **liability**「賠償責任」 □ **insurance**「保険」 □ **verifiable**「証明できる」 □ **meet**「（要求など）を満たす」 □ **provision**「提供」
選択肢 □ **improve**「～を改善する」

139

(A) seeks
(B) has sought
(C) sought
(D) seeking

正解 A　時制　[正答率 57.8%]

選択肢には動詞 seek（～を求める）が時制を変えて並んでいる。文書は入札者を募る広告なので、「今募っている」という現在形の (A) seeks を選択するのが適切。(B) has sought は現在完了形で、「過去から今にかけて募っている」または「ちょうど今募ったところだ」という意味になり、不自然。(C) sought は過去形なので不適切。(D) は is seeking という現在進行形ならば正解になる。

140

(A) We welcome any suggestions for improving our site.
(B) We will only consider bids received by May 18.
(C) We have served the local community for over 30 years.
(D) We can take you to the area's most popular destinations.

(A) 私たちはサイトを改善するためのどんな提案も歓迎します。
(B) 私たちは 5 月 18 日までに受け取った入札のみ検討します。
(C) 私たちは 30 年以上の間、地域のコミュニティにサービスを提供しています。
(D) 私たちは地域の最も人気のある場所にあなたをお連れすることができます。

正解 B　一文選択／文脈　[正答率 59.5%]

空欄の後に入札者が提出する必要書類についての説明文が続いている。よって、入札の締め切りについて説明している (B) が自然な文の流れを作る。

141

(A) apply
(B) applicable
(C) applicably
(D) application

正解 B　品詞　[正答率 16.2%]

選択肢には動詞 apply（適用される、申し込む）が品詞を変えて並んでいる。空欄を省いても other forms という名詞句が成り立つので、名詞 forms を修飾する形容詞の (B) applicable（該当する）が正解。この form は「形態、種類」（= type）という意味であることに注意しよう。liability は「賠償責任（保険）」のことで、空欄前の and が liability と other applicable forms of insurance を結んでいる。(C) applicably は副詞、(D) application は名詞。application form で「申請書」という意味になるが、これから保険に申請する書類を提出させるのは不自然。

142

(A) freight
(B) legal
(C) tourist
(D) medical

正解 A　語彙／文脈　[正答率 62.2%]

空欄の後に services（サービス）とあるので、この入札広告はどのようなサービスに対するものかを考える。(A) freight（運送）が正解。(B) legal は「法律の」、(C) tourist は「観光客；観光の」、(D) medical は「医療の」という意味。

これがエッセンス

単語を覚えるコツは、「音声とともに単語をインプットし、発声して単語をアウトプットする」ことです。音声によって脳が活性化され、自然と記憶する仕組みになっているのです。単語帳を眺めるだけの勉強法より、聞いて発音すれば記憶に残りやすくなります。ダウンロード特典の「頻出語彙リスト」と MP3 音声も活用して学習を進めてください。

Questions 143-146 refer to the following notice.

At Newport Fishing Charters, our highest concern is the safety of our passengers, captain, and crew. -------. There is also a self-inflating raft, in the unlikely event that an evacuation is
143.
necessary. Life vests ------- at all times while on board.
144.

Please follow any instructions issued by the captain or crew. This is for your own safety as well as ------- . Unruly or risky conduct on the boat will not be tolerated. Such ------- will result in
145. **146.**
an immediate return to the dock.

143-146 番は次の注意書きに関するものです。

ニューポート・フィッシング・チャーター社においては、乗客、船長、乗組員の安全が一番の関心事項です。各船舶に救命キットが備わっています。避難を必要とするような想定外の事態においては、自動でふくらむゴムボートもあります。乗船中はずっと救命胴衣を着けていなければなりません。

船長または乗組員の出すあらゆる指示に従ってください。これはあなた方ご自身の安全と彼ら（船長と乗組員）の安全のためです。船上でのルールに従わない、または危険な行為は許されません。そのような行為をすればすぐに港に戻ることになります。

Vocab. 本文 □ **concern**「関心事」 □ **self-inflating raft**「自動膨張式ゴムボート」 □ **evacuation**「避難」 □ **unruly**「規則に従わない」 □ **conduct**「行為」 □ **tolerate**「～を許容する」 □ **immediate**「即座の」 選択肢 □ **gear**「装置」 □ **vessel**「船」 □ **be equipped with**「～が装備されている」 □ **a school of**「～（魚など）の群れ」 □ **albacore**「ビンナガ（魚の種類）」

143

(A) The pilot of this boat is Captain Lou Armand.
(B) Fishing gear is available for rental in the front office.
(C) Each of our vessels is equipped with a first-aid kit.
(D) A school of albacore has been spotted twenty miles offshore.

(A) この船の操縦士はルー・アーマンド船長です。
(B) 釣り道具はフロントオフィスでレンタルできます。
(C) 各船舶に救命キットが備わっています。
(D) ビンナガの群れが岸から 20 マイル離れた沖で見られています。

正解 C　一文選択／文脈 ［正答率 91.9%］

空欄の後の文で There is also a self-inflating raft（自動でふくらむゴムボートもあります）と述べられているので、空欄は船にある１つ目のものを説明していると考えるのが自然。よって船の備品を説明している (C) が正解。

144

(A) have to wear
(B) have been worn
(C) must be wearing
(D) must be worn

正解 D　態 ［正答率 78.4%］

選択肢は wear が態や時制などを変えて並んでいる。主語の Life vests（救命胴衣）と動詞 wear（～を着用する）の関係を考えると、救命道具は「着用される」側なので、述語は受動態〈be 動詞＋過去分詞〉となる。よって (D) が正解。(B) have been worn も受動態だが、現在完了形で「着用され続けている」という意味になり、文意が通らない。なお have to と must は置き換えられるので have to be worn ならば正解となる。

145

(A) they
(B) their
(C) theirs
(D) themselves

正解 C　格／語法 ［正答率 91.9%］

選択肢には人称代名詞 they が格を変えて並んでいる。空欄の前にある as well as に注目して、空欄と結ばれる同等の語を前に探すと your own safety だとわかる。よって their own safety を表す所有代名詞 (C) theirs（彼らのもの）が正解。

146

(A) weather
(B) behavior
(C) security
(D) malfunction

正解 B　語彙／文脈 ［正答率 73.0%］

Such は「そのような」という前述されたものを指す語。１つ前の文で述べられているのは Unruly or risky conduct on the boat will not be tolerated.（船上でのルールに従わない、または危険な行為は許されません）なので、Such ＋空欄は、Unruly or risky conduct on the boat を指していることがわかる。よって、(B) behavior（行為）が適切。(A) weather は「天気」、(C) security は「安全」、(D) malfunction は「故障」という意味。

これがエッセンス

第 2 段落の冒頭にある follow は次の表現を押さえておきましょう。①動詞 follow「～に従う、～に続く（他動詞）」「次に起こる（自動詞）」、②形容詞 following「次の、下記の」、③前置詞句 followed by「（次に）～がある」、(be) as follows「次のとおり」。

Questions 147-148 refer to the following memo.

From: Executive Office
To: All employees
Subject: Delegation visit
Date: 24 April

Board members and company executives will be hosting a delegation from South Korea on Tuesday, 8 June. The group is touring the UK in search of organizations with which they might form trade and financial partnerships. We expect all employees to show every courtesy to the guests as they tour our premises. Public relations personnel will be guiding the tour. The guests may have questions about various aspects of our operations; please take cues from our public relations representatives about how much detail to include in your responses.

147-148 番は次の社内連絡に関するものです。

差出人：事務局
あて先：全社員
件名：代表団訪問
日付：4月24日

取締役会と重役会は、6月8日火曜日に韓国からの代表団をお迎えします。この一行は、業務資本提携を行う可能性のある会社を探してイギリスをまわっておられます。お客様が社内を見学なさる際には、あらゆる礼を尽くすよう、すべての従業員にお願いします。広報担当者が代表団の方々をご案内します。お客様から、当社の業務のさまざまな側面について質問があるかもしれませんが、回答にどの程度詳細を含めるかは、広報担当者の指示を仰いでください。

Vocab. 本文 □ **delegation**「代表団」 □ **board member**「取締役会」 □ **courtesy**「礼儀正しさ」 □ **premise**「構内、建物」 □ **personnel**「社員」 □ **take a cue from**「～の例にならう、～からヒントを得る」 □ **representative**「代表者、担当者」 □ **detail**「詳細な情報」 選択肢 □ **acquisition**「買収」 □ **explore**「～を探る」 □ **facility**「施設」 □ **norm**「（ある文化や社会で受け入れられる行為の）規範」

147 Why most likely is the South Korean group visiting the UK?
(A) To finalize the terms of an acquisition
(B) To attend an international trade exposition
(C) To visit local tourist attractions
(D) To explore potential business relationships

韓国の一行はなぜイギリスを訪れると思われますか?
(A) 買収要件をまとめるため
(B) 国際貿易博覧会に出席するため
(C) 地元の観光名所を訪れるため
(D) 潜在的なビジネスパートナーを探すため

正解 **D**
[正答率 68.3%]

韓国の一行がイギリスを訪問する目的として、本文の2～4行目にThe group is touring the UK in search of organizations with which they might form trade and financial partnerships.(この一行は、業務資本提携を行う可能性のある会社を探してイギリスをまわっておられます)と書いてある。ビジネスのパートナーを見つけることが目的だとわかるので、正解は(D)。

148 According to the memo, what will public relations staff provide?
(A) Guidance on how to answer questions
(B) Transportation to and from company facilities
(C) Information on Korean cultural norms
(D) Answers to questions from news media

社内連絡によると、広報担当者は何を提供しますか?
(A) どのように質問に答えるかの案内
(B) 会社の施設への行き帰りの交通手段
(C) 韓国文化の規範に関する情報
(D) 報道機関からの質問に対する回答

正解 **A**
[正答率 68.3%]

広報担当者の役目として、本文の5～6行目のPublic relations ... の文で社内の案内をすること、次の文では回答にどの程度詳細を含めるか(how much detail to include in your responses)の指示をすることが述べられている。よって後者の内容と一致する(A)が正解。

これがエッセンス

社内連絡(memo = memorandum)の目的は、書き手から読み手への情報の伝達です。業務連絡は通常、簡潔な文章でいろいろな指示が書かれます。したがって、どのようなことを読み手に伝えようとしているのかを理解すれば、おのずと設問の解答も得られます。

Questions 149-150 refer to the following online chat discussion.

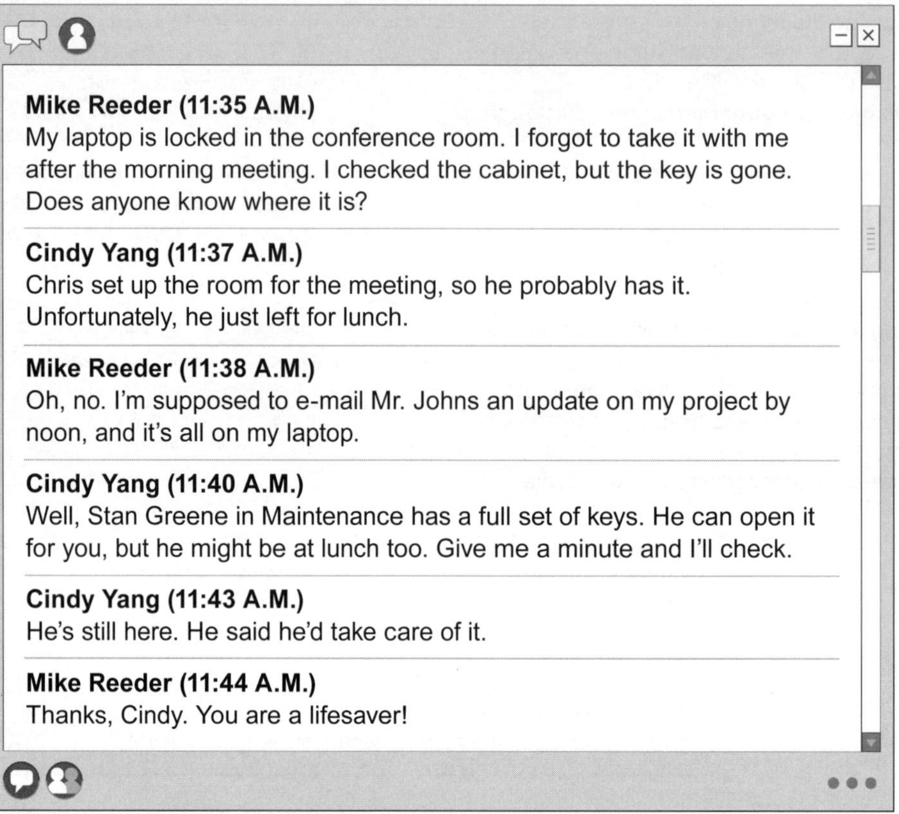

Mike Reeder (11:35 A.M.)
My laptop is locked in the conference room. I forgot to take it with me after the morning meeting. I checked the cabinet, but the key is gone. Does anyone know where it is?

Cindy Yang (11:37 A.M.)
Chris set up the room for the meeting, so he probably has it. Unfortunately, he just left for lunch.

Mike Reeder (11:38 A.M.)
Oh, no. I'm supposed to e-mail Mr. Johns an update on my project by noon, and it's all on my laptop.

Cindy Yang (11:40 A.M.)
Well, Stan Greene in Maintenance has a full set of keys. He can open it for you, but he might be at lunch too. Give me a minute and I'll check.

Cindy Yang (11:43 A.M.)
He's still here. He said he'd take care of it.

Mike Reeder (11:44 A.M.)
Thanks, Cindy. You are a lifesaver!

149-150 番は次のオンラインチャットの話し合いに関するものです。

マイク・リーダー（午前 11 時 35 分）
私のノートパソコンを鍵のかかった会議室に置いてきてしまいました。朝の会議の後で持ってくるのを忘れてしまったのです。キャビネットを見たのですが鍵が持ち出されています。だれか、鍵がどこにあるか知っていますか？

シンディ・ヤング（午前 11 時 37 分）
クリスが会議の準備をしたから、たぶん彼が持っています。残念ながら彼はちょうどお昼ご飯に行ってしまったところです。

マイク・リーダー（午前 11 時 38 分）
まいったなあ。正午までに私のプロジェクトの進捗をジョーンズさんにメールすることになっていて、それが全部私のノートパソコンの中にあるのです。

シンディ・ヤング（午前 11 時 40 分）
あ、保守管理のスタン・グリーンさんが全種類の鍵を持っていますよ。彼が開けられますが、彼もお昼ご飯に行っているかもしれません。ちょっと待ってください、確認します。

シンディ・ヤング（午前 11 時 43 分）
まだここにいました。彼が対応してくれるそうです。

マイク・リーダー（午前 11 時 44 分）
ありがとう、シンディ。あなたは恩人です！

Vocab. 本文 □ **lock A in B**「A を B に鍵をかけて閉じ込める」 □ **conference room**「会議室」
□ **be supposed to *do***「～することになっている」 □ **take care of**「～に対応する」 選択肢 □ **submit**「～を提出する」
□ **extend**「～を延長する」 □ **facility**「施設」 □ **duplicate**「～を複製する」

149 What was Mr. Reeder most likely asked to do today?
(A) Submit a status report
(B) Prepare a meeting room
(C) Meet a client for lunch
(D) Contact Stan in Maintenance

リーダーさんは今日何をするように頼まれたと思われますか？
(A) 現状報告書を提出する
(B) 会議室を準備する
(C) 顧客と昼食で会う
(D) 保守管理のスタンさんに連絡する

正解 **A**
[正答率 63.3%]

11 時 38 分のリーダーさんの記述に I'm supposed to e-mail Mr. Johns an update on my project by noon（正午までに私のプロジェクトの進捗をジョーンズさんにメールすることになっているのです）とあることから、リーダーさんはプロジェクトの状況を報告するように求められていることがわかる。よって正解は (A)。

150 At 11:43 A.M., what does Ms. Yang mean when she writes, "He said he'd take care of it"?
(A) Mr. Greene will extend a deadline.
(B) Mr. Greene will access a computer file.
(C) Mr. Greene will unlock a facility.
(D) Mr. Greene will duplicate a key.

午前 11 時 43 分に、ヤングさんが「彼が対応してくれるそうです」と書いているのはどういう意味ですか？
(A) グリーンさんは締め切りを延長する。
(B) グリーンさんはコンピュータのファイルにアクセスする。
(C) グリーンさんは施設を開錠する。
(D) グリーンさんは鍵を複製する。

正解 **C**
[正答率 68.3%]

ヤングさんの 11 時 40 分の記述で、Stan Greene in Maintenance has a full set of keys. He can open it for you ...（保守管理のスタン・グリーンさんが全種類の鍵を持っていますよ。彼が開けられます…）と書いた後、「お昼に行っているかもしれないので確認する」と続けている。さらに 11 時 43 分の記述で、グリーンさんは社内におり、he'll take care of it（彼が対応する）と言ったと報告しているので、グリーンさんが鍵を開けてくれるとわかる。よって正解は (C)。

990点 講師の目

take care of には「～の世話をする、面倒を見る」という意味がありますが、ほかにも「～に対応をする、～を解決する」という意味があります。しかし、口語表現ではそのような辞書的な意味を丸暗記しても文意がわからないことも珍しくありません。メッセージのやり取りがどのような流れになっているのかを確認しておきましょう。

Questions 151-152 refer to the following list.

South Dakota Business Association Registration Levels

Level	Amount	Benefits
Platinum	$1,000	Bronze, Alpha, and Beta benefits, plus full-page advertisement in awards session program, and plaque presentation on stage at conference session
Gold	$750	Bronze, Alpha, and Beta benefits, plus 1/2 page advertisement in awards session program
Silver	$500	Bronze, Alpha, and Beta benefits, plus 1/4 page advertisement in awards session program
Bronze	$250	Alpha and Beta benefits, plus honorary certificate from the SDBA
Alpha	$100	Beta benefits, plus business logo featured in awards session program
Beta	$25	Company name listed in the SDBA State Conference program, recognized at the conference session, and listed on the SDBA Web site

If applicable, e-mail high-resolution image of your logo by May 1 to: JasmineGeller@sdba.org.

151-152 番は次のリストに関するものです。

サウス・ダコタ・ビジネス協会登録会員区分

区分	会費	特典
プラチナ	1,000 ドル	ブロンズ、アルファ、ベータ特典に加え、表彰式プログラムに1ページの全面広告掲載および本会議壇上にて表彰盾の贈呈
ゴールド	750 ドル	ブロンズ、アルファ、ベータ特典に加え、表彰式プログラムに 1/2 ページの広告掲載
シルバー	500 ドル	ブロンズ、アルファ、ベータ特典に加え、表彰式プログラムに 1/4 ページの広告掲載
ブロンズ	250 ドル	アルファ、ベータ特典に加え、SDBA より感謝状の贈呈
アルファ	100 ドル	ベータ特典に加え、表彰式プログラムにロゴマークの掲載
ベータ	25 ドル	SDBA 州会議プログラムへの社名の掲載、本会議での謝辞、SDBA のウェブサイトへの掲載

該当する場合、高解像度のロゴマーク画像を5月1日までに JasmineGeller@sdba.org までメールでお送りください。

Vocab. 本文 □ **registration**「登録」 □ **session**「会合、会議」 □ **plaque**「表彰盾、記念額」 □ **honorary**「名誉として与えられる」 □ **certificate**「証明書」 □ **feature**「～を掲載する」 □ **recognize**「(表彰などによって) ～を認める、感謝する」 □ **applicable**「該当する、あてはまる」 □ **high-resolution**「高画質の」 選択肢 □ **encourage**「～を促す」 □ **donation**「寄付」 □ **solicit**「～ (援助など) を請う」 □ **deadline**「締め切り」

151 Why did the South Dakota Business Association most likely produce this list?
(A) To provide information on current SDBA members
(B) To announce the winners of a competition
(C) To encourage donations to a charity
(D) To solicit sponsorships for a conference

なぜサウス・ダコタ・ビジネス協会はこのリストを作ったと思われますか?
(A) 現在の SDBA 会員の情報を提供するため
(B) 競争の勝者を知らせるため
(C) 慈善事業への寄付を促すため
(D) 会議の出資者を募るため

正解 **D**
[正答率 50.0%]

表を見ると、登録会員レベルに 6 段階あり、いちばん下の Beta の Benefits には Company name listed in the SDBA State Conference program (SDBA 州会議プログラムへの社名の掲載) と書かれていて、グレードが上がるごとに特典が増えている。したがって、このリストはプログラムへの広告掲載などによる賛助会員の会費の一覧であることがわかる。よって正解は (D)。

152 What is the lowest level for which the May 1 deadline would apply?
(A) Beta
(B) Alpha
(C) Bronze
(D) Silver

5月1日の締め切りが適用される最も低い区分は何ですか?
(A) ベータ
(B) アルファ
(C) ブロンズ
(D) シルバー

正解 **B**
[正答率 56.7%]

リストの下にあるただし書きに If applicable, e-mail high-resolution image of your logo by May 1 ... (該当する場合、高解像度のロゴマークを 5 月 1 日までにメールでお送りください) とある。特典を見ると、プログラムにロゴマークを掲載できるのは Alpha レベル以上だとわかる。よって正解は (B)。

これがエッセンス

リストアップされた図表で注目するのは、タイトル、項目ごとの違い、そしてただし書きです。この図表では共通した部分が多くありますから、その部分を飛ばして項目ごとの特有の部分に着目することがポイントです。

Questions 153-155 refer to the following e-mail.

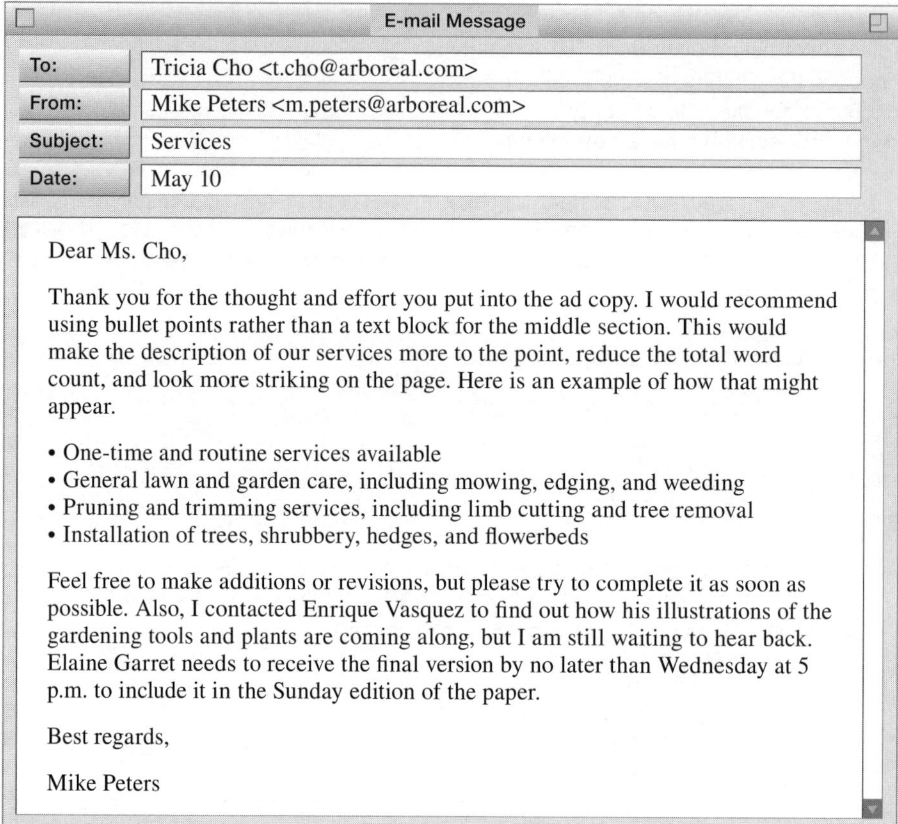

E-mail Message

To: Tricia Cho <t.cho@arboreal.com>
From: Mike Peters <m.peters@arboreal.com>
Subject: Services
Date: May 10

Dear Ms. Cho,

Thank you for the thought and effort you put into the ad copy. I would recommend using bullet points rather than a text block for the middle section. This would make the description of our services more to the point, reduce the total word count, and look more striking on the page. Here is an example of how that might appear.

• One-time and routine services available
• General lawn and garden care, including mowing, edging, and weeding
• Pruning and trimming services, including limb cutting and tree removal
• Installation of trees, shrubbery, hedges, and flowerbeds

Feel free to make additions or revisions, but please try to complete it as soon as possible. Also, I contacted Enrique Vasquez to find out how his illustrations of the gardening tools and plants are coming along, but I am still waiting to hear back. Elaine Garret needs to receive the final version by no later than Wednesday at 5 p.m. to include it in the Sunday edition of the paper.

Best regards,

Mike Peters

153-155 番は次のメールに関するものです。

あて先: トリシア・チョウ <t.cho@arboreal.com>
送信者: マイク・ピーターズ <m.peters@arboreal.com>
件名: サービス
日付: 5月10日

チョウさん

広告コピーへのご考察とご尽力をありがとうございます。中間部分にはテキストブロックではなく箇条書きを使うことをおすすめします。これにより、サービスの説明がより明確になり、単語数が少なくなり、ページ上でより印象的になります。どのように見えるかの例がこちらです。

・1回および定期サービスがいずれも可能
・芝刈り、縁取り、除草を含む一般的な芝生と庭の手入れ
・枝刈りおよび樹木の除去を含む剪定および刈り込みサービス
・樹木、植え込み、生け垣、花壇の設置

追加や修正は自由に行ってください。ただ、できるだけ早く仕上げてください。また、私はエンリケ・ヴァスケスさんに連絡して、園芸用品と植物のイラストがどうなっているのかを聞きましたが、まだ返事待ちです。イレーヌ・ガレットさんが、新聞の日曜版に掲載するために水曜日の午後5時までに最終版を必要としています。

よろしくお願いします。

マイク・ピーターズ

153 What is the main purpose of the e-mail?
(A) To recommend a landscaping company
(B) To suggest a formatting change
(C) To solicit business from a client
(D) To provide feedback on Web site content

このメールの主な目的は何ですか?
(A) 造園会社を推薦すること
(B) 書式の変更を提案すること
(C) 顧客から仕事を募ること
(D) サイトのコンテンツに関するフィードバックを提供すること

正解 **B**
[正答率 60.0%]

第1段落の冒頭で ad copy (広告コピー) を出したことへの感謝を述べ、I would recommend using bullet points rather than a text block for the middle section. (中間部分にはテキストブロックではなく箇条書きを使うことをおすすめします) と続けている。以降でその理由と詳細を述べているので、このメールの主題は広告の書式に関する提案であることがわかる。よって正解は (B)。

154 What has Enrique Vasquez most likely been working on?
(A) Drawing up a business proposal
(B) Procuring equipment for a project
(C) Installing plants on a property
(D) Creating images for a promotion

エンリケ・ヴァスケスは何に取り組んでいると思われますか?
(A) 事業提案書の作成
(B) プロジェクトのための機器調達
(C) 地所への植栽
(D) 宣伝用の画像の作成

正解 **D**
[正答率 53.3%]

エンリケ・ヴァスケスについては第3段落2~3行目で、I contacted Enrique Vasquez to find out how his illustrations of the gardening tools and plants are coming along ... (私はエンリケ・ヴァスケスさんに連絡して、園芸用品と植物のイラストがどうなっているのかを聞きました) と書かれている。それまでの話の流れから、広告のためのイラストを描いていると推測できるので、正解は (D)。

155 What does Mr. Peters express concern about?
(A) Finding reliable suppliers
(B) Receiving negative publicity
(C) Meeting a submission deadline
(D) Launching by a target date

ピーターズさんは何についての心配を表明していますか?
(A) 信頼できる提供元を見つけること
(B) 否定的な評判を受け取ること
(C) 提出期限を順守すること
(D) 目標日までに始めること

正解 **C**
[正答率 66.7%]

メール上部の From (送信者) 欄からピーターズさんはこのメールの送信者であることがわかる。したがってメール本文に書かれた懸念はピーターズさんのもの。第3段落の1~2行目に please try to complete it as soon as possible (できるだけ早く仕上げてください)、また4~5行目に Elaine Garret needs to receive the final version by no later than Wednesday at 5 p.m. ... (イレーヌ・ガレットさんが水曜日の午後5時までに最終版を必要としています) とあるので、ピーターズさんは広告の締め切りを心配していることがわかる。よって正解は (C)。

990点 講師の目

問題文に concern about (~を心配する) とありますが、メールに「~について心配している」という記述や、直接それを示すような単語は出てきません。こうした問題でも解答が導き出せるように、文脈をきちんと捉えて意図を読み取る練習をしましょう。

Vocab. 本文 □ **ad**「広告 (= advertisement)」 □ **recommend**「~をすすめる」 □ **bullet point**「箇条書き」 □ **description**「記述、説明」 □ **to the point**「要を得た、適切な」 □ **lawn**「芝生」 □ **mow**「草を刈り取る」 □ **edge**「芝の縁をきれいに刈る」 □ **weed**「除草する」 □ **prune**「刈り込む」 □ **limb**「枝」 □ **installation**「設置」 □ **shrubbery**「低木 (の植え込み)、生け垣」 □ **hedge**「生け垣、垣根」 □ **revision**「訂正、見直し」 □ **come along**「進行する」 □ **edition**「(新聞、雑誌の) 版、号」 選択肢 □ **landscaping**「造園」 □ **solicit**「~を請う」 □ **procure**「~を入手する」 □ **property**「土地」 □ **submission deadline**「提出期限」 □ **launch**「始める」

Questions 156-157 refer to the following Web page.

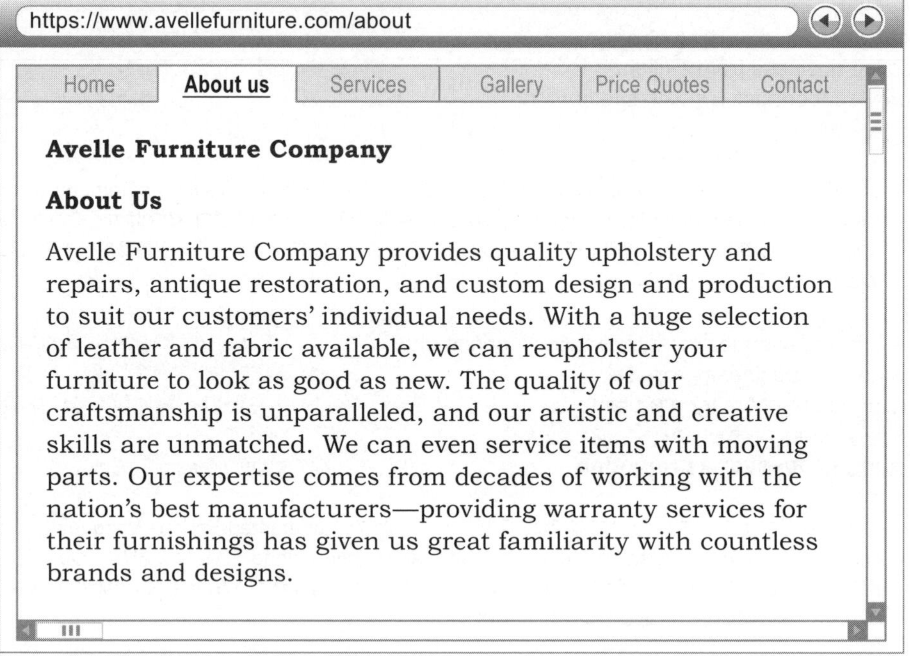

https://www.avellefurniture.com/about

Home | About us | Services | Gallery | Price Quotes | Contact

Avelle Furniture Company

About Us

Avelle Furniture Company provides quality upholstery and repairs, antique restoration, and custom design and production to suit our customers' individual needs. With a huge selection of leather and fabric available, we can reupholster your furniture to look as good as new. The quality of our craftsmanship is unparalleled, and our artistic and creative skills are unmatched. We can even service items with moving parts. Our expertise comes from decades of working with the nation's best manufacturers—providing warranty services for their furnishings has given us great familiarity with countless brands and designs.

156-157 番は次のウェブページに関するものです。

https://www.avellefurniture.com/about

ホーム　**弊社について**　サービス　ギャラリー　お見積もり　お問い合わせ

アヴェレ・ファーニチャー・カンパニー

弊社について

アヴェレ・ファーニチャー・カンパニーは高品質の家具の張り替え・修理、骨董品の修復、お客様の個別のニーズに応じたカスタムデザインと受注生産をしております。豊富な品ぞろえの皮革と布をご用意しており、家具を新品同様に張り替えることができます。弊社職人の優れた技巧は群を抜いており、芸術的で創造的なスキルはほかに類を見ません。可動式家具もお引き受けいたします。弊社の専門知識は、国内最高のメーカー様との長年の協力から生まれております。そうしたメーカーの家具に対するアフターサービスの提供により、非常に多くのブランドとデザインに精通してまいりました。

Vocab. 本文 □ **upholstery**「室内装飾業、家具の張り替え」 □ **restoration**「修復」 □ **suit**「～に合う」 □ **fabric**「布地」 □ **available**「利用できる」 □ **reupholster**「(いすなどの) 覆いを取り換える」 □ **craftsmanship**「職人技」 □ **unparalleled**「並ぶもののない」 □ **unmatched**「匹敵するもののない」 □ **expertise**「専門知識、専門技術」 □ **warranty**「保証」 □ **furnishings**「備え付け家具」 □ **familiarity**「精通」 選択肢 □ **proficient**「熟練した」 □ **uphold**「～を支援する、支持する」 □ **vocational**「職業訓練の」 □ **restore**「～を修復する」

156 According to the Web page, how did Avelle become proficient in its field?

(A) By upholding furniture makers' guarantees
(B) By recruiting graduates of vocational programs
(C) By only hiring people with years of experience
(D) By obtaining advice from expert consultants

ウェブページによると、アヴェレ社はどのようにしてこの分野で熟練しましたか?

(A) 家具メーカーの保証を支援することによって
(B) 職業訓練プログラムの卒業生を募集することによって
(C) 長年の経験を持つ人だけを雇うことによって
(D) 専門のコンサルタントからアドバイスを受けることによって

正解 A
[正答率 46.7%]

アヴェレ社の熟練に関して、本文の9～11行目にproviding warranty services for their furnishings has given us great familiarity with countless brands and designs(そうしたメーカーの家具に対するアフターサービスの提供により、非常に多くのブランドとデザインに精通してまいりました)とある。したがって、家具メーカーのアフターサービスを請け負うことによって熟練してきたことがわかる。よって正解は(A)。

157 What does the company NOT indicate that it can do?

(A) Provide transport services
(B) Replace the leather on an old sofa
(C) Produce custom-made furniture pieces
(D) Restore an antique table

この会社ができることとして示していないのはどれですか?

(A) 輸送サービスを提供する
(B) 古いソファの皮革を交換する
(C) オーダーメイド家具を製造する
(D) アンティークテーブルを修復する

正解 A
[正答率 61.7%]

この会社ができることとしては冒頭でAvelle Furniture Company provides quality upholstery and repairs, antique restoration, and custom design and production to suit our customers' individual needs.(アヴェレ・ファーニチャー・カンパニーは高品質の家具の張り替え・修理、骨董品の修復、お客様の個別のニーズに応じたカスタムデザインと受注生産をしております)と述べられている。(A)の輸送サービスについては述べられていないので、これが正解。

ES これがエッセンス

Part 7は文書の読解問題ですが、Part 4の説明文の聴解問題と設問のタイプは類似しています。まとまった内容の英文を目で見て読むか、耳で聞いて理解するかの違いで、英文を理解するという点では同じ種類の問題です。Part 7の問題数はPart 4の倍近くありますから、短時間で処理する理解力と集中力も求められます。リスニングセクションの音声スピードで、Part 7の文書が読めるようになるのが理想的です。

Questions 158-160 refer to the following letter.

Compucraft
Graphic Design

11 Dean Parker Boulevard
Boston, MA 02111
617-555-0123
www.compucraft.com
g.wilder@compucraft.com

Luther Property Management
21 South Burke St. Suite 3C
Seattle, WA 98110

Dear Mr. Luther:

I regret to inform you that I will vacate the property at 44 Pennington Lane in Seattle on March 31, one month prior to the conclusion of my 12-month lease. I have decided to move back east for business reasons. I understand that under the terms of our lease agreement, you are entitled to withhold $30 per day, to a maximum of $930 per month, from my $1,860 security deposit as a penalty for early termination. I would appreciate your sending me the remaining $930 as soon as possible. My new residential address will be the same as on the letterhead above.

I have been very pleased with the property and have found you to be an attentive and responsible landlord. Thank you for your kind consideration over the past year.

Sincerely,

Gina Wilder
Gina Wilder

158-160 番は次の手紙に関するものです。

コンピュークラフト・グラフィック・デザイン

ディーン・パーカー大通り 11 番地
ボストン市 マサチューセッツ州 02111
617-555-0123
www.compucraft.com
g.wilder@compucraft.com

ルーサー・プロパティ・マネジメント御中
サウス・バーク 21 番地 セント・スイート 3C 号室
シアトル市 ワシントン州 98110

ルーサー様

残念ながら、12 カ月の賃貸契約期間が満了する 1 カ月前の 3 月 31 日にシアトル市ペニントン通り 44 番地にある物件を退去させていただくことをお知らせします。私は仕事上の理由で東部に戻ることにしました。賃貸契約の条件に基づき、早期解約の違約金として、1860 ドルの保証金から、1 日あたり 30 ドル、最大で 1 カ月あたり 930 ドル差し引かれると理解しています。残りの 930 ドルをできるだけ早く送っていただければ幸いです。私の新しい住所は、上記のレターヘッドと同じです。

私は物件に非常に満足しており、あなたは丁寧で責任感のある家主様であると思いました。この 1 年間お世話になり、ありがとうございました。

よろしくお願いします。

Gina Wilder
ジーナ・ワイルダー

158 Why did Ms. Wilder write this letter?
(A) To inform her tenant of property damage
(B) To apologize for a misunderstanding
(C) To give notice of her departure
(D) To explain why she is withholding funds

なぜワイルダーさんはこの手紙を書いたのですか？
(A) 彼女の借り主に物的損害を知らせるため
(B) 誤解について謝罪するため
(C) 彼女の退去を通知するため
(D) 彼女が資金を差し引いている理由を説明するため

正解 C
[正答率 66.7%]

ワイルダーさんがこの手紙を書いた理由としては、本文の冒頭にI regret to inform you that I will vacate the property ...（残念ながら、物件を退去させていただくことをお知らせします）とあるので、現在借りている物件からの退去を通知するためだとわかる。よって正解は (C)。

159 What does Ms. Wilder acknowledge that she must do?
(A) Forfeit a portion of her security deposit
(B) Find Luther Property Management a new renter
(C) Sign a new contract by the end of April
(D) Follow the recommendation of her lawyer

ワイルダーさんは何をしなくてはいけないと認識していますか？
(A) 彼女の保証金の一部を失う
(B) ルーサー・プロパティ・マネジメントに新しい賃借人を見つける
(C) 4月末までに新しい契約を締結する
(D) 彼女の弁護士の推薦に従う

正解 A
[正答率 63.3%]

ワイルダーさんが認識していることとしては第1段落の4～7行目にI understand that under the terms of our lease agreement, you are entitled to withhold $30 per day, to a maximum of $930 per month, from my $1,860 security deposit as a penalty for early termination.（賃貸契約の条件に基づき、早期解約の違約金として、1860ドルの保証金から、1日あたり30ドル、最大で1カ月あたり930ドル差し引かれると理解しています）とある。したがって、保証金から違約金が引かれることを認識しているとわかる。よって正解は (A)。

160 What is implied about Ms. Wilder?
(A) She plans to operate a business out of her home.
(B) She intends to change her career field.
(C) She has lived in Seattle for more than a year.
(D) She disagrees with the amount of a charge.

ワイルダーさんについて何が示唆されていますか？
(A) 彼女は自宅でビジネスを行う予定である。
(B) 彼女は自分の仕事の分野を変えるつもりである。
(C) 彼女はシアトルに1年以上住んでいる。
(D) 彼女は請求額に同意していない。

正解 A
[正答率 25.0%]

第1段落の最後にMy new residential address will be the same as on the letterhead above.（私の新しい住所は、上記のレターヘッドと同じです）とある。レターヘッドを見るとデザイン会社らしき名前と住所、URLなどが記載されている。自宅（residential address）と職場の住所が同じだと推察できるので、正解は (A)。このout ofは「活動の拠点」を表す。たとえば、work out of *one*'s homeなら、「自宅で仕事をする」という意味。

これがエッセンス

letter（手紙）は基本的にはメールと同じですが、メールよりも丁寧な文体で書かれた、より正式な文書です。Part 7で出題される手紙はビジネスレターが多く、謝罪や問い合わせ、依頼や通知といった内容が書かれています。手紙の意図や目的を把握するとともに、あて先と差出人もチェックしましょう。

Vocab. 本文 □ **regret**「～を残念に思う」 □ **vacate**「～を立ち退く」 □ **under the terms of**「～の条件の下」 □ **be entitled to *do***「～する権利がある」 □ **withhold**「～を差し引く」 □ **security deposit**「敷金、保証金」 □ **termination**「終了」 □ **appreciate**「～に感謝する」 □ **attentive**「気配りのある」 □ **landlord**「大家」 □ **consideration**「配慮」 選択肢 □ **acknowledge**「～を認める」 □ **forfeit**「（権利など）を失う」

Questions 161-164 refer to the following text-message chain.

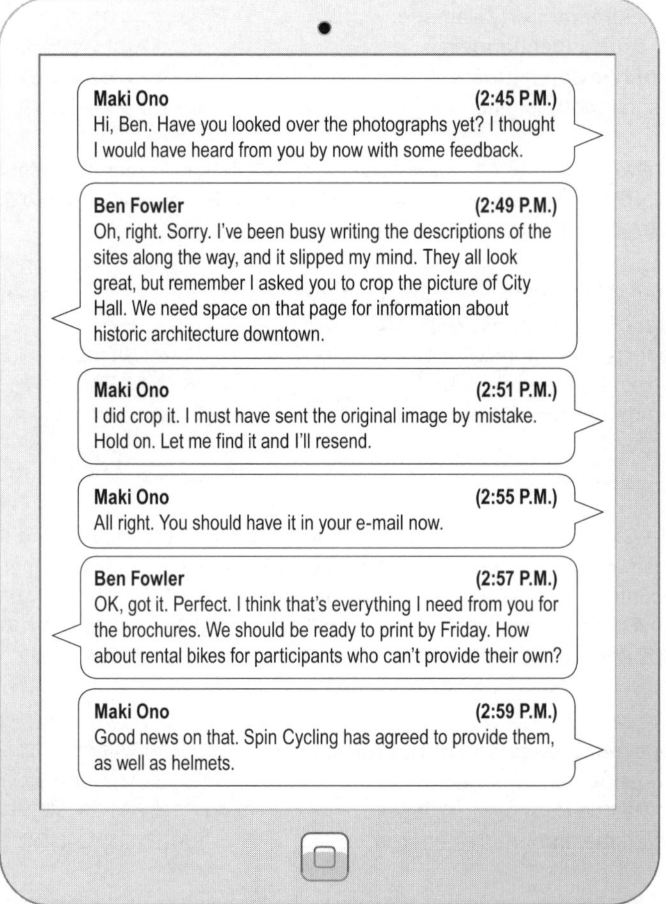
Maki Ono (2:45 P.M.)
Hi, Ben. Have you looked over the photographs yet? I thought I would have heard from you by now with some feedback.
Ben Fowler (2:49 P.M.)
Oh, right. Sorry. I've been busy writing the descriptions of the sites along the way, and it slipped my mind. They all look great, but remember I asked you to crop the picture of City Hall. We need space on that page for information about historic architecture downtown.
Maki Ono (2:51 P.M.)
I did crop it. I must have sent the original image by mistake. Hold on. Let me find it and I'll resend.
Maki Ono (2:55 P.M.)
All right. You should have it in your e-mail now.
Ben Fowler (2:57 P.M.)
OK, got it. Perfect. I think that's everything I need from you for the brochures. We should be ready to print by Friday. How about rental bikes for participants who can't provide their own?
Maki Ono (2:59 P.M.)
Good news on that. Spin Cycling has agreed to provide them, as well as helmets.

161-164 番は次のテキストメッセージのやり取りに関するものです。

マキ・オノ **(午後 2 時 45 分)**
ねえ、ベン。もう写真に目を通してくれた？ 今の時間までにはあなたからフィードバックをもらえると思っていたんだけど。

ベン・ファウラー **(午後 2 時 49 分)**
あ、そうだ。ごめん。道中にある場所の説明文を書くのに忙しくて、忘れてた。全部いいと思うよ。でも市庁舎の写真をトリミングしてって言ったよね。そのページには中心街の歴史的建造物についての情報を載せるスペースが必要なんだ。

マキ・オノ **(午後 2 時 51 分)**
ちゃんとトリミングしましたよ。間違えて元の画像を送ってしまったみたい。待ってて。探して送り直すから。

マキ・オノ **(午後 2 時 55 分)**
これでよし。メールに添付してあるわよ。

ベン・ファウラー **(午後 2 時 57 分)**
うん、受け取ったよ。完璧だね。パンフレット用に君からもらわなきゃいけないものはこれで全部だと思う。金曜日までには印刷できるようにしないとね。自分の自転車が準備できない参加者用の貸し自転車はどうなっているかな？

マキ・オノ **(午後 2 時 59 分)**
いいニュースがあるの。スピン・サイクリングさんが提供してくれることになったわ。ヘルメットもよ。

Vocab. 本文 □ **look over**「～にざっと目を通す」 □ **site**「場所、遺跡」 □ **along the way**「途中で、道中」 □ **slip**「(心や記憶) から消え去る」 □ **crop**「(写真など) の不要部分を切り取る」 □ **brochure**「パンフレット」 □ **participant**「参加者」
選択肢 □ **launch**「(新製品) を売り出す」 □ **line**「(商品の) 種類」 □ **merchandise**「商品」 □ **neglect to *do***「～するのを忘れる」 □ **in a timely manner**「適切なタイミングで」 □ **stop by**「～に立ち寄る」 □ **term**「条件」

161 What project are the people most likely working on?
(A) Producing a magazine issue
(B) Organizing a tour
(C) Preparing a gallery exhibition
(D) Launching a new line of merchandise

この人たちは何のプロジェクトに取り組んでいると思われますか？
(A) 雑誌を発行する
(B) ツアーを準備する
(C) 画廊の展示を準備する
(D) 新しい商品ラインを売り出す

正解 B
[正答率 41.7%]

ファウラーさんの2時49分の記述にthe descriptions of the sites along the way（道中にある場所の説明文）とある。また2時57分の記述にI think that's everything I need from you for the brochures.（パンフレット用に君からもらわなきゃいけないものはこれで全部だと思う）、How about rental bikes for the participants ...?（参加者用の貸し自転車はどうなっているかな？）とあることから、彼らが観光ツアーの運営準備をしていることがわかる。よって正解は(B)。

162 Why does Mr. Fowler apologize?
(A) He neglected to reply in a timely manner.
(B) He sent the wrong item to Ms. Ono.
(C) He gave a confusing description of a location.
(D) He forgot to stop by Ms. Ono's building.

なぜファウラーさんは謝罪していますか？
(A) 彼は時間どおりに返信することを忘れた。
(B) 彼はオノさんに間違ったものを送った。
(C) 彼は場所について紛らわしい説明をした。
(D) 彼はオノさんのビルに立ち寄るのを忘れた。

正解 A
[正答率 65.0%]

ファウラーさんが謝罪しているのは2時49分の記述である。その理由はI've been busy writing the descriptions of the sites ..., and it slipped my mind.（場所の説明文を書くのに忙しくて、忘れてた）と述べている。これは2時45分のオノさんの記述にあるHave you looked over the photographs yet? I ... would have heard from you by now with some feedback.（もう写真に目を通してくれた？ 今の時間までにはあなたからフィードバックをもらえると思っていた）に対する返事である。したがってファウラーさんは時間までにコメントを伝えていなかったことを謝罪したとわかる。よって正解は(A)。

163 At 2:57 P.M., what does Mr. Fowler mean when he writes, "OK, got it"?
(A) He now understands some instructions.
(B) He has access to an image file.
(C) He is ready to write down a message.
(D) He understands the reason for a concern.

午後2時57分に、ファウラーさんが「うん、受け取ったよ」と書いているのはどういう意味ですか？
(A) 彼は今、ある指示を理解した。
(B) 彼は画像ファイルにアクセスできる。
(C) 彼はメッセージを書く準備ができている。
(D) 彼は心配事の理由がわかった。

正解 B
[正答率 70.0%]

2時49分のファウラーさんの記述から画像がトリミングされていないこと、2時51分のオノさんの記述から誤ってトリミング前の画像を送ってしまったことがわかる。そのうえでオノさんはLet me find it and I'll resend.（探して送り直す）と書いた後、2時55分の記述でYou should have it in your e-mail now.（メールに添付してあるわよ）と述べている。OK, got itはそれを受けた記述なので、必要な画像が入手できたことを意味する。よって正解は(B)。

164 What does Mr. Fowler most likely expect to be finalized by Friday?
(A) The terms of a rental agreement
(B) Some promotional material
(C) An architectural illustration
(D) Some registration forms

ファウラーさんは金曜日までにおそらく何が完成することを期待していますか？
(A) 賃貸契約の条件
(B) ある宣伝材料
(C) 建造物のイラスト
(D) ある登録フォーム

正解 B
[正答率 66.7%]

「金曜日までに」というフレーズはファウラーさんの2時57分の記述のWe should be ready to print by Friday.（金曜日までには印刷できるようにしないとね）という文にある。その直前のI think that's everything I need from you for the brochures.（パンフレット用に君からもらわなきゃいけないものはこれで全部だと思う）という記述から、印刷するものはパンフレットであるとわかる。よって正解は(B)。

これがエッセンス

リーディングセクションにおいて、Part 5とPart 6に時間をかけすぎてしまい、わずかな時間しかPart 7に残せなかったという声を耳にすることがあります。短い時間であっても有効に活用できるのが、文書の部分的な情報（日付や曜日、人名など）を見つければ解ける問題です。終了時間ギリギリまであきらめずに、そうした問題を1問でも多く探して解いていきましょう。

Questions 165-167 refer to the following e-mail.

E-mail Message

To:	Mathew Imping <m.imping@impingtravel.co.uk>
From:	Sherri Schroeder <s.schroeder@mymail.co.uk>
Subject:	Bora Bora trip
Date:	20 June

Dear Mr. Imping,

We have just returned from our cruise from Los Angeles to Bora Bora, which was an incredible experience. We appreciate your booking our package; however, we encountered a problem with the prepaid ground transportation that was included. — [1] —. According to information you provided, a driver from Marquis Limousine was to meet us at the airport in Los Angeles to take us to the dock. — [2] —. But once we got outside, the Marquis driver was nowhere to be found. After waiting for an hour, we decided to hire a taxi. — [3] —. Otherwise, we would have risked missing the ship's departure.

— [4] —. The taxi trip came to $250, or approximately £125. The cost of our prepaid transfer by Marquis, which your agency arranged, was £85, so we are now out of pocket a total of £210 in transfer fees. Therefore, we feel entitled to a refund of the extra £125 we were forced to spend on the taxi.

I look forward to your reply.

Sincerely,

Sherri Schroeder

165-167 番は次のメールに関するものです。

あて先：　マシュー・インピン <m.imping@impingtravel.co.uk>
送信者：　シェリ・シュローダー <s.schroeder@mymail.co.uk>
件名：　ボラボラ島への旅行
日付：　6月20日

インピン様

私たちは、ロサンゼルスからボラボラ島への船旅から戻ってきたところです。とても素晴らしい体験をしました。私たちのパックツアーを手配していただき感謝しております。しかしながら、それに含まれていた前払いの陸路での交通に問題がありました。—[1]—。いただいた情報によれば、マークィス・リムジンのドライバーがロサンゼルスの空港に待機していて、桟橋まで連れて行ってくれるとのことでした。—[2]—。しかし、外に出てもマークィスのドライバーはどこにも見つかりませんでした。1時間待った後で、私たちはタクシーに乗ることにしました。—[3]—。そうでなければ、船の出航時間に遅れるリスクがありました。

—[4]—。タクシー料金は250ドルでしたから、およそ125ポンドでしょう。貴代理店に手配していただいた、マークィスへの前払い運賃は85ポンドでしたから、交通費は総額210ポンドを私たちが負担したことになります。ですから、タクシーを使わざるをえなかったことによる追加分の125ポンドを返金していただけるものと思います。

お返事をお待ちしております。

よろしくお願いします。

シェリ・シュローダー

Vocab. 本文 □ **incredible**「信じられないほど素晴らしい」 □ **appreciate**「～に感謝する」 □ **encounter**「～に遭遇する」 □ **approximately**「およそ」 □ **out of pocket**「損をして、自腹を切って」 □ **refund**「返金」
選択肢 □ **accompany**「～に同行する」 □ **accurate**「正確な」 □ **commend**「～をほめる」 □ **reimbursement**「払い戻し」

165 Why does Ms. Schroeder thank Mr. Imping?
(A) For making her travel arrangements
(B) For accompanying her on a trip
(C) For providing her with accurate information
(D) For giving her a price discount

なぜシュローダーさんはインピンさんに感謝していますか?
(A) 彼女の旅行の手配をしたため
(B) 旅行で彼女に同行したため
(C) 正確な情報を彼女に伝えたため
(D) 割引をしたため

正解 A
[正答率 66.7%]

シュローダーさんはこのメールの送信者で、インピンさんは受取人である。本文中で感謝を述べているのは、本文2行目のWe appreciate your booking our package(私たちのパックツアーを手配していただき感謝しております)という部分で、インピンさんが自分たちのパックツアーの手配をしてくれたことを感謝しているのがわかる。よって正解は(A)。

166 What is the main purpose of the e-mail?
(A) To commend a driver for performing an exceptional service
(B) To complain about the timing of a flight
(C) To request reimbursement for an expense
(D) To ask for more details on a promotion

このメールの主な目的は何ですか?
(A) 素晴らしいサービスをしたドライバーを称賛すること
(B) フライトの時間に文句を言うこと
(C) 費用の返金を要求すること
(D) 販売促進の詳細を求めること

正解 C
[正答率 73.3%]

メールの冒頭で感謝の意を伝えながらも、we encountered a problem with the prepaid ground transportation ...(前払いの陸路での交通に問題がありました)と述べ、マークィス・リムジンのドライバーが見つからず、港までタクシーで行ったため、追加で払った分を返金してほしいと伝えている。したがってこのメールの主な目的は返金を求めることである。よって正解は(C)。

167 In which of the positions marked [1], [2], [3], and [4] does the following sentence best belong?
"Our flight arrived on schedule, and we passed through customs without delay."
(A) [1]
(B) [2]
(C) [3]
(D) [4]

[1]、[2]、[3]、[4]のうち、次の文が入る最も適切な箇所はどこですか?
「フライトは時間どおりに到着しましたし、税関もすぐに通れました。」
(A) [1]
(B) [2]
(C) [3]
(D) [4]

正解 B
[正答率 55.0%]

挿入文の前半のOur flight arrived on scheduleではフライトのことが、また後半のwe passed through customs without delayでは到着後のことが述べられ、状況を時系列で説明しているのがわかる。税関を通過した後の行動として適切なのは[2]の後の「外に出た(get out)」。したがって、(B)が正解となる。

990点 講師の目
文を挿入する問題は文脈を理解することが必要なのですが、その次に大切なのは挿入する英文から手がかりを見つけることです。この英文ではon scheduleとwithout delayの2つのフレーズで時間どおりだったことが強調されています。この情報が最も文脈に沿うのはどこか、という観点からも[2]を選ぶことができます。

Questions 168-171 refer to the following information.

For many types of goods, the potential benefit of extended warranties is not worth the price. Still, in some circumstances, purchasing one does make sense. Lawnmowers and other motorized equipment, for example, undergo heavy use. — [1] —. Also, the fuel these machines consume can degrade their parts. A few repairs, if not covered by a warranty, could end up costing as much as buying a replacement. — [2] —. As for passenger vehicles, their mechanical and electrical systems are increasingly more complex and costly to repair, despite being more reliable than in the past. — [3] —. If you intend to keep your car more than 3 years—or if you purchase a used vehicle—consider an extended warranty.

— [4] —. Likewise, warranties are a good idea for high-priced home improvements, such as siding or roofing. Desktop and laptop computers, while typically dependable, can be expensive to repair without warranty coverage. Make sure to check into your credit card details; some cards offer special deals on extended warranties.

168-171 番は次の情報に関するものです。

多くの種類の商品にとって、延長保証の潜在的な恩恵はその値段に見合っていません。それでも、状況によっては購入するほうが理にかなっている場合もあります。たとえば、芝刈り機やその他の電動機器は多く使用されます。—[1]—。また、これらの機械に使われる燃料は、部品を劣化させる可能性があります。保証対象ではない修理を数回すると、結局は代替品を購入するのと同じくらいの費用がかかる可能性があります。—[2]—。乗用車に関しては、以前より信頼性は高くなったにもかかわらず、その機械系統および電気系統はますます複雑になり、修理に費用がかかっています。—[3]—。自分の車に３年を超えて乗るつもりなら、または中古車を購入するなら、延長保証を検討しましょう。

—[4]—。同じように、保証は、外壁や屋根など、家の高価な改装をするにはよい考えです。デスクトップやノートブックコンピュータは、信頼性があるのが普通ですが、保証による補填がないと修理するのに高額になる場合があります。クレジットカードの詳細事項をしっかりご確認ください。一部のカードには、延長保証に関する特別な制度があります。

Vocab. 本文 □ **potential benefit**「潜在的利益」 □ **extended warranty**「保証期間の延長」 □ **circumstances**「状況、事情」 □ **make sense**「道理にかなう」 □ **lawnmower**「芝刈り機」 □ **motorized**「電動の」 □ **undergo**「(困難なこと) を経験する」 □ **degrade**「~を劣化させる」 □ **complex**「複雑な」 □ **improvement**「改良」 □ **siding**「(建物の外壁用の) 壁板」 □ **roofing**「屋根ふき (工事)」 □ **dependable**「当てになる」 □ **make sure to *do***「しっかりと~する」
選択肢 □ **consumer electronics**「個人向けの電化製品」

168 What is the main purpose of the information?
(A) To explain the terms and restrictions of a manufacturer's guarantee
(B) To report on a recent trend in the automotive industry
(C) To compare the quality of a variety of product brands
(D) To provide consumers with advice about an optional purchase

この情報の主な目的は何ですか?
(A) 製造業者の保証の条件と制限事項を説明すること
(B) 自動車業界の最近の流行を報告すること
(C) さまざまな製品ブランドの品質を比較すること
(D) 任意の購入について消費者に助言をすること

正解 D
[正答率 50.0%]

冒頭で the potential benefit of extended warranties is not worth the price(延長保証の潜在的な恩恵はその値段に見合っていません)と述べ、2~3行目でStill, in some circumstances, purchasing one does make sense.(それでも、状況によっては購入するほうが理にかなっている場合もあります)と続けている。その後にも保証を付けたほうがよい例をいくつか挙げて助言している。よって正解は (D)。

169 What category of merchandise is NOT addressed in the information?
(A) Consumer electronics
(B) Ventilation systems
(C) Construction materials
(D) Motorized equipment

情報の中で述べられていない商品の種類は何ですか?
(A) 家電製品
(B) 換気装置
(C) 建設資材
(D) 電動機器

正解 B
[正答率 45.0%]

文書で言及されている商品の種類として、第2段落2行目で述べられているコンピュータは情報家電、その直前の文で述べられている外壁や屋根は建設資材、第1段落3行目で述べられている芝刈り機は電動機器である。換気装置は本文中で述べられていないので、正解は (B)。

170 According to the information, how can special bargains be obtained?
(A) By purchasing extended warranties with certain credit cards
(B) By purchasing equipment directly from the manufacturer
(C) By purchasing vehicles at a particular time of year
(D) By purchasing a company's more expensive models

情報によると、どのようにすれば特別な規約を適用することができますか?
(A) クレジットカードで延長保証を購入することによって
(B) 製造業者から機器を直接購入することによって
(C) 1年のある特定の時期に車を購入することによって
(D) ある会社のより高価なモデルを購入することによって

正解 A
[正答率 61.7%]

特別な規約については第2段落の最後に some cards offer special deals on extended warranties(一部のカードには、延長保証に関する特別な制度があります)とあることから、クレジットカードの種類によっては延長保証に対する特別な恩恵が得られることがわかる。よって正解は (A)。deal は「取引」や「売買」を意味する単語で、bargain にも「契約」「取引」という意味がある。

990点 講師の目
Part 7の選択肢に見られる特徴として、この設問のように、選択肢の一部が共通していることがあります。その場合に注目するべきなのは共通していない後半部分です。その部分を頭に入れて文書と情報を照合しましょう。

171 In which of the positions marked [1], [2], [3], and [4] does the following sentence belong?

"An extension is not necessary if you plan to sell your new car before its standard warranty expires."

(A) [1]
(B) [2]
(C) [3]
(D) [4]

[1]、[2]、[3]、[4] のうち、次の文が入る最も適切な箇所はどこですか?
「標準の保証が切れる前に新しい車を売却する予定の場合、延長は不要です。」
(A) [1]
(B) [2]
(C) [3]
(D) [4]

正解 C
[正答率 63.3%]

挿入文は、通常の保証期間内に新車を売却する予定なら延長保証が不要であることを述べている。[2] の後ろから自動車の保証について述べていて、[3] の後ろで車に3年を超えて乗るか中古車を購入する場合は延長保証を検討すべきだと言っている。したがって [3] に挿入すると、延長保証が不要な場合と必要な場合を対比して述べることになる。よって正解は (C)。

Questions 172-175 refer to the following advertisement.

Position: Staff Reporter **Date Posted:** April 4

Powder Post is the premier online news source dedicated exclusively to winter sports. We are currently seeking an experienced reporter to join our team of content contributors. This is a full-time position and, as such, entitles the successful candidate to full health coverage and enrollment in our pension plan.

Required Skills:
- Producing accurate, compelling and unbiased articles
- Meeting strict deadlines (as evidenced by references or other means)
- Handling multiple assignments simultaneously
- Managing and collaborating with other writers
- Covering domestic and international competitions in person
- Conducting interviews with athletes, coaches, owners, officials, etc.
- Assisting with proofreading and editing of contributions by other reporters

Qualifications:
- Bachelor's degree in journalism or the equivalent
- 3 or more years of professional experience as a news reporter
- Experience covering or participating in winter sports preferred

Salary commensurate with demonstrated abilities and experience. E-mail résumé and cover letter to position@powderpost.com or apply online by accessing the "careers" section of our Web site at www.powderpost.com.

172-175 番は次の広告に関するものです。

職種：記者 **掲載日：4月4日**

『パウダー・ポスト』は、ウインタースポーツに特化した一流のオンラインニュースサイトです。現在、コンテンツを投稿するチームに加わってもらう、経験豊富な記者を１名募集しています。これは正社員職のため、採用者には健康保険および年金制度加入の権利が与えられます。

必要とされる技能：
- 正確で説得力があり、公平な記事を執筆すること
- 厳しい締め切りに対応すること（推薦状またはその他の手段で証明すること）
- 複数の業務を同時に処理すること
- ほかの記者と調整および共同作業をすること
- 国内および国際大会を直接取材すること
- 選手、コーチ、オーナー、大会役員などにインタビューすること
- ほかの記者による記事の校正と編集の補助をすること

資格：
- ジャーナリズムの学士号または同等の学位
- 報道記者としての３年以上の専門的経験
- ウインタースポーツを担当または競技に参加した経験があることが望ましい

給与は実証された能力と経験に相応します。履歴書と送付状を position@powderpost.com にメールで送信するか、弊社ウェブサイト www.powderpost.com の「キャリア」セクションにアクセスしてオンラインで応募してください。

172 What are applicants required to provide?
(A) Proof of timely completion of assignments
(B) Letters of recommendation from employers
(C) Results of a recent medical examination
(D) Samples of previously published writing

応募者は何を提供することが求められていますか？
(A) 業務を時間どおりに完了させられる証明
(B) 雇用主からの推薦状
(C) 最近の健康診断結果
(D) 過去の出版物の見本

正解 A ［正答率 41.7%］

応募者が提出するものとして、Required Skills の 2 つ目の項目 Meeting strict deadlines（厳しい締め切りに対応すること）のただし書きに as evidenced by references or other means（推薦状またはその他の手段で証明すること）とある。したがって、応募者は締め切りに間に合わせられる人物であると証明する推薦状などを提出することが求められている。よって正解は (A)。

990点 講師の目
選択肢を絞る際に気をつけたいのが、「本文に書かれていない情報」です。この問題を解くカギは本文中の references（推薦状）です。通常、推薦状は指導教員や以前の雇用主・上司に書いてもらうものですが、本文中には「雇用主からの」とは書いてありません。たとえ一般的なことであったとしても、本文に書かれていないことは正解にはなりません。

173 What is mentioned about payment?
(A) It depends on the content submitted.
(B) It increases after a probationary period.
(C) It is partly based on experience.
(D) It will go up on an annual basis.

給与について何と述べられていますか？
(A) 提出された内容に基づく。
(B) 試用期間後に増額する。
(C) 一部、経験に基づく。
(D) 年単位で昇給する。

正解 C ［正答率 65.0%］

給与に関しては最後の段落に Salary commensurate with demonstrated abilities and experience.（給与は実証された能力と経験に相応します）とあるので、経験が判断材料の 1 つに加えられていることがわかる。よって正解は (C)。

174 According to the advertisement, what must applicants be willing to do?
(A) Demonstrate their athletic abilities
(B) Appear in online video broadcasts
(C) Undergo a series of interviews
(D) Occasionally travel overseas

広告によると、応募者は何をする意志がなくてはいけませんか？
(A) 運動能力を披露する
(B) オンライン動画放送に出演する
(C) 一連のインタビューを受ける
(D) 時々海外に渡航する

正解 D ［正答率 20.0%］

Required Skills の 5 つ目の項目に Covering domestic and international competitions in person（国内および国際大会を直接取材すること）とあり、6 つ目に Conducting interviews with athletes, coaches, owners, officials, etc.（選手、コーチ、オーナー、大会役員などにインタビューすること）とあることから、国内外の大会に出向くことが求められているのがわかる。よって正解は (D)。

175 What is implied about *Powder Post*?
(A) Its readership is continuously expanding.
(B) It is looking to hire multiple reporters.
(C) It has a retirement plan for full-time employees.
(D) It accepts only résumés submitted by e-mail.

『パウダー・ポスト』について何が示唆されていますか？
(A) 購読者が拡大し続けている。
(B) 複数の記者を雇いたいと考えている。
(C) 正社員のための退職年金制度がある。
(D) メールで送信された履歴書のみを受け付ける。

正解 C ［正答率 35.0 %］

『パウダー・ポスト』に関する情報として、第 1 段落 3 ～ 5 行目に採用者は full-time position（正社員）で enrollment in our pension plan（年金制度加入の権利）が与えられるとあるので、退職年金制度が整備されていることがわかる。よって正解は (C)。

Vocab. 本文 □ **dedicated to**「～に特化した」 □ **exclusively**「もっぱら、独占的に」 □ **currently**「現在」 □ **contributor**「寄稿者、投稿者」 □ **entitle A to B**「A に B の権利を与える」 □ **pension**「年金」 □ **compelling**「説得力のある」 □ **unbiased**「公平な」 □ **simultaneously**「同時に」 □ **in person**「自分で、直に」 □ **proofreading**「校正」 □ **contribution**「寄稿、投稿」 □ **bachelor's degree**「学士号」 □ **equivalent**「相当するもの」 □ **commensurate**「ふさわしい」 選択肢 □ **probationary**「見習い中の」 □ **readership**「（購）読者数、読者層」 □ **be looking to *do***「～しようとしている」

Questions 176-180 refer to the following excerpt from a guidebook and ticket.

The Stills Museum
Renowned for its massive collection of images that, as a whole, detail the complete history of photography. The Stills recently relocated to a new building designed by famed architect Chadwick Broxton. The top floor has a large outdoor patio with a café that offers dramatic views of Carville. Admission: $15 adults; $11 seniors; 18 and under free.

The Biloac Art Museum
Carville's oldest museum, the Biloac recently doubled in size with a $200 million expansion. It features a "living wall" comprising roughly 10,000 plants. The Marshall collection, donated by Yelpco founder Bruce Marshall, could be an art museum on its own with over a thousand works on display. Admission: $20 adults; $18 seniors; 18 and under free.

CCC Museum
Just reopened at its new location on the campus of Carville Community College, the CCC houses an archive of over 15,000 movies. Additional artwork ranges from ancient sculptures to contemporary paintings. There are daily screenings of old, artistic, and foreign films you might not see elsewhere. Admission: $12 adults; $10 seniors; 18 and under free.

Carville Blues Museum
The CBM focuses on the history of blues music from its African roots to its influence on contemporary American music and artists. In the Blue Room you can play jug band instruments along with on-screen virtual performers. There are also studios for recording your own songs. Admission: $15 adults; $12 seniors; $10 for 17 and under.

CCC Museum

Open: 10:00 A.M. **Close:** 6:00 P.M.
Saturday 2/15 **Admit One:** Senior

Today's Featured Work: *Perplexity*
Start Time: 3:00 P.M.
Duration: 90 minutes
Directed by Harold Lamm

Nonrefundable. Enjoy your visit!

176-180 番は次のガイドブックからの抜粋とチケットに関するものです。

スティルズ・ミュージアム
概して、写真撮影の完全な歴史を詳細に示す画像の膨大なコレクションで有名。スティルズは最近、著名な建築家チャドウィック・ブロクストンが設計した新しい建物に移転した。最上階には広々とした屋外の中庭にカーヴィルのドラマチックな風景を見渡せるカフェがある。入場料：大人15ドル、高齢者11ドル、18歳以下無料。

ピロアック・アート・ミュージアム
カーヴィル最古の博物館であるピロアックは最近、2億ドルをかけた増設により規模が2倍になった。およそ1万の植物から成る「生きた壁」を展示している。イェルプコの創業者ブルース・マーシャルが寄贈したマーシャル・コレクションには、1,000点を超える作品が展示されており、これだけでも美術館として成り立つ。入場料：大人20ドル、高齢者18ドル、18歳以下無料。

CCC ミュージアム
カーヴィル・コミュニティ・カレッジのキャンパス内の新しい場所に再オープンしたばかりのCCCは、15,000本を超える映画のアーカイブを収蔵している。その他の芸術作品は、古代の彫刻から現代絵画に及ぶ。ほかでは見られないであろう、昔の芸術的な海外映画が毎日上映されている。入場料：大人12ドル、高齢者10ドル、18歳以下無料。

カーヴィル・ブルース・ミュージアム
CBMは、アフリカのルーツから現代のアメリカの音楽やアーティストへの影響までにわたる、ブルースの歴史に焦点を当てている。「ブルー・ルーム」では、スクリーン上のバーチャルな演奏家たちと一緒にジャグバンドの楽器を演奏できる。自分の曲をレコーディングできるスタジオもある。入場料：大人15ドル、高齢者12ドル、17歳以下10ドル。

CCC ミュージアム

開館：午前10時　**閉館**：午後6時
2/15（**土曜日**）　**入場者1名**：高齢者

本日の上映作品：『戸惑い』
開始時間：午後3時
上映時間：90分
監督 ハロルド・ラム

返金不可。館内をお楽しみください！

Vocab. 本文 □ **renowned for**「～で名高い」 □ **massive**「膨大な」 □ **detail**「～を詳しく示す」 □ **relocate to**「～に移転する」 □ **famed**「著名な」 □ **admission**「入場料」 □ **double in**「～が2倍になる」 □ **feature**「～を備えている」 □ **comprise**「～から成る」 □ **on display**「展示されて」 □ **house**「～を収蔵する」 □ **range from A to B**「AからBに及ぶ」 □ **contemporary**「現代の」 □ **focus on**「～に焦点を当てる」 □ **jug band**「ジャグバンド（ブルースなどを間に合わせの道具や楽器で演奏するバンド）」 □ **perplexity**「戸惑い」 □ **nonrefundable**「返金不可の」 選択肢 □ **undergo**「～を経験する、受ける」 □ **for no charge**「無料で」 □ **interactive**「双方向の」

176 What is indicated about the listed museums?
(A) They have all undergone recent renovations.
(B) They all focus mainly on contemporary art.
(C) They all are located in the same city.
(D) They all admit children for no charge.

一覧にある博物館に関して何が示されていますか？
(A) それらはどれも最近改修された。
(B) それらはどれもおもに現代アートに焦点を当てている。
(C) それらはどれも同じ市内にある。
(D) それらはどれも子どもの入場を無料にしている。

正解 C
［正答率 25.0%］

ガイドブックからの抜粋を見ると、スティルズ・ミュージアムについては6～8行目にThe top floor has ... a café that offers dramatic views of Carville.（最上階には…カーヴィルのドラマチックな風景を見渡せるカフェがある）と述べられていて、カーヴィルにあるとわかる。ビロアック・アートミュージアムは1行目にCarville's oldest museum（カーヴィル最古の博物館）と記述されている。CCCミュージアムも、冒頭にJust reopened ... on the campus of Carville Community College（カーヴィル・コミュニティ・カレッジのキャンパス内の…に再オープンしたばかり）とあり、所在地はカーヴィル。カーヴィル・ブルース・ミュージアムも、その名称から、カーヴィルにあると考えられる。よって、正解は(C)。

177 What museum description mentions an interactive exhibit?
(A) The Stills Museum
(B) The Biloac Art Museum
(C) CCC Museum
(D) Carville Blues Museum

どの博物館の説明で双方向の展示について述べられていますか？
(A) スティルズ・ミュージアム
(B) ビロアック・アート・ミュージアム
(C) CCCミュージアム
(D) カーヴィル・ブルース・ミュージアム

正解 D
［正答率 51.7%］

ガイドブックからの抜粋でカーヴィル・ブルース・ミュージアムの説明を見ると、4～7行目にIn the Blue Room you can play jug band instruments along with on-screen virtual performers.（「ブルー・ルーム」では、スクリーン上のバーチャルな演奏家たちと一緒にジャグバンドの楽器を演奏できる）と書かれている。スクリーンで上映される演奏に合わせて来場者が楽器を演奏できるのはinteractive（双方向な、相互に作用する）な展示だと考えられるので、正解は(D)。

178 What is mentioned about Bruce Marshall?
(A) He contributed the funding for a wall of plants.
(B) He established his own organization.
(C) He has designed a number of museum buildings.
(D) He has created over a thousand works of art.

ブルース・マーシャルに関して何が述べられていますか？
(A) 彼は植物でできた壁のための資金を寄付した。
(B) 彼は自分の組織を設立した。
(C) 彼は数多くの博物館の建物を設計した。
(D) 彼は1,000点を超えるアート作品を作った。

正解 B
［正答率 28.3%］

ガイドブックからの抜粋のビロアック・アート・ミュージアムの説明で、5～9行目にThe Marshall collection, donated by Yelpco founder Bruce Marshall, could be an art museum on its own with over a thousand works on display.（イェルプコの創業者ブルース・マーシャルが寄贈したマーシャル・コレクションには、1,000点を超える作品が展示されており、これだけでも美術館として成り立つ）とあり、ブルース・マーシャルは自分の会社であるイェルプコを設立したことがわかるので、正解は(B)。1,000を超える作品はブルース・マーシャルが作ったものだとは書かれていないので、(D)は誤り。

179 How much did the ticket probably cost?
(A) $10.00
(B) $11.00
(C) $12.00
(D) $18.00

このチケットはおそらくいくらですか?
(A) 10 ドル
(B) 11 ドル
(C) 12 ドル
(D) 18 ドル

正解 **A**
[正答率 66.7%]

チケットのいちばん上の行から、これは、CCC Museum(CCC ミュージアム)のものだとわかる。チケットの上から3行目に Admit One: Senior(入場者1名:高齢者)と書かれている。ガイドブックからの抜粋にある CCC ミュージアムの説明によると、最終行に $10 seniors(高齢者 10 ドル)と書かれているので、高齢者1名のこのチケットの料金は 10 ドルだと判断できる。したがって、正解は (A)。

990点 講師の目
日付、値段、個数といった数字に関する情報が文書にある場合は注意が必要です。条件や例外があったり、計算が必要だったりします。この問題の場合は両方の文書にある情報を照合して正解を出さなくてはなりません。

180 Who most likely is Harold Lamm?
(A) An exhibition guide
(B) A filmmaker
(C) A museum director
(D) A seminar presenter

ハロルド・ラムはどういう人だと思われますか?
(A) 展示ガイド
(B) 映画製作者
(C) 博物館の館長
(D) セミナーの講演者

正解 **B**
[正答率 50.0%]

ハロルド·ラムは、チケットの下から2行目に登場し、Directed by Harold Lamm(監督 ハロルド·ラム)と書かれている。チケットの内容だけを見ても、正解は (B) だと推測できるが、ガイドブックからの抜粋で CCC ミュージアムの説明の7~8行目に There are daily screenings of old, artistic, and foreign films(昔の芸術的な海外映画が毎日上映されている)とあり、チケットに載っているハロルド・ラム監督の Today's Featured Work: *Perplexity*(本日の上映作品:『戸惑い』)が映画であることが確認できるので、正解は (B)。

Questions 181-185 refer to the following letter and article.

June 10

Essential Living Journal
P.O. Box 30244
Jacksonville, FL 32130-244

Dear editor,

I have been a dedicated reader of *Essential Living Journal* ever since receiving a gift subscription three years ago. I especially value the Handy Household Hints column in each issue. I have saved much time, money and hassle by following the author's advice.

As an outdoor enthusiast, I carry my backpack with me on camping, hiking and beach trips. It has become quite dirty as a result. I would rather not replace it, because it is otherwise in great condition. It is lightweight, durable, and has a lot of clever pockets. I would love to get some tips for cleaning this and other hard-to-wash items in a future Handy Household Hints column.

Sincerely,

Jacob Ryan
Jacob Ryan

Essential Living Journal

Handy Household Hints:
Things you might not realize can be cleaned in a washing machine

By Catherine Powell

A subscriber recently wrote to seek my advice on cleaning hard-to-wash items.

Baseball Caps — Treat stains with stain remover prior to washing. Use a short, cold-water cycle.
Small Plastic Toys — First, place the toys into a mesh laundry bag. Then wash on a delicate cycle with cold water.
Pillows — Wash two at a time, using a gentle cycle and warm water. Rinse in cold water and spin.
Gym Bags and Backpacks — Open and turn out pockets. If pockets cannot be turned out, first try to remove debris such as beach sand with a vacuum cleaner. Place in a laundry bag and wash in cold water, using a small amount of detergent.
Sneakers — Remove inner soles and laces and put the shoes in a pillowcase. Use cold water and a delicate wash cycle. Add a tablespoon of white vinegar to deodorize.

181-185 番は次の手紙と記事に関するものです。

6月10日

『エッセンシャル・リビング・ジャーナル』
私書箱 30244 号
ジャクソンビル市 フロリダ州 32130-244

編集者の方へ

私は、3年前に定期購読をプレゼントされて以来、『エッセンシャル・リビング・ジャーナル』の熱心な読者です。とくに毎号掲載される「役立つ家事のヒント」のコラムが素晴らしいと思っています。この著者のアドバイスに従って、かなりの時間と出費と労力を減らせました。

私はアウトドアが大好きで、キャンプやハイキング、ビーチへの旅行にはバックパックを持っていきます。そのため、とても汚れてきました。それ以外は状態がいいので、買い換えたくはありません。軽くて丈夫で、便利なポケットがたくさん付いています。今後の「役立つ家事のヒント」のコラムで、バックパックやこうした洗いにくい物をきれいにする方法について何かヒントをいただけたら幸いです。

よろしくお願いします。

Jacob Ryan
ジェイコブ・ライアン

エッセンシャル・リビング・ジャーナル

役立つ家事のヒント：
あなたの知らない、洗濯機で洗えるもの
キャサリン・バウウェル

最近ある読者の方から、洗いにくい物の洗濯についてアドバイスをもらえないかというお手紙をいただきました。

野球帽――洗う前にシミ落としで汚れを取りましょう。短時間の冷水のコースを使ってください。
小さなビニール製おもちゃ――まず、洗濯用ネットにおもちゃを入れます。それから冷水でおしゃれ着用のコースで洗います。
枕――1回に2つ洗います。温水で弱水流コースを使いましょう。冷水ですすぎ、脱水します。
ジム用バッグとバックパック――口を開いてポケットをひっくり返します。ポケットがひっくり返せない場合は、まずビーチの砂などの細かなごみを掃除機で取り除くようにしてください。洗濯用ネットに入れて、少量の洗剤を使って冷水で洗います。
スニーカー ――中敷きと靴ひもを外し、枕カバーに靴を入れます。冷水を使い、おしゃれ着洗い用のコースで洗います。小さじ1杯のホワイトビネガーを消臭のために加えてください。

Vocab. 本文 □ **subscription**「定期購読」 □ **issue**「(出版物などの) 号」 □ **hassle**「困りごと」 □ **enthusiast**「熱心な人、愛好家」 □ **would rather not *do***「～したくない」 □ **replace**「～を交換する」 □ **durable**「耐久性の高い」 □ **tip**「ヒント、コツ」 □ **stain**「シミ、汚れ」 □ **prior to**「～の前に」 □ **place A into B**「AをBに入れる」 □ **debris**「かけら」 □ **detergent**「洗剤」 □ **deodorize**「消臭する」 選択肢 □ **inaccuracy**「不正確さ」 □ **get rid of**「～を取り除く」 □ **disinfect**「～を殺菌する」

181 In the letter, the word "dedicated" in paragraph 1, line 1, is closest in meaning to
(A) presented
(B) faithful
(C) allotted
(D) exclusive

手紙の第1段落1行目のdedicatedに最も意味の近い語は
(A) プレゼントされた
(B) 忠実な
(C) 割り当てられた
(D) 専用の

正解 B
[正答率 45.0%]

「～を捧げる」が基本的な意味の他動詞dedicateの過去分詞形が形容詞化したdedicatedがreader（読者）を修飾している。他動詞dedicateは、dedicate *one*self toの形で「～に専念する、打ち込む」という意味でよく用いられ、ここでは、この意味から派生した「熱心な、献身的な」と解釈すると「熱心な読者」となり、文意が通る。この意味に最も近いのは、(B)のfaithful。dedicatedは、美術館などの建物や駐車スペースといった場所を修飾して「ある特定の目的にあてられた」という(C)や(D)に近い意味で用いられることもある。

182 What is the main purpose of Mr. Ryan's letter?
(A) To provide a reason for a cancelation
(B) To inquire about a product
(C) To suggest a theme for a column
(D) To point out an inaccuracy

ライアンさんの手紙の主な目的は何ですか？
(A) 解約の理由を伝えること
(B) 商品について問い合わせること
(C) コラムの話題を提案すること
(D) 不正確な部分について指摘すること

正解 C
[正答率 55.0%]

文書の主題を尋ねる問題。ライアンさんは、手紙の最後でI would love to get some tips for cleaning this and other hard-to-wash items in a future Handy Household Hints column.（今後の「役立つ家事のヒント」のコラムで、バックパックやこうした洗いにくい物をきれいにする方法について何かヒントをいただけたら幸いです）と要望を伝えている。コラム「役立つ家事のヒント」で取り上げてほしい題材を提案しているので、(C)が正解となる。

990点 講師の目
英語の文章でも、書かれ方はさまざまです。一般論として、結論や主題が冒頭で理由は後に来ることが多いものの、そうではない文章はありますし、例外と言えるほど珍しいわけでもありません。主題を尋ねる問題というと文章の冒頭に目が行きがちですが、この手紙のように、文章の最後のほうで結論として述べられているパターンも確認しておきましょう。

183 What is suggested about Ms. Powell?
(A) She writes every Handy Household Hints column.
(B) She is an editor at *Essential Living Journal*.
(C) She communicated with Mr. Ryan prior to June 10.
(D) She has published books on home improvement.

パウウェルさんに関して何が示唆されていますか？
(A) 彼女は毎号「役立つ家事のヒント」のコラムを書いている。
(B) 彼女は『エッセンシャル・リビング・ジャーナル』の編集者だ。
(C) 彼女はライアンさんと6月10日よりも前にやり取りをした。
(D) 彼女は家の改装について本を出版している。

正解 A
[正答率 46.7%]

パウウェルさんの名前はコラムHandy Household Hints（「役立つ家事のヒント」）の執筆者欄にBy Catherine Powellと出てくるので、このコラムを書いた人物であることがわかる。ライアンさんから編集者にあてられた手紙の第1段落2～3行目にI especially value the Handy Household Hints column in each issue.（とくに毎号掲載される「役立つ家事のヒント」のコラムが素晴らしいと思っています）とあり、このコラムは毎号掲載されていると判断できる。また、columnは「署名入りの定期寄稿欄」を意味するので、パウウェルさんが単独で担当している記事だとわかる。したがって、パウエルさんはコラム「役立つ家事のヒント」を毎号書いていると考えられるので、(A)が正解。

184 For which items are a higher water temperature recommended?
(A) Baseball caps
(B) Plastic toys
(C) Pillows
(D) Sneakers

高めの水温がすすめられているのはどれですか?
(A) 野球帽
(B) ビニール製のおもちゃ
(C) 枕
(D) スニーカー

正解 **C**
[正答率 75.0%]

洗濯のコツについて書かれたこのコラムには、具体的なアイテムについて適切な水温や洗濯機の運転コースが説明されている。設問は水温 (water temperature) を尋ねているので、各アイテムの水温に関する記述を探すと、冷水で洗うものは cold water、温水を使うものは warm water の記載がある。Pillows (枕) の欄には using a gentle cycle and warm water (温水で弱水流コースを使って) とあるが、ほかのものはすべて cold water と書かれていて、枕だけ洗う水温がほかよりも高い。よって、(C) が正解。

185 According to Ms. Powell, how can vinegar be used?
(A) To get rid of an unpleasant smell
(B) To disinfect children's toys
(C) To remove sticky substances from fabrics
(D) To clean the washing machine

パウウェルさんによると、ビネガーはどのように使うことができますか?
(A) 不快な臭いを取るため
(B) 子どものおもちゃを殺菌するため
(C) 布からベタベタしたものを取るため
(D) 洗濯機をきれいにするため

正解 **A**
[正答率 65.0%]

vinegar (ビネガー) は、パウウェルさんのコラムのいちばん下の Sneakers (スニーカー) の欄で最後の文 Add a tablespoon of white vinegar to deodorize. (小さじ 1 杯のホワイトビネガーを消臭のために加えてください) に登場する。ビネガーを加える目的は to deodorize (消臭するため) とあるので、deodorize を get rid of (〜を取り除く、除去する) を使って言い換えた (A) が正解。deodorize は、odor (臭い) に、「分離、除去」を表す接頭辞の de- と、「〜の状態にする」という意味の動詞を作る接尾辞 -ize が付いてできた動詞。

Questions 186-190 refer to the following list, e-mail, and text message.

Holther Penn Publishing
New Releases: Books on Business

New School – Oliver Pickard
Technological advances are altering how people work and communicate on a fundamental level. Pickard argues that business schools focus too much on traditional management principles. He proposes a bold new approach that he believes will better prepare students for the emerging new business world.

Looking Forward – Isabelle Duncan
Transformations in the marketplace and society start gradually but finish suddenly, presenting both risks and opportunities. For success, companies must be capable of seeing what lies ahead and taking action. Duncan lists steps firms can take to spot coming points of transition and create options for a successful future.

Massive Mentality – Lillian Farr
Managers of large companies must overcome obstacles that can hamper their ability to quickly adapt to rapidly changing times. In this book, Farr explains how Monguss, one of the world's biggest businesses, remains dynamic despite its huge scale of operations.

Leading the Way – Newt McGuire
Globally, corporations spend tens of billions annually on leadership development and training. McGuire says this investment generally produces little in return. McGuire outlines the shortcomings of the leadership industry and explains how it can be improved.

E-mail Message

From:	k.evans@spellbound.co.uk
To:	h.chesterfield@spellbound.co.uk
Date:	2 September
Subject:	Store events

Hi Howard,

Thanks again for looking after things while I'm away. I'm glad to hear the Holly's next door finally opened yesterday. All of the delays surprised me as well, considering it's such a large chain.

Please remember the book-signing events on September 14 and 15. Saturday's visiting author, Isabelle Duncan, teaches at the local business school, so turnout should be high. Traffic on Sunday will likely be even greater. Carl Anspot just released the final volume in his *Pathfinder* trilogy. He has a huge following.

Regards,

Kate

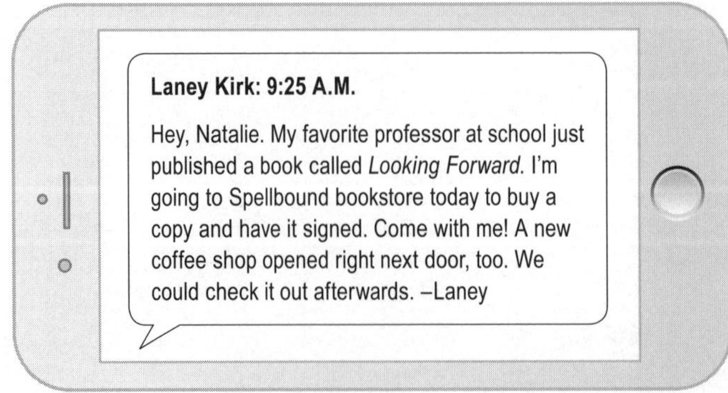

Laney Kirk: 9:25 A.M.
Hey, Natalie. My favorite professor at school just published a book called *Looking Forward*. I'm going to Spellbound bookstore today to buy a copy and have it signed. Come with me! A new coffee shop opened right next door, too. We could check it out afterwards. –Laney

186-190 番は次のリストとメールとテキストメッセージに関するものです。

ホルター・ペン出版
新刊案内：ビジネス書籍

『ニュー・スクール』――オリヴァー・ピッカード
技術の発展は、人の働き方やコミュニケーションの取り方を根本的なレベルで変えつつある。ピッカード氏は、ビジネススクールは伝統的な経営原則に焦点を当てすぎていると主張する。新たに出現しているビジネスの世界に対して、学生たちにより十分な準備をさせられると彼が考える大胆な新しいアプローチを提案する。

『ルッキング・フォーワード』――イザベル・ダンカン
市場と社会の変容は徐々に始まるが突然終わり、リスクと機会の両方をもたらす。成功するために、企業は先を読んで行動を起こせなければならない。ダンカン氏は、次の転換点を知り、将来の成功に向けた選択肢を創出するために企業が取れるステップを挙げている。

『マッシブ・メンタリティ』――リリアン・ファー
大企業の経営者は、変化の急速な時代に迅速に適応する能力を妨げうる障害を乗り越えなければならない。この本でファー氏は、世界最大規模の企業の１つであるモンガス社が、同社の巨大な営業規模にもかかわらず、どうやって力強さを保ち続けているのかを説明する。

『リーディング・ザ・ウェイ』――ニュート・マグワイア
世界中で企業は年間数百億をリーダーシップ開発と研修に費やしている。この投資は概してリターンをほとんどもたらしていないとマグワイア氏は述べる。リーダーシップ開発研修産業の欠点を概略し、それをどう改善できるかを解説する。

送信者：k.evans@spellbound.co.uk
あて先：h.chesterfield@spellbound.co.uk
日付：９月２日
件名：店頭イベント

ハワードさん

外出中にいろいろとご対応いただいたことに重ねて感謝申し上げます。隣のホリーズがついに昨日オープンしたと聞いてうれしいです。あんなに大きなチェーン店だということを考えると、あれほどの遅れには私も驚きました。

９月14日と15日に本のサイン会がありますね。土曜日に来店する作家のイザベル・ダンカンさんは地元のビジネススクールで教えているので、参加者はきっと多いはずです。日曜日の来店者はさらに多くなりそうです。カール・アンスボットさんが三部作『パスファインダー』の最終巻を発売したばかりです。彼にはとても多くのファンがいます。

よろしくお願いします。

ケイト

レーニー・カーク：午前９時25分

こんにちは、ナタリー。学校で私が気に入っている教授が『ルッキング・フォーワード』という本を出版したばかりです。今日スペルバウンド書店に行って、１冊買い、サインをもらってくるつもりです。一緒に行きましょう！ そのすぐ隣に新しいコーヒーショップもオープンしました。そこも後で見に行けますよ。――レーニー

Vocab. 本文 □ **alter**「～を変える」 □ **fundamental**「根本的な」 □ **bold**「大胆な」 □ **transformation**「変容」 □ **gradually**「徐々に」 □ **be capable of *doing***「～することができる」 □ **transition**「推移」 □ **obstacle**「障害」 □ **hamper**「～を妨げる」 □ **adapt to**「～に適応する」 □ **shortcoming**「短所」 □ **look after**「～に気を配る」 □ **delay**「遅れ」 □ **turnout**「来場者数」 □ **traffic**「（人の）往来」 □ **trilogy**「三部作」 □ **following**「ファン、追随者」
選択肢 □ **deal with**「～を取り扱う」 □ **address**「～を扱う」

TEST 1 TEST 2 TEST 3 TEST 4 TEST 5

186 Which book focuses on one particular organization?
(A) *New School*
(B) *Looking Forward*
(C) *Massive Mentality*
(D) *Leading the Way*

特定の１つの組織を中心に扱っている本はどれですか？
(A)『ニュー・スクール』
(B)『ルッキング・フォーワード』
(C)『マッシブ・メンタリティ』
(D)『リーディング・ザ・ウェイ』

正解 C
［正答率 30.0%］

リストで取り上げられている４冊の本のうち、特定の１つの組織について考察しているのは、企業について論じている (C) の *Massive Mentality* のみ。この本の説明の２～３行目に、In this book, Farr explains how Monguss, one of the world's biggest businesses, remains dynamic（この本で［著者の］ファー氏は世界最大規模の企業の１つであるモンガス社がどうやって力強さを保ち続けているのかを説明する）と述べられている。

187 How are the first three books on the list similar?
(A) They deal with developing better communication skills.
(B) They explain the risks of expanding too rapidly.
(C) They address issues related to adjustment to change.
(D) They offer advice to educational institutions.

リストの最初の３冊の本が似ているのはどんなところですか？
(A) よりよいコミュニケーションスキルを伸ばすことについて扱っている。
(B) あまりに急速に拡大することのリスクを説明している。
(C) 変化への対応に関する話題を扱っている。
(D) 教育機関へのアドバイスを提供している。

正解 C
［正答率 61.7%］

リストの最初の３冊の本とは① *New School*、② *Looking Forward*、③ *Massive Mentality* のこと。①は新しいビジネスの世界に学生が備えられるようにする方法（a bold new approach that ... the emerging new business world）を、②は市場や社会の転換点を企業が見通すための方策（steps firms can take to spot coming points of transition）を扱っていて、③は変化の急速な時代に迅速に適応する能力を妨げうる障害（obstacles that can hamper their ability to quickly adapt to rapidly changing times）を大企業の経営者は乗り越えなければならないとしたうえで、具体的な大企業の事例を解説している。いずれも変化への対応について論じているので、(C) が正解となる。

188 What most likely is Holly's?
(A) A coffee shop
(B) A department store
(C) A bookstore chain
(D) A supermarket

ホリーズとは何だと思われますか？
(A) コーヒーショップ
(B) 百貨店
(C) 書店チェーン
(D) スーパーマーケット

正解 A
［正答率 56.7%］

ホリーズはメール本文に登場する。メールの送信者とあて先のメールアドレス、そしてメールの内容から、このやり取りはスペルバウンド書店のスタッフによるものだとわかる。メール本文の１～２行目に I'm glad to hear the Holly's next door finally opened（隣のホリーズがついにオープンしたと聞いてうれしい）とあり、この書店でのサイン会へ友人を誘っているテキストメッセージでは、４～５行目に A new coffee shop opened right next door（そのすぐ隣に新しいコーヒーショップもオープンしました）とあるので、Holly's はオープンしたての coffee shop だとわかる。よって、(A) が正解。

189 In the e-mail, the word "volume" in paragraph 2, line 4, is closest in meaning to
(A) capacity
(B) noise
(C) quantity
(D) installment

メールの第2段落4行目の volume に最も意味の近い語は
(A) 容量
(B) 雑音
(C) 量
(D) 1回分

正解 **D**
[正答率 40.0%]

the final volume in his *Pathfinder* trilogy（三部作『パスファインダー』の最終巻）の volume は、trilogy（三部作）のうちの最後の「巻」という意味で用いられている。(D) の installment は、「（分割払いのうちの）支払い1回分」という意味で用いられることも多いが、連載や全集、シリーズ番組、頒布品など定期的に発表または提供されるものの「1回分、分冊、1編」という意味もある。volume と置き換えても文意が通るので、(D) が正解となる。

190 On what date was the text message probably sent?
(A) September 1
(B) September 2
(C) September 14
(D) September 15

このテキストメッセージはいつ送られたと思われますか？
(A) 9月1日
(B) 9月2日
(C) 9月14日
(D) 9月15日

正解 **C**
[正答率 60.0%]

テキストメッセージの2～4行目に I'm going to Spellbound bookstore today to buy a copy and have it signed.（今日スペルバウンド書店に行って、1冊買い、サインをもらってくるつもりです）とある。a copy は「（出版物などの）1冊」の意味で、具体的にはこの文の直前の *Looking Forward* のこと。*Looking Forward* の著者をリストで探すと、Isabelle Duncan の名がある。Duncan さんのサイン会は、メールの第2段落から9月14日の土曜日に開催されることがわかるので、テキストメッセージの today は9月14日を指している。よって、正解は (C)。

これがエッセンス

Part 7 では、Who most likely is ...?（…はどういう人物だと思われますか？）という設問がよく出題されます。そのため、人物や固有名詞には注意しておきたいのですが、それは問題を解くのに必要な場合に限ったことです。設問で解答に必要な固有名詞をチェックし、解答に無関係な情報は気にせず読み飛ばしましょう。

Questions 191-195 refer to the following Web page, monitor display, and article.

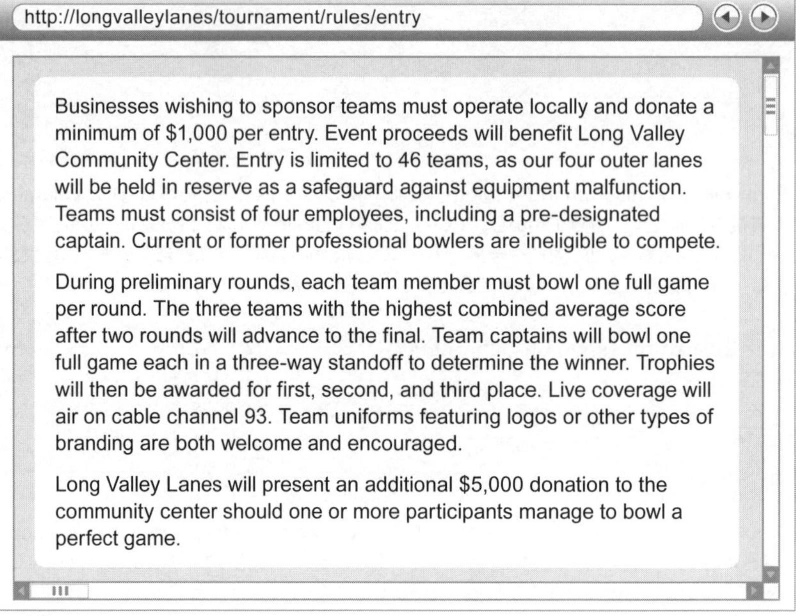
http://longvalleylanes/tournament/rules/entry

Businesses wishing to sponsor teams must operate locally and donate a minimum of $1,000 per entry. Event proceeds will benefit Long Valley Community Center. Entry is limited to 46 teams, as our four outer lanes will be held in reserve as a safeguard against equipment malfunction. Teams must consist of four employees, including a pre-designated captain. Current or former professional bowlers are ineligible to compete.

During preliminary rounds, each team member must bowl one full game per round. The three teams with the highest combined average score after two rounds will advance to the final. Team captains will bowl one full game each in a three-way standoff to determine the winner. Trophies will then be awarded for first, second, and third place. Live coverage will air on cable channel 93. Team uniforms featuring logos or other types of branding are both welcome and encouraged.

Long Valley Lanes will present an additional $5,000 donation to the community center should one or more participants manage to bowl a perfect game.

Current Ranking	1	2	3
Team Name	The Crunchers	The Breakers	The Cappers
Captain	Dan Norman	Beth Hotchkiss	Mark Travis
Sponsor	**Baker & Bean Accounting** "Count on us to handle your figures."	**Long Valley Demolition Co.** "You build it; we break it."	**Joy Beverages Bottling Plant** "Live to the fullest; enjoy every drop."
Round 1 Average	251	240	256
Round 2 Average	244	245	223
Combined Score	495	485	479

5 Minutes 23 Seconds Until Final Round Begins

Local Bowling Tournament Raises Over $50,000

Teams sponsored by local employers competed in a televised bowling tournament on April 10 at Long Valley Lanes. Area companies contributed $1,000 or more to enter their teams in the event. Over $50,000 in funding was raised to help Long Valley Community Center build a new recreational facility.

In a brief ceremony following the event, the team from Joy Beverages was awarded the top prize. Trophies were also presented to the second-place team from Baker & Bean Accounting and the third-place team from Long Valley Demolition Company. An honorary award for Best Uniform went to Apex Plumbing, whose team, called The Plungers, humorously dressed as rubber ducks. Additionally, Seth Alba, owner of Long Valley Lanes, pledged a donation of $5,000 in tribute to tournament participant Trisha Knowles.

191-195 番は次のウェブページとモニター表示と記事に関するものです。

http://longvalleylanes/tournament/rules/entry

チームのスポンサーを希望する企業はこの地域で営業している必要があり、1 エントリーにつき最低 1,000 ドルを寄付しなければなりません。イベントの収益はロングバレー地域センターのために使われます。外側の 4 レーンは機器の不具合があった場合に備えて空けておくため、エントリーは 46 チームに限られます。チームは、事前に指名されたキャプテンを含めて 4 人の従業員で構成してください。現在もしくは以前プロボウラーだった人には出場資格がありません。

予選ラウンド中に、各チームのメンバーは 1 ラウンドにつき 1 回フルゲームに出場しなければなりません。第 2 ラウンドの後、総合平均得点が最も高かった 3 チームが決勝に進みます。各チームのキャプテンは、1 回のフルゲームで 3 者対決をし、優勝者を決めます。1 位、2 位、3 位のチームにトロフィーが授与されます。ケーブルテレビのチャンネル 93 で試合の生中継が放送されます。ロゴやその他ブランド名などのラベルがあるチームのユニフォームは大歓迎ですし、推奨されます。

1 人以上の出場者がパーフェクトゲームを達成できた場合、ロングバレー・レーンは地域センターにさらに 5,000 ドルを寄付します。

現在の順位	1	2	3
チーム名	**ザ・クランチャーズ**	**ザ・ブレイカーズ**	**ザ・キャッパーズ**
キャプテン	ダン・ノーマン	ベス・ホッチキス	マーク・トラビス
スポンサー	**ベイカー&ビーン会計事務所** 「御社の数字の処理はお任せください」	**ロングバレー解体会社** 「あなたは建てる、当社は取り壊す」	**ジョイ・ビバレッジズボトリング工場** 「最高の人生を一滴残さず楽しもう」
第 1 ラウンド平均	251	240	256
第 2 ラウンド平均	244	245	223
総合点	495	485	479

最終ラウンド開始まで 5 分 23 秒

地元ボウリングトーナメント、5 万ドル以上を集める

地元企業がスポンサーを務めるチームがロングバレー・レーンで 4 月 10 日、テレビ中継されたボウリングトーナメントで戦った。このイベントにチームで出場するために、地元企業は 1,000 ドル以上を寄付した。5 万ドルを超える資金が集まり、ロングバレー地域センターの新たな娯楽施設建設に役立てられる。

イベント後の短い式典で、ジョイ・ビバレッジズのチームに 1 位の賞品が贈られた。トロフィーは 2 位のベイカー&ビーン会計事務所のチームと、3 位のロングバレー解体会社のチームにも授与された。ベストユニフォーム名誉賞はエイペックス水道設備に決まった。同社チーム「ザ・プランジャーズ」はユーモラスなゴム製アヒルのユニフォームだった。また、ロングバレー・レーンのオーナーのセス・アルバ氏は、トーナメント参加者のトリシャ・ノウルズさんを称えて 5,000 ドルの寄付を約束した。

Vocab. 本文 □ **operate**「営業する」 □ **a minimum of**「最低・最小～」 □ **proceeds**「収益」
□ **hold ~ in reserve**「～を予備に取っておく」 □ **as a safeguard against**「～に対する予防手段として」 □ **malfunction**「故障」
□ **ineligible**「資格のない」 □ **compete**「競争する」 □ **preliminary**「予選の」 □ **three-way standoff**「三すくみ」
□ **live coverage**「生中継」
□ **should ...**「もし…なら（ここでは if one or more participants should manage ... の if が省略され、should が倒置されている）」
□ **manage to *do***「どうにか～することができる」 □ **count on**「～に頼る」 □ **to the fullest**「精一杯」 □ **pledge**「～を誓う」
□ **in tribute to**「～を称えて」 選択肢 □ **be available for**「～に使用できる」 □ **in case of**「～の場合、～に備えて」
□ **spectator**「観客」 □ **construction**「建設」 □ **on behalf of**「～を代表して」

TEST 1 TEST 2 TEST 3 TEST 4 TEST 5

191 What does the Web page mention about the outer bowling lanes?
(A) They will be available for practice before each round.
(B) They will serve as backups in case of problems.
(C) They will be used for spectator seating.
(D) They will be reserved for camera operators.

ウェブページで外側のボウリングレーンについて述べられていることは何ですか？
(A) 各ラウンド前の練習で使用できる。
(B) 問題が生じた場合の備えとして機能する。
(C) 観客席として使われる。
(D) カメラのオペレーターのために確保される。

正解 B
[正答率 56.7%]

ウェブページの第1段落3～4行目に our four outer lanes will be held in reserve as a safeguard against equipment malfunction（外側の4レーンは機器の不具合があった場合に備えて空けておく）とある。よって、as a safeguard against（～に対する予防手段として）を as backups in case of（～があった場合の備えとして）、equipment malfunction（機器の不具合）を problems（問題）と言い換えた (B) が正解となる。

192 Which team posted the best average score in the second preliminary round?
(A) The Plungers
(B) The Crunchers
(C) The Breakers
(D) The Cappers

予選第2ラウンドで平均得点が最もよかったチームはどれですか？
(A) ザ・プランジャーズ
(B) ザ・クランチャーズ
(C) ザ・ブレイカーズ
(D) ザ・キャッパーズ

正解 C
[正答率 55.0%]

設問の preliminary とは、決勝（final）に対して「予選の、準備の」という意味。予選第2ラウンドの平均得点はモニター表示の Round 2 Average の欄に書かれている。第2ラウンドの平均得点が最も高いのは245点の The Breakers なので、(C) が正解となる。設問の in the second preliminary round（予選第2ラウンドで）を読みそこねて、うっかり Combined Score（総合点）の欄から判断しないように注意したい。

193 How will the proceeds from the tournament be used?
(A) To fund renovations at Long Valley Lanes
(B) To promote a local business association
(C) To assist in financing a construction project
(D) To provide scholarships for community residents

トーナメントの収益はどのように使われますか？
(A) ロングバレー・レーンの改築資金にするため
(B) 地元の事業組合を宣伝するため
(C) 建築プロジェクトの資金を補助するため
(D) 地域住民へ奨学金を提供するため

正解 C
[正答率 50.0%]

ウェブページの第1段落2～3行目に Event proceeds will benefit Long Valley Community Center.（イベントの収益はロングバレー地域センターのために使われます）とあり、記事の第1段落3～5行目には Over $50,000 in funding was raised to help Long Valley Community Center build a new recreational facility.（5万ドルを超える資金が集まり、ロングバレー地域センターの新たな娯楽施設建設に役立てられる）とあるので、トーナメントの収益は地域センターによる新娯楽施設の建設資金として使われることがわかる。よって、正解は (C)。

194 Who most likely accepted the top prize in the competition?
(A) Seth Alba
(B) Dan Norman
(C) Beth Hotchkiss
(D) Mark Travis

この大会で1位の賞品を受け取ったのはだれだと思われますか?
(A) セス・アルバ
(B) ダン・ノーマン
(C) ベス・ホッチキス
(D) マーク・トラビス

正解 **D**
[正答率 58.3%]

記事の第2段落1~2行目にthe team from Joy Beverages was awarded the top prize (ジョイ・ビバレッジズのチームに1位の賞品が贈られた) とあり、Joy Beverages のチームが優勝したとわかる。優勝チームのキャプテンが賞品を受け取ると推測されるので、モニター表示で Joy Beverages の欄を確認すると、キャプテンに Mark Travis の名前がある。よって、(D) が正解となる。

195 What is suggested about Trisha Knowles?
(A) She made a donation on behalf of her firm.
(B) She bowled a perfect game during the event.
(C) She is the director of Long Valley Community Center.
(D) She received special recognition for her uniform design.

トリシャ・ノウルズについて何が示唆されていますか?
(A) 彼女は自分の会社を代表して寄付をした。
(B) 彼女はイベント中にパーフェクトゲームを達成した。
(C) 彼女はロングバレー地域センターの館長だ。
(D) 彼女はユニフォームのデザインで特別表彰された。

正解 **B**
[正答率 45.0%]

Trisha Knowles の名前は記事の最後に登場し、Seth Alba, owner of Long Valley Lanes, pledged a donation of $5,000 in tribute to tournament participant Trisha Knowles (ロングバレー・レーンのオーナーのセス・アルバ氏は、トーナメント参加者のトリシャ・ノウルズさんを称えて 5,000 ドルの寄付を約束した) とある。この $5,000 については、ウェブページの最終段落に Long Valley Lanes will present an additional $5,000 donation to the community center should one or more participants manage to bowl a perfect game. (1人以上の出場者がパーフェクトゲームを達成できた場合、ロングバレー・レーンは地域センターにさらに 5,000 ドルを寄付します) と述べられている。つまりノウルズさんはパーフェクトゲームを達成したと考えられるので、(B) が正解。

これがエッセンス

トリプルパッセージの問題は、文章量が多いだけでなく、3つの文書の関連にも気をつけないといけません。そのため、リーディング力ももちろん必要ですが、素早く情報を整理するスキルも大切です。どの文書のどこに解答の根拠となる記述があるかをすべて記憶しておくのは現実的ではありませんが、該当する情報を短時間で探し出すスキルは鍛えておきましょう。

Questions 196-200 refer to the following e-mails and schedule.

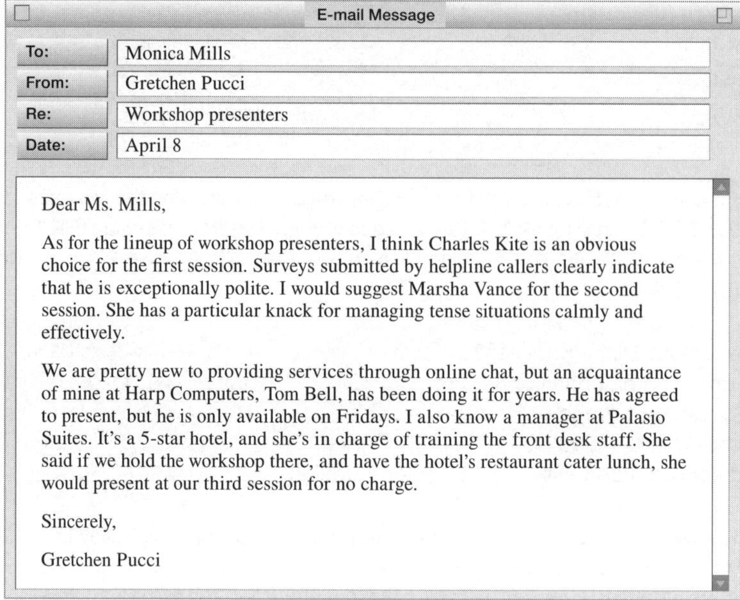

E-mail Message

To: Monica Mills
From: Gretchen Pucci
Re: Workshop presenters
Date: April 8

Dear Ms. Mills,

As for the lineup of workshop presenters, I think Charles Kite is an obvious choice for the first session. Surveys submitted by helpline callers clearly indicate that he is exceptionally polite. I would suggest Marsha Vance for the second session. She has a particular knack for managing tense situations calmly and effectively.

We are pretty new to providing services through online chat, but an acquaintance of mine at Harp Computers, Tom Bell, has been doing it for years. He has agreed to present, but he is only available on Fridays. I also know a manager at Palasio Suites. It's a 5-star hotel, and she's in charge of training the front desk staff. She said if we hold the workshop there, and have the hotel's restaurant cater lunch, she would present at our third session for no charge.

Sincerely,

Gretchen Pucci

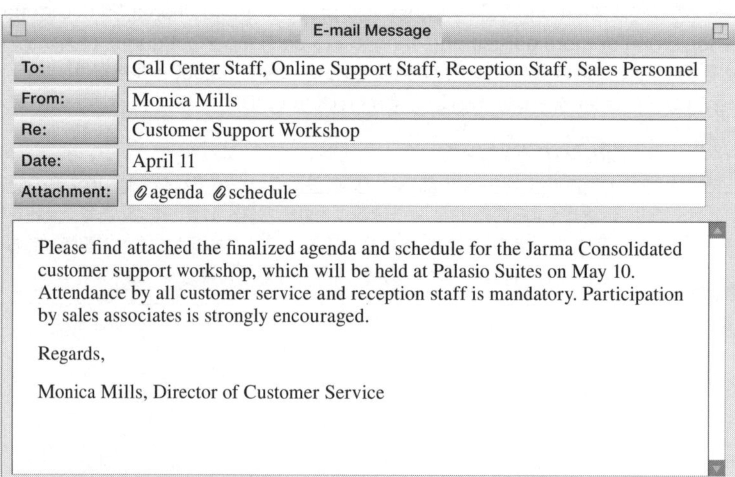

E-mail Message

To: Call Center Staff, Online Support Staff, Reception Staff, Sales Personnel
From: Monica Mills
Re: Customer Support Workshop
Date: April 11
Attachment: agenda schedule

Please find attached the finalized agenda and schedule for the Jarma Consolidated customer support workshop, which will be held at Palasio Suites on May 10. Attendance by all customer service and reception staff is mandatory. Participation by sales associates is strongly encouraged.

Regards,

Monica Mills, Director of Customer Service

10:00 A.M. – How May I Be Of Service?
Learn to use exemplary courtesy during telephone calls and the importance of doing so.
Presenter: Charles Kite

11:00 A.M. – Handle With Care
Learn to deal successfully with difficult and demanding callers by maintaining patience and grace.
Presenter: Marsha Vance

Noon: Lunch Break {Royal Banquet Hall – Catering by Coppellini's}

1:00 P.M. – The Right Impression
Learn to project a positive and professional image while addressing customers from behind the reception counter.
Presenter: Nancy Chesterfield

2:00 P.M. – Glad We Had This Chat
Learn the essentials of providing outstanding online service when communicating by text exchange.
Presenter: Tom Bell

196-200 番は次の 2 通のメールとスケジュールに関するものです。

あて先： モニカ・ミルズ
送信者： グレッチェン・プッチ
件名： ワークショップの講師
日付： 4月8日

ミルズ様

ワークショップの講師のメンバー構成に関して、最初のセッションにはチャールズ・カイトさんが間違いのない選択肢だと私は思います。電話相談に電話をしてきた方たちが回答したアンケート調査は、彼が非常に礼儀正しいことをはっきり示しています。2つ目のセッションには、マーシャ・ヴァンスさんをご提案します。彼女には、緊迫した状況を冷静に、かつ効果的に扱う特別な才能があります。

オンラインチャットを通じてサービスを提供するのは私たちにとってかなり新しいことですが、私の知り合いでハーブ・コンピュータにいるトム・ベルさんは、これを何年も行ってきています。彼は発表を行うことに同意してくれましたが、金曜日しか都合がつきません。私の知人にパラシオ・スイーツの部長もいます。これは5つ星ホテルで、彼女はフロントのスタッフの研修を担当しています。彼女が言うには、私たちがそこでワークショップを開催し、ホテルのレストランの仕出しランチを取るなら、3つ目のセッションにおいて無料で発表してくれるとのことです。

よろしくお願いいたします。

グレッチェン・プッチ

あて先： コールセンター・スタッフ、オンラインサポート・スタッフ、受付スタッフ、販売員
送信者： モニカ・ミルズ
件名： カスタマーサポートワークショップ
日付： 4月11日

ジャーマ・コンソリデーティッドのカスタマーサポートワークショップの最終的なアジェンダとスケジュールを添付します。このワークショップは5月10日にパラシオ・スイーツで開催されます。カスタマーサービスと受付スタッフ全員の参加が必須です。販売員の参加も強くおすすめします。

よろしくお願いします。

モニカ・ミルズ、カスタマーサービス部長

午前10時 ― いかがなさいましたか？
電話で模範的な礼儀作法を用いることや、そうすることの重要性について学ぶ。
講師：チャールズ・カイト

午前11時 ―丁寧な対処
忍耐と上品さを保つことで、電話をかけてきた難しく要求の多い相手にうまく対応することを学ぶ。
講師：マーシャ・ヴァンス

正午：ランチ休憩 {ロイヤル・バンケット・ホール ―コッペリーニズによるケータリング}

午後1時 ― 正しい印象
受付カウンターで顧客に対応する際に前向きでプロフェッショナルなイメージを与えることを学ぶ。
講師：ナンシー・チェスターフィールド

午後2時 ― このチャットをさせていただいたのは喜びです
チャットでやり取りする際に優れたオンラインサービスを提供するための要点について学ぶ。
講師：トム・ベル

Vocab. 本文 □ **helpline**「電話相談サービス」 □ **have a knack for**「～の才能がある」 □ **acquaintance**「知り合い」
□ **available**「都合がつく」 □ **in charge of**「～を担当して」 □ **cater**「～を仕出しする」 □ **for no charge**「無料で」
□ **please find attached**「～を添付します」 □ **mandatory**「強制の、義務的な」 □ **exemplary**「模範的な」
□ **courtesy**「礼儀作法」 □ **address**「～に対処する」 □ **text exchange**「チャットのやり取り」
選択肢 □ **departmental**「部署の」 □ **be urged to *do***「～することを要請される」
□ **scheduling conflict**「スケジュールの重複」 □ **on the premises of**「～の敷地内で」 □ **attendee**「出席者」
□ **be subject to change**「変更の可能性がある」

196 What reason does Ms. Pucci give for recommending Charles Kite?
(A) His positive customer feedback
(B) His extensive experience in the field
(C) His educational background
(D) His departmental colleagues' praise

プッチさんはチャールズ・カイトを推薦する際にどんな理由を挙げていますか?
(A) 顧客による彼への好意的なフィードバック
(B) 彼のこの分野での広範囲な経験
(C) 彼の教育に関する経歴
(D) 彼の部署の同僚による称賛

正解 A
[正答率 53.3%]

1つ目のメールの冒頭で、プッチさんはAs for the lineup of workshop presenters, I think Charles Kite is an obvious choice for the first session.(ワークショップの講師のメンバー構成に関して、最初のセッションにはチャールズ・カイトさんが間違いのない選択肢だと私は思います)と言ってカイトさんを推薦した後、その理由として次の文でSurveys submitted by helpline callers clearly indicate that he is exceptionally polite.(電話相談に電話をしてきた方たちが回答したアンケート調査は、彼が非常に礼儀正しいことをはっきり示しています)と述べているので、正解は(A)。

197 What does Ms. Mills mention about sales personnel?
(A) They are urged to attend the training workshop.
(B) They need to work on expanding their customer base.
(C) They are advised to communicate with customer service staff.
(D) They should contact her to address scheduling conflicts.

ミルズさんは販売員に関して何を述べていますか?
(A) 彼らは、研修ワークショップに参加することを要請されている。
(B) 彼らは、顧客基盤を拡大することに取り組む必要がある。
(C) 彼らは、カスタマーサービスのスタッフと連絡をとるように助言されている。
(D) 彼らは、スケジュールの重複に対処するため彼女に連絡をとるべきだ。

正解 A
[正答率 66.7%]

2つ目のメール本文の最後で、ミルズさんはParticipation by sales associates is strongly encouraged.(販売員の参加も強くおすすめします)と述べているので、正解は(A)。本文のsales associates(販売員)を、設問ではsales personnel(販売員)と言い換えている。「販売員」の表現はほかに、sales staff、sales representative、salespersonも頻出。

198 What is implied about Coppellini's?
(A) It is managed by Nancy Chesterfield.
(B) It has catered other Jarma Consolidated events.
(C) It operates on the premises of Palasio Suites.
(D) It will provide food for attendees at no cost.

コッペリーニズに関して何が示唆されていますか?
(A) ナンシー・チェスターフィールドによって経営されている。
(B) ジャーマ・コンソリデーティッドの別のイベントでもケータリングを行った。
(C) パラシオ・スイーツの敷地内で営業している。
(D) 出席者に無料で食事を提供する予定だ。

正解 C
[正答率 45.0%]

スケジュールの正午のランチ休憩は、Catering by Coppellini's(コッペリーニズによるケータリング)となっている。このケータリングに関して、1つ目のメールの第2段落の最後にShe said if we hold the workshop there, and have the hotel's restaurant cater lunch ...(彼女が言うには、私たちがそこでワークショプを開催し、ホテルのレストランの仕出しランチを取るなら…)とある。このホテルは、同段落3~4行目で説明されているPalasio Suites(パラシオ・スイーツ)のこと。さらに2つ目のメールでワークショップはPalasio Suitesで行われることがわかるので、正解は(C)。

199 Which session most likely focuses on face-to-face communication?
(A) How May I Be Of Service?
(B) Handle With Care
(C) The Right Impression
(D) Glad We Had This Chat

対面でのコミュニケーションに焦点を当てるのはどのセッションだと思われますか？
(A) いかがなさいましたか？
(B) 丁寧な対処
(C) 正しい印象
(D) このチャットをさせていただいたのは喜びです

正解 C
[正答率 66.7%]

スケジュールの The Right Impression（正しい印象）の説明に、while addressing customers from behind the reception counter（受付カウンターで顧客に対応する際に）と書かれており、受付での対応は face-to-face（対面での）なので、正解は (C)。午前 10 時のセッションは telephone calls（電話）に焦点を当て、午前 11 時のセッションも callers（電話をかけてきた相手）から電話に関するものだとわかる。午後 2 時のセッションは、online service（オンラインサービス）による text exchange（チャットのやり取り）に焦点を当てている。

200 What can be understood about the workshop?
(A) It will be held on a Friday.
(B) It requires advance registration.
(C) Its schedule is subject to change.
(D) It can be accessed online.

ワークショップに関して何がわかりますか？
(A) 金曜日に開催される予定だ。
(B) 事前の登録が必要だ。
(C) そのスケジュールは変更される可能性がある。
(D) オンラインでもアクセスできる。

正解 A
[正答率 68.3%]

1 つ目のメールの第 2 段落 2 ～ 3 行目に He has agreed to present, but he is only available on Fridays.（彼は発表を行うことに同意してくれましたが、金曜日しか都合がつきません）と書かれている。この he は、その前の文に出てくる Tom Bell（トム・ベル）のこと。スケジュールを見ると、午後 2 時のセッションの講師に Tom Bell の名前があり、彼が講師で参加するということは、金曜日にワークショップが開催される予定だと考えられるので、正解は (A)。

これがエッセンス

Part 7 のダブルパッセージ、またトリプルパッセージで求められているのは、情報をつなぎ合わせるスキルです。この問題でもワークショップの講師に関して複数の文書に記述があり、それらの情報を統合することによって答えを出す必要があります。制限時間がなかったらおそらく確実に正解が出せると思いますが、短時間で答えを出すトレーニングを積んでおきましょう。

TEST 2 正解一覧

チェックボックスは答え合わせや習熟度確認のためにお使いください。

No.	正解	チェック
101	B	□□□
102	B	□□□
103	D	□□□
104	C	□□□
105	D	□□□
106	D	□□□
107	D	□□□
108	C	□□□
109	C	□□□
110	A	□□□
111	B	□□□
112	C	□□□
113	C	□□□
114	A	□□□
115	B	□□□
116	B	□□□
117	A	□□□
118	D	□□□
119	B	□□□
120	B	□□□
121	A	□□□
122	C	□□□
123	A	□□□
124	D	□□□
125	B	□□□
126	D	□□□
127	A	□□□
128	C	□□□
129	D	□□□
130	A	□□□
131	D	□□□
132	C	□□□
133	C	□□□
134	D	□□□
135	D	□□□
136	D	□□□
137	D	□□□
138	A	□□□
139	A	□□□
140	B	□□□
141	B	□□□
142	A	□□□
143	C	□□□
144	D	□□□
145	C	□□□
146	B	□□□
147	D	□□□
148	A	□□□
149	A	□□□
150	C	□□□
151	D	□□□
152	B	□□□
153	B	□□□
154	D	□□□
155	C	□□□
156	A	□□□
157	A	□□□
158	C	□□□
159	A	□□□
160	A	□□□
161	B	□□□
162	A	□□□
163	B	□□□
164	B	□□□
165	A	□□□
166	C	□□□
167	B	□□□
168	D	□□□
169	B	□□□
170	A	□□□
171	C	□□□
172	A	□□□
173	C	□□□
174	D	□□□
175	C	□□□
176	C	□□□
177	D	□□□
178	B	□□□
179	A	□□□
180	B	□□□
181	B	□□□
182	C	□□□
183	A	□□□
184	C	□□□
185	A	□□□
186	C	□□□
187	C	□□□
188	A	□□□
189	D	□□□
190	C	□□□
191	B	□□□
192	C	□□□
193	C	□□□
194	D	□□□
195	B	□□□
196	A	□□□
197	A	□□□
198	C	□□□
199	C	□□□
200	A	□□□

TEST 3 の解答・解説

101 Sales representative Reiko Nakano is ------- efficient at locating potential clients.

(A) far (B) long
(C) twice **(D) very**

営業販売のレイコ・ナカノはとても効率よく潜在顧客を見つける。

正解 **D** 修飾 [正答率 74.3%]

be 動詞の is と前置詞の at にはさまれた ------- efficient の部分に注目する。空欄には、後ろの形容詞 efficient（効率がよい）を修飾する副詞が入るので、(D) very（とても）が正解。なお、(A) far を比較級の形容詞（例：She is far more efficient than the other sales representatives.）や too ＋形容詞の前で用いる場合は、「はるかに」という意味を表す。

Vocab. □ **sales representative**「営業担当者」
□ **efficient**「効率がよい」

---

102 We will have to take someone else's car to the airport, because ------- only seats five people.

(A) myself **(B) mine**
(C) my (D) I

私の車が5人しか乗れないので、我々は空港までほかの人の車に乗っていく必要がある。

正解 **B** 格 [正答率 82.9%]

選択肢には代名詞 I がさまざまな形で並んでいる。空欄部が接続詞の because（～なので）に続く節の主語にあたること、動詞が seat(s)（～を座らせる）であることを踏まえ、my car を表すことのできる所有代名詞、(B) の mine（私のもの）が適切だと判断する。

Vocab. □ **seat**「～を座らせる、（～人分）の座席がある」

---

103 The date of the next annual clean energy symposium has already been -------.

(A) finished (B) placed
(C) launched **(D) confirmed**

次回のクリーン・エネルギー年次シンポジウムの日取りは、すでに確定している。

正解 **D** 語彙 [正答率 42.9%]

選択肢の単語は has been の後にある空欄に入るといずれも〈has been + 過去分詞〉の形で現在完了受動態（～されている）になる。主語の核となる名詞は date（日付）なので、「日付がどうされているか」を適切に表す語を選べばよい。正解は (D) confirmed（確認・承認される）。(A) finished は「終了される」、(B) placed は「置かれる」、(C) launched は「開始される」という意味。

Vocab. □ **annual**「年1回の」

---

104 Each consultant at Victor Solutions has a high level of business ------- applicable in any corporate environment.

(A) expert (B) expertly
(C) experts **(D) expertise**

ビクター・ソリューションズ社のコンサルタントはそれぞれ、どのような企業環境においても適用できる高い水準のビジネス技能を有している。

正解 **D** 品詞 [正答率 60.0%]

名詞 expert（専門家）の派生形および派生語の中から、適切な語形・品詞を見極める問題。business ------- の部分は、a high level of X（高レベルの X）と X applicable in（～で適用できる X）の形で前後から修飾される名詞 X を構成している。副詞の (B) expertly（上手に）以外は business とともに複合名詞を作れるが、文意が通るのは、(D) expertise（専門技術、知識）のみ。

Vocab. □ **applicable**「適用できる」

---

105 Cooper Automotive ------- that all job applicants submit their résumés by e-mail.

(A) asks (B) to ask
(C) asking (D) to be asked

クーパー・オートモーティブ社は、求職者全員にメールで履歴書を提出することを求めている。

正解 **A** 構文／準動詞 [正答率 91.4%]

選択肢は動詞 ask（～を要求する）のさまざまな形。空欄の後は接続詞 that が導く名詞節なので、これを単純に X としてまとめてしまい、問題文をギュッとコンパクトにした Cooper Automotive ------- X. の形にして考えれば、空欄に述語動詞が必要なことが容易に確認できる。述語動詞として機能するのは3人称単数現在形の (A) asks のみ。

Vocab. □ **applicant**「応募者」 □ **submit**「～を提出する」

990点 講師の目

TOEIC には、この問題のように落ち着いて考えれば簡単に解けるものも出題されます。本番では緊張しすぎず、一問ずつ正解を積み重ねていきましょう。

106 The parties who sign this contract will be strictly held ------- its terms and conditions.

(A) down **(B) to**
(C) between (D) with

この契約書に署名をした者は、その契約条件をきちんと守る責任がある。

正解 B 前置詞／慣用表現 [正答率 11.4%]

〈hold〈人〉to ...〉で「〈人〉に…を守らせる」という意味の熟語表現。問題文が、この熟語の〈人〉を主語にした受動態であることに気づけば、すんなりと (B) to を選ぶことができる。(A) down を用いた〈hold〈人〉down〉は「〈人〉を押さえつける」、(C) between は「〜の間に」、(D) with を用いた〈hold〈人〉with ...〉は「〈人〉を…で抱きしめる」という意味。

Vocab. □ **party**「当事者」 □ **contract**「契約（書）」 □ **terms and conditions**「契約条件」

990点 講師の目

空欄の後ろに and を見つけた瞬間 between を選んでしまった人はいませんか？ Part 5 では問題文全体の構造を必ず確認しましょう。解答時間を短縮するためとはいえ、一部分だけを見て誤った選択肢を選んでしまっては元も子もありません。

---

107 Pearl Street Bistro ------- its customer base by creating a rewards program that provides discounts to frequent patrons.

(A) offered **(B) broadened**
(C) duplicated (D) opened

パール・ストリート・ビストロは、常連客に割引を提供する報酬プログラムを作り、顧客基盤を拡大した。

正解 B 語彙 [正答率 48.6%]

空欄直後に its customer base（その顧客基盤）という名詞句があるので、空欄にはこの名詞句を目的語をとる他動詞が入る。顧客基盤を「どうしたのか」を適切に表す動詞を選べばよいので、(B) broadened（〜を広げた）が正解。(A) offered は「〜を提供した」、(C) duplicated は「〜を複製した」、(D) opened は「〜を開いた」という意味。

Vocab. □ **reward**「報奨」 □ **provide A to B**「B に A を提供する」 □ **frequent patron**「常連客」

---

108 Development of Restalyn's innovative skin treatment system is ------- credited to the research of Dr. Jabar.

(A) widely (B) wide
(C) widest (D) wider

レスタリン社による肌のお手入れのための画期的なシステムの進歩は、ジャバー博士の研究が大きく貢献している。

正解 A 品詞 [正答率 99%]

選択肢には形容詞 wide（広い）の派生語が並んでいる。be 動詞 is と過去分詞 credited の間にはさまれた空欄には、credited を修飾する副詞が入るので、(A) widely（広く、大きく）が正解。なお、be credited to は「〜の功績だ」という意味。(C) widest、(D) wider は、それぞれ形容詞 wide の最上級、比較級の形。

Vocab. □ **innovative**「刷新的な」

---

109 The warranty on the file cabinet expires on June 10, ------- which it will be too late to have the lock repaired at no cost.

(A) then **(B) after**
(C) for (D) when

書類キャビネットの保証は6月10日に切れ、その日を過ぎると、無償で鍵を修理してもらうには手遅れとなる。

正解 B 構文 [正答率 48.6%]

空欄の後は関係代名詞の which が導く従属節。which はカンマの前の June 10 を受けているので、この日付と which の後の it will be too late to ...（…するには遅すぎる）という文脈の時間関係を考え、前置詞の (B) after（〜の後）を入れてafter which（6月10日の後は）とすればよい。(A) then（そのとき、その後）は副詞、(C) for（〜の間）は前置詞、(D) when（〜のとき、いつ）は関係副詞または疑問詞。

Vocab. □ **warranty**「保証」 □ **expire**「期限が切れる」

---

110 Our legal department will have to review the new hiring procedures before they can be put into -------.

(A) effect (B) effective
(C) effects (D) effectively

新しい採用手続きが実施される前に、当社の法務部がそれを見直す必要がある。

正解 A 品詞／慣用表現 [正答率 51.4%]

選択肢には名詞 effect（効果）の派生語が並んでいる。空欄が put into の後にあることから、put ... into effect（…を実施する）という慣用表現を完成させる (A) effect を選ぶ。問題文は、目的語の部分が主語になった受動態の形（be put into effect）。(B) effective（効果的な）は形容詞、(C) effects は名詞の複数形、(D) effectively（効果的に）は副詞。

Vocab. □ **legal department**「法務部」 □ **review**「〜を見直す」 □ **procedure**「手続き」

111

------- unit manufactured by Parker Electronics is carefully examined for flaws prior to packaging.

(A) Anytime (B) Total
(C) Full **(D) Every**

パーカー・エレクトロニクス社で製造された装置はすべて、梱包の前に不備がないか入念に検査される。

正解 D 修飾 [正答率 88.6%]

問題文の主語が可算名詞単数形の unit (装置)、動詞が3人称単数形の is である点を確認する。可算名詞単数形の前には不定冠詞の a / an や定冠詞の the、または each (それぞれの) や every (すべての)、another (もう1つの) などの限定を加える語が必要なので、(D) Every が正解。(A) Anytime (いつでも) は副詞、(B) Total (合計 [の]) は名詞または形容詞、(C) Full (全体の、いっぱいの) は形容詞。

Vocab. □ **flaw**「欠陥、不備」

112

Taking part in the study is -------, and participants may drop out at any time.

(A) tentative (B) reluctant
(C) voluntary (D) willing

研究への参加は任意で、参加者はいつやめても構いません。

正解 C 語彙 [正答率 80.0%]

カンマの前は、〈主語 (Taking part in the study) +動詞 (is) +補語 (空欄)〉の構造になっているので、主語 Taking part in the study (研究への参加) が「どうであるか」を説明し、主語=補語の等式を成り立たせる意味を持つ語を選ぶ。正解は「任意の」という意味の (C) voluntary。(A) tentative (仮の、一時的な) は、taking part が参加するという行為 (参加・不参加のいずれか) のためそぐわない。(B) reluctant は「不承不承の」、(D) willing は「進んでする、いとわない」という意味。

Vocab. □ **take part in**「~に参加する」 □ **participant**「参加者」
□ **drop out**「離脱する」

113

Diana Green's test scores were high ------- for her to be eligible to receive the Newbury Scholarship.

(A) above (B) even
(C) enough (D) so

ダイアナ・グリーンの試験結果は、ニューベリー奨学金の受給資格を得るのに十分な高さの点数だった。

正解 C 構文 [正答率 88.6%]

形容詞 high と前置詞 for の間に入り、文を成立させられるのは、(C) enough (十分な)。〈形容詞+ enough for〈人〉to *do*〉で「〈人〉が~するのに十分なぐらい…」という定型構文。(B) even は Her test scores were even higher than her teacher's expectations. (彼女の試験結果は先生が期待したよりさらによかった) などの形で比較級を強める際に用いられる。

Vocab. □ **be eligible to *do***「~する資格のある」
□ **scholarship**「奨学金」

114

Mr. Alavario, while generally content working by -------, is always happy to be included in team projects.

(A) he (B) his
(C) him **(D) himself**

アラヴァリオ氏は一人で働くことに大方満足しているが、チームでのプロジェクトの一員になることも常に歓迎している。

正解 D 格/慣用表現 [正答率 97.1%]

選択肢には、代名詞 he がさまざまな形で並んでいる。主語が Mr. Alavario という男性 (= he) である点、空欄が前置詞 by の直後にある点を踏まえ、主語と同じ人物を指す再帰代名詞の (D) himself (彼自身) を選ぶ。by *one*self で「一人で、自分だけで」という意味を表す。(A) he (彼は) は主格、(B) his (彼の、彼のもの) は所有格または所有代名詞、(C) him (彼を) は目的格の形。

Vocab. □ **content**「~に満足して」 □ **be included in**「~に含まれる」

115

------- on exhibit in Melbourne, the collection of rare fossils has been moved to a museum in Sydney.

(A) Previously (B) Distantly
(C) Authentically (D) Promptly

以前メルボルンで展示されていた希少な化石のコレクションは、シドニーの博物館へ移された。

正解 A 語彙/修飾 [正答率 80.0%]

選択肢はすべて副詞なので、修飾される語句と意味がかみ合う語を判断する。修飾されるのは on exhibit in Melbourne (メルボルンで展示されて) の部分。「以前に」という意味の (A) Previously であれば文意が通る。(B) Distantly は「離れて、かすかに」、(C) Authentically は「確かに、忠実に」、(D) Promptly は「迅速に」という意味。

Vocab. □ **on exhibit**「展示されて」 □ **fossil**「化石」

これがエッセンス

語彙問題が苦手な方は、単語単位ではなく、例文単位で覚えるようにしましょう。正しい英文を暗唱すると、単語の意味だけでなく、用法も自然に覚えられます。設問 115 も選択肢に知らない単語があれば、インターネットなどで例文を探し、文ごと覚えてみてください。

116 The redecorating project was ------- conclusion when we realized the available funds had been depleted.

(A) almost (B) early for
(C) close to (D) within

手元の資金が底をついていると我々が気づいたときには、改装プロジェクトは完了間近だった。

正解 C 修飾 [正答率 60.0%]

空欄直後の名詞 conclusion（終わり）と組み合わせて文意が通るのは、(C) close to（～寸前で）のみ。close to conclusion で「終わる寸前」という意味を表す。(A) almost（ほとんど）は副詞。(B) early for は「～には早い」という意味。(D) within（～以内で）は〈範囲〉を表す前置詞。

Vocab. □ **redecorate**「改装する」 □ **available**「利用できる」 □ **deplete**「～を激減させる、枯渇させる」

---

117 The *National Times* newspaper is renowned for its ------- edited articles and extremely informative content.

(A) profession (B) professionalism
(C) professions **(D) professionally**

『ナショナル・タイムズ』紙は、巧みに編集された記事と非常に有益な内容で有名だ。

正解 D 品詞 [正答率 74.3%]

its ------- edited articles の部分に注目する。edited は「編集された」という意味で後ろの名詞 articles（記事）を修飾する edit の過去分詞。空欄には、この過去分詞を修飾できる副詞が入るので、(D) professionally（プロの手によって、巧みに）が正解。ほかの選択肢はすべて名詞で (A) profession は「職業」、(B) professionalism は「プロ意識」という意味。

Vocab. □ **renowned for**「～で有名な」 □ **informative**「有益な」 □ **content**「内容」

990点 講師の目

選択肢の品詞を見極めるには接尾辞（単語の後ろのほうのパーツ）の知識が役立ちます。名詞特有の接尾辞 -tion/-ism/-ist、形容詞に付くと副詞を、名詞に付くと形容詞を作る -ly などを覚えておきましょう。
例：communication（意思疎通）、communism（共産主義）、efficiently（効率的に）、timely（適時の）

---

118 Contrary to ------- that gasoline prices would rise throughout this year, they have instead remained remarkably steady.

(A) expected (B) expectable
(C) expect **(D) expectations**

今年いっぱいガソリンの価格が上昇するだろうとの予想に反し、価格はむしろ驚くほど安定していた。

正解 D 品詞 [正答率 74.3%]

文頭の contrary to は「～とは逆に」という意味の熟語。後ろには名詞が続くので、選択肢中で唯一の名詞である (D) expectations（予想、期待）が正解。(A) expected は動詞 expect（～予期する）の過去形または過去分詞、(B) expectable（予測可能な）は形容詞。

Vocab. □ **remain**「～のままである」 □ **remarkably**「著しく」

---

119 The consensus ------- company executives is that our marketing strategy is ineffective and should be reconsidered.

(A) throughout (B) sharing
(C) among (D) now

会社の重役たちの総意は、当社のマーケティング戦略は効果がなく、再検討すべきだというものだ。

正解 C 構文 [正答率 65.7%]

2 行目の is の前までが問題文の主語。------- company executives（会社の重役）の部分が主語の核となる名詞 consensus を後ろから限定修飾している。前置詞の (C) among（～の間の）が空欄に入れば、「重役たちの間の総意」という意味になり文意が通る。(A) throughout（～の間ずっと）は前置詞、(B) sharing（分け前、分担）は名詞、または動詞 share（～を分ける）の現在分詞形。

Vocab. □ **consensus**「合意」 □ **reconsider**「～を再考する」

---

120 A well-publicized report on the ------- effects of a fast-food diet inspired many people to change their eating habits.

(A) harmful (B) harm
(C) harms (D) harmfully

ファストフード主体の食生活の弊害に関する広く報道された記事により、多くの人が食習慣を変えようと思った。

正解 A 品詞 [正答率 97.1%]

選択肢には、名詞または動詞の harm（危害；～に危害を及ぼす）の派生語が並んでいる。空欄は定冠詞 the と名詞 effects にはさまれているので後ろの名詞 effects を修飾する形容詞の (A) harmful（有害な）を選べばよいとわかる。(C) harms は名詞の複数形または動詞の 3 人称単数現在形、(D) harmfully（有害な方法で）は副詞。

Vocab. □ **well-publicized**「広く公表された」 □ **effect**「効果」 □ **inspire 〈人〉 to *do***「〈人〉を～する気にさせる」

121 The policy initiative is backed by most of the staff, ------- the director has yet to grant it her authorization.

(A) but (B) nor
(C) why (D) until

その方針の発案は大方のスタッフの支持を受けたが、まだ部長は許可を与えていない。

正解 A 文脈 [正答率 85.7%]

選択肢の単語はすべて2つの節を結ぶ働きを持っているので、空欄前後の文意を適切につなぐものを選ぶ。空欄の前は「発案はスタッフに支持されている」、空欄の後は「部長は許可していない」という対照的な内容なので、逆接の(A) but(だが)が正解。(B) nor「~も…でない」は接続詞、(C) why(なぜ…なのか)は関係副詞または疑問詞、(D) until(~まで)は接続詞または前置詞。

Vocab. □ **initiative**「新構想、発案」
□ **grant A B**「AにB(許可など)を与える」
□ **authorization**「承認、許可」

---

122 Gia's Department Store is ------- relocation to a more densely populated part of the city.

(A) transferring (B) determining
(C) considering (D) searching

ジアズ百貨店は市内のもっと人口が密な地域への移転を検討している。

正解 C 語彙 [正答率 60.0%]

is ------- relocationの部分に注目し、空欄に-ing形の語が入ると〈現在進行形の述語動詞+目的語〉の形になることを確認する。目的語relocation(移転)を目的語にとって文意を成立させるのは(C) considering (> consider:~を検討する)。(A) transferring (> transfer)は「~を移動させる」、(B) determining (> determine)は「~を決定する」、(D) searching (> search)は「~を探索する」という意味。

Vocab. □ **relocation**「移転」 □ **densely populated**「人口密度が高い」

---

123 Markel Flooring ------- posted a managerial opening online after Ms. Chen announced her plan to retire.

(A) swift (B) swiftest
(C) swiftly (D) swiftness

チェンさんが退職の予定を公表すると、マーケル・フローリング社は、速やかに管理職の募集をネットで始めた。

正解 C 品詞 [正答率 88.6%]

形容詞swift(素早い)のさまざまな形が並ぶ品詞の問題。品詞問題では、空欄がなくても文が成立するかどうかを確認し、成立する場合は修飾語句が空欄に入ると判断する。この問題文も空欄なしに成立するので、空欄後の動詞postedを修飾する副詞の(C) swiftly(迅速に)が正解。(B) swiftestは形容詞の最上級、(D) swiftness(迅速さ)は名詞。

Vocab. □ **managerial**「管理職の」 □ **opening**「(職の)空き、欠員」

---

124 Recent improvements at the plant have increased productivity ------- also lowering the frequency of accidents.

(A) in case **(B) while**
(C) and (D) whether

近年の工場の改良は、生産性を高めているうえに、事故の発生頻度も少なくしている。

正解 B 語法 [正答率 37.1%]

空欄前の部分だけでも文が成り立つので、空欄後は補足情報だとわかる。ポイントは、also lowering the frequency ...(頻度も下げる)という部分を前の文に結びつける機能を持つ語の見極め。正解は接続詞の(B) while(~する間、~と同時に)。while -ingの形で「~しながら」という意味を表す。

Vocab. □ **improvement**「改善」 □ **frequency**「頻度」

990点 講師の目

接続詞には、同じ種類の語句をつなぐ等位接続詞と、従属節を導く従位接続詞があります。Mary was short-tempered when (she was) young.(若いころ、Maryは短気だった)のように、従位接続詞が導く節内では、主節と同一の主語とbe動詞を省略できます。

---

125 The attorney's Web site includes numerous ------- from clients expressing positive opinions of her performance.

(A) aspects **(B) testimonials**
(C) services (D) backgrounds

その弁護士のウェブサイトには、彼女の仕事について好意的な意見を述べる、顧客からの多くの感謝の声が掲載されている。

正解 B 語彙 [正答率 51.4%]

選択肢はすべて名詞。空欄に入る語は、①空欄前の形容詞numerous(非常にたくさんの)と②後ろの前置詞句from clients(顧客から)に修飾されている。また、③この文の述語動詞includes(~を含む)の目的語にあたる。この3つの条件を満たす(B) testimonials(推薦状、感謝状)が正解。(A) aspectsは「側面、局面」、(D) backgroundsは「経歴」という意味。

Vocab. □ **attorney**「弁護士」 □ **numerous**「非常に多くの」

126 The Shotech XG9 projector is designed to be ------- with all leading computer brands on the market.

(A) usual　**(B) compatible**
(C) qualified　(D) mutual

ショーテックのXG9プロジェクターは、市場に出ている主要な全コンピュータ・ブランドと互換性があるように設計されている。

正解 **B**　語彙／語法　[正答率 68.6%]

選択肢に並ぶ形容詞の中から、be ------- with の形で使って文意が通るものを選ぶ。正解は、be compatible with で「～と互換性がある」という意味を表す (B) compatible。(A) usual は「普段の」、(D) mutual は通常、名詞の前に置かれて「相互の」という意味を表す。(C) qualified は be qualified for/as/to *do*（～の／～としての／～する資格がある）などの形で用いる。

Vocab. □ **leading**「主要な」

---

127 ------- of all the applications we have received for the internship program will probably take more than a week.

(A) Screened　(B) Screen
(C) Screening　(D) To screen

インターンシッププログラムに届いた応募書類をすべて審査するには、おそらく1週間以上かかるだろう。

正解 **C**　準動詞　[正答率 71.4%]

選択肢は動詞 screen（～を審査する）のさまざまな形。空欄には、後ろに続く前置詞句 of all the applications（全応募者の）に修飾され、問題文の主語となる名詞が入る。選択肢の中でこの条件に合う名詞は (C) Screening（審査）。(D) To screen を「～を審査すること」という意味を表す不定詞の名詞用法として用いる場合、他動詞 screen の直後に前置詞は続かない。

Vocab. □ **application**「申し込み」

---

128 Mr. Delgado ------- the proposal until a cost analysis convinced him that it was not feasible.

(A) is supporting
(B) will be supporting
(C) has been supporting
(D) had been supporting

デルガド氏は、費用分析で実行不可能だとわかるまで、その提案を支持していた。

正解 **D**　時制　[正答率 68.6%]

動詞 support（～を支持する）が異なる時制の形で並んでいる。until（～まで）以下の従属節で過去形の動詞 convinced（～を確信させた）が使われていることから、空欄に入る主節の動詞は〈過去の一時点まで〉を表す過去完了だとわかる。過去完了進行形も〈過去の一時点まで〉続いていた事柄を表すので、(D) had been supporting が正解。

Vocab. □ **analysis**「分析」 □ **convince**「〈人〉に～だと確信させる」
□ **feasible**「実現可能な」

990点 講師の目

文末の単語 feasible（実行可能な）は、計画や提案の是非を検討するビジネスシーンでよく使われる言葉です。plausible / workable / practicable などの類似した意味を持つ語と、それらの名詞形の feasibility（実現可能性）/ plausibility / workability / practicability を一緒に覚えておきましょう。

---

129 Documentation of business expenses is required ------- claim a tax exemption.

(A) in order to　(B) concerning
(C) on account of　(D) as for

税金の控除を受けるには、事業経費の証明書が必要です。

正解 **A**　語法　[正答率 74.3%]

空欄の前の Documentation ... is required（証明書が必要だ）だけでも、文は成立する。選択肢はどれも補足情報を加える修飾句をまとめる働きをするが、空欄の後ろにある動詞の原形 claim（～を請求する）がつながるのは (A) の in order to（～するために）のみ。ほかの選択肢はすべて後ろに名詞が続く。

Vocab. □ **documentation**「証拠書類」 □ **exemption**「免除」

---

130 Both ------- and visual appeal contributed to the success of Duval's new line of footwear.

(A) durability　(B) reliance
(C) cause　(D) option

耐久性と見た目のよさ、その両方が、デュヴァル社製シューズの新シリーズの成功に寄与している。

正解 **A**　語彙　[正答率 85.7%]

設問の動詞 contribute が contributed to the success（成功に貢献した）の形で使われている。主語は visual appeal とともに成功に貢献した要素なので、選択肢の中から footwear（履き物）の特性を表す語を選べばよい。正解は (A) durability（耐久性）。(B) reliance は「信用（している状態）、頼ること」、(C) cause は名詞では「原因」、動詞では「～を引き起こす」、(D) option は「選択肢」という意味。

Vocab. □ **contribute to**「～に貢献する」

Questions 131-134 refer to the following memo.

From: Executive Office
To: Kenron Employees

The Executive Office is pleased to announce that Julia Ling has been promoted to senior research analyst in the Marketing Department. An exemplary employee of eight years, Julia sets herself ------- **131.** with a disciplined work ethic and careful attention to detail. This has led to her ------- **132.** as one of the most valuable members of the marketing team.

------- **133.**. We encourage all personnel to regularly check for openings on the Human Resources page of our official Web site. ------- **134.**, we urge all employees to take advantage of the various training and certification programs supported by the firm.

131-134 番は次の社内連絡に関するものです。

差出人：執行部
あて先：ケンロン社員

執行部はジュリア・リンがマーケティング部門の上級リサーチアナリストに昇進したことを喜んでお知らせします。ジュリアは 8 年間にわたって模範的な社員であり、しっかりとした職業倫理と細部にわたる入念な配慮で際立った存在です。このことにより、彼女はマーケティングチームの最も価値あるメンバーの一人と見なされるようになりました。

私たちの方針はいつでも可能なときに社内から昇進させることです。わが社の公式ウェブサイトの人事ページにある求人情報を定期的にチェックすることをすべての人に奨励します。同様に、会社がサポートしているさまざまなトレーニングや資格プログラムを利用することをすべての社員に強くおすすめします。

Vocab. 本文 □ **promote**「～を昇進させる」 □ **disciplined**「規律正しい」 □ **work ethic**「労働倫理」 □ **personnel**「社員」 □ **opening**「(地位などの) 空き」 □ **take advantage of**「～を利用する」 □ **certification program**「資格認定プログラム」
選択肢 □ **application**「申請書」 □ **likewise**「同様に」

131

(A) aside
(B) up
(C) apart
(D) out

正解 C　語法／文脈　[正答率 8.6%]

選択肢には副詞が並んでいる。すべて空欄の直前にある動詞 set と一緒に熟語を作ることができるので、正解するためには一つひとつの熟語の意味を理解したうえで、文脈に合う選択肢を選ばなくてはならない。(C) apart は〈set X apart〉で「X を際立たせる」という意味があり、Julia sets herself apart (彼女は自身を際立たせている) とすれば文意が通るので、(C) が正解。(A) の set aside は「～を脇に置く」、(B) の set up は「～を組み立てる」、(D) の set out は「出発する」という意味。

132

(A) regarded
(B) regarding
(C) being regarded
(D) having regarded

正解 C　品詞／態　[正答率 42.9%]

選択肢には動詞 regard「～を (…と) 見なす」のさまざまな形が並んでいる。空欄の直前にある has led to her ... (彼女を…に導いた) の to は前置詞で、後ろには名詞か動名詞が続くので、(A) は除外できる。意味上の主語 her と動詞 regard の関係を考えると、彼女は「regard される」側なので、受動態の (C) が適切。

133

(A) Our policy is to promote from within whenever possible.
(B) All department members are invited to attend the event.
(C) Marketing is now developing a new series of television commercials.
(D) Applications for the position must be received by May 10.

(A) 私たちの方針はいつでも可能なときに社内から昇進させることです。
(B) すべての部署のメンバーはそのイベントに出席するよう招待されています。
(C) マーケティング部は今テレビ CM の新しいシリーズを開発しています。
(D) そのポジションに対する応募書類は 5 月 10 日必着です。

正解 A　一文選択／文脈　[正答率 45.7%]

空欄の後の文で opening「(職・地位の) 空き、求人」について「わが社の公式ウェブサイトの人事ページをチェックすることを奨励します」と述べている。よって、社内から昇進させるという会社方針を述べている (A) を入れれば文脈が自然につながる。ほかの選択肢はいずれも空欄直後の文の内容とつながらない。

990点 講師の目

一文選択問題が段落の先頭に位置する場合、たいてい、これから述べることを端的に表す内容が入ります。適切な答えを選ぶには、その後に続く部分を確認する必要があるので、いきなり解かずに本文を読み進めてください。残りの問題を解いて英文の内容を読み取ってから、最後に文挿入問題を解きます。

134

(A) Instead
(B) Conversely
(C) Likewise
(D) Consequently

正解 C　文脈　[正答率 54.3%]

前後の流れに合うつなぎ言葉 (接続副詞) を選ぶ問題。空欄の直前の文ではウェブサイトで求人を定期的にチェックすることをすすめており、空欄の後ろの文では会社のサポートを利用するように強くすすめている。よって、「奨励」を繰り返す文の導入としては (C) Likewise (同様に) が適切。(A) Instead は「代わりに」、(B) Conversely は「逆に」、(D) Consequently は「結果として」という意味。

Questions 135-138 refer to the following advertisement.

Turner & Holtz Advertising Agency specializes in creating -------**135.** print advertisements to help small businesses attract local customers.

Never -------**136.** have so many advertising media been available. Consumers can now even be reached with video ads on their smartphones and favorite Web sites. -------**137.**. This is due to its proven effectiveness in highly targeted marketing efforts. From direct mail to roadside billboards to good old-fashioned newspapers, Turner & Holtz can craft the perfect ad to appeal to consumers in your region. We will help ensure that your business offerings stay in -------**138.**. Let your company take advantage of the power of print with Turner & Holtz.

135-138 番は次の広告に関するものです。

ターナー&ホルツ広告エージェンシーは小規模な企業が地元の顧客を引きつけるのを手助けする、魅力ある印刷広告を作成することに特化しています。

かつてこれほど多くの広告メディアがあったことはありませんでした。消費者は今やスマートフォンやお気に入りのウェブサイト上で動画広告を目にすることができます。それにもかかわらず、印刷広告は成功企業に選ばれ続けています。これは非常にターゲットを絞ったマーケティング活動においては、印刷広告は有効であると証明済みだからです。ダイレクトメールから道路脇の広告板や古きよき新聞まで、ターナー&ホルツは地元の消費者にアピールする完璧な広告を作成することができます。私たちは御社が提供するものへの需要をしっかりと保つお手伝いをします。御社でターナー&ホルツの印刷のパワーをご活用ください。

Vocab. 本文 □ **attract**「～を引きつける」 □ **available**「利用できる」 □ **due to**「～が原因で」 □ **proven**「証明された」 □ **effectiveness**「有効性」 □ **billboard**「広告板」 □ **craft**「～を念入りに作る」 □ **ensure**「～を確実にする」
選択肢 □ **potential**「見込みのある」 □ **nevertheless**「それにもかかわらず」 □ **remain**「～のままである」

135

(A) engaging
(B) engaged
(C) engagingly
(D) engagement

正解 A　品詞　[正答率 31.4%]

選択肢には engage が品詞を変えて並んでいる。空欄部分がなくても「印刷広告を作ることに特化している」と文が成り立つので、空欄直後の名詞を修飾する形容詞が入る。該当するのは (A) か (B) だが、(B) engaged（ふさがっている、かかわっている）では文意が通らないので、正解は (A) engaging（魅力のある）。(C) engagingly（愛想よく）は副詞で、(D) engagement（取り組み、婚約）は名詞。

136

(A) again
(B) there
(C) before
(D) more

正解 C　構文　[正答率 65.7%]

空欄の前に Never「決して〜ない」があり、空欄の後は疑問文の語順になっているので、have been available の have が前に来た倒置構文とわかる。倒置構文は「決して〜（副詞）でない」を強調する構造なので、適切な選択肢は「決して今までになかった」という意味になる (C) before（以前）。(A) again（再び）を入れると「決して再びなかった」となり、文意が通らない。

137

(A) Therefore, the potential audience for television programming is limited.
(B) For example, our list of satisfied clients continues to grow rapidly.
(C) However, people are increasingly using computers to shop from home.
(D) Nevertheless, print remains a popular choice among successful companies.

(A) したがって、テレビ番組の潜在的視聴者は限られています。
(B) たとえば、わが社に満足している顧客リストは急速に伸び続けています。
(C) しかしながら、人々は家から買い物をするためにコンピュータをますます使っています。
(D) それにもかかわらず、印刷広告は成功企業に選ばれ続けています。

正解 D　一文選択／文脈　[正答率 20.0%]

前後の文脈に合うつなぎ言葉（接続副詞）で始まる文を選ぶ問題。空欄の後ろの文で This is due to ...（このことは…だからだ）とあるので、「このこと」にあたる文を選べばよいとわかる。この文書のトピックは印刷広告の促進であることから、Nevertheless「（動画広告の普及）にもかかわらず」、印刷広告は依然として人気があると述べている (D) が適切。

990点 講師の目

due to（〜の理由［原因］で、〜のため）は頻出フレーズで、類語に thanks to、because of があります。また、形容詞 due は支払いや提出物の「期限が来た」という意味も持ちます。My report is due tomorrow.（レポートの提出期限は明日だ）、due date（支払い期日、満期日）のように、それぞれ例文やフレーズで押さえておきましょう。

138

(A) stock
(B) condition
(C) demand
(D) place

正解 C　語彙／文脈　[正答率 60.0%]

空欄を含む your business offerings stay in ...（御社が提供するものが…のままでいる）の意味を踏まえ、(C) demand（需要）を入れて「需要があるままでいる」とするのが適切。(D) place（場所）は stay in place という熟語で「その場所または位置にとどまる」という意味になるが、business offerings（ビジネスで供給するもの）が「その場にとどまる」では意味を成さない。

Questions 139-142 refer to the following e-mail.

To: rmason@pliskin.co.uk
From: kcrawford@pliskin.co.uk
Date: 1 August
Subject: Sales Initiative

Dear Mr. Mason,

The end of the fiscal year is fast approaching, and on 1 November we will take inventory at all of our warehouses for accounting -------. **139.** Needless to say, we want to make this procedure as ------- **140.** as possible. -------. **141.** From now until 30 September, sales associates at all outlets are automatically enrolled in the Housecleaning Competition. Cash prizes of £200, £500, and £1,000 will be awarded to the salespersons with the highest total sales figures in that -------. **142.**

Please pass this information along to your team members.

Regards,

Karen Crawford
Sales Director

139-142 番は次のメールに関するものです。

あて先：rmason@pliskin.co.uk
送信者：kcrawford@pliskin.co.uk
日付：8月1日
件名：販売の新計画

メイソンさん

営業年度の終わりがどんどん近づいており、11月1日に私たちはすべての倉庫で会計上の棚卸しをします。いうまでもなく、私たちはこの手順をできるだけ簡潔にしたいと思っています。私たちは在庫を減らす計画を考案しました。今から9月30日まで、すべての直売店の店員は在庫一掃競争に自動的に登録されます。その期間中、最も高い合計売上金額を計上した販売員に200ポンド、500ポンド、1,000ポンドの賞金が現金でそれぞれ贈られます。

どうかこの情報をあなたのチームメンバーに知らせてください。

よろしくお願いします。

カレン・クロフォード
営業部長

Vocab. 本文 □ **initiative**「新構想」 □ **fiscal year**「会計年度」 □ **take inventory**「在庫確認をする、棚卸しをする」 □ **warehouse**「倉庫」 □ **procedure**「手続き」 □ **sales associate**「販売員」 □ **outlet**「小売販売店」 □ **enroll**「～を登録する」 □ **award**「～を授与する」 選択肢 □ **come up with**「～を思いつく、提案する」 □ **merchandise**「商品」 □ **dealership**「販売代理店、特約店」

139

(A) purposeful
(B) purposes
(C) purposely
(D) purpose

正解 B 語法／文脈 [正答率 62.9%]

選択肢には名詞 purpose（目的）が品詞と数を変えて並んでいる。直前の accounting（会計・経理）と結びつくのは (B) purposes か (D) purpose だが、for accounting purposes で「会計上、会計処理上」という意味になる。(D) は for the purpose of accounting なら正解。なお、空欄を省いても「会計のために」という意味は成立するので、文全体を修飾する副詞 (C) purposely（意図的に）も空欄に入りえるが、文意が通らないので不正解。

140

(A) simple
(B) much
(C) soon
(D) large

正解 A 文脈 [正答率 20.0%]

空欄が as ... as ではさまれていることに着目。as +〈原級の形容詞・副詞〉+ as possible の形で「可能なかぎり～」という意味を表す。空欄前の this procedure（この手続き）は前の文の棚卸しのことを指しているので、棚卸しにふさわしい形容詞を入れればよい。正解は (A) simple（簡潔な）。

141

(A) We have come up with a plan to try to reduce stock.
(B) First prize will go to whoever makes the biggest individual sale.
(C) Merchandise will be discounted throughout the month of December.
(D) There were errors discovered in previous documents.

(A) 私たちは在庫を減らす計画を考案しました。
(B) 1等賞はだれでも個別の売上額が最も多かった人に贈られます。
(C) 商品は12月を通して値引きされます。
(D) 前の書類に見つかったエラーがありました。

正解 A 一文選択／文脈 [正答率 71.4%]

空欄の前の文が「棚卸しの手順をできるだけ簡潔にしたい」と述べる一方、空欄の後ろの文は「在庫一掃競争に自動的に店員を参加させる」と具体案を伝えている。よって、「棚卸しを簡潔にしたい。棚卸しを簡潔にするための計画がある。それはこういう案だ」という自然な文脈の流れを作る (A) が正解。

990点 講師の目

「在庫品」を意味する stock / inventory は、Part 6 の頻出語です。同様に頻出の「棚卸しをする、商品の目録を作る」を意味する take (an) inventory と一緒に覚えましょう。在庫品を保管する warehouse（倉庫）、storage（貯蔵・保管場所）、商品を出す＝売るための outlet（直売店・販路）もあわせて押さえておくとよいでしょう。

142

(A) session
(B) region
(C) dealership
(D) period

正解 D 語彙／文脈 [正答率 85.7%]

選択肢はすべて名詞。空欄の前の文に今から9月30日まで在庫一掃競争があり、最も高い合計売上金額を計上した販売員に賞金が贈られる、と述べられている。また、空欄の直前の that は前に記述されたことを指す指示語であることから、in that ...（その…中に）は、From now until September 30 の期間を指していると推測される。よって、(D) period（期間）が正解。

Questions 143-146 refer to the following article.

Profiles in Innovation: Stan Olsen of Avant Adornments

Former sanitation worker Stan Olsen occasionally -------(143.) his days off volunteering for environmental causes—like picking up plastic bottles, candy wrappers, and other discarded items at local beaches. One day three years ago, it struck him that some of the -------(144.) could potentially be used to create saleable products. He got the idea -------(145.) jewelry and fashion accessories from 100% recycled materials and started his own business. "None of my friends thought it would work," says Olsen. "They said people wouldn't pay to wear garbage." -------(146.). Olson's company Avant Adornments now brings in over a million dollars in annual revenues.

143-146 番は次の記事に関するものです。

革新を起こした人々の人物紹介：アバント・アドーンメンツのスタン・オルセン氏

元公衆衛生職員のスタン・オルセン氏は環境運動のために、折に触れてボランティア活動をして休日を過ごしていました。たとえば、地元のビーチでペットボトルやキャンディーの包み紙、その他の捨てられたものを拾うなどの活動です。3 年前のある日、彼はごみのいくつかは商品を作るのに利用できるのではないか、と思いつきました。彼は 100%リサイクル素材から作られたジュエリーやアクセサリーを製造することを思いつき、ビジネスを始めました。「私の友だちはだれもそれが成功すると思っていませんでした」とオルセン氏は言います。「彼らは、人はごみを身に着けるためにお金を払わないよ、と言ったのです」。彼の友だちは間違っていました。オルセン氏の会社、アドバント・アドーンメンツは今や年間 100 万ドルを超える収益があります。

Vocab. 本文 □ **sanitation worker**「ごみ収集人」 □ **occasionally**「時々」 □ **day off**「休日」 □ **cause**「主義、~運動」 □ **discarded**「捨てられた」 □ **strike**「~の心に浮かぶ」 □ **potentially**「可能性として、もしかすると」 □ **garbage**「ごみ」 選択肢 □ **pollution**「汚染」 □ **turn out**「~であることがわかる」

143

(A) was spent
(B) will spend
(C) would spend
(D) would have spent

正解 **C** 時制 ［正答率 42.9%］

選択肢には spend が時制を変えて並んでいる。空欄の次の文で One day three years ago（3 年前のある日）に起こった過去の出来事が述べられているので、過去の習慣を表す助動詞 would を使った (C) would spend（過ごしたものだった）を選べば自然な流れになる。受動態の (A) は彼が費やされた側になってしまい、文意が通らないので不正解。

144

(A) money
(B) litter
(C) workers
(D) plants

正解 **B** 語彙／文脈 ［正答率 68.6%］

空欄の前の文でごみ拾いのボランティアをして休日を過ごしたことついて述べており、本文全体でごみから作られた商品で成功した人物の紹介となっているので、(B) litter（［散らかった］ごみ）が適切。(D) plants（植物）は前述されていないので不自然。その他の選択肢では文意が通らない。

145

(A) to manufacture
(B) manufacturing
(C) manufactured
(D) manufactures

正解 **A** 修飾 ［正答率 80.0%］

空欄から materials までを省略して he got the idea and started the business（彼はアイデアを得て、ビジネスを始めた）としても文は成立する。よって、空欄直前の名詞 idea を修飾する形容詞が空欄に入る。形容詞として働く (A) ～ (C) の中で適切なのは不定詞の (A) to manufacture。「～を生産する考え」という意味になる。(B) manufacturing は「～を生産している考え」、(C) manufactured は「～を生産された考え」となり、文意が通らない。

146

(A) Fortunately for Olsen, he followed their advice.
(B) Rising pollution levels have become a global issue.
(C) It turns out his friends were wrong.
(D) These days, there is much greater competition.

(A) オルセン氏にとって幸運なことに、彼は彼らのアドバイスに従いました。
(B) 上昇する汚染レベルは世界的問題になりました。
(C) 彼の友だちは間違っていました。
(D) 近頃はもっとずっと大きな競争があります。

正解 **C** 一文選択／文脈 ［正答率 62.9%］

空欄の前の文でオルセン氏の友だちがビジネスは成功しない、と言っていたのに対し、空欄の後の文でオルセン氏のビジネスは年間 100 万ドルを超える収益を上げている、と反対の内容を述べている。これらの文を結ぶためには、空欄にオルセン氏の成功を示唆する文が入らなければならない。よって正解は (C)。

これがエッセンス

Part 6 で測られている英語力は「Part 5 と同様の文法力および語彙力」と「文脈を追って内容の展開を適切に見定める力」です。個々の語または個々の文の間の論理的な関係や、事柄の背景を理解しながら文脈を追う練習を重ねましょう。

Questions 147-148 refer to the following excerpt from a manual.

Table of Contents

147-148 番は次の取扱説明書の抜粋に関するものです。

目次

147 What type of product does the manual most likely accompany?
(A) A digital camera
(B) A mobile phone
(C) A laptop computer
(D) An audio player

どのような種類の製品にこの取扱説明書が付属していると思われますか?
(A) デジタルカメラ
(B) 携帯電話
(C) ノートパソコン
(D) 音楽プレーヤー

正解 **B**
[正答率 73.5%]

このマニュアルが付属する製品について、Getting Started のセクションの 15 ページに Inserting the SIM card and battery (SIM カードとバッテリーを挿入する)、また Device Functions のセクションの 19 ページに Making a call (電話をかける) とあることから、電話機であることがわかる。よって正解は (B)。

148 Where most likely can instructions for installing a battery be found?
(A) Page 3
(B) Page 15
(C) Page 16
(D) Page 33

バッテリーを取り付けるための説明は何ページにあると思われますか?
(A) 3 ページ
(B) 15 ページ
(C) 16 ページ
(D) 33 ページ

正解 **B**
[正答率 60.3%]

install はソフトウェアのインストールのほか、「機器を取り付ける」という意味がある。つまり、設問の installing a battery はバッテリーを取り付けるという意味なので、マニュアル 15 ページにある Inserting the SIM card and battery (SIM カードとバッテリーを挿入する) がその手順を説明しているとわかる。よって正解は (B)。

これがエッセンス

manual (取扱説明書) は、機器の仕様や操作方法、メンテナンス方法などを解説した手引書です。この問題ではその目次の部分が扱われていますから、どのような製品の説明か、どのような項目があるかを理解する必要があります。目次は通常、大項目、中項目、小項目というように階層に分類されていて、大項目には包括的な用語、中項目と小項目にはより具体的な用語が使われます。

Vocab. 本文 □ **table**「一覧表」 □ **component**「構成要素」 □ **refuse**「～を拒否する」 □ **handle**「～を取り扱う」
選択肢 □ **instruction**「取扱説明」

Questions 149-150 refer to the following text message.

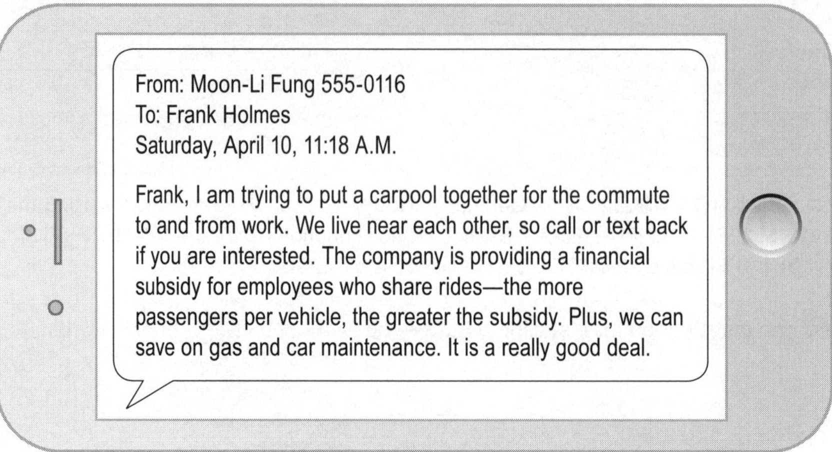
From: Moon-Li Fung 555-0116
To: Frank Holmes
Saturday, April 10, 11:18 A.M.

Frank, I am trying to put a carpool together for the commute to and from work. We live near each other, so call or text back if you are interested. The company is providing a financial subsidy for employees who share rides—the more passengers per vehicle, the greater the subsidy. Plus, we can save on gas and car maintenance. It is a really good deal.

149-150 番は次のテキストメッセージに関するものです。

送信者：ムーン・リ・ファン　555-0116
あて先：フランク・ホームズ
4月10日　土曜日　午前11時18分

フランクさん、私は会社の行き帰りに車の相乗りをしようかと思っています。私たちはお互い近所に住んでいるので、もし興味があれば電話かショートメールで返事をください。うちの会社は、カーシェアをする従業員に補助金を出していて、1台に乗る人数が多いほど補助金が高くなるのです。それに、ガソリンと車の整備費用を節約できます。かなりお得な話ですよね。

Vocab. **本文** □ **carpool**「自動車の相乗り」 □ **commute**「通勤」 □ **subsidy**「補助金」
選択肢 □ **work assignment**「仕事の割り当て」 □ **opportunity**「好機」 □ **incentive**「動機づけ、奨励金」

149 According to the message, why should Mr. Holmes contact Ms. Fung?
(A) To learn about a work assignment
(B) To plan a recreational activity
(C) To accept an invitation
(D) To arrange a job interview

メッセージによると、なぜホームズさんはファンさんに連絡するべきですか？
(A) 作業の割り当てについて知るため
(B) レクリエーション活動を計画するため
(C) 招待を受け入れるため
(D) 就職の面接を調整するため

正解 C
[正答率 67.8%]

メッセージ本文1行目の carpool は「車の相乗り」を意味する語。ファンさんは会社の行き帰りに相乗りをしようと近くに住むホームズさんを誘い、2～3行目で call or text back if you are interested（興味があれば電話かショートメールで返事をください）と言っているので、ファンさんに連絡する理由は、相乗りの誘いに対する返事に関することだと考えられる。よって正解は (C)。

150 What does Ms. Fung say her employer is providing?
(A) Opportunities for career advancement
(B) Company vehicles for use by employees
(C) Monetary incentives for carpooling
(D) Discounted vehicle maintenance services

ファンさんは彼女の雇用主が何を提供していると言っていますか？
(A) 昇進の機会
(B) 従業員が使える社用車
(C) 相乗りへの金銭的動機づけ
(D) 割引価格での自動車整備

正解 C
[正答率 75.3%]

本文3～4行目で The company is providing a financial subsidy for employees who share rides（うちの会社は、カーシェアをする従業員に補助金を出しています）と述べていることから、ファンさんの会社は相乗り通勤に対して補助金を支給することがわかる。よって正解は (C)。

これがエッセンス
テキストメッセージは携帯電話を使った文字通信で、スマホが登場する前には一般的に使われていました。パソコンで書くメールよりもカジュアルな文体で、口語表現や略語が使われることもあります。

Questions 151-153 refer to the following information.

Office equipment such as photocopiers, printers, scanners and all other ATD-owned devices are not to be used for personal purposes. — [1] —. This includes use of said equipment for the benefit of outside organizations or causes. — [2] —. For information about procedures for seeking commitment of employee time or company resources for the sake of community projects, please contact the ATD Public Relations Department. — [3] —. Further details can also be found on the PR page of our Web site. Look for the "Community Engagement" icon and select "Proposing a Community Initiative." — [4] —.

151-153 番は次の情報に関するものです。

コピー機、プリンタ、スキャナなどのオフィス機器、またその他のすべてのATDが所有する機器は、私的利用をしないでください。—[1]—。これには、外部組織や社外要因のために前述の機器を使用することも含みます。—[2]—。地域事業のために勤務時間または会社資産を利用する手続きに関する情報は、ATD の広報部にお問い合わせください。—[3]—。より詳細な情報は、当社サイトの広報ページにも記載されています。「地域参加」のアイコンから「地域構想を提案する」を選択してください。—[4]—。

Vocab. 本文 □ **equipment**「備品、機器」 □ **device**「装置、機器」 □ **said**「前述の」 □ **procedure**「手順、手続き」 □ **seek**「～を求める」 □ **commitment**「関与」 □ **resource**「資源、財産」 □ **for the sake of**「～のために」
選択肢 □ **procurement**「調達」 □ **restriction**「規制」 □ **authorize**「～を許可する」 □ **obtain**「～を手に入れる」 □ **fundraising**「資金調達の」

151 What does the information mainly address?
(A) An upcoming community event
(B) Modifications to a Web site
(C) The procurement of office machinery
(D) Restrictions on use of company property

この情報はおもに何を提示していますか?
(A) 今後の地域行事
(B) ウェブサイトの修正
(C) オフィス機器の調達
(D) 会社資産の使用制限

正解 D
[正答率 62.2%]

1～2行目で Office equipment ... are not to be used for personal purposes.(オフィス機器は私的利用をしないでください)とあり、それ以降で詳細が述べられている。したがって、この文書がおもに述べているのは、オフィス機器の私的利用の制限であることがわかる。よって正解は(D).

990点 講師の目

文書の主題は、必ず出題されるものと思って準備しておきましょう。たとえ直接設問になっていなくても、文書の目的や文書が送られた理由など、別の形で問われることもあります。information(情報)は、メールやフォームと違い、文書の形式に特徴が見られないものなので、高い読解力が要求されます。

152 According to the information, why should a reader contact the Public Relations Department?
(A) To learn about an official process
(B) To offer feedback on proposal
(C) To have a press release authorized
(D) To obtain a list of projects

情報によると、なぜ読み手は広報部に問い合わせるべきなのですか?
(A) 公的な手続きについて知るため
(B) 提案へのフィードバックを申し出るため
(C) 報道発表を承認してもらうため
(D) 計画の一覧を入手するため

正解 A
[正答率 58.4%]

広報部への連絡については[3]の直前に please contact the ATD Public Relations Department(ATDの広報部にお問い合わせください)とある。その目的は同じ文の前半に For information about procedures for ... community projects とあることから、地域事業の手続きについての情報を入手するためだとわかる。よって正解は(A)。

153 In which of the positions marked [1], [2]. [3], and [4] does the following sentence best belong?

"The only exceptions are for official ATD-sponsored fundraising or publicity campaigns."

(A) [1]
(B) [2]
(C) [3]
(D) [4]

[1]、[2]、[3]、[4]のうち、次の文が入る最も適切な箇所はどこですか?
「唯一の例外は、ATDが出資する公式の募金活動または広報活動が目的の場合です。」
(A) [1]
(B) [2]
(C) [3]
(D) [4]

正解 B
[正答率 49.0%]

挿入文の主語に the only exceptions(唯一の例外)とあることから、この文の前には一般的な注意が書いてあるはずだと推測できる。また、例外は「ATDが出資する公式の募金活動または広報活動が目的の場合」とあるので、使用目的についての一般的な注意を探す。[2]の直前に This includes use of said equipment for the benefit of outside organizations or causes.(これには、外部組織や社外要因のために前述の機器を使用することも含みます)とあり、その直後にその例外を述べるのが自然。よって正解は(B)。

Questions 154-155 refer to the following online chat discussion.

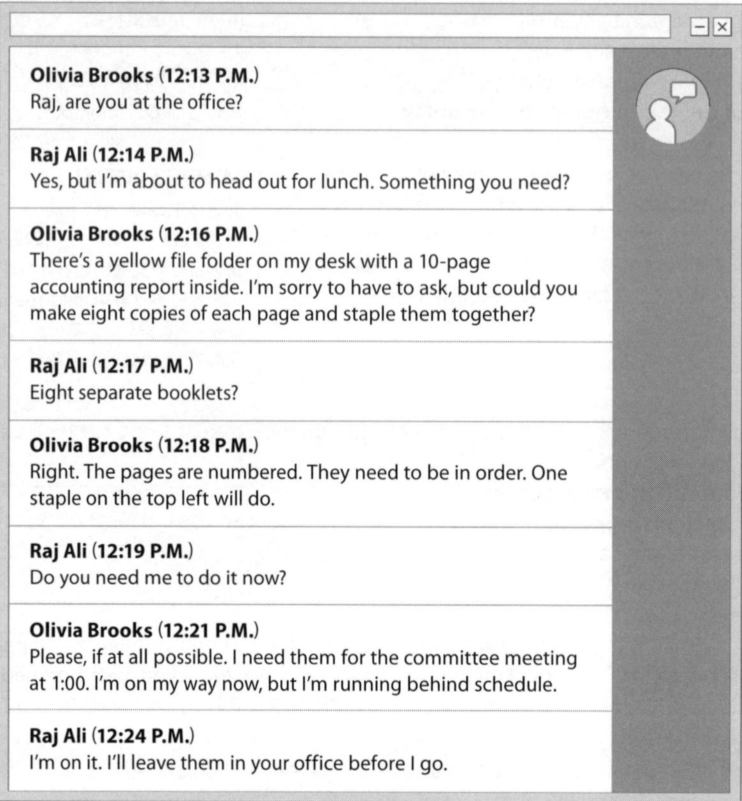
Olivia Brooks (12:13 P.M.)
Raj, are you at the office?

Raj Ali (12:14 P.M.)
Yes, but I'm about to head out for lunch. Something you need?

Olivia Brooks (12:16 P.M.)
There's a yellow file folder on my desk with a 10-page accounting report inside. I'm sorry to have to ask, but could you make eight copies of each page and staple them together?

Raj Ali (12:17 P.M.)
Eight separate booklets?

Olivia Brooks (12:18 P.M.)
Right. The pages are numbered. They need to be in order. One staple on the top left will do.

Raj Ali (12:19 P.M.)
Do you need me to do it now?

Olivia Brooks (12:21 P.M.)
Please, if at all possible. I need them for the committee meeting at 1:00. I'm on my way now, but I'm running behind schedule.

Raj Ali (12:24 P.M.)
I'm on it. I'll leave them in your office before I go.

154-155 番は次のオンラインチャットの話し合いに関するものです。

オリヴィア・ブルックス (午後 12 時 13 分)
ラージ、オフィスにいますか?

ラージ・アリ (午後 12 時 14 分)
はい、でもお昼ご飯に行くところです。何か用事ですか?

オリヴィア・ブルックス (午後 12 時 16 分)
私の机の上に 10 ページの会計報告書が入った黄色いファイルフォルダーがあるのです。申し訳ないのですが、すべてのページを 8 部コピーしてホチキス留めしてもらえませんか?

ラージ・アリ (午後 12 時 17 分)
8 冊の小冊子ということですか?

オリヴィア・ブルックス (午後 12 時 18 分)
そうです。ページに番号が載っていて、順番どおりにする必要があります。左上に 1 カ所ホチキス留めしてください。

ラージ・アリ (午後 12 時 19 分)
今する必要がありますか?

オリヴィア・ブルックス (午後 12 時 21 分)
できればお願いします。1 時からの委員会で必要なのです。私は向かっているところなのですが、予定より遅れてしまっています。

ラージ・アリ (午後 12 時 24 分)
わかりました。出かける前にあなたのオフィスに置いておきますね。

Vocab. 本文 □ **accounting report**「会計報告(書)」 □ **staple**「～をホチキスで留める;ホチキス留め」
□ **booklet**「小冊子、パンフレット」 □ **in order**「順序正しく」 □ **run behind schedule**「予定に遅れる」
選択肢 □ **make a revision**「手直しする」 □ **be willing to *do***「～することをいとわない」

154 What does Ms. Brooks ask Mr. Ali to do?
(A) Bring a file back to the office
(B) Calculate some financial figures
(C) Prepare sets of documents
(D) Make revisions to a report

ブルックスさんはアリさんに何をするように頼みましたか?
(A) ファイルをオフィスに戻す
(B) 財務統計を計算する
(C) 書類を何組か準備する
(D) 報告書に修正をする

正解 C
[正答率 71.6%]

ブルックスさんがアリさんに頼んだこととして、12 時 16 分の記述に could you make eight copies of each page and staple them together? (すべてのページを 8 部コピーしてホチキス留めしてもらえませんか?) とあることから、書類の準備をお願いしていることがわかる。よって正解は (C)。

155 At 12:24 P.M., what does Mr. Ali mean when he writes, "I'm on it"?
(A) He is a member of the committee.
(B) He has scheduled an appointment.
(C) He has accessed a computer system.
(D) He is willing to handle a task.

12 時 24 分にアリさんが「わかりました」と書いているのはどういう意味ですか?
(A) 彼は委員会の一員である。
(B) 彼は面会の予定を組んだ。
(C) 彼はコンピュータシステムにアクセスした。
(D) 彼はその作業をすることをいとわない。

正解 D
[正答率 71.6%]

アリさんは 12 時 19 分の記述で Do you need me to do it now? (今する必要がありますか?) と聞き、ブルックスさんは Please, if at all possible. (できればお願いします) と答えている。ブルックスさんからの依頼への返事として I'm on it. と言い、続いて I'll leave them in your office before I go. (出かける前にあなたのオフィスに置いておきます) と加えているので、頼まれたことを了承していることがわかる。よって正解は (D)。I'm on it. は「今取りかかっている」という場合や、上司などからの指示に対して「わかりました、今からやります」と承諾する場合に使われる。

990点 講師の目

オンラインチャットによる問題では、口語表現に関する設問があります。これは、表現そのものを知っていることも重要ですが、話し手がどのような意図でその表現を使っているかを理解することが肝要です。いわば文脈判断が求められるものですから、その前後のメッセージの流れをつかむように心がけましょう。

Questions 156-158 refer to the following article.

Color Appreciation

By Emi Okada

People painting their exterior or interior walls should consider colors that could potentially raise the future value of their homes. The soft shades of blue and gray that appeal to the buyers of today are likely to remain in style for many more years to come. Blue, in fact, has been the top choice for home paint color worldwide for the past several decades. Gray has been proven generally acceptable to nearly everyone as well. However, if you want a color with outstanding future potential, take a look at "Greenicious." This relatively bright shade of green has a fresh and natural look. The Cobbler Institute of Color has named it this year's "Color of the Year." This color-consulting organization has an excellent track record of accurately predicting color trends in a variety of industries.

156-158 番は次の記事に関するものです。

色の評価
エミ・オカダ

外壁または内壁を塗装する人は、将来の家の価値を高める可能性のある色を考慮すべきです。今日の購入者が魅力的だと思う青とグレーの柔らかい色合いは、今後何年間か流行であり続ける可能性があります。実際、過去数十年にわたり、青は世界中の家屋の塗装で最も選ばれている色です。グレーも一般的にほぼすべての人に受け入れられることが証明されています。しかしながら、この先、突出して見込みのある色にしたい場合は、「グリーニシアス」をご覧ください。この比較的明るい緑の色合いは、新鮮で自然に見えます。コブラー・インスティテュート・オブ・カラーはこれを今年の「カラー・オブ・ザ・イヤー」に選びました。この色彩コンサルティング団体は、さまざまな業界の流行色を正確に予測した優れた実績があります。

Vocab. 本文 □ **appreciation**「評価」 □ **exterior**「外側の」 □ **interior**「内側の」 □ **potentially**「可能性として」 □ **shade**「色合い」 □ **outstanding**「傑出した」 □ **potential**「可能性」 □ **track record**「実績」 □ **accurately**「正確に」
選択肢 □ **innovative**「革新的な」 □ **conduct**「～を行う」 □ **forecast**「～を予想する」 □ **preference**「好み」

156 What is the article mainly about?
(A) An innovative method for painting walls
(B) The benefits of hiring interior designers
(C) Choosing colors that add to resale value
(D) The introduction of a new color of house paint

この記事はおもに何についてですか?
(A) 壁の塗装の革新的な方法
(B) インテリアデザイナーを雇う利点
(C) 再販価値を高める色の選択
(D) 家屋の塗装の新色の紹介

正解 C
[正答率 52.7%]

英文記事の主題は通常、冒頭にある。この英文においても1～3行目に People painting their exterior or interior walls should consider colors that could potentially raise the future value of their homes.(外壁または内壁を塗装する人は、将来の家の価値を高める可能性のある色を考慮すべきです)とあり、その後で具体例や詳細情報が述べられている。したがって、この記事の主題は家の資産価値を高める塗装の色の選択であるとわかる。よって正解は(C)。

157 What does Emi Okada mention about blue house paint?
(A) Its appeal is expected to decrease in the future.
(B) It is best for use on exterior walls.
(C) It is currently the most popular color.
(D) It is highly recommended by real estate professionals.

エミ・オカダは青色の家の塗装について何と言っていますか?
(A) その魅力は将来減少すると予想される。
(B) 外壁への使用に最適である。
(C) 現在最も人気のある色だ。
(D) 不動産業者らの一推しである。

正解 C
[正答率 65.9%]

blue(青色)について述べられているのは5～7行目で、Blue, in fact, has been the top choice for home paint color worldwide for the past several decades.(実際、過去数十年にわたり、青は世界中の家屋の塗装で最も選ばれている色です)とある。青が最も人気のある色だとわかるので、正解は(C)。

158 According to the article, what does the Cobbler Institute of Color do?
(A) Conducts research on colors and emotions
(B) Forecasts trends in color preferences
(C) Prepares students for careers as artists
(D) Provides decorating consultations for homeowners

記事によると、コブラー・インスティテュート・オブ・カラーは何をしますか?
(A) 色と感情に関する研究を行う。
(B) 色の好みにおける流行を予測する。
(C) 芸術家としての職業に向けて学生を養成する
(D) 住宅所有者向けの装飾の相談に乗る

正解 B
[正答率 65.9%]

the Cobbler Institute of Colorについては下から4行目以降に書かれている。The Cobbler Institute of Color has named it this year's "Color of the Year."(コブラー・インスティテュート・オブ・カラーはこれを今年の「カラー・オブ・ザ・イヤー」に選びました)とあり、最後の文でも同社が色の流行の予測について実績があると書かれているので、色の好みの流行を予想している組織であると考えられる。よって正解は(B)。

これがエッセンス

article(記事)はPart 7で出題される文書の中で最も難しいタイプと言えます。内容も多岐にわたり、文章もフォーマルな書き言葉で、高度な語彙が使われていることもあります。新聞や雑誌の記事を読みこなすリーディング力は、学習者のよい目標になると言えるでしょう。記事が読みこなせるようになれば相当な英語力がついていることになりますから、挑戦を続けてください。

Questions 159-161 refer to the following form.

CUSG

Cuppertine University Student Government Elections
Private Business Consent Form

Cuppertine University
Student Government

Please fill out this form completely and submit it for approval by the Chair of the Student Elections Committee, Gatlin Hall Building Suite 271.

Name of Candidate: Jamaal Uric

Seat: Treasurer, Student Council

Candidate's Signature: Jamaal Uric

Name of Business: Colt Café

Business Owner's Name: Trudy Michaels

Business Owner's Signature: Trudy Michaels

To Candidate
By signing this form, you acknowledge that the Student Elections Committee must approve your campaign material before it is posted in any location, including a private business.

To Business Owner
By signing this form, you permit the candidate listed above to post SEC-approved campaign material at your place of business. This does not entitle the candidate to claim support from your business or to display other items without your authorization.

For SEC Use Only

Form Approved By: Mariko Takahashi Signature: Mariko Takahashi

Date Approved: August 18

159-161 番は次のフォームに関するものです。

CUSG
カッパータイン大学学生自治会選挙
個人事業者同意書

カッパータイン大学
学生自治会

この用紙にもれなく記入してガトリン・ホール・ビルディング 271 号室で提出し、学生選挙管理委員長の承認を受けてください。

候補者名： ジャマール・ユーリック
役職： 学生自治会、会計
候補者署名： Jamaal Uric
事業者名： コルト・カフェ
事業主名： トルーディ・マイケルズ
事業主署名： Trudy Michaels

候補者へ
この用紙に署名することにより、あなたの選挙用品が、個人事業所を含め、あらゆる場所に掲示する前に、学生選挙管理委員会の承認を受けなくてはならないことを了承します。

事業主様へ
この用紙に署名することにより、あなたは上記候補者が、学生選挙管理委員会の承認済み選挙用品をあなたの事業所に掲示することを許可します。これは、あなたの事業所からの支援を求めたり、あなたの許可なしにほかのものを掲示したりする権利を候補者に認めるものではありません。

学生選挙管理委員会使用欄
承認者氏名：マリコ・タカハシ　署名：Mariko Takahashi
承認日：8 月 18 日

159 What is most likely true about Jamaal Uric?
(A) He has applied for employment at a private company.
(B) He is running for a seat on the student council.
(C) He currently resides in Gatlin Hall.
(D) He is a faculty member at Cuppertine University.

ジャマール・ユーリックについてあてはまると思われるものは何ですか？
(A) 彼は民間企業での仕事に応募した。
(B) 彼は学生自治会の選挙に立候補している。
(C) 彼は現在ガトリン・ホールに住んでいる。
(D) 彼はカッパーダイン大学の教員である。

正解 B
［正答率 65.9%］

このフォームの標題にStudent Government Elections（学生自治会選挙）とあり、記入欄を見るとジャマール・ユーリックはcandidate（候補者）であるとわかる。ジャマール・ユーリックは学生自治会の選挙に立候補していると推測できるので、正解は(B)。

160 Why did Trudy Michaels sign the form?
(A) To publicly endorse an election candidate
(B) To seek permission to advertise on campus
(C) To allow the display of material at a café
(D) To agree to be listed as a reference

なぜトルーディ・マイケルズはこの用紙に記入しましたか？
(A) 選挙候補者を公に支持するため
(B) 学内での広告の承認を得るため
(C) カフェでの掲示物を許可するため
(D) 保証人に加わることに同意するため

正解 C
［正答率 60.3%］

トルーディ・マイケルズはコルト・カフェのBusiness Owner（事業主）である。このフォームのTo Business Owner（事業者様へ）の記述にyou permit the candidate ... to post ... campaign material at your place of business.（あなたには上記候補者が、選挙用品をあなたの事業所に掲示することを許可します）とあることから、コルト・カフェに選挙用品を掲示することを承認するために署名したことがわかる。よって正解は(C)。

161 What is indicated about Mariko Takahashi?
(A) She is the owner of a business.
(B) She is the head of a committee.
(C) She is the director of a campaign.
(D) She is in charge of recruiting.

マリコ・タカハシについて何が示唆されていますか？
(A) 彼女はある会社を所有している。
(B) 彼女は委員会の会長である。
(C) 彼女は活動の責任者である。
(D) 彼女は求人を任されている。

正解 B
［正答率 58.4%］

Mariko Takahashiの名前は、フォームの下から２つ目のForm Approved Byのところにあるので、この申請を承認した人物である。この申請を承認するのは、フォーム上部にsubmit it for approval by the Chair of the Student Elections Committee（学生選挙管理委員長に提出し、承認を受ける）とあることから選挙管理委員長だとわかる。よって正解は(B)。なお、(C)は候補者側の責任者という意味なので不正解。

これがエッセンス

フォームで注意したいのは、「目的」と「注意事項」です。このフォームが何をするためのものなのか、そしてそれにどのような注意点が記載されているのかを把握します。フォームには決まった形式があるわけではないので、書かれている情報は多種多様です。短時間で正解を選ぶには、チェックする情報を絞り込むことが大切です。

Vocab. 本文 □ **consent form**「同意書」 □ **fill out**「～に必要事項を書き込む」 □ **submit**「～を提出する」 □ **approval**「承認」 □ **candidate**「候補者」 □ **treasurer**「会計係」 □ **acknowledge**「～を認める」 □ **campaign material**「キャンペーン資料」 □ **permit 〈人〉 to *do***「〈人〉に～することを許可する」 □ **entitle 〈人〉 to *do***「〈人〉に～する権利を与える」 □ **authorization**「許可」
選択肢 □ **apply for**「～に申し込む」 □ **run for a seat**「立候補する」 □ **reside**「住む」 □ **endorse**「～を支持する、支援する」 □ **seek**「～を求める」 □ **reference**「身元保証人、照会先」 □ **be in charge of**「～を担当している」

Questions 162-163 refer to the following e-mail.

E-mail Message

To:	Compliance Office
From:	Lydia Snyder
Subject:	Environmental Impact Statement
Date:	August 10
Attached:	comment.doc

As requested by the Compliance Office on August 3, please find attached my comments on the draft version of the Environmental Impact Statement for the proposed expansion of our chemical processing plant in Greenfield.

Generally speaking, I found the statement to be largely problem-free. There are several sections where I feel the language should be adjusted to provide greater clarity. You will find suggestions for alternative wording among my comments. Additionally, I would advise that one section be omitted entirely—the relevant paragraphs appear on Page 11, and I have highlighted them on the attachment.

Although further expansion of the plant may indeed be necessary in years to come, I feel we should refrain from mentioning this in the statement. Otherwise, we risk the agency broadening its review, which could substantially delay the approval process.

162-163 番は次のメールに関するものです。

あて先： コンプライアンス室
送信者： リディア・スナイダー
件名： 環境影響表明書
日付： 8月10日
添付： コメント.doc

コンプライアンス室より8月3日に依頼された件に関して、グリーンフィールドにあるわが社の化学処理工場の拡張計画に向けた環境影響表明書の原案へのコメントを添付しましたのでご覧ください。

概して、表明書はほぼ問題ないと思います。いくつかのところでもう少しわかりやすくするように言葉を変えたほうがよいとは思いました。私のコメントの中で代わりの言葉を提案しています。それから、一部、すべて削除したほうがよいと思います。11ページにある、関連するいくつかの段落なのですが、添付ファイルでハイライトしてあります。

工場のさらなる拡張は確かにいずれ必要になるかもしれませんが、そのことは表明書で言及しないほうがよいと思います。そうでないと官庁が審査を拡大する恐れがあり、承認手続きがかなり遅れることになりかねません。

Vocab.

本文 □ **compliance**「法令順守、コンプライアンス」 □ **draft version**「原案、草案」 □ **chemical processing plant**「化学処理工場」 □ **problem-free**「問題のない」 □ **clarity**「明快さ」 □ **omit**「～を省く」 □ **relevant**「関連する」 □ **attachment**「添付ファイル」 □ **refrain from**「～を控える」 □ **substantially**「大幅に」

選択肢 □ **inspect**「～を調べる」

162 On August 3, what did the Compliance Office most likely ask Ms. Snyder to do?
(A) Conduct research on the environment
(B) Inspect a facility in Greenfield
(C) Provide feedback on a document
(D) Report on the effectiveness of a new product

8月3日に、コンプライアンス室はスナイダーさんに何をするように頼んだと思われますか?
(A) 環境についての調査を実施する
(B) グリーンフィールドの施設を視察する
(C) 書類へのフィードバックをする
(D) 新製品の効力について報告する

正解 C
[正答率 60.3%]

メールの冒頭に As requested by the Compliance Office on August 3, please find attached my comments on the draft version ...(コンプライアンス室より8月3日に依頼された件に関して、…の原案へのコメントを添付しましたのでご覧ください) とあることから、コンプライアンス室はスナイダーさんに環境影響表明書の原案についてのコメントを求めたことがわかる。よって正解は (C)。

163 According to Ms. Snyder, what could cause a delay?
(A) A new governmental regulation
(B) Opposition by a conservation group
(C) Lack of training among new personnel
(D) Expansion of an agency's review

スナイダーさんによると、何が遅れを引き起こす可能性がありますか?
(A) 政府の新しい規制
(B) 環境保護団体の反対
(C) 新人の訓練不足
(D) 官庁の審査の拡大

正解 D
[正答率 67.8%]

遅れについて述べているのは、第3段落の最後の which could substantially delay the approval process (承認手続きがかなり遅れることになりかねません) である。したがってこのフレーズの which が表すものが遅れの原因である。which の直前を見ると we risk the agency broadening its review (官庁が審査を拡大する恐れがある) と書いているので、審査の拡大が遅れの原因になることがわかる。よって正解は (D)。

ES これがエッセンス

Part 7の英文を日本語に訳しながら読むと、それだけでかなり時間をとられてしまいます。英文を素早く読むには英文を目で追うのと同時に理解する「直読直解」の力を鍛えます。日本語を介さずに内容を理解できるようになるのが理想的です。

Questions 164-167 refer to the following text-message chain.

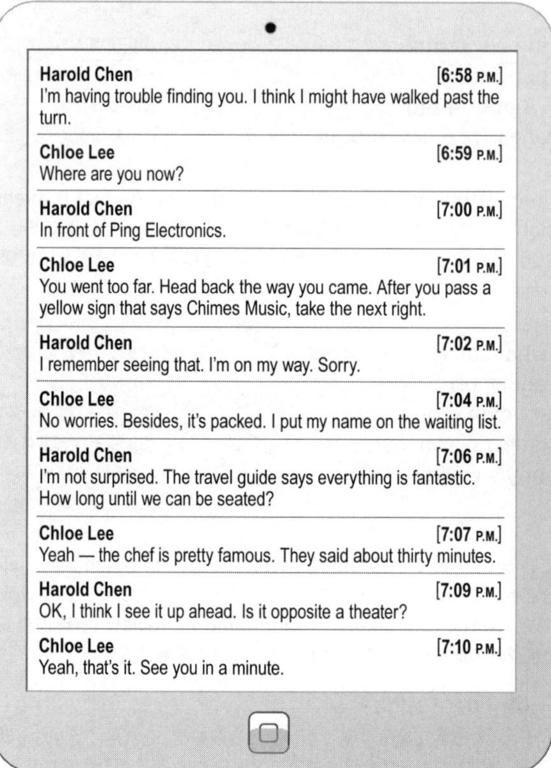

Harold Chen [6:58 P.M.]
I'm having trouble finding you. I think I might have walked past the turn.

Chloe Lee [6:59 P.M.]
Where are you now?

Harold Chen [7:00 P.M.]
In front of Ping Electronics.

Chloe Lee [7:01 P.M.]
You went too far. Head back the way you came. After you pass a yellow sign that says Chimes Music, take the next right.

Harold Chen [7:02 P.M.]
I remember seeing that. I'm on my way. Sorry.

Chloe Lee [7:04 P.M.]
No worries. Besides, it's packed. I put my name on the waiting list.

Harold Chen [7:06 P.M.]
I'm not surprised. The travel guide says everything is fantastic. How long until we can be seated?

Chloe Lee [7:07 P.M.]
Yeah — the chef is pretty famous. They said about thirty minutes.

Harold Chen [7:09 P.M.]
OK, I think I see it up ahead. Is it opposite a theater?

Chloe Lee [7:10 P.M.]
Yeah, that's it. See you in a minute.

164-167 番は次のテキストメッセージのやり取りに関するものです。

ハロルド・チェン [午後6時58分]
君のいるところが見つからないよ。曲がるところを通り過ぎちゃったかな。

クロエ・リー [午後6時59分]
今どこにいるの？

ハロルド・チェン [午後7時00分]
ピン・エレクトロニクスの前だよ。

クロエ・リー [午後7時01分]
行きすぎだわ。今来た道を戻って。チャイムズ・ミュージックっていう黄色い看板を過ぎたら、その次の角を右に曲がって。

ハロルド・チェン [午後7時02分]
それ、見覚えある。今向かってる。ごめんね。

クロエ・リー [午後7時04分]
大丈夫。それに、混んでいるの。順番待ちの表に私の名前を書いておいたわ。

ハロルド・チェン [午後7時06分]
驚きはしないね。旅行ガイドには何もかも素晴らしいとあったよ。席につくまでどのくらいかかるかなあ？

クロエ・リー [午後7時07分]
そうね ―シェフがとても有名よね。30分ぐらいだって。

ハロルド・チェン [午後7時09分]
あ、前に見えてきた。劇場の向かい側だよね？

クロエ・リー [午後7時10分]
そう、それよ。すぐに会おうね。

164 Why most likely did Mr. Chen start the text message exchange?
(A) To get some directions
(B) To confirm a reservation
(C) To make a suggestion
(D) To forgive an error

チェンさんはなぜテキストメッセージのやり取りを始めたと思われますか？
(A) 道順を知るため
(B) 予約を確認するため
(C) 提案をするため
(D) 間違いを許すため

正解 **A**
［正答率 73.5%］

6時58分のチェンさんの記述はI'm having trouble finding you.（君のいるところが見つからないよ）で始まっている。相手のリーさんはチェンさんの今いる場所を確認し、7時01分の記述でAfter you pass a yellow sign ..., take the next right.（黄色い看板を過ぎたら、その次の角を右に曲がって）と道案内をしている。よって正解は(A)。

165 At 7:04 P.M., what does Ms. Lee mean when she writes, "it's packed"?
(A) Traffic is heavy on the street.
(B) Her suitcase contains what she needs.
(C) A business is crowded with patrons.
(D) A train is filled to capacity.

午後7時04分にリーさんが「混んでいるの」と書いているのはどういう意味ですか？
(A) 道路が渋滞している。
(B) 彼女のスーツケースに必要なものが入っている。
(C) 店が利用客で混んでいる。
(D) 列車が満員である。

正解 **C**
［正答率 62.2%］

7時04分の記述を見ると、リーさんはit's packedと言った後でI put my name on the waiting list.（順番待ちの表に私の名前を書いておいたわ）と伝えている。また、7時06分のチェンさんの返信にHow long until we can be seated?（席につくまでどのくらいかかるかなあ？）とある。これらの点からit's packed.は「店が混雑している」という意味だとわかる。よって正解は(C)。businessは、ここでは「店」という意味。

166 What are Mr. Chen and Ms. Lee probably planning to do together?
(A) View a film
(B) Share a meal
(C) Attend a concert
(D) Watch a play

チェンさんとリーさんは一緒に何をしようとしていると思われますか？
(A) 映画を観る
(B) 一緒に食事をする
(C) コンサートに参加する
(D) 演劇を観る

正解 **B**
［正答率 73.5%］

7時07分のリーさんの記述にthe chef is pretty famous（シェフがとても有名よね）とある。このことから二人の目的地はレストランであることが推測される。またリーさんが順番待ちの表に記入したという7時04分の記述から、二人は客としてレストランに行くことがわかる。よって正解は(B)。

167 How did Mr. Chen most likely learn about his destination?
(A) From a colleague
(B) From a billboard
(C) From a radio commercial
(D) From a guidebook

チェンさんはどのように目的の場所について知ったと思われますか？
(A) 同僚から
(B) 看板から
(C) ラジオCMから
(D) ガイドブックから

正解 **D**
［正答率 56.5%］

7時06分のチェンさんの記述にThe travel guide says everything is fantastic.（旅行ガイドには何もかも素晴らしいとあったよ）とあるので、チェンさんはガイドブックでレストランのことを知ったと考えられる。よって正解は(D)。

これがエッセンス

テキストメッセージやオンラインチャットのやり取りを理解するには、場面と話題を把握することが先決です。この問題では登場人物（メッセージの書き手）が2人だけなので、一方のメッセージを受けてもう一方が返す比較的わかりやすい流れですが、3人以上のグループで交わされるものは情報が錯綜することがあります。内容を整理しながら読んでいきましょう。

Vocab. 本文 □ **turn**「曲がり角」 □ **besides**「そのうえ」 □ **packed**「混み合った」 □ **up ahead**「行く手に」
選択肢 □ **confirm**「～を確認する」 □ **forgive**「～を許す」 □ **traffic**「交通（量）」 □ **heavy**「激しい、混んでいる」
□ **contain**「～を含む、入れている」 □ **patron**「ひいき客、顧客」 □ **filled to capacity**「定員いっぱいで」 □ **billboard**「掲示板」

Questions 168-171 refer to the following advertisement.

Spacious North Rock Ridge home available for rent from November 1-11. This includes all five days of the famous Rock Ridge Rock & Roll Festival from November 6 through 10, plus the weekend prior. Both term and price are nonnegotiable. The property is located approximately five miles from downtown music venues, but a bus that will get you there stops just a short walk away. Three bedrooms and two baths. The living-room sofa converts into a double bed. Two cots are available to accommodate larger groups (10 guests maximum). Situated in a quiet residential neighborhood—parties and loud music are not allowed. Driveway and street parking available—garage is off-limits.

✦ Fully equipped kitchen with state-of-the art coffee machine for brewing espresso, cappuccino and lattes.
✦ Grocery within walking distance. The home has a supply of sugar, coffee creamer, and a variety of common spices available for guests.
✦ Vacuum cleaner, household cleansers, and washer & dryer. Laundry detergent also supplied. Housekeeping and laundry service available at an additional charge.
✦ TV and stereo. Large DVD and CD collection available for guest use. Wireless Internet access.

Price: $5,000, plus an additional $100 per guest for groups larger than six.

Click here for reservation details.

168-171 番は次の広告に関するものです。

ノース・ロック・リッジの広い住宅が 11 月 1 日から 11 日までレンタル可能です。この期間には、有名なロック・リッジ・ロックンロール・フェスティバルが行われる 11 月 6 日から 10 日までの 5 日間とその直前の週末が含まれます。期間と料金の交渉には応じかねます。この物件は中心街の音楽会場から約 5 マイルのところにありますが、そこへのバスは歩いてすぐのところに止まります。ベッドルームが 3 室とバスルームが 2 室あります。リビングのソファはダブルベッドに変わります。大人数グループ(最大 10 名様)には簡易ベッド 2 台がお使いいただけます。近隣は閑静な住宅街のため、パーティと大音量の音楽はお断りします。私設車道の利用と路上駐車が可能ですが、車庫は立ち入りできません。

✦ エスプレッソ、カプチーノ、ラテが作れる最新式のコーヒーメーカーを備えた、十分な設備のキッチン。
✦ 徒歩圏内に食料品店があります。家には砂糖、コーヒー用のクリーム、数種類の一般的なスパイスがお客様用に用意されています。
✦ 掃除機、家庭用洗剤、洗濯機と乾燥機あり。洗濯洗剤も用意されています。部屋の清掃とランドリーサービスは追加料金でご利用になれます。
✦ テレビ、ステレオ付き。DVD と CD の豊富なコレクションをご利用いただけます。ワイヤレスのインターネット接続もございます。

料金:5,000 ドル。6 人を超える場合、一人あたり 100 ドルの追加料金をいただきます。

予約の詳細はこちらをクリックしてください。

Vocab. 本文 □ **available**「利用できる」 □ **prior**「前の、先立つ」 □ **term**「期間」 □ **nonnegotiable**「交渉不可の」 □ **property**「土地、建物」 □ **approximately**「約」 □ **venue**「開催地」 □ **convert into**「~に変形可能だ」 □ **cot**「簡易ベッド」 □ **accommodate**「~を収容する」 □ **off-limits**「立ち入り禁止の」 □ **state-of-the-art**「最新式の」 □ **brew**「(コーヒーなど) を入れる」 □ **grocery**「食料雑貨店」 □ **detergent**「洗剤」

168 Who is the advertisement most likely intended to attract?
(A) A family planning a weekend vacation
(B) A rock band looking for rehearsal space
(C) People considering purchasing this home
(D) Event attendees from out of town

この広告はだれに対してのものだと思われますか？
(A) 週末の休日を計画している家族
(B) リハーサルの場所を探しているロックバンド
(C) この家の購入を検討している人々
(D) 町外からのイベント参加者

正解 D
[正答率 54.6%]

この広告の対象としては2～3行目にThis includes all five days of the famous Rock Ridge Rock & Roll Festival from November 6 through 10, plus the weekend prior.（この期間には、有名なロック・リッジ・ロックンロール・フェスティバルが行われる11月6日から10日までの5日間とその直前の週末が含まれます）とあり、ロックフェスの参加者を対象にしていることがわかる。よって正解は(D)。第1段落の終わり近くに... loud music are not allowed（大音量の音楽はお断りします）とあるので(B)は誤り。

169 According to the advertisement, what is within walking distance of the home?
(A) A public transportation option
(B) A commercial parking garage
(C) Multiple downtown concert venues
(D) A variety of dining establishments

広告によると、何が家から徒歩圏内ですか？
(A) 公共交通機関という選択肢
(B) 商業用の車庫
(C) 中心街の複数のコンサート施設
(D) さまざまな飲食施設

正解 A
[正答率 41.4%]

家から徒歩圏内にあるものの情報としては5～6行目にa bus that will get you there stops just a short walk away（そこへのバスは歩いてすぐのところに止まります）とあることから、バスの停留所までは徒歩圏内であることがわかる。よって正解は(A)。public transportationは「公共交通機関」の意味で、バス、列車、トラムなど不特定多数の人が移動目的で乗降する乗り物を指す。

170 What is NOT mentioned as being provided for guests?
(A) Laundry detergent
(B) Cooking supplies
(C) Musical entertainment
(D) Instant coffee

宿泊客のために提供されると述べられていないものはどれですか？
(A) 洗濯洗剤
(B) 調理道具
(C) 音楽の娯楽
(D) インスタントコーヒー

正解 D
[正答率 49.0%]

宿泊客のために用意してあるものとしては文章の下の箇条書きで、1つ目にコーヒーメーカー、2つ目に砂糖、コーヒー用のミルク、スパイス類、3つ目に掃除機、家庭用洗剤、洗濯機、乾燥機、洗濯洗剤、4つ目にテレビ、ステレオ、DVD、CDとネット環境が挙げられている。(D) Instant coffee（インスタントコーヒー）については言及されていない。

990点 講師の目

「～なものはどれですか」というタイプの問題は、文書の中の1カ所をヒントに正解を導くことができます。しかし、「～でないものはどれですか」というNOT問題は複数箇所をヒントにしなくてはいけないため、解くのに時間がかかります。文書中にいくつかの物事が列挙されているところを探し、選択肢と照合しましょう。

171 According to the advertisement, what requires an extra fee?
(A) Accessing the Internet
(B) Having groceries delivered
(C) Arranging a cleaning service
(D) Holding a party

広告によると、追加料金が必要なのは何ですか？
(A) インターネット接続
(B) 食料品の配達
(C) クリーニングサービスの手配
(D) パーティの開催

正解 C
[正答率 64.0%]

箇条書きの3つ目にHousekeeping and laundry service available at an additional charge.（部屋の清掃とランドリーサービスは追加料金でご利用になれます）とある。(C)のcleaning serviceは清掃サービスと洗濯サービスのどちらも指すことがあるが、この広告では両方述べられており、どちらも有料と解釈できる。よって正解は(C)。

Questions 172-175 refer to the following e-mail.

From:	Human Resources
To: :	Benjamin Willard
Date:	October 2
Subject:	Employment status

Benjamin Willard:

We have received your request to switch from full-time to part-time status, stepping down to 20 hours per week, starting November 1. Your new schedule, subject to approval by your supervisor, would be Mondays through Fridays from 1:30 to 5:30 P.M. — [1] —.

As a part-time employee, however, you would lose your eligibility for company-sponsored health benefits, pension contributions, and bonuses. Therefore, prior to granting your request, we would like you to consider entering a formal job-sharing agreement with a fellow employee. — [2] —. We would first try to pair you with another tech support specialist in the call center. Otherwise, we could find someone who works outside your department but has a similar job description. — [3] —.

Under the terms of a job-sharing contract, two employees agree to provide a combined forty hours per week of labor, divided in a mutually agreeable manner. — [4] —. To employees who engage in such agreements, the following benefits apply:

- The company provides a subsidy equal to 50% of the cost of the same health coverage each employee would receive as a full-timer.
- The company maintains your pension, funding it at 50% of what you were receiving as a full-timer before the switch.
- Vacation days still accrue at a rate proportionate to the number of hours worked by each partner.

If you are interested in this type of arrangement, please contact us by no later than October 15.

172-175 番は次のメールに関するものです。

送信者：　人事部
あて先：　ベンジャミン・ウィラード
日付：　10 月 2 日
件名：　雇用形態

ベンジャミン・ウィラード様

常勤職から非常勤職へ転換し、11 月 1 日より週 20 時間労働へ短縮したいとのあなたの申請を受け付けました。新しい勤務スケジュールは、あなたの上司の承認が得られれば、月曜日から金曜日までの午後 1 時 30 分から 5 時 30 分までとなる見込みです。―[1]―。

しかしながら、非常勤従業員となるため、会社が負担している医療補助、年金の積み立てと賞与の資格を喪失します。そのため、あなたの申請を承認する前に、ペアになる従業員との正規の労働共有協約締結をご検討いただきたく存じます。―[2]―。まずはコールセンターのもう一人の技術サポート専門職の方とペアを組んでいただく予定です。もしくは類似した職務内容の他部署の方を探す可能性もあります。―[3]―。

労働共有協約の下では、従業員 2 名は相互の同意のうえで週合計 40 時間の労働を分担していただきます。―[4]―。この協約を締結した従業員には、次の福利厚生が適用されます。

ー会社は常勤職 1 名の健康保険料の 50% に相当する補助金を支給します。

ー会社は常勤職からの転換前の年金積立額の 50%を拠出し、年金を維持します。

ー休暇日数は今までどおりそれぞれの勤務時間数の割合に応じて増えます。

この協約にご興味があれば、遅くとも 10 月 15 日までにご連絡ください。

Vocab. 本文 □ **subject to**「～を条件に」 □ **eligibility**「適格性」 □ **health benefits**「医療補助」 □ **pension contributions**「年金拠出金」 □ **grant**「～を承諾する」 □ **job description**「仕事内容、任務」 □ **subsidy**「補助金、助成金」 □ **accrue**「増える」 □ **proportionate to**「～に見合った、比例した」
選択肢 □ **counterproposal**「対案」 □ **authorization**「許可」 □ **modify**「～を修正する」 □ **retain**「～を維持する」 □ **for the sake of**「～のために」

172 Why was the e-mail sent?
(A) To offer a counterproposal to a request
(B) To provide authorization for a schedule
(C) To request a change in employment status
(D) To recognize an employee's achievement

このメールが送られた理由は何ですか?
(A) 申請への対案を提示するため
(B) スケジュールを承認するため
(C) 雇用形態の変更を申請するため
(D) 従業員の業績を評価するため

正解 A
[正答率 47.1%]

第1段落で常勤職から非常勤職への転換の申請を受け付けたことと新しいスケジュールの概要が伝えられている。また、第2段落の3～4行目で we would like you to consider ... (…をご検討いただきたく存じます) と送信者からの提案も述べられている。よって正解は (A)。

173 What advantage of a job-sharing contract is mentioned in the e-mail?
(A) Scheduled work shifts are easier to modify.
(B) A return to full-time status is guaranteed.
(C) Some aspects of full-time benefits are retained.
(D) The amount of paperwork involved is reduced.

メールで労働共有協約の利点は何だと述べられていますか?
(A) 計画された勤務シフトは変更が容易である。
(B) 常勤職への復帰が保証されている。
(C) 常勤職の福利厚生の一部分が維持される。
(D) 関係する文書業務の量が減る。

正解 C
[正答率 69.7%]

第3段落の [4] の後で the following benefits apply (次の福利厚生が適用されます) とあることから、労働共有協約の恩恵はその先に書いてあることがわかる。それによれば、健康保険料と年金積立額について常勤職の50%に相当する額が会社負担となることがわかる。よって正解は (C)。

990点 講師の目
TOEICで身につけておきたいリーディングスキルの1つが「スキャニング」です。これは文書の中から必要な情報を見つけ出すスキルで、解答のためのキーワードを文書中から探すことによって正解の根拠を見つけるのです。たとえば、この英文から a job-sharing contract という語句を探してみてください。

174 What is indicated about Benjamin Willard?
(A) He is on vacation until November 1.
(B) He works in tech support.
(C) He supervises a company department.
(D) He is considering early retirement.

ベンジャミン・ウィラードについて何が示されていますか?
(A) 彼は11月1日まで休暇中である。
(B) 彼は技術サポート職である。
(C) 彼は会社の1部門を監督している。
(D) 彼は早期退職を検討している。

正解 B
[正答率 71.6%]

第2段落の [2] の直後に We would first try to pair you with another tech support specialist in the call center. (まずはコールセンターのもう一人の技術サポート専門職の方とペアを組んでいただく予定です) とある。another (もう一人の) から、ウィラードさんも技術サポート職であることが推察できる。よって正解は (B)。

175 In which of the positions marked [1], [2], [3], and [4] does the following sentence best belong?
"For the sake of simplicity, we encourage fifty-fifty time splits."
(A) [1]
(B) [2]
(C) [3]
(D) [4]

[1]、[2]、[3]、[4] のうち、次の文が入る最も適切な箇所はどこですか?
「簡潔性のために、半分ずつの時間分割を推奨します。」
(A) [1]
(B) [2]
(C) [3]
(D) [4]

正解 D
[正答率 58.4%]

挿入文の splits は「分割」を意味する。何かを分割するという内容は [4] の直前に Under the terms of a job-sharing contract, two employees agree to provide a combined forty hours per week of labor, divided in a mutually agreeable manner. (労働共有協約の下では、従業員2名は相互の同意のうえで週合計40時間の労働を分担していただきます) とある。したがって、[4] に挿入文を入れれば、二人で週40時間の労働時間を分割することになるが、半々の分割を推奨する、と前後の文脈がつながる。よって正解は (D)。

Questions 176-180 refer to the following e-mail and Web page.

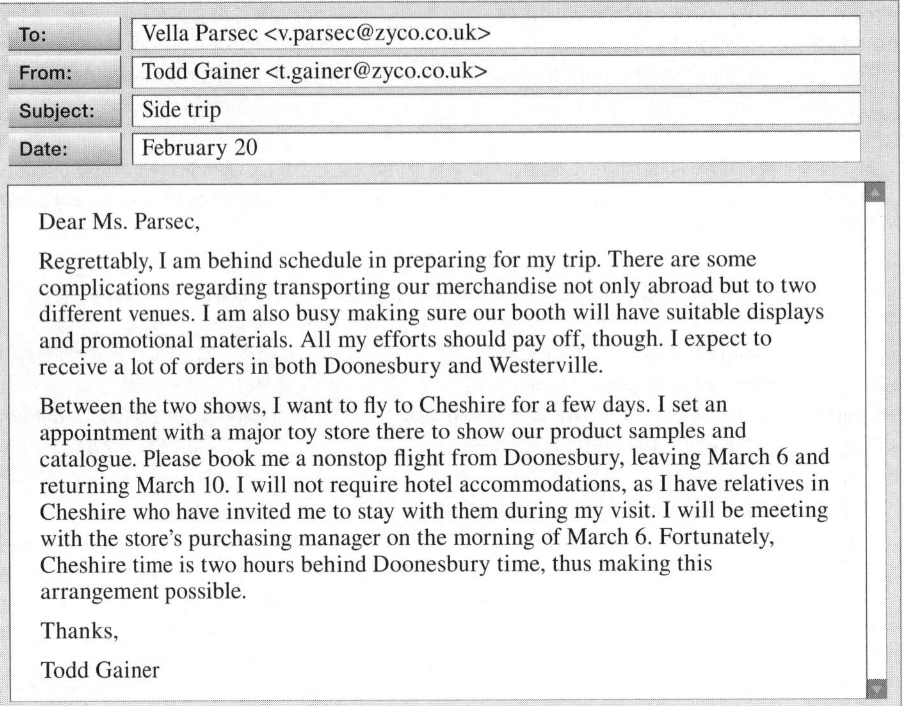

To:	Vella Parsec <v.parsec@zyco.co.uk>
From:	Todd Gainer <t.gainer@zyco.co.uk>
Subject:	Side trip
Date:	February 20

Dear Ms. Parsec,

Regrettably, I am behind schedule in preparing for my trip. There are some complications regarding transporting our merchandise not only abroad but to two different venues. I am also busy making sure our booth will have suitable displays and promotional materials. All my efforts should pay off, though. I expect to receive a lot of orders in both Doonesbury and Westerville.

Between the two shows, I want to fly to Cheshire for a few days. I set an appointment with a major toy store there to show our product samples and catalogue. Please book me a nonstop flight from Doonesbury, leaving March 6 and returning March 10. I will not require hotel accommodations, as I have relatives in Cheshire who have invited me to stay with them during my visit. I will be meeting with the store's purchasing manager on the morning of March 6. Fortunately, Cheshire time is two hours behind Doonesbury time, thus making this arrangement possible.

Thanks,

Todd Gainer

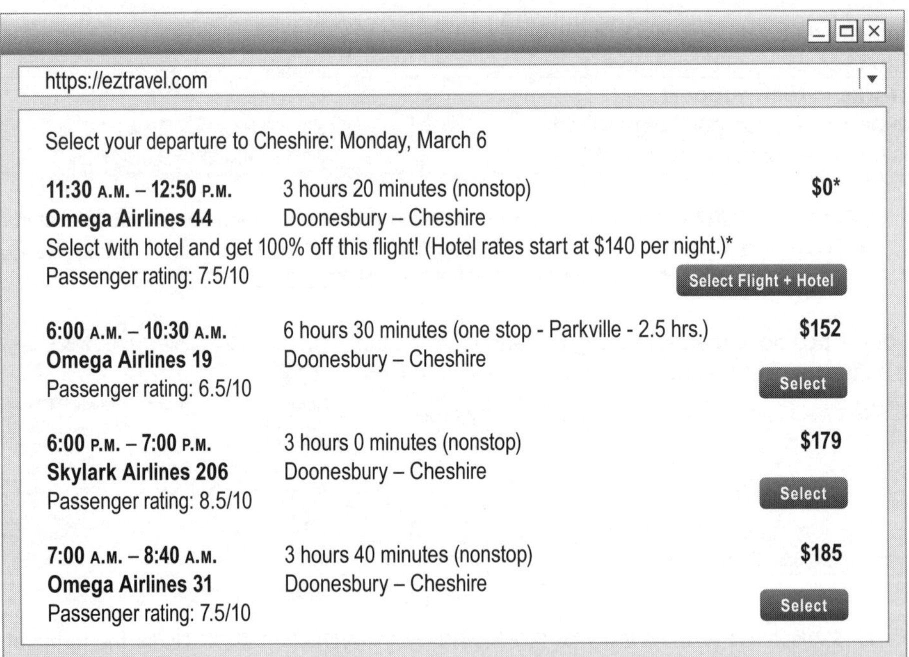

https://eztravel.com

Select your departure to Cheshire: Monday, March 6

11:30 A.M. – 12:50 P.M. 3 hours 20 minutes (nonstop) **$0***
Omega Airlines 44 Doonesbury – Cheshire
Select with hotel and get 100% off this flight! (Hotel rates start at $140 per night.)*
Passenger rating: 7.5/10 [Select Flight + Hotel]

6:00 A.M. – 10:30 A.M. 6 hours 30 minutes (one stop - Parkville - 2.5 hrs.) **$152**
Omega Airlines 19 Doonesbury – Cheshire
Passenger rating: 6.5/10 [Select]

6:00 P.M. – 7:00 P.M. 3 hours 0 minutes (nonstop) **$179**
Skylark Airlines 206 Doonesbury – Cheshire
Passenger rating: 8.5/10 [Select]

7:00 A.M. – 8:40 A.M. 3 hours 40 minutes (nonstop) **$185**
Omega Airlines 31 Doonesbury – Cheshire
Passenger rating: 7.5/10 [Select]

176-180 番は次のメールとウェブページに関するものです。

あて先：　ヴェラ・パーセック <v.parsec@zyco.co.uk>
送信者：　トッド・ゲイナー <t.gainer@zyco.co.uk>
件名：　ついでの出張
日付：　2月20日

パーセック様

残念ながら、私の出張準備は予定より遅れています。海外へというだけでなく2つの異なる会場へ送るということで、当社の商品の配送に関してややこしい状況になっています。わが社のブースに適切な展示と宣伝用素材をきちんと用意しておくための手配にも忙しくしています。それでも努力はすべて報われると思います。ドゥーンズベリーでもウェスタービルでもたくさんの注文があると見込んでいます。

2度の展示会の間に数日間、チェシャーへ飛びたいと思っています。そこにある大手の玩具店にわが社の製品サンプルとカタログを見せる約束をしました。ドゥーンズベリーからの直行便を、行きは3月6日、帰りは3月10日で予約してください。ホテルの宿泊は必要ありません。チェシャーに親類がいて、訪問中に滞在するよう誘ってくれています。その店の仕入れ担当責任者には3月6日の午前中に会う予定です。運よく、チェシャーの時間はドゥーンズベリーより2時間遅いので、この予定が可能になりました。

よろしくお願いします。

トッド・ゲイナー

---

https://eztravel.com

チェシャーへの出発日をお選びください：3月6日　月曜日

午前11時30分～午後12時50分　3時間20分（直行便）　**0ドル** *
オメガ航空44便　ドゥーンズベリー － チェシャー
ホテルと一緒にお選びください。こちらの便の運賃が100%オフになります！（ホテルの室料は1泊140ドルからです）*
乗客による評価：7.5／10　[飛行機＋ホテルを選択]

午前6時00分～午前10時30分　6時間30分（乗り継ぎ1回—パークビル－2時間半）　**152ドル**
オメガ航空19便　ドゥーンズベリー － チェシャー
乗客による評価：6.5／10　[選択]

午後6時00分～午後7時00分　3時間00分（直行便）　**179ドル**
スカイラーク航空206便　ドゥーンズベリー－チェシャー
乗客による評価：8.5／10　[選択]

午前7:00 －午前8:40　3時間40分（直行便）　**185ドル**
オメガ航空31便　ドゥーンズベリー－チェシャー
乗客による評価：7.5／10　[選択]

Vocab. 本文 □ **regrettably**「残念ながら」 □ **complication**「複雑な状況」 □ **merchandise**「商品」 □ **venue**「会場」 □ **pay off**「よい結果を生む」 □ **book A B**「AにBを予約する」 □ **relative**「親類」 選択肢 □ **frequent**「頻繁な」 □ **factor**「要素」 □ **duration**「期間」

176 What type of organization do Ms. Parsec and Mr. Gainer probably work for?
(A) A gift shop
(B) A manufacturing firm
(C) A hotel chain
(D) An event venue

パーセックさんとゲイナーさんはどのような組織で働いていると思われますか？
(A) ギフトショップ
(B) メーカー
(C) ホテルチェーン
(D) イベント会場

正解 B
[正答率 65.9%]

ゲイナーさんはパーセックさんへのメールで、海外でのブース出展のついでに営業訪問をするための飛行機の予約を依頼している。第1段落2行目の our merchandise（わが社の商品）、第2段落1～3行目の I set an appointment with a major toy store there to show our product samples and catalogue.（そこにある大手の玩具店にわが社の製品サンプルとカタログを見せる約束をしました）から、二人は玩具を製造する企業で働いていると推測できる。よって、(B) が正解となる。

177 In what department does Mr. Gainer probably work?
(A) Accounting
(B) Purchasing
(C) Human Resources
(D) Sales

ゲイナーさんはどの部署で働いていると思われますか？
(A) 会計部
(B) 購買部
(C) 人事部
(D) 営業部

正解 D
[正答率 69.7%]

ブース出展のために海外出張準備中のゲイナーさんは、メールの第1段落3～4行目で I am also busy making sure our booth will have suitable displays and promotional materials.（わが社のブースに適切な展示と宣伝用素材をきちんと用意しておくための手配にも忙しくしています）、4～5行目で I expect to receive a lot of orders（たくさんの注文があると見込んでいます）と述べている。第2段落では、2つの展示会の合間にチェシャーにある大手玩具店の仕入れ担当責任者に製品サンプルとカタログを見せに行くと伝えていることからも、ゲイナーさんは営業の仕事をしていると考えられる。よって、正解は (D)。

178 What does Mr. Gainer mention about Cheshire?
(A) He makes frequent visits there.
(B) He has family members there.
(C) He will attend an exposition there.
(D) He will obtain display equipment there.

ゲイナーさんはチェシャーに関して何と述べていますか？
(E) 彼はそこをよく訪れている。
(F) 彼はそこには親類がいる。
(G) 彼はそこでの展覧会に参加する予定だ。
(H) 彼はそこで展示機器を手に入れる予定だ。

正解 B
[正答率 64.0%]

設問の Cheshire（チェシャー）を選択肢では there という指示語で示している。ゲイナーさんはメールの第2段落4～5行目で I have relatives in Cheshire（チェシャーに親類がいる）と書いているので、relatives（親類）を family members と言い換えた (B) が正解となる。(C) の exposition（展示会）はメールの第2段落の最初に出てくる shows を言い換えたものだが、展示会が開かれるのはチェシャーではなく、Doonesbury と Westerville なので誤り。

179 Which flight will Ms. Parsec most likely select?
(A) Flight 19
(B) Flight 31
(C) Flight 44
(D) Flight 206

パーセックさんはどの便を選ぶと思われますか？
(A) 19便
(B) 31便
(C) 44便
(D) 206便

正解 **B**
[正答率 50.9%]

ゲイナーさんはメールの第2段落1行目で、展示会の合間に I want to fly to Cheshire（チェシャーへ飛びたい）と伝えた後、3～4行目で Please book me a nonstop flight from Doonesbury, leaving March 6 and returning March 10. と、ドゥーンズベリーを3月6日に出発するチェシャー行きの直行便を予約することをパーセックさんに依頼している。また5～6行目にチェシャーでの営業訪問の時間帯は the morning of March 6 とあり、3月6日の午前中には到着していなければならないとわかる。ウェブページから直行便で午前中に到着するフライトを探すと、正解は (B)。(A) は one stop（乗り継ぎ1回）とあるので誤り。

990点 講師の目
TOEIC では数字の理解が大きなポイントになります。Part 3 や Part 4 でも数字が何を意味するかを聞き取ることが重要な場合がありますが、数字を文字として見ることができる Part 7 では、さまざまな数値が絡み合った設問があります。問題用紙への書き込みは認められていませんから、落ち着いて数値同士の対応関係を頭の中で整理しましょう。

180 What factor most likely determines the order in which flights are listed?
(A) The name of the airline
(B) The flight duration
(C) The passenger rating
(D) The price of the flight

飛行機の便が並んでいる順番はどの要素で決められていると思われますか？
(A) 航空会社名
(B) 飛行時間
(C) 乗客の評価
(D) 便の値段

正解 **D**
[正答率 33.9%]

設問の order は「順序」という意味で、並び順を決定づける要素が尋ねられている。ウェブページの表示と選択肢を順に検討していくと、(A) の航空会社名は Omega Airlines と Skylark Airlines が入り混じって表示されているので不可。(B) の時間も6時間30分かかる便の後に3時間の便があり、(C) の評価も高低がばらばらで、いずれもその順に並んでいない。残る (D) の値段は、0 → 152 → 179 → 185 ドルと安いものから高いものへと順に並んでいる。よって正解は (D)。

Questions 181-185 refer to the following report and e-mail.

Sharkey's Seafood Shack Quarterly Revenue Report

	Revenues	Comments
Menu Items		
Seafood Platters	$48,100	Sales were nearly identical to pre-quarter forecasts.
Sandwiches	$27,300	Sales were 10 percent higher than pre-quarter forecasts.
Soups	$16,500	Two popular soups were unavailable for several weeks during the quarter due to a shortage of key ingredients. Our supplier assured me the issue is now resolved. Sales are expected to soon return to normal.
Appetizers	$19,800	Sales rose sharply at the end of the quarter, owing much to the oysters from Clearwater Tama. Customer response has been outstanding.
Salads	$9,100	Sales were nearly identical to pre-quarter forecasts.
Beverages	$28,400	Overall beverage sales were slightly above the usual quarterly levels.
Non-Menu Food Items		
Sharkey's Salad Dressing	$2,100	Sales have remained steady, but I think we could do better if we have our servers encourage patrons to try it when they order salads.
Sharkey Sauce	$2,300	Sales rose with the addition of the new Extra Spicy flavor.
Non-Food Gift Items		
Sharkey Shirts & Caps	$1,900	The drop resulted from an entire T-shirt order having to be returned due to discoloration of the fabric.

To:	c.parker@sharkeys.com
From:	l.beaumont@sharkeys.com
Re:	Revenue report
Date:	October 4

Dear Mr. Parker,

I am writing in response to the report that you sent me. As for the gift items, I will start looking into other vendors. When people wear our logo, it is free publicity for the business. As the owner, I must ensure the high quality and consistent availability of this type of merchandise.

In regard to the non-menu food sales, I want you to move forward with your idea. Please type up a memo and send it out to the wait staff. Also, it looks like Bernie Truitt's advice regarding our sauce is already paying off.

I am very happy to hear about the positive reaction to the farm-raised oysters. I had never heard of that supplier until last month. I am glad we decided to give them a try.

Sincerely,

Luanne Beaumont

181-185 番は次の報告書とメールに関するものです。

シャーキーズ・シーフード・シャック　四半期収益報告書

	収益	コメント
メニューの品		
魚介類の大皿料理	48,100 ドル	売上は四半期前の予測とほぼ一致した。
サンドイッチ	27,300 ドル	売上は四半期前の予測よりも 10% 多かった。
スープ	16,500 ドル	主要な材料の不足により、この四半期中の数週間、2 つの人気スープを提供できなかった。仕入れ先によると、現在この問題は確実に解決されているとのこと。売上はまもなく通常どおりに戻ることが予想される。
前菜	19,800 ドル	当四半期末に売上が著しく増加した。クリアーウォーター・タマから届いたカキによるところが大きい。顧客からの反応が傑出している。
サラダ	9,100 ドル	売上は四半期前の予測とほぼ一致した。
飲み物	28,400 ドル	全体的な飲み物の売上は、四半期の通常レベルよりもわずかに上回った。
メニュー非掲載の食品		
シャーキーズ・サラダドレッシング	2,100 ドル	売上は安定したままだが、私が思うに、常連客がサラダを注文した際に接客スタッフがこれを試すようにすすめれば伸びる可能性がある。
シャーキー・ソース	2,300 ドル	新たな「エクストラ・スパイシー」味の追加により、売上が増加した。
食事ではないギフト品		
シャーキー・シャツ & 帽子	1,900 ドル	この減少は、生地の退色のために T シャツの注文品をすべて返品しなければならなかった結果として生じた。

あて先：　c.parker@sharkeys.com
送信者：　l.beaumont@sharkeys.com
件名：　収益報告書
日付：　10 月 4 日

パーカー様

お送りいただいた報告書について返信します。ギフト品に関しては、ほかの業者の検討を始めます。人々が私たちのロゴを着ると、ビジネスにとって無料の宣伝となります。経営者として、このタイプの商品は高品質で安定して入手できるようにしなければなりません。

メニュー非掲載の食品の売上に関して、あなたのアイデアを進めてください。メモをタイプして、それを接客スタッフに送ってください。また、私たちのソースに関するバーニー・トゥルイット氏の助言はすでに効果を生んでいるようです。

養殖のカキに対する好意的な反応について聞けて非常にうれしいです。先月までこの仕入れ先についてまったく聞いたこともありませんでした。試してみることを決定してよかったです。

よろしくお願いします。

ルアン・ボーモント

Vocab.＞ 本文 □ **platter**「大皿料理」 □ **identical to**「～と同じである」 □ **appetizer**「前菜」 □ **oyster**「カキ」 □ **slightly**「わずかに」 □ **discoloration**「退色」 □ **look into**「～を検討する」 □ **vendor**「供給業者」 □ **merchandise**「商品」 □ **move forward with**「～を進める」 □ **type up**「～を（パソコンなどで）打ち込む」 □ **pay off**「よい結果を生む」 □ **farm-raised**「養殖の」 選択肢 □ **turnover**「離職率」 □ **shipment**「配達」 □ **flawed**「欠陥のある」 □ **seek out**「～を探し求める」 □ **condiment**「調味料」 □ **specialize in**「～に特化する」 □ **wild-caught**「天然ものの」

181 For what menu item were sales probably much lower than predicted?
(A) Seafood platters
(B) Soups
(C) Salads
(D) Beverages

メニューの品で売上が予測よりもおそらくかなり低かったのは何ですか？
(A) 魚介類の大皿料理
(B) スープ
(C) サラダ
(D) 飲み物

正解 B
[正答率 64.0%]

報告書で Menu Items（メニューの品）にある Soups（スープ）の説明を読むと、冒頭に Two popular soups were unavailable for several weeks during the quarter due to a shortage of key ingredients.（主要な材料の不足により、この四半期中の数週間、2つの人気スープを提供できなかった）というマイナス要素が書かれている。さらに、最終文に Sales are expected to soon return to normal.（売上はまもなく通常どおりに戻ることが予想される）とあり、正解は (B) だという目星が付く。念のためにメニューのほかの品の説明も読むと、いずれもほぼ予測どおりかそれ以上だという記述があり、ほかの選択肢が誤りだということがわかる。

182 What problem occurred during the quarter?
(A) Patrons were disappointed with a new dish.
(B) There was high turnover among the employees.
(C) A shipment of flawed goods was received.
(D) The cost of ingredients went up dramatically.

この四半期中に何の問題が生じましたか？
(A) 常連客が新しい料理にがっかりした。
(B) 従業員の離職率が高かった。
(C) 不良品の荷物を受け取った。
(D) 材料のコストが劇的に増加した。

正解 C
[正答率 54.6%]

報告書のいちばん下の項目 Sharkey Shirts & Caps（シャーキー・シャツ & 帽子）の説明に、The drop resulted from an entire T-shirt order having to be returned due to discoloration of the fabric.（この減少は、生地の退色のためにTシャツの注文品をすべて返品しなければならなかった結果として生じた）と書かれており、不良品のTシャツが入荷されたことがわかるので、正解は (C)。Tシャツの生地が退色していたことを選択肢では flawed（欠陥のある）という1語で表現しており、この単語の意味を理解できるかどうかがポイントとなる。

183 What does Ms. Beaumont instruct Mr. Parker to do?
(A) Advertise Sharkey's in a local publication
(B) Seek out alternative food suppliers
(C) Tell staff to recommend a salad dressing
(D) Announce a new bonus system to employees

ボーモントさんはパーカーさんに何をするように指示していますか？
(A) シャーキーズを地元の出版物で宣伝する
(B) 代わりの食品サプライヤーを探す
(C) サラダドレッシングをすすめるようスタッフに伝える
(D) 従業員に新たな賞与制度を発表する

正解 C
[正答率 56.5%]

メール本文の第2段落冒頭で、ボーモントさんはパーカーさんに、In regard to the non-menu food sales, I want you to move forward with your idea.（メニュー非掲載の食品の売上に関して、あなたのアイデアを進めてください）と述べている。報告書でメニュー非掲載の食品の欄を見ると、Sharkey's Salad Dressing（シャーキーズ・サラダドレッシング）のコメントに I think we could do better if we have our servers encourage patrons to try it when they order salads（私が思うに、常連客がサラダを注文した際に接客スタッフがこれを試すようにすすめれば伸びる可能性がある）とあり、このアイデアの実施を指示しているとわかるので、正解は (C)。

184 What is implied about Bernie Truitt?
(A) He is a frequent patron at the restaurant.
(B) He suggested an alternative version of a product.
(C) He is the head chef at Sharkey's.
(D) He is in charge of creating the menu.

バーニー・トゥルイットに関して何が示唆されていますか？
(A) 彼はこのレストランを頻繁に訪れる常連客だ。
(B) 彼は製品の別バージョンを提案した。
(C) 彼はシャーキーズの料理長だ。
(D) 彼はメニューの作成を担当している。

正解 B
[正答率 45.2%]

Bernie Truitt の名前はメール本文の第 2 段落の最後に登場する。it looks like Bernie Truitt's advice regarding our sauce is already paying off（私たちのソースに関するバーニー・トゥルイット氏の助言はすでに効果を生んでいるようです）と書かれている。報告書の Non-Menu Food Items（メニュー非掲載の食品）の Sharkey Sauce（シャーキー・ソース）のコメントを見ると、the addition of the new Extra Spicy flavor（新たな「エクストラ·スパイシー」味の追加）とあり、トゥルイット氏がこの新しいソースを提案したと考えられる。よって、正解は (B)。

185 What is suggested about Clearwater Tama?
(A) It made a delivery to Sharkey's in September.
(B) It produces a variety of condiments.
(C) It is a direct competitor of Sharkey's.
(D) It specializes in wild-caught seafood.

クリアーウォーター・タマに関して何が示唆されていますか？
(A) 9 月にシャーキーズに配達を行った。
(B) 各種調味料を製造している。
(C) シャーキーズの直接的な競合相手である。
(D) 天然の魚介類に特化している。

正解 A
[正答率 47.1%]

クリアーウォーター・タマについて、報告書の Menu Items（メニューの品）の Appetizers（前菜）のコメントに Sales rose sharply at the end of the quarter, owing much to the oysters from Clearwater Tama.（当四半期末に売上が著しく増加した。クリアーウォーター・タマから届いたカキによるところが大きい）と書かれている。また、メールの本文冒頭に I am writing in response to the report（報告書について返信します）とあり、四半期の収益報告書に対する返信が 10 月ということは、報告書にある四半期末は 7 ～ 9 月期の最終月の 9 月だと考えられるので、正解は (A)。

これがエッセンス
Part 7 ではさまざまな文書が出題されますが、複数の文書が出題される場合、メール、記事など文章形式になっているものを先に読み、文章の内容を追いながら適宜、図表を参照するようにします。そうすれば、文書と文書の関係をつかむ必要がある場合に効率よく情報の整理ができるでしょう。

Questions 186-190 refer to the following article, advertisement, and review.

Setting the Stage for Hazelwood

Patrons of the dramatic arts have reason to rejoice. Construction of the Hazelwood Theater has been completed, and it is set to open in early May. In a recent press release, theater owner Beatrice Lake remained secretive about the stage production scheduled for the opening day. She did, however, hint that famed opera singer Neville Shylock would somehow be involved, which has garnered both interest and speculation among the public.

Hazelwood Theater

Proudly Presents

The Cottage in Mystic Forest

A stage adaptation of the best-selling novel *The Hermit's Tale*

Starring

Maurice Fowler as Phineas McGregor
Sharon Krause as Ginny Wynn
Robert Thomas as The Stranger

Featuring

Neville Shylock as Farook

Directed by

Carlos Blanco

Performances are held every Saturday in May, beginning May 3, from 7:30 to 9:30 P.M. Advance ticket purchase or reservation is advised. Visit the Hazelwood Theater box office, or reserve online at www.hazelwoodtheater.com.

The Midfield Chronicle

Theater reviews: *The Cottage in Mystic Forest*
By Tia Ling

Rating ★★★★★

Like many others, I was skeptical as to whether the complex story in Igor Karkostra's novel could be adapted to the live stage. Last night's premiere of *The Cottage in Mystic Forest* proved us all wrong, owing much to the masterful talent of Carlos Blanco. In the book, the musical narration between chapters by Farook the songbird is left to the readers' imagination. Unsurprisingly, the highly acclaimed opera star who played him lived up to all expectations. The performance by Sharon Krause was equally impressive. I was thrilled at how skillfully she depicted my favorite character in the story. I spoke with Beatrice Lake after the show and congratulated her for the resounding success.

186-190 番は次の記事と広告とレビューに関するものです。

ヘイゼルウッドの舞台新設

演劇芸術の愛好家の皆さんは、喜ぶべき理由がある。ヘイゼルウッド・シアターの建設が完了し、5月初頭にオープンを予定している。最近のプレスリリースで、劇場のオーナーであるベアトリス・レイク氏は初日に予定されている舞台作品に関して語らないままだった。しかし彼女は、有名なオペラ歌手のネヴィル・シャイロック氏が何らかの形でかかわるであろうことをほのめかし、そのことが人々の興味と憶測の両方を集めている。

ヘイゼルウッド・シアター
が自信を持って上演するのは
『神秘の森の小屋』
ベストセラー小説『隠者の物語』の劇場版

主演
モーリス・ファウラー（フィニアス・マクレガー役）
シャロン・クラウス（ジニー・ウィン役）
ロバート・トーマス（見知らぬ人役）

特別出演
ネヴィル・シャイロック（ファルーク役）

演出
カルロス・ブランコ

5月3日より毎週土曜日の午後7時30分～9時30分に上演。
事前のチケット購入や予約をおすすめします。ヘイゼルウッド・シアターのチケット売り場にお越しいただくか、www.hazelwoodtheater.com にてオンライン予約をお願いします。

ザ・ミッドフィールド・クロニクル

劇評：神秘の森の小屋
ティア・リン

評価 ★★★★★

ほかの多くの人たちと同じく、イゴール・カルコストラの小説の複雑なストーリーを生の演劇にすることは可能だろうかと懐疑的だった。昨夜行われた、『神秘の森の小屋』の初日は、私たちが皆間違っていたことを証明し、それはカルロス・ブランコ氏による優れた才能によるところが大きい。本では、章と章の間での鳴き鳥ファルークによる音楽的ナレーションが読者の想像に委ねられている。驚くことではないが、彼を演じた、高い評価を得ているオペラスターがすべての期待に応えた。シャロン・クラウスによる演技も同じく素晴らしかった。私が感動したのは、彼女がこの物語の中の私のお気に入りの登場人物をいかに巧みに表現しているかだ。私は上演後にベアトリス・レイク氏と話し、見事な成功を祝った。

Vocab. 本文 □ **patron**「愛好家」 □ **rejoice**「喜ぶ」 □ **be set to *do***「～する予定だ」 □ **secretive**「秘密の」 □ **hint**「～をほのめかす」 □ **garner**「～を集める」 □ **speculation**「憶測」 □ **adaptation**「翻案、脚色」 □ **star**「～を主演に迎える」 □ **skeptical**「懐疑的な」 □ **premiere**「初日、初演」 □ **masterful**「優れた」 □ **be left to**「～に委ねられる」 □ **live up to**「～に応える」 □ **be thrilled at**「～にワクワクする」 □ **resounding**「圧倒的な」
選択肢 □ **publicize**「～を広報する」 □ **deserve**「～に値する」

186 What is the main purpose of the article?
(A) To profile the career of a local theater owner
(B) To publicize the launch of a new performance venue
(C) To report the completion of auditions for a stage production
(D) To announce the date of an opening performance

この記事の主な目的は何ですか?
(A) 地元の劇場オーナーの経歴を伝えること
(B) 新しい公演会場のオープンを広く知らせること
(C) 舞台作品のオーディションの終了を伝えること
(D) 上演開始日を知らせること

正解 B
[正答率 60.3%]

記事本文の2～3行目にConstruction of the Hazelwood Theater has been completed, and it is set to open in early May.(ヘイゼルウッド・シアターの建設が完了し、5月初頭にオープンを予定している)と書かれており、新しい劇場のオープンを伝えている記事なので、(B)が正解。この記事はその後、劇場での上演内容に関してわずかに触れてはいるが、上演開始日など具体的な情報は書いていない。文書のtheater(劇場)を(B)でperformance venue(公演会場)と言い換えていることに気づけるかどうかが正解のポイント。

187 In the article, the word "reason" in paragraph 1, line 1, is closest in meaning to
(A) purpose
(B) sense
(C) intention
(D) cause

記事の第1段落1行目のreasonに最も意味が近い語は
(A) 目的
(B) 感覚
(C) 意図
(D) 要因

正解 D
[正答率 33.9%]

設問のreasonは記事の文中で目的語になっており、直後の不定詞to rejoice(喜ぶべき)がreasonを修飾している。続く文で新しい劇場のオープンが告知され、内容が補足されている。新劇場のオープンにより、Patrons of the dramatic arts(演劇芸術の愛好家)は喜ぶと思われるので、reasonを「理由、要因」の意味にとり、「演劇芸術の愛好家の皆さんは、喜ぶべき理由がある」と解釈すると文意が通る。よって、この意味に最も近い(D) cause(原因、要因)が正解。なお、reasonにはほかに「道理」「分別」という意味があり、causeは「大義」という意味でも用いられる。

188 What is implied about *The Hermit's Tale*?
(A) It was authored by Igor Karkostra.
(B) It has received a literary award.
(C) It has already been adapted into a movie.
(D) It was released within the past year.

『隠者の物語』に関して何が示唆されていますか?
(A) それはイゴール・カルコストラが執筆した。
(B) それは文学賞を受賞している。
(C) それはすでに映画化されている。
(D) それは昨年中に発表された。

正解 A
[正答率 54.6%]

広告の冒頭にHazelwood Theater Proudly Presents *The Cottage in Mystic Forest*(ヘイゼルウッド・シアターは自信を持って『神秘の森の小屋』を上演する)と書かれており、これは演劇『神秘の森の小屋』についてのものだということがわかる。直後に、A stage adaptation of the best-selling novel *The Hermit's Tale*(ベストセラー小説『隠者の物語』の劇場版)と書かれており、この小説の著者については、レビューの本文1～2行目からIgor Karkostraだとわかるので、正解は(A)。

189 What character does Neville Shylock most likely portray in the production?
(A) A bird
(B) A hermit
(C) A stranger
(D) A woodsman

ネヴィル・シャイロックは作品の中でどの登場人物を演じていると思われますか？
(A) 鳥
(B) 隠者
(C) 見知らぬ人
(D) 森の住人

正解 A
[正答率 67.8%]

広告を見ると、特別出演の欄に Neville Shylock as Farook（ネヴィル・シャイロック［ファルーク役］）と書かれている。ファルークがどういう登場人物であるかというと、レビューの本文 4 ～ 5 行目に the musical narration between chapters by Farook the songbird is left to the readers' imagination（本では、章と章の間での鳴き鳥ファルークによる音楽的ナレーションが読者の想像に委ねられている）と書かれており、ファルークが鳥だということがわかるので、正解は (A)。

190 What does Tia Ling NOT indicate about *The Cottage in Mystic Forest*?
(A) She attended on May 3.
(B) Ginny Wynn is her favorite character.
(C) The director deserves credit for its quality.
(D) She met a cast member after the show.

『神秘の森の小屋』に関してティア・リンさんが示していないことは何ですか？
(A) 彼女は 5 月 3 日に観劇した。
(B) ジニー・ウィンが彼女のお気に入りの登場人物だ。
(C) その質の高さは演出家の功績だ。
(D) 彼女は上演後に出演者と会った。

正解 D
[正答率 56.5%]

設問のティア・リンの名前は、レビューの投稿者欄に By Tia Ling と出てくる。リンさんは、レビューの最後に I spoke with Beatrice Lake after the show（私は上演後にベアトリス・レイク氏と話した）と書いている。記事本文の 4 行目に theater owner Beatrice Lake とあるので、ベアトリス・レイクは劇場のオーナーだとわかる。レイクさんは出演者（cast member）ではないので、(D) が正解となる。なお、(A) の 5 月 3 日は広告から上演開始日だとわかり、また、リンさんのレビューは Last night's premiere（昨夜行われた初日）を見て書かれている。(B) については、レビューの下から 4 ～ 2 行目 The performance by Sharon ... my favorite character in the story. の部分と広告の配役から特定でき、これも不正解。(C) もレビューの 2 ～ 4 行目でカルロス・ブランコの功績を述べていて、広告からブランコ氏は演出家だとわかる。

これがエッセンス

Part 7 で求められている英語力は、英文を正確に解釈するスキルというより、むしろ英文の中から必要な情報を見つけることができるスキルであると言えます。Part 7 では問題を解くカギはすべて文書の中にあります。英文を読むのにあまりにも時間がかかるという人は、解答に必要な情報を文書から探すという読み方にしてみましょう。必要とされるスキルに合わせた読み方、また解き方をするのも、ハイスコアへの道と言えるでしょう。

Questions 191-195 refer to the following Web page, e-mail, and reference.

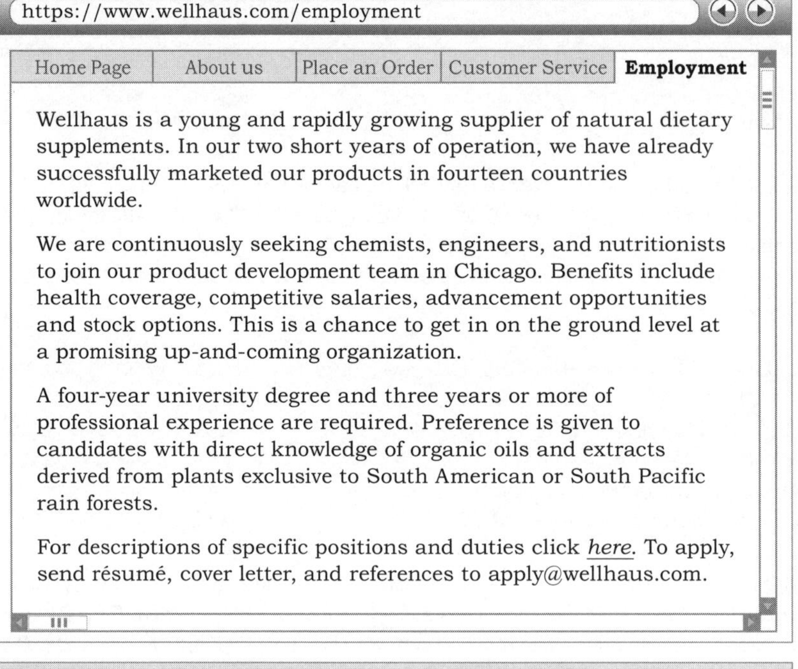

https://www.wellhaus.com/employment

Home Page | About us | Place an Order | Customer Service | **Employment**

Wellhaus is a young and rapidly growing supplier of natural dietary supplements. In our two short years of operation, we have already successfully marketed our products in fourteen countries worldwide.

We are continuously seeking chemists, engineers, and nutritionists to join our product development team in Chicago. Benefits include health coverage, competitive salaries, advancement opportunities and stock options. This is a chance to get in on the ground level at a promising up-and-coming organization.

A four-year university degree and three years or more of professional experience are required. Preference is given to candidates with direct knowledge of organic oils and extracts derived from plants exclusive to South American or South Pacific rain forests.

For descriptions of specific positions and duties click *here*. To apply, send résumé, cover letter, and references to apply@wellhaus.com.

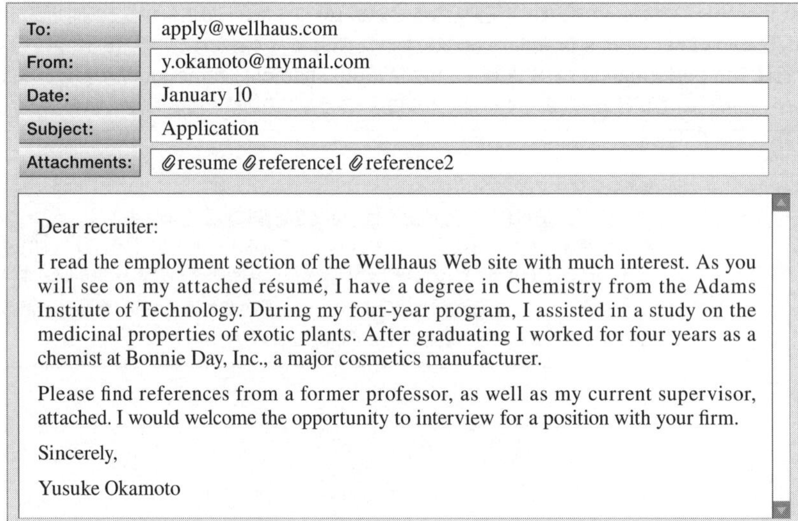

To: apply@wellhaus.com
From: y.okamoto@mymail.com
Date: January 10
Subject: Application
Attachments: resume reference1 reference2

Dear recruiter:

I read the employment section of the Wellhaus Web site with much interest. As you will see on my attached résumé, I have a degree in Chemistry from the Adams Institute of Technology. During my four-year program, I assisted in a study on the medicinal properties of exotic plants. After graduating I worked for four years as a chemist at Bonnie Day, Inc., a major cosmetics manufacturer.

Please find references from a former professor, as well as my current supervisor, attached. I would welcome the opportunity to interview for a position with your firm.

Sincerely,

Yusuke Okamoto

To whom it may concern:

I know Yusuke Okamoto to be both a quick learner and a diligent worker. His assistance was integral to my studies on South American plant oils and extracts. He wrote to me with great excitement about Wellhaus and his desire to relocate to a major metropolitan environment. I am sure his present employer does not wish to see him leave, as Mr. Okamoto would be a valuable asset to any organization. If I can be of any further assistance, feel free to contact me at 303-555-0156.

Sincerely,

Karl Stein

191-195 番は次のウェブページとメールと推薦状に関するものです。

https://www.wellhaus.com/employment

ホーム　私たちについて　注文　お客様サービス　**求人**

ウェルハウスは自然栄養補助食品を提供している、創業してまもない急成長中のサプライヤーです。創業から 2 年という短期間で、当社はすでに世界 14 カ国での製品販売に成功しています。

当社では、シカゴにある製品開発チームに加わってくださる化学専門家、エンジニア、栄養学専門家を継続して募集しています。(就業の) メリットには、健康保険、他社にひけをとらない給与、昇進の機会、ストックオプション制度などがございます。有望な新進気鋭の組織に初期段階からかかわるチャンスです。

4 年制大学の学位と 3 年以上の職務経験が必要です。南米または南太平洋の熱帯雨林にしか生息していない植物から得られるオーガニックオイルや抽出物に関する直接的な知識のある候補者が優先されます。

具体的な役職や職務の詳細は、こちらをクリックしてください。ご応募には、履歴書、カバーレター、推薦状を apply@wellhaus.com まで送付してください。

あて先：　apply@wellhaus.com
送信者：　y.okamoto@mymail.com
日付：　1 月 10 日
件名：　応募申し込み
添付ファイル：履歴書、推薦状 1、推薦状 2

採用ご担当者様

ウェルハウスのウェブサイトで求人情報のセクションをたいへん興味深く読ませていただきました。添付した私の履歴書でご覧いただけるとおり、私はアダムス工科大学で化学の学位を取得しました。4 年間のプログラム中、熱帯の植物の薬効成分についての研究をサポートしていました。卒業後は、大手化粧品メーカーのボニーデイ社で化学者として 4 年間勤務していました。

以前の担当教授と、現在の上司からの推薦状を添付いたします。御社での採用面接の機会がありましたら、お待ちしております。

よろしくお願いいたします。

ユウスケ・オカモト

ご担当者様：

ユウスケ・オカモトさんは飲み込みが速く、仕事も熱心であることを私は知っております。彼のサポートは、南米の植物から採れるオイルと抽出物に関する私の研究において不可欠でした。彼はウェルハウスのことと大都市の環境へ移りたいという希望について、期待に胸を躍らせながら私に連絡をくれました。オカモトさんはどんな組織においても貴重な人材となるでしょうから、きっと彼の現在の雇用主は会社を去ってほしくないと思っていることでしょう。もしさらに何かお役に立てることがあれば、私あてに 303-555-0516 までお気軽にご連絡ください。

よろしくお願いします。

カール・スタイン

Vocab. 本文 □ **dietary**「食事の」 □ **supplement**「サプリメント、補助」 □ **chemist**「化学者」 □ **health coverage**「健康保険」 □ **get in on the ground level**「初期段階から参加する」 □ **degree**「学位」 □ **derive A from B**「B から A を抽出する」 □ **exclusive to**「～にしかない」 □ **duties**「職務」 □ **medicinal properties**「薬効成分、薬理作用」 □ **exotic**「熱帯の」 □ **manufacturer**「メーカー、製造業者」 □ **please find ... attached**「…を添付します」 □ **diligent**「熱心な、勤勉な」 □ **integral**「不可欠な」 選択肢 □ **establishment**「設立」 □ **work responsibility**「職責」 □ **requirement**「要件」

191 What is emphasized about Wellhaus on the Web page?
(A) The firm's recent establishment
(B) The number of its branch offices
(C) The health benefits of its products
(D) The diversity of the firm's employees

ウェルハウスについてウェブページで強調されていることは何ですか？
(A) この会社が最近設立されたこと
(B) 支社の数
(C) 同社の商品の健康への効果
(D) 同社の従業員の多様性

正解 A
[正答率 39.6%]

ウェブページの冒頭で Wellhaus is a young and rapidly growing supplier（ウェルハウスは創業してまもない急成長中のサプライヤーです）とあり、続く文にも In our two short years of operation（創業から2年という短期間で）と書かれていて、設立からまもないことが繰り返し強調されている。よって、(A) が正解。商品が14カ国で販売されている（we have ... marketed our products in fourteen countries）とは述べられているが、支社がたくさんあるとは書かれていないので、(B) は誤り。

990点 講師の目
「強調されていること」を聞く問題ですが、文書の中で必ずしも強調構文が使われているわけではありません。文書の中で強調されているというのは、文書の中で繰り返し言及したり、多く説明していたりすることです。発信者としてどこを強調するかというのは主観的なことですが、TOEIC で解答するときは客観的な判断が必要です。また、強調しているからといって、必ずしも文書全体の主題であるとは限りません。

192 Why would someone most likely click the link at the bottom of the Web page?
(A) To download an online application form
(B) To view maps of store locations
(C) To access product information
(D) To learn about work responsibilities

だれかがウェブページの下部にあるリンクをクリックする理由は何だと思われますか？
(A) オンライン応募フォームをダウンロードするため
(B) 店舗の場所を示した地図を見るため
(C) 商品情報を見るため
(D) 職務について知るため

正解 D
[正答率 65.9%]

ウェブページの最終段落冒頭に For descriptions of specific positions and duties click here.（具体的な役職や職務の詳細は、こちらをクリックしてください）という指示があるので、リンク先で求人について具体的な内容が閲覧できるとわかる。よって、(D) が正解。

193 In the e-mail, the word "interest" in paragraph 1, line 1, is closest in meaning to
(A) significance
(B) benefit
(C) influence
(D) attraction

メールの第1段落1行目の interest に最も意味が近い語は
(A) 重要性
(B) 恩恵
(C) 影響
(D) 関心を呼ぶもの

正解 D
[正答率 64.0%]

オカモトさんはメールの冒頭でウェルハウスの採用ページを読んだと述べ、副詞句 with much interest でどのような気持ちで読んだかを伝えている。interest は多義で「利益、利子」など (B) の benefit（恩恵）に近い意味で用いられることもあるが、ここでは「興味、関心」という意味でとり、「たいへん関心を持って（読んだ）」と解釈すると文意が通る。選択肢の中で、この意味に最も意味が近いのは、(D) attraction。求人に申し込んでいることからも、関心があったと考えられる。

194

What is suggested about Yusuke Okamoto?
(A) He resides in the city where Wellhaus is based.
(B) He has specific technical knowledge preferred by Wellhaus.
(C) His professional background does not match Wellhaus's requirements.
(D) He learned about Wellhaus through some colleagues.

ユウスケ・オカモトに関して何が示唆されていますか?
(A) ウェルハウスが本拠を持つ都市に住んでいる。
(B) ウェルハウスが好む特定の専門知識を持っている。
(C) 彼の職歴はウェルハウスの要件と合わない。
(D) 何人かの同僚からウェルハウスについて聞いた。

正解 B
[正答率 62.2%]

ウェブページの第3段落2～5行目にPreference is given to ... South American or South Pacific rain forests.(南米または南太平洋の熱帯雨林にしか生息していない植物から得られるオーガニックオイルや抽出物に関する直接的な知識のある候補者が優先されます)とあり、オカモトさんはメールの第1段落3～4行目でI assisted in a study on the medicinal properties of exotic plants.(私は熱帯の植物の薬効成分についての研究をサポートしていました)と書いている。また、推薦状の2～3行目にHis assistance was integral to my studies on South American plant oils and extracts.(彼のサポートは、南米の植物から採れるオイルと抽出物に関する私の研究において不可欠でした)とあり、オカモトさんにはウェルハウスが望む南米の植物由来の抽出物とオイルに関する知識があると考えられる。この知識をspecific technical knowledge(特定の専門知識)と言い換えた(B)が正解。

195

Where does Karl Stein probably work?
(A) At an employment agency
(B) At a medical clinic
(C) At an academic institution
(D) At a manufacturing firm

カール・スタインはおそらくどこで働いていますか?
(A) 就職紹介会社
(B) 診療所
(C) 学術機関
(D) 製造業者

正解 C
[正答率 39.6%]

カール・スタインは推薦状を書いた人物。オカモトさんのメールの第2段落に、推薦状はformer professor(以前の担当教授)とmy current supervisor(現在の上司)のものとある。推薦状の2～3行目にあるHis assistance was integral to my studies on South American plant oils and extracts.(彼のサポートは、南米の植物から採れるオイルと抽出物に関する私の研究において不可欠でした)は、オカモトさんのメールの第1段落3～4行目にあるDuring my four-year program, ... of exotic plants.([大学での]4年間のプログラム中、熱帯の植物の薬効成分についての研究をサポートしていました)と合致しており、カール・スタインさんはオカモトさんの大学時代の担当教授だとわかる。大学はacademic institution(学術機関)の一種なので、(C)が正解となる。

Questions 196-200 refer to the following notice, advertisement, and online form.

Attention Members!

Physique Fitness runs a promotion every spring to encourage more people to join and enjoy our facilities and services. We are currently offering special rates for new members who sign up in the month of March. Flyers advertising our gym are readily on hand at the reception desk. Feel free to pass one along to anyone who might be interested in joining. If someone you send our way mentions your name when signing up for a plan of six months or longer, you will receive a one-month extension of your current membership at no charge.

Special March Sign-up Offer

Spring is here, and there's no better time than the present to get in shape by becoming a member at Physique Fitness. As an incentive, we are offering these discounted rates for any new member who signs up in March. We have three types of membership plans to fit your individual needs.

	Basic	Standard	Premium
Access to weights and exercise equipment	X	X	X
Access to swimming pool and sauna		X	X
Access to yoga, aerobics, and dance classes			X
Monthly Membership Rates for March Sign-Ups*			
One Year	$40	$60	$75
Six Months	$50	$70	$85
Three Months	$60	$80	$95
Special Trial Rates			
One-week trial**	Free	$10	$15

Register for membership in person at the Physique Fitness location nearest you, or sign up on our Web site at www.physiquefitness.com/membership/new.

* Payment may be made in monthly installments or with a one-time advance payment for the entire membership period. One-year memberships fully paid in advance are discounted by an additional 5%.

** Visit any Physique Fitness and fill out a registration form at the reception desk.

https:// www.physiquefitness.com/membership/new

Physique Fitness Membership Application

Date: March 8
Name: Brandon Rey
Mailing Address: 2234 Oak Street #202, Memphis, TN 38110
Telephone: 901-555-0113
E-mail: b.rey.99@wheemail.com
Credit Card (secured): XXXX-XXX-1234

How did you learn about us?

My office is on Clover Boulevard not far from Physique Fitness. I want to establish an exercise routine, but I have been putting it off. A client of mine, Theresa Hughes, is a member. She stopped by with one of your flyers and spoke highly of your facilities and staff. That persuaded me to finally make a commitment.

Please select your preferred membership options:

☐ Basic ☑ Standard ☐ Premium
☐ One Year ☑ Six Months ☐ Three Months

☐ I will pay in installments.
☑ I will make a one-time payment in full.

196-200 番は次のお知らせと広告とオンラインフォームに関するものです。

会員の皆様にお知らせです！

フィジーク・フィットネスは、より多くのお客様に私たちの施設やサービスをご利用し楽しんでいただけるように、毎年春にプロモーションを実施しております。私たちは現在、3月に入会される新規の会員に対し、特別割引を提供しております。私たちのジムを宣伝するチラシは受付カウンターですぐに手に取っていただけます。入会にご関心がありそうな方にお気軽にお渡しください。ご紹介いただいた方が6カ月以上のプランにご入会の手続きを行う際、お客様の名前をお申し出くだされば、お客様の現在の会員期間を無料で1カ月延長いたします。

3月ご入会の特別割引

春が到来し、フィジーク・フィットネスの会員になって体を鍛えるには今が絶好の時期です。やる気を出していただくために、私たちは3月に入会される新規会員様に対してこのような割引を提供いたします。皆様の個別のニーズに適応するよう、3種類の会員プランをご用意しています。

	ベーシック	スタンダード	プレミアム
ウエイトトレーニングと運動設備のご利用	X	X	X
スイミングプールとサウナのご利用		X	X
ヨガ、エアロビクス、ダンスクラスのご利用			X
3月入会の場合の月会費 *			
1年	40ドル	60ドル	75ドル
6カ月	50ドル	70ドル	85ドル
3カ月	60ドル	80ドル	95ドル
特別なお試し料金			
1週間のお試し **	無料	10ドル	15ドル

会員登録は、最寄りのフィジーク・フィットネスの店舗で直接行っていただくか、以下のウェブサイトでご登録ください。
www.physiquefitness.com/membership/new

* お支払いは月ごとの分割か、会員期間全体の分を一括で前払いいただくこともできます。1年間の会員で全額前払いいただく場合、さらに5%の割引となります。

** フィジーク・フィットネスのいずれかの店舗を訪れ、受付カウンターにございます登録用紙にご記入ください。

---

https:// www.physiquefitness.com/membership/new

フィジーク・フィットネス 会員登録

日付： 3月8日
名前： ブランドン・レイ
住所： オーク通り2234番地 202号室 メンフィス テネシー州38110
電話番号： 901-555-0113
メール： b.rey.99@wheemail.com
クレジットカード（セキュリティ対応）： XXXX-XXX-1234

当フィットネスクラブをどこでお知りになりましたか？
私のオフィスはクローバー大通りにあり、フィジーク・フィットネスから遠くはありません。運動の習慣を身につけたいのですが、後回しにしてきました。私のクライアントであるテレサ・ヒューズさんが会員になっています。彼女がジムのチラシを持って立ち寄り、そちらの施設やスタッフが素晴らしいとほめていました。それに後押しされてついに本気で取り組むことにしました。

ご希望の会員オプションをお選びください。
☐ ベーシック ☑ スタンダード ☐ プレミアム
☐ 1年 ☑ 6カ月 ☐ 3カ月

☐ 分割払い
☑ 全額一括払い

196 What is the purpose of the notice?
(A) To solicit feedback on services
(B) To urge members to make referrals
(C) To introduce new rates for all members
(D) To announce upcoming renovations

お知らせの目的は何ですか？
(A) サービスについて感想を求めること
(B) 会員に紹介を促すこと
(C) すべての会員への新しい料金を導入すること
(D) もうすぐ行われる改修作業について知らせること

正解 B
[正答率 62.2%]

お知らせの2～3行目に、We are currently offering special rates for new members who sign up in the month of March.（私たちは現在、3月に入会される新規の会員に対し、特別割引を提供しております）と書かれている。また、4～5行目にFeel free to pass one along to anyone who might be interested in joining.（入会にご関心がありそうな方にお気軽にお渡しください）とあり、oneは新規会員への割引について書かれたチラシのこと。よって、新規会員の紹介を求めていることがわかるので、(B)が正解。

197 What is mentioned about Physique Fitness?
(A) It holds an annual recruitment drive.
(B) It is located on Clover Boulevard.
(C) Its promotional discount will end on March 1.
(D) It currently has no swimming facility.

フィジーク・フィットネスに関して何が述べられていますか？
(A) 毎年恒例の勧誘活動を行う。
(B) クローバー大通りにある。
(C) その販促割引は3月1日に終了する。
(D) 現在、水泳の設備が1つもない。

正解 A
[正答率 32.0%]

お知らせの冒頭に、Physique Fitness runs a promotion every spring to encourage more people to join and enjoy our facilities and services.（フィジーク・フィットネスは、より多くのお客様に私たちの施設やサービスをご利用し楽しんでいただけるように、毎年春にプロモーションを実施しております）と書かれていることから、(A)が正解だとわかる。every spring（毎年の春）をannualに、promotion（宣伝活動）をrecruitment driveに言い換えている。このdriveは「活動、キャンペーン」の意味。

198 What must people do to sign up for a free one-week trial?
(A) Download and print out a form
(B) Apply through the club's Web site
(C) Visit the club in person
(D) Sign a liability waiver

無料の1週間トライアルを申し込むにはどうする必要がありますか？
(A) 申込用紙をダウンロードして印刷する
(B) クラブのウェブサイトから申し込む
(C) クラブを直接訪れる
(D) 免責同意書に署名する

正解 C
[正答率 69.7%]

広告の表でOne-week trial（1週間のお試し）の欄を見ると、注釈（**）が付いている。該当する脚注には、申し込み方法についてVisit any Physique Fitness and fill out a registration form at the reception desk.（フィジーク・フィットネスのいずれかの店舗を訪れ、受付カウンターにございます登録用紙にご記入ください）と書かれているので、(C)が正解。in personは「（代理ではなく本人が）直接」という意味のイディオム。

199 What is suggested about Theresa Hughes?
(A) She is on the staff at Mr. Rey's office.
(B) Her club membership will be extended.
(C) She helped create an advertisement.
(D) Her membership fees will be waived.

テレサ・ヒューズに関して何が示唆されていますか?
(A) 彼女はレイ氏の事務所のスタッフだ。
(B) 彼女のフィットネスクラブの会員期間は延長されることになる。
(C) 彼女は広告の制作を手伝った。
(D) 彼女の会員費は免除される。

正解 B
[正答率 56.5%]

お知らせの5行目~最終行に、If someone you send our way mentions your name when signing up for a plan of six months or longer, you will receive a one-month extension of your current membership at no charge.(ご紹介いただいた方が6カ月以上のプランにご入会の手続きを行う際、お客様の名前をお申し出くだされば、お客様の現在の会員期間を無料で1カ月延長いたします)とある。オンラインフォームを見ると、申込者のレイ氏はコメント欄で… Theresa Hughes, is a member (テレサ・ヒューズさんが会員になっています) と書いていて、入会はヒューズさんの紹介であると続けている。さらに、プランは Six Months (6カ月) を選んでいるので、(B) が正解となる。

200 What is implied about Mr. Rey on his membership application?
(A) He will be charged $60 per month.
(B) He has consulted a fitness trainer.
(C) His company will cover his fees.
(D) He does not intend to take classes.

レイ氏の会員申し込みに関して何が示唆されていますか?
(A) 彼は月に60ドルを請求されることになる。
(B) 彼はフィットネスのトレーナーに相談した。
(C) 彼の会社が彼の会員費を支払う予定だ。
(D) 彼は教室に参加するつもりはない。

正解 D
[正答率 67.8%]

オンラインフォームを見ると、レイ氏は Standard (スタンダード) のプランを選択している。広告の表によると、Standard は Access to yoga, aerobics, and dance classes (ヨガ、エアロビクス、ダンスクラスのご利用) にチェックマーク (X) が付いておらず、レイ氏はこれらのクラスに参加するつもりがないことがわかるので、(D) が正解。オンラインフォームでレイ氏は Six Months (6カ月) の期間を選んでおり、Standard で6カ月の会員費は、広告の表によると月額70ドルなので、(A) は誤り。

これがエッセンス

Part 7で解答の根拠となりえるところは、「書かれているものすべて」です。文書の隅にある日付から、小さな文字で書かれている注意事項、記号やメールアドレスに至るまで、あらゆる情報が解答にかかわる可能性があります。解答の根拠となる情報がさまざまなところに散りばめられている可能性があることを認識し、それらを読み飛ばすことのないように気をつけましょう。

Vocab. 本文 □ **special rates**「特別割引」 □ **readily**「すぐに、手軽に」 □ **on hand**「手元に」
□ **feel free to *do***「気軽に~する」 □ **pass A along to B**「AをBに手渡す」 □ **send ~ *someone*'s way**「(人)に~を送る」
□ **get in shape**「体を鍛える」 □ **incentive**「動機づけ」 □ **in monthly installments**「月賦払いで」
□ **advance payment**「先払い」 □ **routine**「習慣」 □ **speak highly of**「~を称賛する」
□ **make a commitment**「本気で取り組む」 選択肢 □ **solicit**「~を求める」 □ **make a referral**「紹介する」
□ **liability waiver**「免責同意書」 □ **waive**「~を免除する」

TEST 3 正解一覧

チェックボックスは答え合わせや習熟度確認のためにお使いください。

No.	正解		No.	正解		No.	正解	
101	D	□□□	135	A	□□□	169	A	□□□
102	B	□□□	136	C	□□□	170	D	□□□
103	D	□□□	137	D	□□□	171	C	□□□
104	D	□□□	138	C	□□□	172	A	□□□
105	A	□□□	139	B	□□□	173	C	□□□
106	B	□□□	140	A	□□□	174	B	□□□
107	B	□□□	141	A	□□□	175	D	□□□
108	A	□□□	142	D	□□□	176	B	□□□
109	B	□□□	143	C	□□□	177	D	□□□
110	A	□□□	144	B	□□□	178	B	□□□
111	D	□□□	145	A	□□□	179	B	□□□
112	C	□□□	146	C	□□□	180	D	□□□
113	C	□□□	147	B	□□□	181	B	□□□
114	D	□□□	148	B	□□□	182	C	□□□
115	A	□□□	149	C	□□□	183	C	□□□
116	C	□□□	150	C	□□□	184	B	□□□
117	D	□□□	151	D	□□□	185	A	□□□
118	D	□□□	152	A	□□□	186	B	□□□
119	C	□□□	153	B	□□□	187	D	□□□
120	A	□□□	154	C	□□□	188	A	□□□
121	A	□□□	155	D	□□□	189	A	□□□
122	C	□□□	156	C	□□□	190	D	□□□
123	C	□□□	157	C	□□□	191	A	□□□
124	B	□□□	158	B	□□□	192	D	□□□
125	B	□□□	159	B	□□□	193	D	□□□
126	B	□□□	160	C	□□□	194	B	□□□
127	C	□□□	161	B	□□□	195	C	□□□
128	D	□□□	162	C	□□□	196	B	□□□
129	A	□□□	163	D	□□□	197	A	□□□
130	A	□□□	164	A	□□□	198	C	□□□
131	C	□□□	165	C	□□□	199	B	□□□
132	C	□□□	166	B	□□□	200	D	□□□
133	A	□□□	167	D	□□□			
134	C	□□□	168	D	□□□			

TEST 4の解答・解説

101 The nature documentary *Life in Blue* earned critical acclaim ------- its masterful cinematography.

(A) throughout **(B) for**
(C) because (D) apart

自然ドキュメンタリー『ライフ・イン・ブルー』は、その見事な撮影技術で批評家たちの高い評価を得た。

正解 B 構文／前置詞 [正答率 67.6%]

空欄の前までで SVO の形が完成し、「ドキュメンタリー作品が高い評価を得た」という文が成立していることから、空欄には、後ろに続く名詞句 its masterful ... をつなげる前置詞が入ると判断できる。(A) throughout（～の間ずっと）と (B) for（～に対して）が前置詞だが、文意が通るのは (B)。(C) because（～なので）は接続詞、(D) apart（離れて）は副詞。

Vocab. □ **critical acclaim**「批評家たちからの称賛」
□ **masterful**「見事な、熟練した」
□ **cinematography**「映画撮影技術」

---

102 A ------- way for a new firm to establish name recognition in the area is to sponsor local sporting events.

(A) sense (B) sensing
(C) sensible (D) sensibly

新しい会社が地域で知名度を確立する賢明な方法は、地元のスポーツイベントのスポンサーになることだ。

正解 C 品詞 [正答率 94.1%]

選択肢には sense（[名] 感覚、[動詞] ～に感づく）のさまざまな形が並ぶが、不定冠詞 a と名詞 way（方法）にはさまれた空欄に入るのは、way を修飾する形容詞。よって、形容詞の (C) sensible（賢明な）が正解。現在分詞の (B) sensing も形容詞の働きをするが、修飾される名詞が sensing organs（感覚器官）の organs のように「感じる」主体の場合に用いる。(D) sensibly（賢く）は副詞。

Vocab. □ **establish**「～を確立する」 □ **name recognition**「知名度」
□ **sponsor**「～のスポンサーを務める」

---

103 Phillip Carmichael is ------- to serve Pacific City in his new capacity as Mayor.

(A) proud (B) genuine
(C) complete (D) purposeful

フィリップ・カーマイケル氏は、市長という新たな立場でパシフィック市に尽くすことを誇りに思っている。

正解 A 語彙 [正答率 73.5%]

選択肢はすべて形容詞。空欄の後ろに不定詞 to serve が続いている点に注目し、〈be proud to 不定詞〉の形で「～することを誇りに思う」という意味を表す (A) proud を選ぶ。(B) genuine は「本物の」、(C) complete は「完全な」、(D) purposeful は「意図のある」という意味。

Vocab. □ **serve**「～に仕える」 □ **capacity**「立場、役割」

---

104 Modern appliances have been installed in each ------- unit of the apartment building.

(A) resident **(B) residential**
(C) residency (D) reside

そのアパートの各住居には、最新電化製品が据え付けてある。

正解 B 品詞 [正答率 82.4%]

選択肢には動詞 reside（住む）の派生語が並ぶ。前置詞 in と of にはさまれた each ------- unit の部分に注目しよう。each unit だけで「各戸」という意味が成立しているので、空欄には unit を修飾する形容詞の (B) residential（住居の）が入る。(A) resident は「住人」、(C) residency は「居住」という意味の名詞。

Vocab. □ **appliance**「電化製品、設備」 □ **install**「～を取り付ける」

---

105 The ------- of restrictions on work attire was met with approval by most of our employees.

(A) loosening (B) loosens
(C) loosen (D) loosest

作業服に関する制約の緩和は、わが社の従業員大半から賛成を得た。

正解 A 品詞 [正答率 52.9%]

選択肢には形容詞 loose（ゆるい）の派生語が並んでいる。定冠詞 the と前置詞 of にはさまれた空欄部には名詞が必要なので、(A) loosening（緩和）が正解。(B) loosens は動詞 loosen（～をゆるめる）の 3 人称単数現在形、(D) loosest（最もゆるい）は形容詞 loose の最上級。

Vocab. □ **restriction**「規制」 □ **attire**「服装」
□ **be met with approval**「賛同を得る」

これがエッセンス

Part 5 の英文を読むときは、文の意味を捉えるよりも、どの単語が主語でどの単語が目的語、どこからどこまでが修飾部、というように文の構造を分析するようにしましょう。文構造を把握することで答えが見えてくる問題も少なくありません。

106 Recent attempts to ------- tourism have greatly benefited the local economy on Teague Island.

(A) express　　**(B) boost**
(C) reach　　(D) surpass

観光事業を盛り上げようとする昨今の試みは、ティーグ島の地元経済に大いに利益をもたらしている。

正解 **B**　語彙　[正答率 88.2%]

選択肢に動詞の原形が並んでいることから、to ------- tourism の部分が空欄前の名詞 attempts（試み）を修飾する不定詞句だとわかる。空欄に入る語は tourism（観光事業）を目的語にとるので、正解は「～を強化する」という意味を持つ (B) boost。(A) express は「～を表現する」、(C) reach は「～に届く」、(D) surpass は「～を越える」という意味の他動詞。

Vocab. □ **attempt**「試み」 □ **benefit**「～の利益になる」

---

107 In the event of malfunction, bring the camera to a qualified repair shop rather than attempting to fix it on -------.

(A) yourself　　**(B) your own**
(C) you　　(D) yours

故障の場合は、ご自身で修理しようとしないで、専門の修理店にカメラをお持ちください。

正解 **B**　格　[正答率 73.5%]

空欄前の on とともに用いて文意を成立できるのは、on *one*'s own の形で「自力で」という意味を表す (B) on your own。なお、空欄前に on がなければ、単独で on your own と同じ意味を表す (A) yourself が正解となる。

Vocab. □ **in the event of**「～の場合には」
□ **malfunction**「（機械などの）不調」 □ **qualified**「資格のある」

990点 講師の目

人称代名詞に -self の付いた再帰代名詞が使われる場合、同じ文の中に同一の人や物を表す単語が必ずあります。この問題文は命令文なので省略されていますが主語は you ですね。ですから、空欄前の on さえなければ、yourself を用いて ... than attempting to fix it yourself としても文が成立するのです。

---

108 Only a small number of ------- to our invitations remain to be received.

(A) replies　　(B) replying
(C) replied　　(D) reply

私たちの招待状への返信は、数通だけ受け取れていない状態だ。

正解 **A**　品詞　[正答率 79.4%]

選択肢に共通する語、reply は動詞では「返信する」、名詞では「返答」という意味を表す。前置詞 of と to にはさまれた空欄には名詞が入るので、選択肢は (A) replies と (D) reply に絞られる。空欄に入る名詞は a small number of（少数の）に修飾されているので、複数形の (A) replies が正解。

Vocab. □ **invitation**「招待（状）」
□ **remain to be *done***「～されるべき状態だ」

---

109 The extension of the recruiting drive by a week resulted from a ------- of eligible candidates.

(A) frequency　　(B) vacancy
(C) few　　**(D) scarcity**

適格な候補者不足により、募集活動は 1 週間延長された。

正解 **D**　語彙　[正答率 20.6%]

a ------- of eligible candidates（適格な候補者の～）の部分に注目し、「適格な候補者の」に修飾されて意味を成す (D) scarcity（不足）を選ぶ。(A) frequency は「頻度」、(B) vacancy は「空き、欠員」という意味の名詞。(C) few は「いくつかの」という意味の形容詞または「少数の人・物」という意味の名詞または代名詞。

Vocab. □ **extension**「延長」 □ **drive**「運動、キャンペーン」
□ **result from**「（原因）によって起こる」 □ **eligible**「適任の」

---

110 Successful completion of the program ------- participation in several outdoor training exercises.

(A) involve　　(B) is involved
(C) involving　　**(D) involves**

プログラムを無事に完了するには、いくつかの屋外訓練への参加が必要だ。

正解 **D**　態　[正答率 88.2%]

他動詞 involve（～を含む）のさまざまな形が選択肢に並んでいる。問題文の骨組みは completion ------- participation（完了は参加を～する）という〈S（主語）＋V（動詞）＋O（目的語）〉の構造。空欄には目的語をとる他動詞として機能する形が必要であること、主語が 3 人称単数の completion であることを考慮し、三単現の s が付いた (D) involves を選ぶ。(B) is involved は受け身、(C) involving は現在分詞。

Vocab. □ **completion**「完了、終了」 □ **participation**「参加」

111 Darrow Contracting Service uses only top-quality construction materials bought ------- reputable suppliers.

(A) from (B) into
(C) out (D) upon

ダロウ請負サービス社は、信用のある卸売業者から仕入れた最高級の建築資材のみを使用しています。

正解 A 前置詞 [正答率 94.1%]

bought 以下が construction materials（建築資材）を後ろから修飾している構造を確認し、資材と buy（～を買う）、空欄後の suppliers（卸売業者）の結びつきを考える。「業者から買った資材」とすれば意味が通るので、〈出典〉を示す前置詞の (A) from（～から）が正解。(B) into は「～の中へ」、(C) out は「外へ」、(D) upon は「～の上に」という意味の前置詞。

Vocab.> □ **construction material**「建築資材」
□ **reputable**「評判のよい、信頼できる」 □ **supplier**「供給業者」

---

112 Ms. Aoki and Ms. Iger seem to be ------- compatible and enjoy working together every day.

(A) much **(B) highly**
(C) abruptly (D) near

アオキさんとアイガーさんはとても気が合い、毎日一緒に働くことを楽しんでいるようだ。

正解 B 修飾 [正答率 88.2%]

空欄部分がなくても文は成立するので、空欄直後の形容詞 compatible（相性がよい）を修飾する副詞が正解だとわかる。compatible を適切に修飾できる副詞は (B) highly（とても）。(C) abruptly（唐突に）は副詞、(D) near は副詞（近くに）、前置詞（～の近くに）または形容詞（～に近い）。(A) much に「大いに」という意味を表す副詞の用法はあるが、修飾できる形容詞は過去分詞や比較級などに限られる。

Vocab.> □ **compatible**「うまが合う」

---

113 Please follow the current hiring guidelines ------- they are changed in September.

(A) without (B) rather
(C) otherwise **(D) until**

9月に改訂が行われるまでは、現在の雇用規定に従ってください。

正解 D 前置詞 vs 接続詞 [正答率 85.3%]

空欄後には主語 they と動詞 are changed がそろった節が続いているので、空欄には節を結ぶ接続詞が入ると判断できる。選択肢中、接続詞の用法を持つ語は (D) until（～までは）のみ。(A) without は「～なしで」という意味の前置詞。(B) rather は「むしろ」、(C) otherwise は「さもなければ」という意味の副詞。

Vocab.> □ **follow**「～に従う」

990点 講師の目

選択肢に接続詞や前置詞、副詞が混在する場合は、まず空欄の後ろに主語と動詞がそろった文があるかどうかを確認します。接続詞は文と文をつなぐので、文が続いていれば接続詞が正解です。選択肢がすべて接続詞の場合は、前後の文の論理関係（原因と結果、時系列、条件と帰結など）から選択肢を絞ります。

---

114 The ------- of tomorrow's meeting is to resolve the issues that are slowing our progress on the Simpson account.

(A) matter (B) dedication
(C) point (D) success

明日の会議の目的は、シンプソン案件の進展を妨げている問題を解決することにある。

正解 C 語彙 [正答率 64.7%]

空欄に入る語は問題文の主語となり、be 動詞の is によって to resolve 以下の部分とイコールの関係で結ばれるという構造を確認しよう。to resolve 以下は「～している問題を解決すること」という会議の目的を表しているので、(C) point（目的、論点）が正解。(A) matter は「事柄」、(B) dedication は「献身」、(D) success は「成功」という意味。

Vocab.> □ **resolve**「～を解決する」 □ **progress**「進捗状況」
□ **account**「取引」

---

115 Brookfield Inn boasts ------- rooms than those of the Royal Crest Hotel.

(A) large **(B) larger**
(C) largely (D) largest

ブルックフィールド・インはロイヤル・クレスト・ホテルよりも広い部屋を有している。

正解 B 構文 [正答率 91.2%]

選択肢には形容詞 large（広い）のさまざまな形が並んでいる。空欄後の than に注目し、比較級である (B) larger を空欄に入れ、larger rooms than those（= rooms）of ...（…の部屋よりも広い部屋）という比較の文を完成させる。(C) largely は副詞で「広く」、(D) largest は形容詞の最上級で「最も広い」という意味。

Vocab.> □ **boast**「～を誇る、（誇るべきもの）を持っている」

116 This tumble dryer contains an automatic shutoff mechanism ------- main purpose is to prevent the machine from overheating.

(A) that **(B) whose**
(C) which (D) what

この回転式乾燥機には、機械の過熱を防ぐことを主な目的とした電源自動オフ機能が付いている。

正解 B 関係詞 [正答率 76.5%]

選択肢に並ぶ関係代名詞の中から、文の構造と文脈に合う語を選ぶ問題。空欄前の名詞 an automatic shutoff mechanism（電源自動オフ機能）と空欄後のmain purpose（主な目的）との関係を考え、(B) whose（～の…）で結べば「電源自動オフ機能の主な目的」という意味を表し、文意が通る。

Vocab. □ **tumble dryer**「回転式乾燥機」 □ **contain**「～を含む」 □ **shutoff**「停止」 □ **prevent A from B**「AがBするのを避ける」

990点 講師の目

関係代名詞節は、文の要素の１つが関係代名詞に置き換わります。空欄後の節内では、its main purpose ... の its が欠けています。これを補い、主節と結びつけるのが its と同じ所有格の関係代名詞 whose なのです。関係代名詞を選ぶ問題では、要素を確認しましょう。不足要素がない場合は関係副詞が使われていると考えます。

---

117 Customer service at independently owned businesses is ------- better than at corporate chains.

(A) more common (B) common
(C) commonality **(D) commonly**

個人企業のカスタマーサービスは、企業チェーンのサービスよりも一般的によい。

正解 D 品詞 [正答率 79.4%]

選択肢に形容詞 common（共通の）のさまざまな形が並ぶ品詞の問題。空欄部がなくても文は成り立っているので、空欄には修飾語が入ると判断できる。直後の better（よりよい）を修飾できるのは副詞なので、選択肢中で唯一の副詞である (D) commonly（一般に）を選ぶ。(A) more common は比較級、(C) commonality（共通性）は名詞。

Vocab. □ **independently**「独立して」

---

118 Lydia Dupree's upcoming exhibit will showcase sculptures ------- by her recent travels abroad.

(A) experienced (B) reminded
(C) persuaded **(D) inspired**

リディア・デュプリーさんの今度の展覧会では、彼女が最近の海外旅行で着想を得た彫刻を展示する。

正解 D 語彙 [正答率 82.4%]

選択肢に -ed 形の動詞が並んでいるが、問題文には述語動詞 (will) showcase（～を展示する）があるので、空欄に入る -ed 形の動詞は直前の名詞 sculptures（彫刻）を「～された彫刻」という意味で修飾する過去分詞。空欄後の by に続く her recent travels abroad（彼女の最近の海外旅行）が空欄に入る語の意味上の主語となることを踏まえ、(D) inspired（触発された）を選ぶ。

Vocab. □ **exhibit**「展示会」 □ **showcase**「～を披露する、陳列する」

---

119 Make sure to remain perfectly still ------- the photographer takes the picture for your ID badge.

(A) whereas (B) ever
(C) while (D) during

あなたの ID カード用の写真をカメラマンが撮影する間は、必ず、完全に静止していてください。

正解 C 前置詞 vs 接続詞／文脈 [正答率 67.6%]

空欄には空欄前後の２つの節を結ぶ接続詞が入る。前の節の「必ず静止したままでいなさい」と後ろの節の「カメラマンが ID カード用の写真を撮る」という内容の結びつきを考え、「～の間」という意味で前後の節をつなぐ接続詞の (C) while を選ぶ。(A) whereas（～だが）は相反する内容の節をつなぐ接続詞。(B) ever は「いつも、かつて」という意味の副詞。(D) during は「～の間」という意味の前置詞。

Vocab. □ **make sure to *do***「確実に～する」 □ **remain**「～のままでいる」 □ **still**「静止した」

---

120 Dr. Colbert's nomination for the Huntz Prize is one of the most ------- achievements of his scientific career.

(A) gifted (B) talkative
(C) notable (D) grateful

ハンツ賞にコルバート博士がノミネートされたことは、彼の科学分野での経歴の中で、最も目覚ましい業績の１つとして数えられる。

正解 C 語彙 [正答率 87.1%]

the most ------- achievements（最も～な業績）の部分に注目し、名詞 achievement（業績、偉業）を適切に修飾する語を選ぶ。正解は「目立った、素晴らしい」という意味を表す (C) notable。(A) gifted は「優れた才能のある」、(B) talkative は「話好きな」、(D) grateful は「感謝して」という意味の形容詞。

Vocab. □ **achievement**「業績」

121 When some ------- safety violations were reported to plant officials, an investigation was promptly scheduled.

(A) apparent (B) apparently
(C) appearance (D) appearances

工場役員に安全基準違反と思われる事例が数件報告され、すぐに調査日程が組まれた。

正解 A 品詞 [正答率 61.8%]

選択肢は形容詞 apparent（見たところ～らしい、明白な）と、その派生形。When 節の主語 some ------- safety violations（いくつかの～安全基準違反）は、空欄部分がなくても成立するので、空欄には後ろの複合名詞 safety violations を修飾する形容詞の (A) apparent が入る。(B) apparently（見たところ～らしい）は副詞、(C) appearance（外見、容姿）は名詞。

Vocab. □ **violation**「違反」 □ **investigation**「調査」 □ **promptly**「即座に」

---

122 Due to the play's popularity, we recommend that seat ------- be made well in advance.

(A) admissions (B) expectations
(C) positions **(D) reservations**

その演劇は人気が高いので、かなり前に席を予約することをおすすめします。

正解 D 語彙 [正答率 91.2%]

選択肢に名詞が並ぶ語彙問題。that 節の主語である seat ------- の部分に注目しよう。2 つの名詞から成る複合名詞は前の名詞が後ろの名詞を修飾する。選択肢中、(C) positions（→座席位置）と (D) reservations（→席予約）のうち、that 節の動詞 make とかみ合うのは (D)。(A) admissions は「入場、入学」、(B) expectations は「期待」という意味。

Vocab. □ **due to**「～のために」 □ **recommend**「～をすすめる」 □ **in advance**「前もって」

990点 講師の目

この問題では that 節に原形動詞の be が使われていますね。提案・命令・要求・主張を表す動詞（recommend / suggest / demand / require / insist など）に続く that 節内では、〈should ＋動詞の原形〉あるいは〈should が省略されて動詞の原形のみ〉になるのです。

---

123 After the presentation next Tuesday, the board ------- whether or not the budget proposal is feasible.

(A) to discuss (B) discussing
(C) will discuss (D) has discussed

今度の火曜日のプレゼン後に、役員会は予算案が実現可能なものかどうかを議論する予定だ。

正解 C 時制 [正答率 94.1%]

whether 以下の名詞節を X として考えると、the board ------- X というシンプルな形が残るので、述語動詞として機能する (C) will discuss か (D) has discussed のどちらかが空欄に入ることがわかる。あとは時制の問題。after 以下の前置詞句に未来を示すキーワードの next Tuesday があるので、未来時制の (C) を選択すればよい。

Vocab. □ **board**「役員会」 □ **feasible**「実現可能な」

---

124 ------- the request for more funding was declined, the scientists will have to suspend their research.

(A) Unless **(B) Since**
(C) Although (D) Once

さらなる財政支援の申請が却下されたので、その科学者たちは研究を一時中止せざるをえなくなる。

正解 B 文脈 [正答率 67.6%]

選択肢はすべて接続詞の用法を持つ語なので、カンマ前後の文脈がどう結びつくかを考える。前半は「申請が却下された」、後半は「研究を一時中止する」という〈原因〉と〈結果〉の関係にあるから、前半の〈原因〉をつなぐ接続詞、(B) Since（～なので）が正解。(A) Unless は「～しないかぎり」、(C) Although は「～だが」、(D) Once は「いったん～すれば」という意味。

Vocab. □ **decline**「～を丁重に断る」 □ **suspend**「～を一時中止する」

---

125 As the repaving work is slated ------- soon, work crews are preparing to block the affected roads off to through traffic.

(A) to begin (B) begun
(C) will have begun (D) beginning

再舗装工事がまもなく開始される予定なので、作業員は影響を受ける道路に往来車両が進入しないよう、封鎖の準備を行っている。

正解 A 慣用表現 [正答率 82.4%]

is slated ------- の部分に注目し、〈be slated to 不定詞〉（～する予定だ）という表現を完成させる to 不定詞の (A) to begin を選ぶ。カンマ前の節には is slated という述語動詞があるので、動詞として機能する未来完了形の (C) will have begun は不適切。修飾する名詞がないので、分詞の (B) begun と (D) beginning も空欄には入りえない。

Vocab. □ **repave**「再舗装する」 □ **block off**「～を封鎖する」 □ **through traffic**「通過車両」

126 With ------- of the consumer survey complete, development of our promotional strategy can now begin.

(A) analytic　**(B) analysis**
(C) analyze　(D) analyzed

消費者アンケートの分析が終わったので、わが社の販売促進戦略の開発が始められる。

正解 B　品詞　[正答率 85.3%]

選択肢には動詞 analyze（～を分析する）の派生形が並んでいる。文頭の with は、〈with ＋ A（名詞）＋ B（形容詞）〉の形で「A が B なので」という〈原因〉を表す。問題文では、この A にあたる名詞が抜けている状態なので、(B) analysis（分析）が空欄に入れば文が完成する。(A) analytic（分析に基づく）は形容詞、(D) analyzed は動詞 analyze の過去形または過去分詞。

Vocab. □ **development**「開発」
□ **promotional strategy**「販売促進戦略」

---

127 Mr. Erickson, who was once ------- opposed to the recycling initiative, is now one of its biggest supporters.

(A) adamantly　(B) preferably
(C) dependently　(D) avoidably

エリクソン氏は、以前リサイクル構想に断固反対をしていたが、今は強力な支持者の一人となっている。

正解 A　語彙　[正答率 52.9%]

選択肢はすべて副詞。空欄に入る語が、直後の (be) opposed（～に反対する）を修飾する点を確認し、意味がかみ合う (A) adamantly（かたくなに）を選択する。(B) preferably は「願わくば」、(C) dependently は「依存して」、(D) avoidably は「回避できる状態で」という意味。

Vocab. □ **be opposed to**「～に反対している」 □ **initiative**「新構想」

---

128 It takes just ------- of one hour by taxi to reach the Banner Convention Center from Rochester Airport.

(A) below　(B) less
(C) short　(D) within

ロチェスター空港からバナー・コンベンション・センターへは、タクシーで 1 時間弱だ。

正解 C　慣用表現　[正答率 58.8%]

just ------- of one hour の部分に注目し、(just) short of の形で「～の（ちょうど）手前で」という意味を表す (C) short を選ぶ。(A) below は前置詞では「～以下の」、副詞では「下へ」という意味を表す。(B) less は形容詞 little の比較級。(D) within は「～以内」という意味の前置詞。

Vocab. □ **convention**「大会」

990点 講師の目

short は基準値や期待値に届いていない状態を表します。ですから、長さであれば「短い」、数量であれば「足りない」という意味になります。short of hands / short-handed（人手不足で）、in short（一言で言うと）、in short supply（不足している）など、short を用いた慣用表現も押さえておきましょう。

---

129 Workers are not ------- asked to transfer departments during their first six months of employment.

(A) customization　(B) customize
(C) customarily　(D) customary

雇用後最初の 6 カ月間は、慣例上、従業員が部署間の異動を求められることはない。

正解 C　品詞　[正答率 94.1%]

選択肢には custom（習慣）の派生語が並んでいる。問題文は空欄部分がなくても文として成り立っていることから、空欄には修飾語が入ると判断できる。空欄後の asked を修飾できるのは副詞なので、(C) customarily（慣例上）が正解。(A) customization（カスタマイズ）は名詞、(B) customize（～をカスタマイズする）は動詞。(D) customary は形容詞（慣例的な）または名詞（慣習法集）。

Vocab. □ **transfer**「～を異動する」

---

130 Scarlet Chou is among the group of honorees being ------- at tonight's annual awards banquet.

(A) appraised　(B) implemented
(C) devoted　**(D) recognized**

スカーレット・チョウは、今晩開かれる年に一度の受賞記念晩餐会で表彰される受賞者たちの一人だ。

正解 D　語彙　[正答率 44.1%]

being に続く空欄に -ed 形の語が入ると〈be 動詞 + 過去分詞〉の受動態の形になることから、これが修飾する名詞 honorees（受賞者たち）が「何をされている人たちなのか」を考える。正解は「表彰される、認知される」という意味を表す (D) recognized。(A) appraised は appraise（～を鑑定する）、(B) implemented は implement（～を施行する）、(C) devoted は devote（～を捧げる）の過去分詞。

Vocab. □ **honoree**「受賞者」 □ **banquet**「宴会」

Questions 131-134 refer to the following invitation.

The Honorable Quinton Fletch
Mayor of the City of Colton

Dear Mayor Fletch,

On behalf of Transcon Merchandise, I wish to invite you to be our honored guest at a special event to ------- **131.** the opening of our new regional warehouse and distribution center.

A ribbon-cutting ceremony will be held at noon on Saturday, February 15. ------- **132.**, refreshments will be served inside. Our board of directors and company executives would be delighted by your ------- **133.** at the occasion.

------- **134.**. We will be bringing roughly 100 new jobs to Colton. We hope you will join us and eagerly await your reply.

Sincerely,

Paul Redford
President, Transcon Merchandise

131-134 番は次の招待状に関するものです。

クイントン・フレッチ様
コルトン市市長

フレッチ市長様

トランスコン・マーチャンダイズ社を代表して、私たちの新しい地域倉庫と流通センターの開設を祝うスペシャルイベントに、名誉ある来賓として市長にぜひご参加いただきたく、ご連絡を差し上げます。

テープカットの祝典は 2 月 15 日土曜日の正午に開催される予定です。その後、室内で軽食が提供されます。式典にご臨席いただけましたら、取締役員および会社役員一同、たいへんうれしく思います。

貴殿の市でこの施設を開業することができて光栄です。わが社は約 100 の新しい雇用をコルトン市に創出することになります。どうぞご出席いただきますよう、お返事を心よりお待ちしております。

どうぞよろしくお願いいたします。

ポール・レッドフォード
トランスコン・マーチャンダイズ社　社長

Vocab. 本文 □ **honorable**「閣下、様（米では政府高官、英では伯爵以下の子などへの敬称）」 □ **on behalf of**「～を代表して」
□ **warehouse**「倉庫」 □ **distribution center**「配送センター」 □ **refreshments**「軽い飲食物」
□ **board of directors**「取締役会、重役会」 □ **delighted**「喜んで」 □ **occasion**「時、場合」 □ **eagerly**「熱望して」
選択肢 □ **authorization**「許可」 □ **facility**「施設」

131
(A) plan
(B) mark
(C) negotiate
(D) schedule

正解 B　修飾／文脈／語彙　[正答率 70.6%]

空欄の直前には event to があり、to の後に置く動詞の原形を選ばせる問題形式から不定詞とわかる。また、to 以下の文がなくても文が成立することから、event（イベント）を修飾する不定詞の形容詞的用法とわかる。この文書は招待状で、市長をイベントに招待しているので、(B) mark（～を記念する、祝賀する）を入れて「新しい地域倉庫と流通センターの開設を祝うイベント」とするのが適切。

990点 講師の目

mark は多義語ですが、TOEIC では動詞①「～を記念する、祝賀する」、②「～を記録する」、名詞①「しるし」②「水準」ほか、句動詞 mark down（～を値下げする）が頻出します。mark down の頻出同義語の cut down / write down / trim prices も一緒に押さえておきましょう。

132
(A) Afterwards
(B) Instead
(C) However
(D) Regardless

正解 A　語彙／文脈　[正答率 99%]

前後の文脈に合う接続副詞を選ぶ問題。空欄の前の文で「テープカットの祝典は正午に行われる」と述べ、空欄の後の文で「軽食が提供される」と、複数の事柄を並べていることから、式次第を時系列で説明していると推測される。時系列の流れを説明できるのは (A) Afterwards（後で）。(B) Instead は「代わりに」、(C) However は「しかしながら」、(D) Regardless は「それにもかかわらず」という意味。

133
(A) presently
(B) presenter
(C) to present
(D) presence

正解 D　語彙　[正答率 82.4%]

空欄の直前に所有格の your（あなたの）があるので、空欄には名詞が入る。よって選択肢は名詞の (B) presenter（贈与者、講演者）と (D) presence（いること、出席）に絞られる。招待状というメールの目的から、「出席」してくれたらうれしいと述べることになる (D) が正解。(A) presently は「現在、すぐに」という意味の副詞。

134
(A) We are nearly ready to begin construction.
(B) These positions are described in detail on our Web site.
(C) The project requires your authorization to move forward.
(D) We are pleased to be opening this facility in your town.

(A) 建設を始める準備がほとんどできています。
(B) これらのポジションは私たちのウェブサイトで詳細に説明されています。
(C) プロジェクトを進めるのにあなたの許可が必要です。
(D) 貴殿の市でこの施設を開業することができて光栄です。

正解 D　一文選択／文脈　[正答率 88.2%]

空欄の後の文に施設を開設するメリット（創出する雇用の数）が述べられている。このメールを書いた目的は市長をオープニング・セレモニーに招待するためなので、形式的挨拶をしている (D) が正解。be opening は進行形で確定的な未来を表す。確定された計画や予定に向かって現在、物事が進んでいるといった意味合いである。その他の選択肢はいずれも文脈に合わない。

Questions 135-138 refer to the following review.

Game Review: Slideways

Slideways, the new game by Questar, is a virtual masterpiece. The action is fast-paced and exciting, the puzzles are challenging yet not impossibly difficult, and the graphics are out of this world! -------, I am impressed with the movie scenes that advance the storyline. I usually skip ------- those on other games. With Slideways, I watch them again and again. -------. My one complaint is that the tools for customizing my character's appearance are too limited. Game technology has advanced enough for players to have better control over how our characters -------.

135-138 番は次の批評に関するものです。

ゲームレビュー：スライドウェイズ

クエスターによる新しいゲーム、スライドウェイズは最高傑作と言ってもいいと思います。アクションは素早いペースで進み、刺激的で、パズルは挑戦的ですが不可能なほどには難しくなく、グラフィックはこの世のものとは思えません！ とくに話の筋を進める映像シーンには感心しました。ほかのゲームではたいていそれらを飛ばしますが、スライドウェイズでは、何度も何度も見ます。毎回、細部に新しく興味深い点がいくつかあることに気づくのです。唯一の不満はキャラクターの外見をカスタマイズするツールが少なすぎるという点です。ゲーム・テクノロジーは十分に発達しているので、プレーヤーはキャラクターの見せ方をもっとコントロールできるはずです。

Vocab. 本文 □ **virtual**「事実上、仮想（現実）の（この文ではダブルミーニングで使われている）」 □ **masterpiece**「傑作」 □ **out of this world**「この世のものとは思えない、とびきり素晴らしい」 □ **advance**「～を前進させる」 □ **complaint**「不満」 □ **appearance**「外見」 選択肢 □ **annoying**「いらいらさせる」

135

(A) At first
(B) On the contrary
(C) In particular
(D) By comparison

正解 C　語彙／文脈　[正答率 94.1%]

選択肢には接続副詞が並んでいる。空欄の前の文で新しいゲームに対して好意的な批評を述べており、空欄の後ろには impressed（感心した）とさらに好意的な意見が続いている。よって、(C) In particular（とくに）が適切。(A) At first（最初は）はすでに好意的批評を述べた後なので不自然。(B) On the contrary は「逆に」、(D) By comparison は「比較すると」という意味。

136

(A) pass
(B) passing
(C) past
(D) passes

正解 C　品詞　[正答率 5.9%]

選択肢には pass が品詞を変えて並んでいる。空欄の前には動詞の skip があり、後ろに代名詞の those があるので、空欄がなくても「それらを飛ばします」と文は成立する。よって、空欄には skip を修飾する副詞の (C) past（過ぎて）を選ぶ。(A) pass は動詞で「通り過ぎる」、名詞で「通行」という意味、(B) passing（通り過ぎている）は形容詞、(D) passes は動詞 pass の 3 人称単数現在形、または名詞の複数形。

137

(A) The background music is often annoying.
(B) Yesterday the server was down for hours.
(C) I notice some new and interesting detail every time.
(D) There is a great theater in my neighborhood.

(A) バックグラウンド・ミュージックはしばしばうっとうしいです。
(B) 昨日、サーバーが何時間もダウンしていました。
(C) 毎回、細部に新しく興味深い点がいくつかあることに気づくのです。
(D) 私の近所には素晴らしい劇場があります。

正解 C　一文選択／文脈　[正答率 94.1%]

空欄の前の文で通常飛ばすシーンをこのゲームでは何度も見る、と述べているので、なぜ何度も見るのか、補足説明する文が続けば自然な流れになる。よって (C) が正解。

990点 講師の目

notice には動詞「～に気づく、～に注意する」のほか、名詞①「通知」、②「掲示、告示」、③「注目」の意味があります。派生語の形容詞 noticeable（目立つ）と類語の名詞 notification（通知）、動詞の notify A of B（A に B を知らせる）（＝ inform A of B）もあわせて押さえておきましょう。

138

(A) move
(B) look
(C) speak
(D) think

正解 B　文脈　[正答率 58.8%]

選択肢には動詞が並ぶ。空欄の前の文で character's appearance（キャラクターの外見）について不満を述べており、続く文でも、「技術は十分発達しているので、キャラクターの～をもっとコントロールできるはずです」と述べている。キャラクターの何をコントロールできるのか、空欄には appearance の言い換えになる語が入ると推測できる。よって、正解は (B)。

Questions 139-142 refer to the following memo.

From: Human Resources Department
To: All Employees

All employees ------- **139.** that information related to payroll is considered confidential. This includes salaries, hourly rates, bonuses, commissions and all other types of remuneration. Details of your personal income should not be ------- **140.** to any other person or organization. ------- **141.**. Disclosure for tax purposes or to satisfy government requirements is also permitted.

Please direct any questions about this ------- **142.** to Human Resources by calling extension 246.

139-142 番は次の社内連絡に関するものです。

差出人：人事部
あて先：全社員

給与に関する情報は機密だと見なされていることを今一度全社員にお知らせします。これには月給、時間給、ボーナス、歩合給、その他すべてのタイプの報酬を含みます。あなたの個人収入の詳細はほかのどんな人や組織にも開示すべきではありません。ローンを申し込むような場合は例外です。税務上や政府からの要求を満たすために開示することも許されています。

この方針に質問がある場合は、内線番号 246 の人事部まで連絡してください。

Vocab. 本文 □ **payroll**「給与支払いリスト、給与支払い総額」 □ **consider A B**「A を B と見なす」 □ **confidential**「機密の」 □ **commission**「手数料、歩合給」 □ **remuneration**「報酬」 □ **disclosure**「（情報などの）公開」 □ **direct A to B**「A を B に送る」 選択肢 □ **exception**「例外」 □ **apply for**「～を申請する」 □ **compensate A for B**「A に B の補償をする、A に B（仕事など）の対価を払う」 □ **approve**「～を承認する」 □ **measure**「法案」

139

(A) are reminded
(B) are to remind
(C) would be reminded
(D) have reminded

正解 A　態／時制／語法　[正答率 82.4%]

選択肢には remind が態や時制を変えて並んでいる。remind は「～に思い出させる、気づかせる」という意味で、受動態 be reminded で「～は思い出させられている＝～はあらためて知らされている＝～にあらためてお伝えします」と能動態の意味になる。よって正解は、受動態で現在形の (A) are reminded。(B) は to 不定詞の未来形で「社員がこれから思い出させる予定だ」、(C) の would は未来形の過去または過去の習慣で「お伝えしたものだった」、(D) は現在完了形で「社員がちょうど思い出させたところだ」となり、いずれも文意が通らない。

140

(A) revealingly
(B) reveals
(C) revelation
(D) revealed

正解 D　品詞　[正答率 97.1%]

選択肢は動詞 reveal (明らかにする) が品詞を変えて並んでいる。空欄の前は be 動詞なので、空欄には名詞か形容詞、または動詞の過去分詞か現在分詞が入る。よって、過去分詞 (D) revealed を選び、「明らかにされるべきではない」とするのが正解。(C) revelation は名詞だが、「意外な新事実」という意味なので文意が通らない。

141

(A) Exception is made in cases such as applying for a loan.
(B) Our employees are highly compensated for their work.
(C) Our department has set up a special hotline for this purpose.
(D) City officials are expected to approve the measure.

(A) ローンを申し込むような場合は例外です。
(B) わが社の社員は仕事に対して高額な給与が支払われています。
(C) 私たちの部署はこの目的のために特別なホットラインを設立しました。
(D) 市の職員はその法案を承認することが予想されています。

正解 A　一文選択／文脈　[正答率 64.7%]

空欄の後ろの文 Disclosure ... is also permitted (…の開示も許されています) の also に着目する。also (～もまた、さらに、同様に) は前述された語や文を受けるので、開示を許す最初の例が空欄にあれば自然な文の流れを作る。よって、(A) が正解。

990点 講師の目

句動詞 compensate A for B (A に B [損害など] の補償・賠償をする、A に B の対価を払う) は頻出表現です。句動詞 compensate for ([損失など] の埋め合わせをする)、名詞 compensation の 2 つの意味「(～に対する) 補償、賠償金」「報酬」とあわせて覚えましょう。

142

(A) form
(B) proposal
(C) offer
(D) policy

正解 D　語彙／文脈　[正答率 94.1%]

選択肢には名詞が並ぶ。この社内連絡は会社の給与情報開示の禁止と例外について述べているので、人事部からの社内連絡は会社のルールに関する説明だとわかる。よって、空欄を含む文にルールと類語の (D) policy (方針) を入れて、「この方針に質問がある場合は人事部に連絡してください」とするのが適切。(A) form は「用紙、形」、(B) proposal は「提案」、(C) offer は「申し出」という意味。

Questions 143-146 refer to the following e-mail.

To: Mindy Singh <msingh@greystoke.com>
From: Barbara Powell <bpowell@greystoke.com>
Subject: Thanks!
Date: December 10

Dear Mindy,

Thank you for agreeing to ------- **143.** the attached spreadsheet. Specifications and instructions for making the changes are also attached. My department is currently short-staffed and under pressure to meet a number of deadlines. Your ------- **144.** this assignment came as a great relief to us all. Jung Men installed the spreadsheet application onto your office computer yesterday evening. ------- **145.**. Still, you may be unfamiliar with certain functions, so don't hesitate to ask for assistance.

If you have ------- **146.** downloading or opening either attachment, please let me know right away.

Thanks again,

Barbara

143-146 番は次のメールに関するものです。

あて先：ミンディ・シング <msingh@greystoke.com>
送信者：バーバラ・パウエル <bpowell@greystoke.com>
件名：感謝！
日付：12 月 10 日

ミンディさん

メールに添付したスプレッドシートの修正を引き受けてくれてありがとうございます。メールには変更のための詳述と指示も添付しています。私の部署は現在人員不足で、多くの締め切りに間に合わせるためにプレッシャーを感じています。あなたがこの仕事を受諾してくれて、私たちは全員、本当にほっとしています。ユング・メンさんがスプレッドシート・アプリを昨晩あなたのオフィスの PC にインストールしてくれました。それはあなたがいつも使っているものとかなり似ています。それでもやはり、よく知らない機能もあるかもしれませんので、助けが必要ならためらわずに言ってください。

もしどちらかの添付書類をダウンロードまたは開く際に何か問題があれば、すぐに私に知らせてください。

どうぞよろしくお願いいたします。

バーバラ

Vocab. 本文 □ **attached**「添付した」 □ **spreadsheet**「表計算（ソフト）」 □ **short-staffed**「人員不足の」 □ **assignment**「割り当てられた仕事」 □ **relief**「ほっとすること、安心」 □ **hesitate**「～をためらう」 選択肢 □ **feature**「特色」

143

(A) overlook
(B) modify
(C) collaborate
(D) improvise

正解 B　語彙　[正答率 61.8%]

空欄の次の文 Specifications and instructions for making the changes are also attached.（メールには変更のための詳述と指示も添付しています）にあるthe changes に着目する。the は前述された語や共通認識のある名詞に付けるので、添付のスプレッドシートについて合意した内容は making the changes（変更すること）と推測される。よって、making the changes（変更）を言い換えた(B) modify（～を修正する）が正解。(A) overlookは「～を見渡す、見落とす」、(C) collaborate は「協力する」、(D) improvise は「～を即興で作る」という意味。

990点 講師の目

modify には「～を修飾する」という意味がありますが、ビジネス英語では圧倒的に「～を修正する、変更する」の意味で使われます。類義語の amend / revise / change / alter もあわせて覚えましょう。なお、「修正」と「修理」は異なりますので、repair と言い換えはできません。

144

(A) acceptable
(B) accepted
(C) accepting
(D) acceptance

正解 C　語彙／品詞　[正答率 91.2%]

選択肢には動詞 accept（～を受け入れる）の変化形が並んでいる。空欄の前は所有格 Your（あなたの）なので、空欄には名詞が入る。また空欄の後ろには目的語があるので、目的語をとる動詞の役割を果たしながら名詞となる、動名詞の (C) accepting（受諾すること）が正解。動名詞の前に置かれた所有格は動詞の意味上の主語になるので、空欄を含む文は「あなたが仕事を受諾してくれたこと」となる。

145

(A) He is the newest member of the department.
(B) It is fairly similar to the one you normally use.
(C) Thank you for letting him know right away.
(D) The large monitor is a particularly nice feature.

(A) 彼は部署でいちばん新しいメンバーです。
(B) それはあなたがいつも使っているものとかなり似ています。
(C) すぐに彼に知らせてくれてありがとうございます。
(D) 大きなモニターはとくに素晴らしい特徴です。

正解 B　一文選択／文脈　[正答率 88.2%]

空欄の後ろには Still があり、「それでもやはり、よく知らない機能があるかもしれない」と逆接の文が続いている。よって、空欄には「よく知っている、慣れている」という内容の文が入らなければならない。したがって正解は (B)。

146

(A) more problems
(B) the problem
(C) any problems
(D) another problem

正解 C　修飾　[正答率 97.1%]

選択肢には problem（問題）と修飾語の組み合わせが並ぶ。問題はあるかないかわからないが、起こりえるすべての問題を指しているので、正解は (C) any problems（どんな問題 [も]）。(A) more problems は「より多くの問題」、(B) the problem は「その問題」、(D) another problem は「もう1つの問題」という意味。

Questions 147-148 refer to the following certificate.

Certificate of Authenticity

It is hereby certified that

Javier McCray

has personally autographed the baseball glove (stamped with serial number 04982764) that accompanies this document.

The item was signed under the observation of The Leader Mark, Inc.

The autograph is unconditionally guaranteed as to its authenticity.

William Bell

William Bell

President, Chairman and CEO

The Leader Mark, Inc.

21 Chestnut Hill Road

Pittsburgh, PA 15223

147-148 番は次の証明書に関するものです。

真正証明書

ここに以下を証明いたします、
本状に付属する野球グローブ（識別番号：04982764）には
ハヴィエル・マックレイ
が自らサインしました。
この商品にはリーダー・マーク株式会社の陪席の下で署名されました。
このサインはその真正性に関して確実に保証されます。

William Bell
ウィリアム・ベル
社長・会長兼最高経営責任者
リーダー・マーク株式会社
チェスナット・ヒル通り 21 番地
ピッツバーグ市 ペンシルバニア州 15223

Vocab. 本文 □ **certificate of authenticity**「鑑定書」 □ **hereby**「これによって、このように」 □ **autograph**「～にサインをする；サイン」 □ **serial number**「シリアルナンバー、通し番号」 □ **accompany**「～に添える」 □ **observation**「観察」 □ **unconditionally**「無条件に、絶対に」 □ **guarantee**「～を保証する」 選択肢 □ **legitimate**「適法な」 □ **affirm**「～を断言する」 □ **genuine**「本物の」 □ **honor**「～を称える」 □ **sports equipment**「スポーツ用品」

147 What is the purpose of the certificate?
(A) To prove a degree is legitimate
(B) To back up a product warranty
(C) To affirm a signature is genuine
(D) To honor a career achievement

この証明書の目的は何ですか？
(A) 学位が正当であることを証明するため
(B) 製品の保証を裏づけるため
(C) 署名が本物であることを確約するため
(D) 仕事上の業績を称賛するため

正解 C
[正答率 60.3%]

この証明書の標題にCertificate of Authenticity（真正証明書）とあり、本文の8～9行目にThe autograph is unconditionally guaranteed as to its authenticity.（このサインはその真正性に関して確実に保証されます）とあることから、サインが本物であることの証明書であるとわかる。よって正解は(C)。

148 What most likely accompanies the document?
(A) A photo of Javier McCray
(B) A business card
(C) A jewelry item
(D) A piece of sports equipment

この書類にはおそらく何が付属しますか？
(A) ハヴィエル・マックレイの写真
(B) 名刺
(C) ジュエリーアイテム
(D) スポーツ用品

正解 D
[正答率 71.6%]

本文冒頭にIt is hereby certified that Javier McCray has personally autographed the baseball glove (stamped with serial number 04982764) that accompanies this document.（ここに以下を証明いたします、本状に付属する野球グローブ［識別番号：04982764］にはハヴィエル・マックレイが自らサインしました）とあることから、この書類に付属するのは野球グローブである。よって正解は(D)。sports equipmentは「スポーツ用品」を意味する。

これがエッセンス

certificate（証明書）は、「…が～であることを証明する」ということが書かれている文章ですから、「何が何であるのか」を読み取ることが求められています。表彰状や感謝状などと同じく独特な表現が出てきますが、文章のパターンは決まっています。

Questions 149-150 refer to the following e-mail.

E-mail Message

To: Akira Ono <dr.a.ono@progolabs.org>
From: Benjamin Tuttle <b.tuttle@howell.com>
Re: Order 2A1936
Date: May 8
Attachment: 2A1936

Dear Dr. Ono,

We have received and understand your cancelation of your last order. A document providing details about the product that had been placed on back order is attached for your review.

We deeply regret any inconvenience caused by our current lack of available merchandise. As your sales representative may have mentioned, Howell Manufacturing is experiencing ongoing difficulty in acquiring the raw material needed to produce one of the item's key components. We have been testing other materials as substitutes. However, we have yet to find one that meets our quality control standards.

Sincerely,

Benjamin Tuttle
Director of Sales
Howell Manufacturing

149-150 番は次のメールに関するものです。

あて先: アキラ・オノ <dr.a.ono@progolabs.org>
送信者: ベンジャミン・タトル <b.tuttle@howell.com>
件名: 注文 2A1936
日付: 5月8日
添付: 2A1936

オノ博士

先のご注文をお取り消しなさる旨、承知いたしました。入荷待ちでご注文されていた製品の詳細に関する書類を、ご参考のためにお送りいたします。

現在販売可能な製品がなく、ご不便をおかけいたします。営業担当者が申し上げましたように、ハウエル・マニュファクチュアリングは、製品の根幹となる部品を製造するのに必要な原材料を入手できない状態が続いております。ほかの原材料を代替品とするべく商品テストをしておりますが、品質管理基準を満たすものをまだ見つけられていない状況でございます。

よろしくお願いいたします。

ベンジャミン・タトル
営業部長
ハウエル・マニュファクチュアリング

Vocab. 本文 □ **back order**「取り寄せ注文、入荷待ち」 □ **attach**「～を添付する」 □ **review**「再検討、再確認」 □ **regret**「～を遺憾に思う」 □ **inconvenience**「不便」 □ **available**「入手できる」 □ **sales representative**「営業担当者」 □ **ongoing**「進行中の」 □ **acquire**「～を入手する」 □ **raw material**「原材料」 □ **component**「構成要素」 □ **substitute**「代用品」 □ **quality control standard**「品質管理基準」 選択肢 □ **vendor**「供給業者」 □ **alternative**「代わるもの」

149 Why most likely did Dr. Ono cancel his order?
(A) He purchased the item from another vendor.
(B) He decided to use a different item.
(C) He had requested an item that was out of stock.
(D) He realized he no longer needed the item.

オノ博士はなぜ注文を取り消したと思われますか?
(A) 彼はほかの販売者から商品を購入した。
(B) 彼は別の商品を使うことにした。
(C) 彼は在庫切れの商品を注文していた。
(D) 彼はその商品をもう必要としないことに気づいた。

正解 C
[正答率 67.8%]

オノ博士が注文をキャンセルした理由を推測できる箇所は、第2段落の1～2行目に We deeply regret any inconvenience caused by our current lack of available merchandise.(現在販売可能な製品がなく、ご不便をおかけいたします)と述べられている。したがって、オノ博士が注文した製品が製造元にないことがキャンセルの原因であると考えられるので、正解は(C)。

150 According to the e-mail, what has Howell Manufacturing been doing?
(A) Looking into alternatives
(B) Raising quality standards
(C) Seeking new suppliers
(D) Considering an expansion

メールによると、ハウエル・マニュファクチュアリングは何をしてきていますか?
(A) 代替品を検討する
(B) 品質水準を上げる
(C) 新しい供給元を探す
(D) 拡大を検討する

正解 A
[正答率 65.9%]

ハウエル・マニュファクチュアリングの取り組みについて、第2段落2～4行目で原材料の入手が困難であることを述べたうえで、次の文で We have been testing other materials as substitutes.(ほかの原材料を代替品とするべく商品テストをしております)と続けている。したがって、同社は代替となる材料を検討していることがわかるので、正解は(A)。

これがエッセンス

メールはPart 7で出題される文書の中で最もよく見かけるものの1つです。内容も多岐にわたりますが、常にヘッダー部分にある「To(あて先)」「From(送信者)」「Subject(件名)」をチェックしたうえで臨みましょう。日本語のメールの冒頭は挨拶文が来ることが多いですが、英語のメールでは多くの場合、冒頭には用件が書いてあります。

Questions 151-152 refer to the following text-message chain.

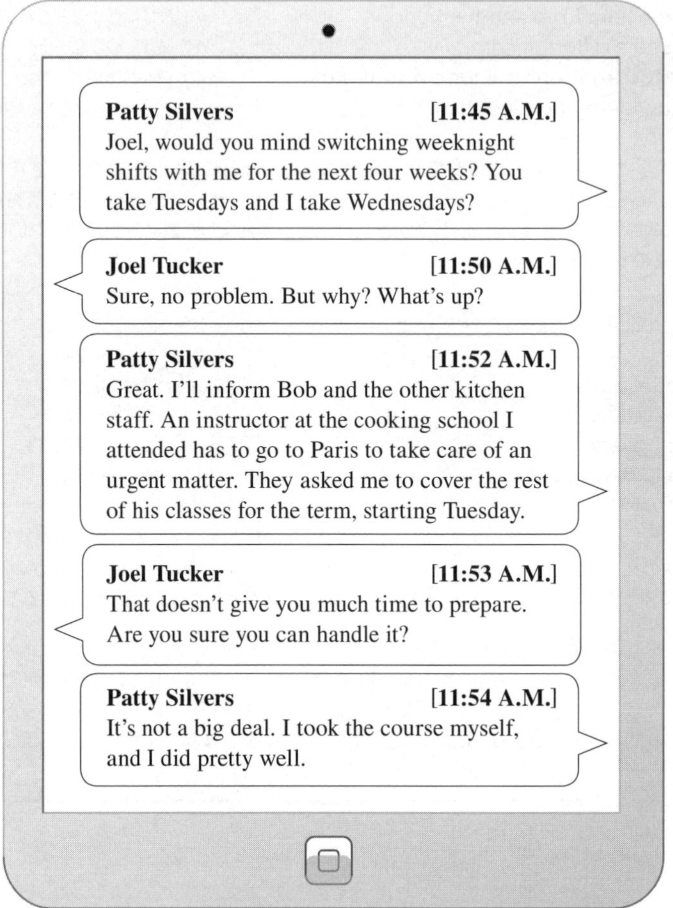
Patty Silvers [11:45 A.M.]
Joel, would you mind switching weeknight shifts with me for the next four weeks? You take Tuesdays and I take Wednesdays?
Joel Tucker [11:50 A.M.]
Sure, no problem. But why? What's up?
Patty Silvers [11:52 A.M.]
Great. I'll inform Bob and the other kitchen staff. An instructor at the cooking school I attended has to go to Paris to take care of an urgent matter. They asked me to cover the rest of his classes for the term, starting Tuesday.
Joel Tucker [11:53 A.M.]
That doesn't give you much time to prepare. Are you sure you can handle it?
Patty Silvers [11:54 A.M.]
It's not a big deal. I took the course myself, and I did pretty well.

151-152 番は次のテキストメッセージのやり取りに関するものです。

パティ・シルバース **[午前 11 時 45 分]**
ヨエルさん、これから 4 週間、平日の夜のシフトを、あなたが火曜日で、私が水曜日というふうに交換していただけませんか？

ジョエル・タッカー **[午前 11 時 50 分]**
いいですよ、問題ありません。でもなぜですか、何かありましたか？

パティ・シルバース **[午前 11 時 52 分]**
よかった。ボブとキッチンのほかのスタッフに伝えておきます。私が行っていた料理学校の先生が急な用事でパリに行かなくてはならなくなったのです。それで学校が私に今学期の彼の残りの授業を、火曜日から代講するように依頼してきたのです。

ジョエル・タッカー **[午前 11 時 53 分]**
それでは準備する時間があまりないですね。本当に対処できるのですか？

パティ・シルバース **[午前 11 時 54 分]**
大したことではありません。私自身がその授業を受けていましたからね。出来もよかったんですよ。

Vocab. 本文 □ **What's up?**「どうしたの？」 □ **urgent**「緊急の」 □ **term**「期間、学期」 □ **big deal**「大変なこと」
選択肢 □ **compensation**「報酬」 □ **upset**「動揺して、腹を立てて」 □ **turn down**「（申し出など）を断る」
□ **short notice**「急な知らせ」 □ **resolve**「～を解決する」

151 Where does Mr. Tucker probably work?
(A) At a school
(B) At a theater
(C) At a library
(D) At a restaurant

タッカーさんはおそらくどこで働いていますか？
(A) 学校
(B) 劇場
(C) 図書館
(D) レストラン

正解 D
［正答率 64.0%］

タッカーさんが働いている場所が推測できるのは11時52分のシルバースさんの記述にある I'll inform Bob and the other kitchen staff.（ボブとキッチンのほかのスタッフに伝えておきます）という部分。キッチンで働くスタッフがいる場所として4つの選択肢の中で最適なのは、(D) のレストラン。

152 At 11:54 A.M., what does Ms. Silvers mean when she writes, "It's not a big deal"?
(A) She was not offered much compensation for a job.
(B) She is not upset about being turned down.
(C) She is able to do a task on short notice.
(D) She believes an issue will be resolved quickly.

午前11時54分に、シルバースさんが「大したことではありません」と書いているのはどういう意味ですか？
(A) 彼女は仕事の報酬を十分に受けていなかった。
(B) 彼女は断られたことに憤っていない。
(C) 彼女は急な仕事をすることができる。
(D) 彼女はすぐに問題が解決すると思っている。

正解 C
［正答率 69.7%］

シルバースさんがタッカーさんにシフトを代わってもらいたい理由として11時52分に They asked me to cover the rest of his classes for the term, starting Tuesday.（彼らは私に今学期の彼の残りの授業を、火曜日から代講するように依頼してきたのです）と述べ、それに対してタッカーさんは11時53分に Are you sure you can handle it?（本当に対処できるのですか？）と準備期間の短さを心配して問いかけている。It's not a big deal はそれに対する返事なので、代講が務まるという意味である。よって正解は (C)。

990点 講師の目

deal は「取引、政策、分配」といった意味のほか、「多くの量」など多様な意味を持ちます。したがって、It's not a big deal. は文脈によってさまざまなメッセージを伝えることができます。口語表現の意図を聞く問題では、どの意味で使われているのかを文脈から判断するように心がけましょう。

Questions 153-155 refer to the following invoice.

Norris Bros Heating & Plumbing
5252 Juniper Circle, Bakersfield, CA 93310
www.norrisbros.hp.com
661-555-0123

Invoice

Bill To
Rosewood Apartments
20 Orville St., Bakersfield, CA 93312
manager@rosewoodapts.com
661-555-0198

Invoice Number: INV43648
Invoice Date: November 10

Date of Service Call: November 8

Description	Units/Hours	Total
Installation of sinks and fixtures in 3 residential units as requested by apartment manager Kate Hart (3 hours)	3	150.00
Pullman sink basins	3	450.00
Aquamax faucets	3	270.00
Aquamax water dials	6	120.00
Routine inspection and maintenance of building's water heater in accordance with existing service contract (1 hour)	N/A	

Invoice Total: $990.00

Thank you for your business!

Terms & Instructions
Please remit payment within 20 days of invoice date.
Products installed on November 8 covered by a 3-year warranty.

153-155 番は次の請求書に関するものです。

ノリス・ブラザーズ・ヒーティング・アンド・プラミング
ジュニパー通り 5252 番地 ベーカーズフィールド市 カリフォルニア州 93310
www.norrisbros.hp.com
661-555-0123

請求書
NBHP

請求先
ローズウッド・アパートメント様
オーヴィル通り 20 番地 ベーカーズフイールド市 カリフォルニア州 93312
manager@rosewoodapts.com
661-555-0198

請求書番号： INV43648
発行日： 11 月 10 日

訪問サービス日： 11 月 8 日

細目	単位／時間	合計
管理人ケイト・ハルト様のご依頼による、3 住戸への流し台設置（3 時間）	3	150 ドル
プルマン・キッチンシンク	3	450 ドル
アクアマックス蛇口	3	270 ドル
アクアマックス水道調節弁	6	120 ドル
現在のサービス契約に基づく給湯器の点検およびメンテナンス（1 時間）	なし	

請求総額：990 ドル

ご利用ありがとうございます！

諸条件
請求書の発行日より 20 日以内にお支払いください。
11 月 8 日に設置した商品は 3 年保証です。

153 What is indicated about Rosewood Apartments?
(A) It has a total of three residential buildings.
(B) It incurred labor charges from the Norris Bros service call.
(C) It has a water heater in need of replacement.
(D) It hired Norris Bros for the first time in November.

ローズウッド・アパートメントについて何が述べられていますか?
(A) 合計3つの住居棟がある。
(B) ノリス・ブラザーズの訪問修理で作業費が発生した。
(C) 交換の必要な給湯器がある。
(D) 11月に初めてノリス・ブラザーズを雇った。

正解 B
[正答率 28.3%]

Rosewood ApartmentsはBill toの後ろにあることから、この請求書のあて名である。Date of Service Call(訪問サービス日)にNovember 8とあり、またDescription(請求内容)の1つ目にInstallation of sinks and fixtures ... とあるので、11月8日にいくつかの工事が行われていることがわかる。請求書の冒頭から、請求元はNorris Bros Heating & Plumbingで、同社から工事費用を請求されているため、正解は(B)。Descriptionの1つ目に3 residential unitsとあるが、これは集合住宅の3住戸という意味で住居棟の数は不明なので、(A)は誤り。

154 What is most likely true about the Aquamax water dials?
(A) They were provided at a reduced price.
(B) They have been discontinued by Pullman.
(C) They are backed by a 3-year guarantee.
(D) They will be inspected yearly after installation.

アクアマックス水道調節弁について、どれが正しいと思われますか?
(A) 割引価格で提供された。
(B) プルマンによって中止された。
(C) 3年間の保証に守られている。
(D) 設置後に毎年点検される。

正解 C
[正答率 69.7%]

設問のAquamax water dialsは請求書のDescriptionに登場する。さらに、Terms & Instructionsの2つ目にProducts installed on November 8 covered by a 3-year warranty.(11月8日に設置した製品は3年保証です)とあるので、Aquamax water dialsに3年の保証が付いていることがわかる。よって正解は(C)。

155 By when must the invoice be paid?
(A) November 8
(B) November 10
(C) November 20
(D) November 30

この請求書はいつまでの支払いですか?
(A) 11月8日
(B) 11月10日
(C) 11月20日
(D) 11月30日

正解 D
[正答率 65.3%]

Terms & Instructionsの1つ目にPlease remit payment within 20 days of invoice date.(請求書の発行日より20日以内にお支払いください)とある。また、上部のInvoice DateにNovember 10と記載されているので、11月10日に請求書が発行され、支払期限は11月30日であることがわかる。よって正解は(D)。

990点 講師の目
請求書に記載された日付と「諸条件」の記述内容を合わせて答える問題ですね。注意事項や補足説明に正解を導くための情報が記載されることが多いので、読み飛ばさずに確認しましょう。

Vocab. 本文 □ **invoice**「請求書」 □ **plumbing**「配管工事」 □ **description**「説明」 □ **installation**「取り付け」 □ **sink**「流し台」 □ **fixture**「取り付け備品」 □ **residential unit**「(アパートなどの)住戸(1単位)」 □ **basin**「洗面器」 □ **faucet**「蛇口」 □ **inspection**「点検」 □ **in accordance with**「~に即して」 □ **remit**「~を送金する」 □ **warranty**「保証」
選択肢 □ **incur**「~を負う、被る」 □ **discontinue**「~の生産をやめる」

Questions 156-157 refer to the following e-mail.

E-mail Message

To:	Human Resources Director
From:	Public Relations Director
Subject:	Notice of Resignation
Date:	February 10

Dear Ms. Tanaka,

I am writing to give notice of my impending resignation from my position as director of public relations, effective at the end of the business day on Monday, August 10. A firm in another industry presented me with a very attractive opportunity in senior management, and I have accepted the offer. I deeply appreciate the years I have spent working for Peakwell Consolidated. I will always look back fondly on my career with this amazing organization.
If I can be of service in the recruitment or appointment of my replacement, I would be more than happy to assist. Thank you for everything you've done for me.

Sincerely,

Laurence Hardy

156-157 番は次のメールに関するものです。

あて先： 人事部長
送信者： 広報部長
件名： 退職通知
日付： 2月10日

田中様

8月10日月曜日の業務終了を持って、広報部長としての役職を辞任する旨、通知いたします。別の業界の会社から上級管理職へという非常に魅力的なお誘いをいただき、私はその申し出をお受けすることとしました。ピークウェル・コンソリデーティッドで勤務した日々に深く感謝します。この素晴らしい会社での勤務はこの先も懐かしく思い出すことでしょう。
後任の採用や指名でお役に立てることがありましたら、喜んでお手伝いいたします。私のためにしてくださったことすべてに感謝申し上げます。

ありがとうございました。

ローレンス・ハーディー

Vocab. 本文 □ **human resources**「人事部」 □ **resignation**「辞任」 □ **impending**「間近に迫っている」 □ **effective**「効力を発する」 □ **attractive**「魅力的な」 □ **appreciate**「～に感謝する」 □ **fondly**「懐かしく」 □ **be of service**「役に立つ」 □ **appointment**「任命、指名」 選択肢 □ **geographic**「地理的な」 □ **postpone**「～を延期する」 □ **counteroffer**「対案」

156 What does Mr. Hardy say is different about his future employer?
(A) Its geographic location
(B) Its field of business
(C) Its corporate culture
(D) Its approach to management

ハーディーさんは未来の雇用主について何が異なると言っていますか?
(A) 地理的な位置
(B) 仕事の分野
(C) 企業文化
(D) 管理の仕方

正解 B
[正答率 49.0%]

メール本文の冒頭で退職することを告げた後、3～4行目でA firm in another industry(別の業界の会社)からのオファーを受けたと述べていることから、ハーディーさんの今後の職場はそれまでの分野と異なることが推察される。よって正解は(B)。

157 What does Mr. Hardy offer to do?
(A) Postpone his date of departure
(B) Consider a counteroffer
(C) Help fill his position
(D) Meet with Ms. Tanaka

ハーディーさんは何をすると申し出ていますか?
(A) 離職日を延期する
(B) 対案を検討する
(C) 彼の職位を埋める手助けをする
(D) タナカさんと会う

正解 C
[正答率 75.3%]

ハーディーさんの申し出に関する内容は本文の下から2行目以降にIf I can be of service in the recruitment or appointment of my replacement, I would be more than happy to assist.(後任の採用や指名でお役に立てることがありましたら、喜んでお手伝いいたします)とある。ハーディーさんは自分の後任選びの手伝いを申し出ていることがわかるので、正解は(C)。

これがエッセンス

メールの内容は多岐にわたり、時には長文のこともあります。ほかの文書と違って内容の予測がしにくいメールの出題においては、設問を先読みしておくことをおすすめします。文書の中から読み取るべき情報を明確にしておくことによって、時間の節約ができ、何より集中力を高めることにつながります。

Questions 158-160 refer to the following article.

Shultz XLS Has Competition From Unlikely Source

By Lydia Flint

The Shultz XLS has long been the ideal choice for car buyers looking for a small sedan offering both luxury and superb handling. Now the XLS might finally have been caught—and even surpassed in value—by Otis, which is known for economy vehicles, not luxury automobiles. The new Otis Odyssey resembles a German luxury sedan in both appearance and handling ability. The standard two-liter, four-cylinder engine has plenty of power, while the optional three-liter V6 delivers even more. The Odyssey's price is far less than that of the Shultz XLS. The post-purchase cost of ownership will be lower, as well, owing to its excellent build. Otis recently ranked first among all automakers in initial quality. Compared to the XLS, the Odyssey has only one drawback—the Otis brand is less likely to impress your acquaintances.

158-160 番は次の記事に関するものです。

シュルツ XLS に
思いもかけない競争相手が出現する

リディア・フリント

シュルツ XLS は、高級感と優れた操作性を持った小さなセダン車を探している自動車購入者にとって、長い間理想的な選択でした。今や XLS はその価値において、高級車ではなく大衆車として知られているオーティスに、ついに追いつかれ、さらに追い抜かれたかもしれません。新しいオーティス・オデッセイは、外観と操作性の両方でドイツの高級セダンに似ています。標準装備の２リッター、４気筒エンジンは申し分のない出力ですが、オプションの３リッター、V 型６気筒エンジンはさらに高い性能を発揮します。オデッセイの価格は、シュルツ XLS の価格よりもはるかに安いです。優れた造りをしているので、購入後の維持費も低くなります。オーティスは最近、初期品質において全自動車メーカーで第１位に選ばれました。XLS と比べると、オデッセイには劣る点が１つだけあります。オーティス・ブランドはあなたの知人にあまり感動してもらえないだろうという点です。

Vocab. 本文 □ **superb**「見事な」 □ **surpass**「～を上回る、越える」 □ **vehicle**「乗り物」 □ **resemble**「～に似ている」 □ **appearance**「外見」 □ **four-cylinder**「4 気筒の」 □ **V6**「V 型 6 気筒」 □ **post-purchase**「購入後の」 □ **owing to**「～が原因で、のために」 □ **build**「構造、造り」 □ **initial**「初期の」 □ **drawback**「劣っている点」 □ **acquaintance**「知人」 選択肢 □ **establish**「～を設立する」 □ **maneuverability**「操作性」 □ **sturdy**「頑丈な」 □ **fuel efficiency**「燃費」 □ **warranty**「保証」

158 What is most likely true about Otis?
(A) It was recently established.
(B) It is headquartered in Germany.
(C) It mainly produces economy cars.
(D) It has acquired an older company.

オーティスについて、最もあてはまると思われるものはどれですか?
(A) 最近創立された。
(B) ドイツに本社を置く。
(C) おもに大衆車を製造する。
(D) 古い会社を買収した。

正解 C
[正答率 62.2%]

オーティスについては記事本文の3~5行目でNow the XLS might finally have been caught—and even surpassed in value—by Otis, which is known for economy vehicles, not luxury automobiles.(今やXLSはその価値において、高級車ではなく大衆車として知られているオーティスに、ついに追いつかれ、さらに追い抜かれたかもしれません)と述べられている。オーティスは低価格車を生産していることがわかるので、正解は(C)。

159 According to the article, what advantage does the Odyssey have over the XLS?
(A) Its engine is more powerful.
(B) Its price is less expensive.
(C) Its brand name is more impressive.
(D) Its maneuverability is superior.

記事によると、オデッセイがXLSを上回る強みは何ですか?
(A) エンジンがより強力である。
(B) 値段がXLSより安い。
(C) ブランド名がより印象的である。
(D) 操作性が優れている。

正解 B
[正答率 67.8%]

オデッセイとXLSを比較して述べているのは本文の9~10行目である。The Odyssey's price is far less than that of the Shultz XLS.(オデッセイの価格は、シュルツXLSの価格よりもはるかに安いです)と述べられていることから、オデッセイの強みは価格であるとわかる。よって正解は(B)。エンジンの性能についても触れられている(engine has plenty of power)が、XLSより勝っているとは書かれていない。

160 According to the article, why will Odyssey owners save money over time?
(A) Because of the sturdy construction
(B) Because of the excellent fuel efficiency
(C) Because of the long warranty period
(D) Because of the low insurance costs

記事によると、なぜオデッセイの所有者は時がたつとお金を節約できるのですか?
(A) 頑丈な構造のため
(B) 優れた燃費のため
(C) 長い保証期間のため
(D) 安い保険料のため

正解 A
[正答率 37.7%]

オデッセイを所有することで節約につながる点は本文の10~12行目にThe post-purchase cost of ownership will be lower, as well, owing to its excellent build.(優れた造りをしているので、購入後の維持費も低くなります)と述べられていることから、車の造りに関係があることがわかる。したがってbuildをconstructionで言い換えた(A)が正解。

これがエッセンス

新聞や雑誌の記事では、タイトルを理解してから本文を読みましょう。通常、記事のタイトルは内容を端的に表しています。タイトルに具体的な物や状況、理由などを付け加えたものが記事です。したがって、タイトルは長い記事を読むときの道しるべになります。

Questions 161-164 refer to the following notice.

Notice

Presentation Workshop

Do you want to present like a pro? The Training Department of Vendo Incorporated, in conjunction with the IT Department, will be offering a five-part workshop on using the Slide Star application to create and deliver high-quality electronic presentations. — [1] —. Suitable for experts and novices alike, the workshop will be held Thursday afternoons from 3 P.M. to 5 P.M., November 14 to December 5, in Conference Room E. — [2] —. Those who take part will learn to combine text, graphic art, animation, video, and audio into impressive presentations that will impact audiences in venues from large auditoriums to small meeting rooms. Upon completion, you will have acquired the skills to make preprogrammed, informational presentations for broadcast online, as well as self-running product demonstrations for sales and marketing. — [3] —. All Vendo Incorporated employees are welcome to enroll. — [4] —. Contact the Training Department at extension 13 by October 6 to assure your space.

161-164 番は次のお知らせに関するものです。

お知らせ

プレゼンテーション・ワークショップ

プロのように発表したいと思いませんか？ ヴェンド株式会社研修部では、IT 部と合同で、スライド・スター・アプリケーションを使って質の高い電子プレゼンテーションを作成・実施するための全５回のワークショップを行います。—[1]—。初心者から上級者まで対応するこのワークショップは、会議室 E で 11 月 14 日から 12 月５日まで、毎週木曜日の午後３時から５時まで開かれます。—[2]—。参加者は、文章、グラフィックアート、アニメーション、動画や音声を組み合わせた、印象的なプレゼンテーションの作り方を学びます。大講堂から小会議室まで、会場にいる聴衆にインパクトを与えるようなプレゼンです。修了時には、販売宣伝向けの自動再生による製品の実演はもちろん、インターネット放送向けに事前プログラムされた情報プレゼンテーションをも作るスキルが身についていることでしょう。—[3]—。ヴェンド株式会社全従業員の皆さんの申し込みをお待ちしています。—[4]—。ご予約は 10 月６日までに内線 13 番の研修部にご連絡ください。

Vocab. 本文 □ **in conjunction with**「～と共同で、協力して」 □ **novice**「初心者」 □ **alike**「同様に」 □ **take part**「参加する」 □ **combine**「～を組み合わせる」 □ **venue**「開催地」 □ **self-running**「自走式の、（プレゼンなどが）自動再生の」 □ **enroll**「申し込む」 □ **extension**「内線」 選択肢 □ **procedure**「手順」 □ **conduct**「～を行う」 □ **personnel**「社員」 □ **available**「利用可能な」 □ **permission**「承認」

161 What will the workshop mainly teach?
(A) How to format business documents
(B) How to improve public speaking skills
(C) How to use a software program
(D) How to develop training procedures

このワークショップはおもに何を教えますか?
(A) ビジネス文書の構成法
(B) 演説スキルの上達法
(C) ソフトウェアの使用法
(D) 研修手順の開発法

正解 C
[正答率 28.3%]

このワークショップの内容は、本文冒頭で The Training Department ... will be offering a five-part workshop on using the Slide Star application (研修部では…スライド・スター・アプリケーションを使った全5回のワークショップを行います) と述べられていることから、ソフトフェアの使い方の研修であることがわかる。よって正解は (C)。

162 What is indicated about the workshop?
(A) It will be conducted in more than one location.
(B) It is open only to sales and marketing personnel.
(C) It will be available on the Vendo Incorporated Web site.
(D) It will consist of five separate sessions.

ワークショップに関して何が述べられていますか?
(A) 2カ所以上で開催される。
(B) 販売・宣伝部員のみ対象となる。
(C) ヴェンド株式会社のウェブサイトで利用できる。
(D) 5つの別々のセッションで構成される。

正解 D
[正答率 67.8%]

ワークショップの説明として2行目に a five-part workshop (全5回のワークショップ)、4～5行目に the workshop will be held Thursday afternoons from 3 P.M. to 5 P.M., November 14 to December 5 (このワークショップは11月14日から12月5日まで、毎週木曜日の午後3時から5時まで開かれます) とあることから、このワークショップは5回にわたって開かれることがわかる。よって正解は (D)。

163 The word "assure" in paragraph 1, line 12, is closest in meaning to
(A) secure
(B) convince
(C) promise
(D) console

第1段落12行目の assure に最も意味が近い語は
(A) 保証する
(B) 説得する
(C) 約束する
(D) 慰める

正解 A
[正答率 52.7%]

assure は接頭辞 as- (～のほうへ) と sure (確実な) という部分で構成され、「確実にする」という意味から「保証する」という意味を表すようになった動詞。この意味を持つのは (A) secure である。よって正解は (A)。

164 In which of the positions marked [1], [2], [3], and [4] does the following sentence best belong?

"Permission must be obtained from their supervisors before doing so."

(A) [1]
(B) [2]
(C) [3]
(D) [4]

[1]、[2]、[3]、[4] のうち、次の文が入る最も適切な箇所はどこですか?
「前もって責任者の承諾を得ること。」
(A) [1]
(B) [2]
(C) [3]
(D) [4]

正解 D
[正答率 69.7%]

before doing so (そのようにする前に) というフレーズの so は前の内容を受けて「そのように」を意味する副詞である。[4] の直前にある to enroll (申し込むこと) というフレーズを受けていると考えれば、責任者の承諾を得る必要があることにもつながる。よって正解は (D)。

990点 講師の目

文を挿入する問題では、挿入する英文に着目しましょう。it や they といった代名詞や so や such といった代用表現は、必ずそれに対応する具体的な表現がその前にあるはずです。この問題では so の内容を考えると挿入箇所が選べます。

TEST 1 TEST 2 TEST 3 **TEST 4** TEST 5

Questions 165-167 refer to the following letter.

Hotel Katze
Hochbaumstrasse 8
4231 Zuerich
SWITZERLAND

Dear Hotel Katze:

I recently arrived home after a trip to Switzerland during which I spent five nights at your hotel. — [1] — On the second day of my stay, I managed to injure my knee in your gym. Your concierge, Noah Keller, made arrangements for a doctor to come to my room and for the delivery of prescription medication from a nearby pharmacy. — [2] —. He checked on me regularly during my stay to see if I needed anything. Mr. Keller also arranged for special room service from your restaurant and coordinated with housekeeping staff to spare me any inconvenience. In other words, he did everything in his power to assist me while I was recovering. — [3] —. These efforts went far and beyond anything I would expect from a hotel employee. — [4] —. For that you have my deepest gratitude.

Sincerely,

Gina Rogers

Gina Rogers

165-167 番は次の手紙に関するものです。

ホテル・カッツェ
ホッホバウム通り 8 番地
4231　チューリッヒ市
スイス

ホテル・カッツェ御中

私は貴ホテルに 5 泊したスイス旅行から最近帰宅しました。—[1]—。私は滞在 2 日目にホテルのジムで不覚にも膝を痛めてしまいました。ホテルのコンシェルジュ、ノア・ケラーさんは、お医者様を部屋に手配してくださり、また近くの薬局からの処方薬の配達を手配してくださいました。—[2]—。彼は私の滞在中、定期的に必要なものを尋ねてくださいました。また、ケラーさんはホテルのレストランからの特別なルームサービスを手配し、私が不便を感じないように客室清掃係の方と連携してくださいました。言い換えれば、彼は私が回復する間、全力を尽くしてくださいました。—[3]—。これらの努力は、私がホテルのスタッフに期待するものをはるかに超えていました。—[4]—。そのため、深く感謝の意を表します。

ありがとうございました。

Gina Rogers
ジーナ・ロジャーズ

Vocab. 本文 □ **manage to *do***「不覚にも～する」 □ **prescription medication**「処方薬」
□ **spare A B**「A に B（面倒など）をかけない」 □ **inconvenience**「不便」 □ **gratitude**「感謝」
選択肢 □ **complain**「不満を言う」 □ **appreciation**「感謝」 □ **physician**「医師、内科医」
□ **dining establishment**「飲食施設」 □ **on the premises**「建物内で」 □ **vicinity**「近所」 □ **convey**「～を伝える」

165 Why did Ms. Rogers write the letter?
(A) To reschedule a hotel stay
(B) To complain about an employee
(C) To inquire about a service charge
(D) To express appreciation

なぜロジャーズさんは手紙を書いたのですか？
(A) ホテルの滞在日程を変更するため
(B) 従業員について不満を述べるため
(C) サービス料について問い合わせるため
(D) 感謝を表すため

正解 D
[正答率 77.2%]

手紙の本文の最後に For that you have my deepest gratitude.（そのため、深く感謝の意を表します）とあり、それ以前には滞在中にしてもらったことが記されているので、ロジャーズさんはホテル・カッツェに感謝する目的で手紙を書いているのがわかる。よって正解は (D)。

990点 講師の目
理由を問う問題ではありますが、実質的に文書の主題を問う問題になっています。Part 7 で文書の主題を問う問題はほぼ確実に出題されるものと思って準備しておきましょう。文書の主題を考えながら読めば、文書を読んだ後ですぐに解ける問題があり、時間を節約できます。

166 What is NOT indicated about Hotel Katze?
(A) There is a physician on the staff.
(B) There is a dining establishment on the premises.
(C) There is a fitness facility available for guests.
(D) There is a pharmacy in its vicinity.

ホテル・カッツェについて示されていないのはどれですか？
(A) 従業員に医師がいる。
(B) 建物内に食事の施設がある。
(C) 宿泊客が利用可能なフィットネス施設がある。
(D) 近隣に薬局がある。

正解 A
[正答率 45.2%]

手紙の中で、(B) については本文の 7 行目に from your restaurant と書かれており、(C) については 3 行目に in your gym の記述が、また (D) については [2] の直前に a nearby pharmacy と記述がある。(A) については 3 ～ 4 行目に Your concierge ... made arrangements for a doctor（ホテルのコンシェルジュ…がお医者様を手配してくださいました）とあるが、この医師が従業員であるとは書かれていない。よって正解は (A)。

167 In which of the locations marked [1], [2], [3], and [4] does the following sentence best belong?
"I would like to convey my experience with a member of your staff."
(A) [1]
(B) [2]
(C) [3]
(D) [4]

[1]、[2]、[3]、[4] のうち、次の文が入る最も適切な箇所はどこですか？
「貴ホテルの従業員に関する私の経験をお伝えしたいと思います。」
(A) [1]
(B) [2]
(C) [3]
(D) [4]

正解 A
[正答率 45.2%]

挿入文に I would like to convey my experience（私の経験を伝えたい）とあるので、この文の後ろではロジャーズさんが経験したことが述べられると予測できる。[1] の後ろから [4] の直前までホテルのコンシェルジュであるノア・ケラーさんに受けたサービスがつづられている。したがってこの間に切れ目はなく、挿入文を前置きとしてロジャーズさんの経験したことを述べているのがわかる。よって正解は (A)。

Questions 168-171 refer to the following online chat discussion.

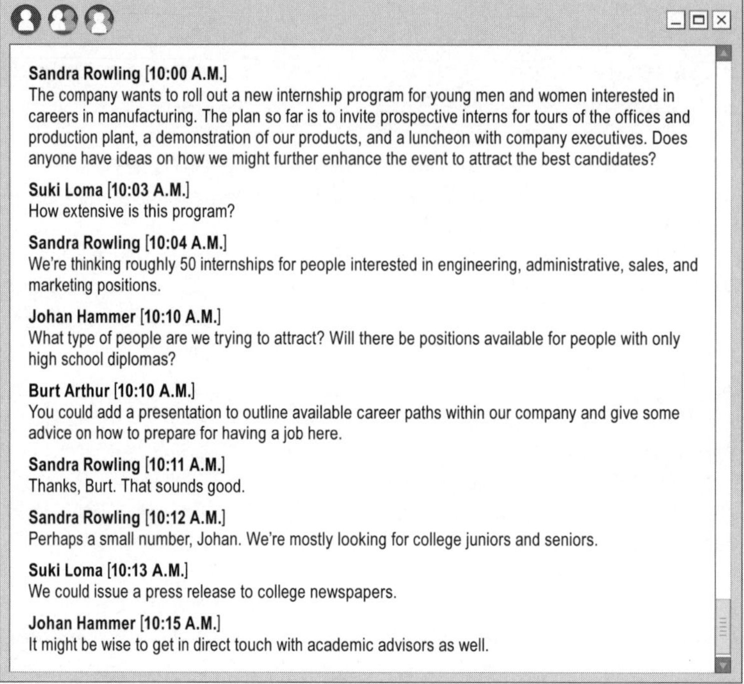

Sandra Rowling [10:00 A.M.]
The company wants to roll out a new internship program for young men and women interested in careers in manufacturing. The plan so far is to invite prospective interns for tours of the offices and production plant, a demonstration of our products, and a luncheon with company executives. Does anyone have ideas on how we might further enhance the event to attract the best candidates?

Suki Loma [10:03 A.M.]
How extensive is this program?

Sandra Rowling [10:04 A.M.]
We're thinking roughly 50 internships for people interested in engineering, administrative, sales, and marketing positions.

Johan Hammer [10:10 A.M.]
What type of people are we trying to attract? Will there be positions available for people with only high school diplomas?

Burt Arthur [10:10 A.M.]
You could add a presentation to outline available career paths within our company and give some advice on how to prepare for having a job here.

Sandra Rowling [10:11 A.M.]
Thanks, Burt. That sounds good.

Sandra Rowling [10:12 A.M.]
Perhaps a small number, Johan. We're mostly looking for college juniors and seniors.

Suki Loma [10:13 A.M.]
We could issue a press release to college newspapers.

Johan Hammer [10:15 A.M.]
It might be wise to get in direct touch with academic advisors as well.

168-171 番は次のオンラインチャットの話し合いに関するものです。

サンドラ・ローリング [午前 10 時 00 分]
わが社は、製造業の仕事に興味のある若い男女向けの新しいインターンシッププログラムを始めたいと考えています。現状の計画では、オフィスや生産工場の見学、当社製品の実演説明、そして会社幹部との昼食会に、見込みのあるインターン生を招待する予定です。最も優秀な志願者に興味を持ってもらうために、だれかイベントをさらによくする方法についてアイデアはありますか？

スキ・ロマ [午前 10 時 03 分]
そのプログラムはどのくらいの規模なのですか？

サンドラ・ローリング [午前 10 時 04 分]
技術、管理、販売、マーケティングの職に興味のある人のために、およそ 50 人規模のインターンシップを考えています。

ヨハン・ハマー [午前 10 時 10 分]
わが社ではどんな人を求めていますか？ 高卒の資格だけの人の枠はありますか？

バート・アーサー [午前 10 時 10 分]
社内のキャリア形成の概要を説明したり、わが社で仕事をするうえで準備しておくべきことのアドバイスをしたりするプレゼンがあってもいいですね。

サンドラ・ローリング [午前 10 時 11 分]
ありがとう、バート。素晴らしいですね。

サンドラ・ローリング [午前 10 時 12 分]
おそらく少数です、ヨハン。わが社が求めているのはほぼ大学 3、4 年生ですから。

スキ・ロマ [午前 10 時 13 分]
大学新聞にプレスリリースを送ることもできますね。

ヨハン・ハマー [午前 10 時 15 分]
指導教員たちに直接連絡をするのもいいかもしれませんよ。

Vocab. 本文 □ **roll out**「～を発表する、始める」 □ **prospective**「見込みのある」 □ **tour**「見学」 □ **enhance**「～を向上させる、高める」 □ **extensive**「広範囲に及ぶ」 □ **diploma**「卒業資格」 □ **junior**「(4 年制大学の) 3 年生、(2 年制大学の) 1 年生」 □ **senior**「最上級生」 □ **get in touch with**「〈人〉に連絡する」 選択肢 □ **solicit**「～を請う」 □ **initiative**「新構想」 □ **oversee**「～を監督する」 □ **opening**「(職の) 空き、欠員」 □ **subscribe to**「～を定期購読する」

168 Why most likely did Ms. Rowling start the online chat discussion?
(A) To solicit suggestions for a companywide initiative
(B) To provide feedback on a corporate meeting
(C) To seek volunteers to train new employees
(D) To propose changes to hiring practices

なぜローリングさんはこのオンラインチャットの話し合いを始めたと思われますか?
(A) 全社を挙げた構想への提案を募るため
(B) 会社の会議にフィードバックするため
(C) 新入社員の研修へのボランティアを探すため
(D) 雇用慣行の変更を提案するため

正解 A
[正答率 56.5%]

ローリングさんは10時00分の記述で会社が新しいインターンシッププログラムを検討していることを述べ、現在の計画を示したうえでDoes anyone have ideas on how we might further enhance the event to attract the best candidates?(最も優秀な志願者に興味を持ってもらうために、だれかイベントをさらによくする方法についてアイデアはありますか?)と問いかけているので、インターンシップについての考えを募るためのものであるとわかる。よって正解は(A)。

169 According to Ms. Rowling, what will prospective interns do during their visit?
(A) Attend planning sessions
(B) View factory operations
(C) Demonstrate their capabilities
(D) Take part in a survey

ローリングさんによると、見込みのあるインターン生は訪問中に何をしますか?
(A) 計画のセッションに参加する
(B) 工場の操業を見学する
(C) 彼らの能力を披露する
(D) アンケート調査に参加する

正解 B
[正答率 65.9%]

ローリングさんの10時00分の記述にはThe plan so far is to invite prospective interns for tours of the offices and production plant, a demonstration of our products, and a luncheon with company executives.(現状の計画では、オフィスや生産工場の見学、当社製品の実演説明、そして会社幹部との昼食会に、見込みのあるインターン生を招待する予定です)とある。この内容と選択肢を照らし合わせると、(B)の「工場の操業を見学する」が正解だとわかる。

170 At 10:12 A.M., what does Ms. Rowling mean when she writes, "Perhaps a small number"?
(A) There are few positions for people without a college education.
(B) Participation in a program is expected to be low.
(C) Workers may be asked to oversee more than one trainee.
(D) She expects fewer than 50 openings to be available.

午前10時12分にローリングさんが「おそらく少数です」と書いたのはどういう意味ですか?
(A) 大学を出ていない人の募集枠はほとんどない。
(B) プログラムへの参加は少ないと予想される。
(C) 従業員は複数の研修生を監督するように求められるかもしれない。
(D) 彼女は募集が50人未満になると思っている。

正解 A
[正答率 35.8%]

Perhaps a small number(おそらく少人数です)という記述は、10時10分のハマーさんのWill there be positions available for people with only high school diplomas?(高卒の資格だけの人の枠はありますか?)という質問に対する回答。ローリングさんはさらにWe're mostly looking for college juniors and seniors.(わが社が求めているのはほぼ大学3、4年生ですから)と続けているので、設問の記述は、高卒資格のみの人の受け入れは少ないという意味だとわかる。よって正解は(A)。

171 What recommendation is made during the online chat discussion?
(A) To subscribe to certain publications
(B) To make contact with university counselors
(C) To move an event to a different venue
(D) To post descriptions of internships online

オンラインチャットの話し合いの最中、どのような提案がありましたか?
(A) ある出版物を購読すること
(B) 大学のカウンセラーに連絡すること
(C) イベントを別の場所に移転させること
(D) インターンシップの説明をウェブに掲載すること

正解 B
[正答率 47.1%]

ロマさんが10時13分の発言で大学新聞にプレスリリースを出すこと、ハマーさんが10時15分に指導教員に連絡をすることを提案している。これらの内容と選択肢を照らし合わせると、(B)が正解となる。get in (direct) touch withをmake contact withに、academic advisorsをuniversity counselorsと言い換えている。

これがエッセンス

オンラインチャットの設問を解くには、だれの、どのメッセージに関するものなのかを特定する必要があります。話の流れを理解したうえで特定する方法と、設問を読んでからチャットの特定部分を探す方法がありますから、どちらの方法が自分に合っているか、出題文に合っているかを判断して使い分けましょう。

Questions 172-175 refer to the following page of a journal.

Monday August 10	Met with the owner of Precious Treasures, Hershel Walker. He placed an order from our anniversary line but will wait on the holiday line until the new designs are in stock. He asked me to let him know when he can view them on our Web site.
Tuesday August 11	Attended a morning planning meeting today for our booth at the New York Gift Show next month. Sally Chen will book our flights and accommodations. Wrote Todd Paige for an update on the holiday line. Drove to Overton for calls at Rings & Things and Gina May's Gift Emporium.
Wednesday August 12	Sent e-mails to New York clients about our presence at the show. Two clients will not attend due to schedule conflicts. Made appointments to show them our new greeting cards in person afterward. Contacted Sally Chen to tell her I will be staying an extra couple of days.
Thursday August 13	Got update from Todd Paige that new designs will be in stock around the middle of the next month and be posted to the Web site on the 20th. Good timing! The gift show starts the following day. Called Mr. Walker with the news. Sally Chen told me she booked our stay at Starlight Suites.

172-175 番は次の日誌に関するものです。

月曜日 8月10日	プレシャス・トレジャーズのオーナー、ハーシェル・ウォーカーさんと面会。記念日の商品シリーズから注文したが、新しいデザインが入荷するまで休日の商品シリーズを待つそう。サイトで見られるようになったら連絡が欲しいとのこと。
火曜日 8月11日	来月のニューヨーク・ギフト・ショーでのブースのための早朝企画会議に出席。サリー・チェンがフライトと宿泊施設を予約する。トッド・ペイジに休日の商品シリーズについて最新情報がほしいと連絡した。リングス&シングスとジーナ・メイズ・ギフト・エンポリアム訪問のため、車でオーバートンへ。
水曜日 8月12日	ニューヨークのお客様にショーへの参加をメール。2社はスケジュールの都合で来られないとのこと。新作のグリーティングカードを後日、直接お見せするためにアポ取り済み。サリー・チェンに、さらに数日滞在することを連絡。
木曜日 8月13日	トッド・ペイジより新しいデザインが来月の中旬に入荷し、20日にサイトに掲載されるとの知らせ。いいタイミングだ！ ギフトショーはその翌日から。ウォーカー氏にこの件を電話連絡。サリー・チェンはスターライト・スイーツを予約したとのこと。

Vocab. 本文 □ **journal**「日誌、日記」 □ **line**「(商品の) 種類、シリーズ」 □ **book**「～を予約する」 □ **accommodation**「宿泊施設」 □ **due to**「～が原因で」 □ **schedule conflict**「予定の重複」 □ **in person**「直接会って」
選択肢 □ **sales representative**「営業担当者」 □ **be headquartered**「本部を置いている」

172 Who most likely is the writer?
(A) An art designer
(B) An office manager
(C) An accounting executive
(D) A sales representative

書き手はだれだと思われますか？
(A) アートデザイナー
(B) 事務長
(C) 経理担当役員
(D) 営業担当者

正解 D
［正答率 58.4%］

8月10日の記述の2～3行目にHe placed an order from our anniversary line ...（彼は記念日の商品シリーズから注文し…）とあるので、この日誌を書いた人は商品の注文を受ける立場であることが推測できる。よって正解は (D)。

173 What is indicated about the writer's company?
(A) It produces greeting cards.
(B) It is headquartered in New York.
(C) It is planning an anniversary celebration.
(D) It specializes in fine jewelry.

書き手の会社について、何が示されていますか？
(A) グリーティングカードを製造している。
(B) 本社がニューヨークにある。
(C) 記念日の祝賀行事を企画している。
(D) 高級ジュエリーを専門としている。

正解 A
［正答率 60.3%］

8月12日の日誌の3～4行目にMade appointments to show them our new greeting cards in person afterward.（新作のグリーティングカードを後日、直接お見せするためにアポ取り済み）とあるので、書き手の会社はグリーティングカードを作っていることがわかる。よって正解は (A)。

174 When is the first day of the New York Gift Show?
(A) August 21
(B) September 21
(C) October 21
(D) November 21

ニューヨーク・ギフト・ショーの初日はいつですか？
(A) 8月21日
(B) 9月21日
(C) 10月21日
(D) 11月21日

正解 B
［正答率 56.5%］

ニューヨーク・ギフト・ショーについては8月11日の日誌にAttended a morning planning meeting today for our booth at the New York Gift Show next month.（来月のニューヨーク・ギフト・ショーでのブースのための早朝企画会議に出席）とある。また、8月13日の日誌に新作が次の月の20日にサイトに掲載され、その翌日にギフトショーが始まると書かれている。これらを総合すると、ギフト・ショーの初日は9月21日ということになる。よって正解は (B)。

175 What organization did the writer most likely contact on August 13?
(A) Rings & Things
(B) Starlight Suites
(C) Precious Treasures
(D) Gina May's Gift Emporium

書き手は8月13日にどの組織に連絡したと思われますか？
(A) リングス・アンド・シングス
(B) スターライト・スイーツ
(C) プレシャス・トレジャーズ
(D) ジーナ・メイズ・ギフト・エンポリアム

正解 C
［正答率 58.4%］

8月13日の日誌にCalled Mr. Walker with the news.（ウォーカー氏にこの件を電話連絡）とある。ウォーカーさんについては8月10日の日誌にMet with the owner of Precious Treasures, Hershel Walker.（プレシャス・トレジャーズのオーナー、ハーシェル・ウォーカーさんと面会）とあることから、書き手はプレシャス・トレジャーズと連絡をとったことがわかる。よって正解は (C)。

これがエッセンス

journal（日誌）には出来事の記録を残しておくものや、自分のアイデアを書き留めておくものなどがあります。簡潔な文体で書かれる一方で、主語など文の要素が省略されるので、それらを補って理解する必要があります。

Questions 176-180 refer to the following note and article.

Editor's Note

It is hard to believe that only one year ago we made the transition from an Internet blog to an internationally circulated print publication. And, oh, what a year it has been! Since this January edition of *Only Natural* marks our one-year anniversary, we wanted to make it special with this double-sized issue. Inside these pages you will find an amazing array of content, including never-before-seen aerial photographs of Icelandic landscapes, certain to change your perceptions about the planet on which we live. Speaking of aerial photography, don't miss the tips on photographing flying insects by the winner of the Liverpool Natural Photography Competition, held last September.

–Jamal Ahmad

Photographing Flying Insects

By Mei Zhou

Close-up photography gives us a window into a tiny world that exists all around us, yet often escapes our notice. Many flying insects have extraordinarily vibrant colors and striking patterns, but capturing perfectly focused images at close range requires both preparation and patience.

One key is to get out early. Dragonflies, butterflies and other insects worth pursuing are most active shortly after sunrise. Another advantage of working early is there are generally still drops of morning dew on flowers and leaves, which can bring a magical appearance to your images.

Bees and butterflies tend to repeatedly return to the same blossom. Set up a tripod and focus your camera on one blossom. Then simply wait for the insects to land. Magnification exaggerates movement, so the tripod keeps your camera perfectly steady. Additionally, using a flash effectively freezes the insects' motion in one frame.

176-180 番は次の記述と記事に関するものです。

編集後記

インターネットのブログから世界中で流通する紙媒体へと移行したのがわずか1年前だとは信じがたい。そして、まったく、何という1年だったのだろう！ 今回の『オンリー・ナチュラル』1月号は1周年を記念するため、私たちは今号を2倍のページ数の特別号にしたかった。この1冊の中で、今まで見たこともないようなアイスランドの景色を捉えた航空写真など、驚くほど幅広い内容をご覧いただける。きっと、私たちが暮らしているこの惑星について、あなたの認識を変えるに違いない。航空写真と言えば、昨年9月に開かれたリバプール自然写真コンテストの優勝者が教える、飛ぶ昆虫の写真を撮るコツをお見逃しなく。

――ジャマル・アフマド

飛ぶ昆虫の写真を撮る

メイ・チョウ

接写で撮影する写真は、身のまわりにありながら目にとまりにくい小さな世界への窓を開いてくれます。飛ぶ昆虫の多くは非常に鮮やかな色や印象的な模様をしていますが、接写で完璧に焦点の合った画像を捉えるには準備と忍耐の両方が必要です。

ポイントの1つは朝早く出かけることです。トンボやチョウなど追いかける価値のある昆虫は、日の出直後が最も活発です。活動を早く始めるもう1つの利点は、たいていの場合、花や葉にまだ朝露が残っていて、写真に魔法のような印象を与えられることです。

ハチやチョウは繰り返し同じ花へ戻ってくる傾向があります。三脚を設置して、1つの花にカメラの焦点を合わせます。それから昆虫がとまるのをただ待つのです。拡大すると動きが大きくなるので、三脚を使ってカメラを完璧に安定させましょう。それから、フラッシュを効果的に使うと、昆虫の一瞬の動きを1つの構図内に切り取ることができます。

Vocab. 本文 □ **circulate**「～を流通させる」 □ **mark**「～を記念する」 □ **an array of**「(同種のものが) ずらりと並んだ～」 □ **content**「内容」 □ **never-before-seen**「これまで見たことのない」 □ **aerial photograph**「航空写真」 □ **perception**「認識」 □ **miss**「～を見逃す」 □ **tiny**「とても小さな」 □ **exist**「存在する」 □ **escape *one's* notice**「～の目につかない、～に見落とされる」 □ **extraordinarily**「非常に」 □ **vibrant**「鮮やかな」 □ **striking**「目立つ、印象的な」 □ **dew**「露」 □ **blossom**「花」 □ **tripod**「三脚」 □ **magnification**「拡大」 □ **exaggerate**「～を強調する」 選択肢 □ **exclusively**「～限定で」 □ **distribute**「～を流通させる」 □ **dewdrop**「露のしずく」

176 What is suggested about *Only Natural*?
(A) It is available exclusively online.
(B) It is distributed in many countries.
(C) It hired Jamal Ahmad as a photographer.
(D) It is headquartered in Iceland.

『オンリー・ナチュラル』に関して何が示唆されていますか？
(A) オンラインでしか入手できない。
(B) 多くの国で流通している。
(C) ジャマル・アフマドさんを写真家として雇っている。
(D) アイスランドに本社がある。

正解 B
［正答率 47.1%］

編集後記の冒頭に It is hard to believe that only one year ago we made the transition from an Internet blog to an internationally circulated print publication.（インターネットのブログから世界中で流通する紙媒体へと移行したのがわずか１年前だとは信じがたい）とあり、１年前にブログ版から紙媒体に変わり、現在は世界中で販売されていることが読み取れる。よって、circulated（流通されている）を distributed（流通されている）で言い換えた (B) が正解。internationally（国際的に）も in many countries（多くの国で）と言い換えている。

177 What is NOT mentioned about the January edition of *Only Natural*?
(A) It has twice its usual content.
(B) It features some aerial photography.
(C) It is an anniversary issue.
(D) It includes some landscaping tips.

『オンリー・ナチュラル』の１月号に関して述べられていないことは何ですか？
(A) いつもの内容の２倍になる。
(B) 航空写真がいくつか掲載されている。
(C) 記念号だ。
(D) 造園のコツが載っている。

正解 D
［正答率 45.2%］

述べられていないことを選ぶ問題。編集後記の本文の３～５行目に Since this January edition of *Only Natural* marks our one-year anniversary, we wanted to make it special with this double-sized issue.（今回の『オンリー・ナチュラル』１月号は１周年を記念するため、私たちは今号を２倍のページ数の特別号にしたかった）とあるので、(A) と (C) は除外できる。(B) は５～６行目の including never-before-seen aerial photographs of Icelandic landscapes（今まで見たこともないようなアイスランドの景色を捉えた航空写真など）と合致する。(D) の造園のコツ（landscaping tips）は述べられていないのでこれが正解。

990点 講師の目
「～でないもの」を選ぶ場合は選択肢のすべてを文書と照らし合わせなくてはいけませんが、着目するべきところは項目が列挙されている部分です。そして、正解である「～でないもの」はまったく述べられていないものというより、似たような語形や多義語など「読み間違いを起こしやすいもの」であることがよくあります。内容理解問題でありながら語彙の知識も絡んでいる、複合的な設問と言えるでしょう。

178 What is suggested about Mei Zhou?
(A) She is a regular contributor to the publication.
(B) She was the winner of a photography contest.
(C) She conducts workshops on photography.
(D) She earned her degree in journalism.

メイ・チョウに関して何が示唆されていますか？
(A) この出版物の定期的な寄稿者だ。
(B) 写真コンテストで優勝した。
(C) 写真のワークショップを実施している。
(D) ジャーナリズムで学位を得た。

正解 B
［正答率 54.6%］

Mei Zhou の名前は記事 Photographing Flying Insects（飛ぶ昆虫の写真を撮る）の著者欄にある。この特集は編集後記の８行目にある the tips on photographing flying insects（飛ぶ昆虫の写真を撮るコツ）だと考えられる。編集後記にはこの記事の寄稿者について by the winner of the Liverpool Natural Photography Competition（リバプール自然写真コンテストの優勝者による）とあるので、チョウさんはリバプール自然写真コンテストで優勝したと判断できる。よって、正解は (B)。チョウさんはこの号の contributor（寄稿者）ではあるが、regular（定期的な）であるか否かの言及はないので、(A) は誤り。

179 Why does Mei Zhou recommend working in the morning?
(A) To capture dewdrops in photos
(B) To photograph colorful sunrises
(C) To ensure the best natural lighting
(D) To take advantage of slower insect movement

メイ・チョウはなぜ朝に活動するようにすすめていますか？
(A) 写真の中に露のしずくを捉えるため
(B) 色彩豊かな朝日を撮影するため
(C) 最高の自然光を確保するため
(D) 昆虫の動きがいつもより遅いことを利用するため

正解 A
[正答率 50.9%]

チョウさんは記事の第２段落を One key is to get out early.（ポイントの１つは朝早く出かけることです）で始め、早朝に写真を撮る利点を続けている。直後の文 Dragonflies ... and other insects ... are most active shortly after sunrise.（トンボ…などの昆虫は日の出直後が最も活発です）から、(D) は外れる。続いてこの段落３～５行目に Another advantage of working early is there are generally still drops of morning dew ... to your images.（活動を早く始めるもう１つの利点は、たいていの場合、花や葉にまだ朝露が残っていて、写真に魔法のような印象を与えられることです）とあるので、drops of morning dew を dewdrops と言い換えた (A) が正解。

180 What does Mei Zhou imply in the article?
(A) Magnification lenses are often expensive.
(B) Measures must be taken to achieve focused photos.
(C) Sudden movements may cause insects to fly away.
(D) Certain fragrances help attract butterflies.

メイ・チョウは記事の中で何を示唆していますか？
(A) 拡大レンズは高価なことが多い。
(B) 焦点の合った写真を撮るには対策をとらなければならない。
(C) 突然動くと昆虫が飛んで逃げてしまうかもしれない。
(D) 特定の香りはチョウを集めるのに役立つ。

正解 B
[正答率 43.3%]

チョウさんはコラムの第１段落の最後に capturing perfectly focused images at close range requires both preparation and patience（接写で完璧に焦点の合った画像を捉えるには準備と忍耐の両方が必要です）と書いているので、preparations（準備）を measures（対策）で表した (B) が正解。第３段落でも、ぶれないように三脚を使う（the tripod keeps your camera perfectly steady）、昆虫の一瞬の動きを切り取るためにフラッシュを効果的に使う（using a flash effectively freezes the insects' motion in one frame）といった具体的な対策を教えている。

Questions 181-185 refer to the following e-mails.

To: bpenn@kwixmail.com
From: kokada@starlight.com
Subject: Thank you!
Date: December 14

Dear Ms. Penn,

Bob Arvelli asked me to convey his thanks for filling in for him last week. He tells me the stage scenery and props you created look very realistic. Everyone is quite impressed by your talent, especially since your field is in costuming rather than stage design.

Speaking of costumes, it seems we're a little behind schedule and need to catch up. We plan to use photographs of our performers in full costume for the posters and programs, so we need them done as soon as possible. Would it be possible for you to meet the following deadlines?

Starring cast: December 23
Dancers: December 31
Background extras: January 6

I hate to rush you, but I hope you understand further delay could hamper our marketing efforts for the show.

Best regards,

Ken Okada

To: kokada@starlight.com
From: bpenn@kwixmail.com
Subject: You are welcome!
Date: December 14

Dear Mr. Okada,

It was my pleasure to help out with the scenery. Please tell Mr. Arvelli I wish him a speedy recovery.

Yesterday I finished the basic costumes for the starring cast, but some adjustments will be necessary to ensure proper fit. My plan was to take care of that after the rehearsal on December 21. I could possibly do it sooner, but I would then need to schedule fitting sessions for each person separately.

As for the other proposed deadlines, I am uncertain whether I can meet them. That schedule might have been possible had it not been for my stepping in for Mr. Arvelli. The time I spent on the scenery further delayed my work on the costumes.

I have a suggestion for a backup plan. I know a talented freelance illustrator who happens to be between projects. Perhaps you could use illustrations instead of photographs for some of the images on your posters and programs. I would be happy to contact her if you are interested.

Best regards,

Brenda Penn

181-185 番は次の 2 通のメールに関するものです。

あて先：　bpenn@kwixmail.com
送信者：　kokada@starlight.com
件名：　ありがとうございます！
日付：　12 月 14 日

ペン様

ボブ・アーベリさんから、先週彼の代わりをしてくれたことのお礼と伝えてほしいと頼まれました。作っていただいた舞台背景と小道具はとてもリアルに見えると彼は言っていました。とくにあなたのご専門分野は舞台デザインより衣装ですので、皆さん、あなたの才能にたいへん感銘を受けています。

衣装と言えば、少しスケジュールが遅れているようで、遅れを取り戻す必要があります。ポスターとプログラムに衣装をすべて身に着けた出演者の写真を使う予定なので、できるだけ早く完成する必要があります。以下の期日に間に合わせることは可能ですか？

主演キャスト：12 月 23 日
ダンサー：12 月 31 日
バックグラウンドエキストラ：1 月 6 日

急かしたくはないのですが、これ以上遅れてしまうとショーの宣伝活動の妨げになりかねませんので、ご理解いただければ幸いです。

どうぞよろしくお願いいたします。

ケン・オカダ

あて先：　kokada@starlight.com
送信者：　bpenn@kwixmail.com
件名：　どういたしまして！
日付：　12 月 14 日

オカダ様

舞台背景でお役に立ててうれしいです。アーベリさんに早くよくなられますようにとお伝えください。

昨日、主演キャスト用の基本となる衣装は終えましたが、ぴったりフィットするように調整が必要になるでしょう。その対応については 12 月 21 日のリハーサルの後に行う予定でした。もっと早くできればいいのですが、その場合、各出演者で個別のフィッティングスケジュールを組む必要があります。

ご提案いただいたほかの締め切りについては、間に合わせられるか不安です。アーベリさんの代わりをしていなかったら、そのスケジュールは可能だったかもしれません。舞台背景にかけていた時間のため、衣装の作業がさらに遅れました。

安全策の提案があります。次のプロジェクトが始まるまで時間のある優秀なフリーランスのイラストレーターを知っています。ポスターとプログラムで、いくつかの画像については写真の代わりにイラストを使ってはどうでしょうか。もしご興味があれば、彼女に喜んで連絡します。

よろしくお願いします。

ブレンダ・ペン

Vocab. 本文 □ **convey**「～を伝える」 □ **fill in for**「～の代わりを務める」 □ **stage scenery**「舞台の背景」 □ **prop**「小道具」 □ **behind schedule**「スケジュールに遅れて」 □ **catch up**「（遅れを）取り戻す」 □ **meet**「（要望など）を満たす」 □ **hamper**「～を妨げる」 □ **adjustment**「調整」 □ **proper**「適切な」 □ **take care of**「～に対応する」 □ **separately**「別々に」 □ **uncertain**「不確かな」 □ **had it not ...**「＝ if it had not ...」 □ **step in for**「～の代わりを務める」 □ **backup**「備えの」 □ **illustration**「イラスト」 選択肢 □ **promotional**「宣伝の」 □ **suffer from**「～に苦しむ」 □ **postpone**「～を延期する」 □ **get in touch with**「〈人〉に連絡する」

181 What type of project has Ms. Penn been working on?
(A) A television program
(B) A historical film
(C) A series of commercials
(D) A stage production

ペンさんが取り組んでいるプロジェクトはどのようなものですか？
(A) テレビ番組
(B) 歴史物の映画
(C) 一連のコマーシャル
(D) 舞台作品

正解 D
[正答率 69.7%]

1通目のメールは Ms. Penn あてなので、ペンさんはメール内では代名詞 you で示されている。第1段落の1～2行目の the stage scenery and props you created（あなたが作った舞台背景と小道具）から、ペンさんは舞台関係の仕事に取り組んでいると考えられる。また、3行目の your field is in costuming rather than stage design（あなたのご専門分野は舞台デザインより衣装です）から、ペンさんの専門が舞台衣装の制作であることがわかるので、(D) が正解。

182 What does Mr. Okada mention about photographs?
(A) They are necessary for promotional materials.
(B) They were all taken last week.
(C) They have been sent as attachments.
(D) They will be used as part of the scenery.

オカダさんは写真について何と述べていますか？
(A) 宣伝用の素材に必要だ。
(B) 先週すべて撮影された。
(C) 添付ファイルとして送付された。
(D) 舞台背景の一部として使われる。

正解 A
[正答率 65.9%]

1通目のメールの第2段落1～2行目に We plan to use photographs of our performers in full costume for the posters and programs（ポスターとプログラムに衣装をすべて身に着けた出演者の写真を使う予定）とあるので、出演者の写真がポスターとプログラムに必要だとわかる。よって、the posters and programs を promotional materials（宣伝用の素材）と言い換えた (A) が正解。

183 Why most likely was Bob Arvelli unable to participate last week?
(A) He had missed an important deadline.
(B) He was suffering from an illness.
(C) He was working on a different assignment.
(D) He took a trip out of town.

ボブ・アーベリが先週参加できなかったのはなぜだと思われますか？
(A) 重要な期限に間に合わなかった。
(B) 体調を崩していた。
(C) 別の仕事に取り組んでいた。
(D) 町を離れて旅行に出かけていた。

正解 B
[正答率 47.1%]

1通目のメールの第1段落冒頭にある Bob Arvelli asked me to convey his thanks for filling in for him last week.（ボブ・アーベリさんから、先週彼の代わりをしてくれたことのお礼と伝えてほしいと頼まれました）は、先週アーベリさんが仕事に来られなかったことを示している。代理を務めたペンさんは、お礼を受けて、2通目のメールの第1段落1～2行目で Please tell Mr. Arvelli I wish him a speedy recovery.（アーベリさんに早くよくなられますようにとお伝えください）と書いている。アーベリさんが回復中だということから、選択肢の中では (B) の可能性が最も高いと判断できる。

184 According to Ms. Penn, what will happen in late December?
(A) Some auditions will be held.
(B) Tickets for a show will go on sale.
(C) Some posters will be printed.
(D) A rehearsal will take place.

ペンさんによると、12月下旬に何がありますか?
(A) オーディションが開かれる。
(B) ショーのチケットが販売される。
(C) ポスターが印刷される。
(D) リハーサルが行われる。

正解 D
[正答率 65.9%]

ペンさんは、2通目のメールの第2段落1～2行目で some adjustments will be necessary to ensure proper fit(ぴったりフィットするように調整が必要になるでしょう)と述べて衣装のフィッティングの必要を伝えた後、2～3行目で My plan was to take care of that after the rehearsal on December 21.(その対応については12月21日のリハーサルの後に行う予定でした)と述べている。ここから、12月21日に舞台のリハーサルがあることがわかる。12月21日は late December なので、正解は(D)。

185 What does Ms. Penn suggest that Mr. Okada do?
(A) Consider an alternative design
(B) Postpone a marketing campaign
(C) Use a particular type of film
(D) Get in touch with a director

ペンさんはオカダさんに何をするよう提案していますか?
(A) 別のデザインを検討する
(B) マーケティング活動を延期する
(C) 特定のタイプのフィルムを使う
(D) 監督に連絡する

正解 A
[正答率 65.9%]

1通目のメールで、ポスターとプログラムに舞台衣装を着た出演者の写真を使う予定のため、衣装完成の期日を伝えるオカダさんに対し、ペンさんは返信の第3段落1行目で、オカダさんの提案した期日に間に合うかわからない(I am uncertain whether I can meet them)と答えている。その後、第4段落で I have a suggestion for a backup plan.(安全策の提案がある)と代案を提示している。具体的な提案内容は、第4段落2行目の Perhaps you could use illustrations instead of photographs(写真の代わりにイラストを使ってはどうでしょうか)。写真の代わりにイラストを使うということは別のデザインを考えるということなので、(A)が正解となる。

これがエッセンス

文書に未知の単語があると、単語をもっと覚えなければと思う方もいらっしゃるでしょう。確かに語彙の知識が豊富であるに越したことはないのですが、ハイスコア取得者であっても、TOEIC テストで知らない単語に出くわすことは珍しくありません。知らない単語の意味を類推することができるのも英語力の1つです。Vocab. を見る前に文脈から意味を推測する練習をしてみましょう。

Questions 186-190 refer to the following advertisement, form, and e-mail.

Cornucopia

Cornucopia is your one-stop supplier for organic produce, grass-fed beef, wild-caught seafood, and other healthful food items. Family owned and operated, we pride ourselves on our friendly service, wide selection, and competitive prices. Don't forget to stop by any Friday in March to take advantage of discounts throughout our seafood department as part of our Fresh Fish Fiesta promotion.

21 Central Square Road, Pinkerton, TX 78601
512-555-0178
www.cornucopia.com

Thank you for shopping at Cornucopia. We are always striving to better satisfy our customers. Please help us by filling out this form.

[1 = Strongly Agree] [2 = Agree] [3 = Disagree] [4 = Strongly Disagree]

The prices are reasonable.	1	(2)	3	4
The staff is courteous and helpful.	(1)	2	3	4
The store is clean and well organized.	1	(2)	3	4
The product selection meets my needs.	1	2	(3)	4

We welcome any additional input. Should you wish for us to contact you, please include your name and contact information below your comments.

Comments:
I independently operate a food truck, and my sales volume isn't high enough for me to buy from wholesalers. My usual location is in Central Square, so it's convenient to shop here. I prefer organic ingredients despite the higher cost. Your Fresh Fish Fiesta sale helped me tremendously — thank you! If you stocked a wider variety of spicy peppers in your produce section, I could make fewer trips to other stores to get what I need.

Olivia G. Vasquez
o.g.vasquez@yeehaw.com

To:	o.g.vasquez@yeehaw.com
From:	service@cornucopia.com
Re:	Your comment card
Date:	April 2

Thank you for your feedback. We want to be good neighbors and support small businesses that help support us. Local demand is too low to make regularly carrying the items you desire feasible. However, the manager of that department, Willard Cobb, says that he can special-order any items for you personally, as long as you are willing to pay for the order in advance.

Sincerely,

Customer Service
Cornucopia

186-190 番は次の広告とフォームとメールに関するものです。

コルヌコピア

コルヌコピアは有機栽培農産物、牧草飼育牛、天然の海産物や、その他の健康食品が1カ所ですべて買えるお店です。家族経営の当店では、親切なサービスと、幅広い品ぞろえ、手ごろな価格を誇りにしております。3月中は毎週金曜日に、鮮魚フェスタキャンペーンの一環として鮮魚コーナー全体で値下げをいたしますので、ぜひお立ち寄りのうえ、この機会をご利用ください。

セントラルスクエア通り21番地 ピンカートン テキサス州 78601
512-555-0178
www.cornucopia.com

コルヌコピアでお買い物いただき、ありがとうございます。当店は常にお客様にさらにご満足いただけるように努めております。こちらのフォームにご記入いただき、ご協力をお願いいたします。

[1 =強くそう思う] [2 =そう思う] [3 =そう思わない] [4 =まったくそう思わない]

価格は手ごろだ。	1	(2)	3	4
スタッフは丁寧で親切だ。	(1)	2	3	4
店舗は清潔でよく整理されている。	1	(2)	3	4
品ぞろえが自分のニーズに合っている。	1	2	(3)	4

さらにご意見がございましたらお聞かせください。当店からご連絡を差し上げたほうがよろしければ、お名前とご連絡先をご意見の下にお書き添えください。

ご意見：
私は個人でキッチンカーを運営しておりまして、販売量は卸売業者から購入するほど多くありません。普段まわっているエリアは、セントラルスクエア内なので、ここで買い物ができて便利です。コストは高くなっても有機栽培の食材のほうがいいです。貴店での鮮魚フェスタセールには非常に助かりました――ありがとうございます！ 農産物コーナーでもっと多くの種類の唐辛子を置いていただけると、必要なものを手に入れるためにほかの店へ行く回数を減らすことができるのですが。

オリヴィア・G・ヴァスケス
o.g.vasquez@yeehaw.com

あて先： o.g.vasquez@yeehaw.com
送信者： service@cornucopia.com
件名： お客様からのご意見カード
日付： 4月2日

ご意見をお寄せいただき、ありがとうございます。当店はよき隣人となり、当店を支えてくださる小規模のビジネスのお役に立ちたいと思っております。この地域での需要がたいへん少ないため、お客様がご希望の商品を常備しておくのは難しいです。しかし、その部門の管理者のウィラード・コッブは、事前のお支払いをいただければ、お客様専用にどんな品物でも特別注文をかけることができると申しております。

どうぞよろしくお願いいたします。

お客様サービス
コルヌコピア

Vocab. 本文 □ **one-stop**「1カ所で何でもそろう」 □ **supplier**「供給業者」 □ **produce**「農産物」
□ **grass-fed beef**「牧草飼育牛」 □ **stop by**「立ち寄る」 □ **take advantage of**「～の機会を利用する」
□ **strive to *do***「～するよう努力する」 □ **courteous**「丁寧な」 □ **meet**「(要望など) を満たす」 □ **independently**「独立して」
□ **despite**「～にもかかわらず」 □ **tremendously**「非常に」 □ **feasible**「実現可能な」 □ **as long as**「～であるかぎりは」
選択肢 □ **commend**「～を称賛する」 □ **vicinity**「近隣」 □ **afford**「～を買う余裕がある」 □ **in charge of**「～を担当して」
□ **procure**「～を調達する」 □ **place an order**「注文する」

186 What most likely is Cornucopia?
(A) A restaurant
(B) A farmers' market
(C) A wholesale food distributor
(D) A grocery store

コルヌコピアとは何だと思われますか?
(A) レストラン
(B) ファーマーズマーケット
(C) 食品卸売業者
(D) 食品店

正解 D
[正答率 39.6%]

広告の冒頭で Cornucopia is your one-stop supplier for organic produce, grass-fed beef, wild-caught seafood, and other healthful food items. と説明されている。農産物や食肉、海産物、健康食品などが1カ所で買える店ということは、食品店だと考えられるので、正解は (D)。フォームのコメント欄で、この店の利用者でキッチンカーを運営するヴァスケスさんが my sales volume isn't high enough for me to buy from wholesalers.(販売量は卸売業者から購入するほど多くありません)と書いているので、(C) は不正解。

990点 講師の目
Part 7で、ある人物の職業やある会社の業種を推測する設問があります。職業が直接、文書の中に書かれていることはなく、いくつかの断片的な情報を元に推測する必要がある問題です。そこで求められるのは語彙力です。語彙力の増強法はいろいろ考えられますが、英英辞典の活用も1つの方法です。単語の意味を英語で読むことにより、関連する語句を目にする機会が増えることでしょう。

187 What aspect of Cornucopia does Ms. Vasquez most strongly commend?
(A) The pricing of the merchandise
(B) The assistance provided by employees
(C) The layout of the establishment
(D) The range of available options

ヴァスケスさんが最も高く評価しているのはコルヌコピアのどんな面ですか?
(A) 商品の価格設定
(B) 従業員が提供する手助け
(C) 店のレイアウト
(D) 利用可能な選択肢の幅

正解 B
[正答率 64.0%]

ヴァスケスさんは、フォームのアンケート欄で The staff is courteous and helpful.(スタッフは丁寧で親切だ)に「1」と回答している。この欄のすぐ上に [1 = Strongly Agree](1=強くそう思う)とあるので、ヴァスケスさんはスタッフが丁寧で親切だと強く思っているのだと判断できる。したがって、staff(スタッフ)を employees(従業員)と言い換えた (B) が正解になる。

188 What does Ms. Vasquez NOT indicate about Cornucopia on the form?
(A) She made a purchase there on a recent Friday.
(B) She wants its management to contact her.
(C) She runs a business in its vicinity.
(D) She cannot afford its organic options.

ヴァスケスさんがフォームでコルヌコピアについて示していないことは何ですか?
(A) 最近の金曜日にそこで買い物をした。
(B) この店の管理部門から連絡をもらいたい。
(C) この店の近隣で事業を営んでいる。
(D) この店の有機栽培の品物を買う余裕がない。

正解 D
[正答率 30.1%]

ヴァスケスさんは、フォームのコメント欄3~4行目で I prefer organic ingredients despite the higher cost.(コストは高くなっても有機栽培の食材のほうがいいです)と書いており、有機栽培の品物を買う余裕があると考えられるので、(D) が正解。(A) は、フォームのコメント欄の4~5行目に Your Fresh Fish Fiesta sale helped me tremendously(貴店での鮮魚フェスタセールには非常に助かりました)とあり、Fresh Fish Fiesta は広告の4~6行目から金曜に行われるセールだとわかるので、ヴァスケスさんはこのセールが行われていた3月中の金曜日に買い物をしたと考えられる。

189 In the e-mail, the word "carrying" in paragraph 1, line 2, is closest in meaning to
(A) stocking
(B) driving
(C) packing
(D) conducting

メールの第1段落2行目のcarryingの意味に最も近い語は
(A) 仕入れる
(B) 運転する
(C) 梱包する
(D) 行う

正解 A
[正答率 64.0%]

設問の語を含む文 Local demand is too low to make regularly carrying the items you desire feasible. は「この地域での需要がたいへん少ないため、お客様がご希望の商品を常備しておくのは難しいです」ということ。carryには「特定の品物を店で販売する」という意味がある。これに最も意味が近いのは(A) stocking (> stock「～を仕入れる」)。

190 What is most likely true about Willard Cobb?
(A) He is the head of customer service.
(B) He manages warehouse operations.
(C) He is in charge of procuring produce.
(D) He has placed special orders for Ms. Vasquez.

ウィラード・コッブに関する記述としてどれが正しいと思われますか?
(A) 店の顧客サービスの責任者だ。
(B) 倉庫の運営を管理している。
(C) 農産物の調達を担当している。
(D) ヴァスケスさんのために特別な注文をした。

正解 C
[正答率 39.6%]

Willard Cobbの名前はメールの3～4行目にあり、the manager of that department, Willard Cobb (その部門の管理者のウィラード・コッブ) とある。直前の文を見ると、ヴァスケスさんが要望した品物を常備するのは難しいとあり、コッブさんが働く「部門」は品ぞろえに関係するとわかる。ヴァスケスさんはフォームのコメント欄の後半で農産品のspicy peppersの仕入れについて要望を述べているので、コッブさんは農産品部門の責任者だと考えられる。よって正解は(C)。なお、メールの4行目にhe can special-order any items for you personallyとあり、Cobb氏が特別注文に対応するとは述べられているが、すでに行ったわけではないため、(D)は誤り。

Questions 191-195 refer to the following memo and e-mails.

From: TKB Employee Benefits Office
To: All employees

Effective June 1, TKB personnel may arrange to leave their vehicles with Slick & Quick—located adjacent to the employee parking area—for an oil change, tune-up, lube, and filter change. Slick & Quick guarantees completion of the work by 5 P.M. on any business day and will even bring your car to the TKB lot when the work is done. Keys and paperwork will be left with the guard staffing the security booth at the lot's main entrance.

The Benefits Office welcomes ideas from staff about similar services that could also be offered during working hours. Our goal is to help TKB employees simplify their management of personal affairs in order to maintain our high levels of productivity.

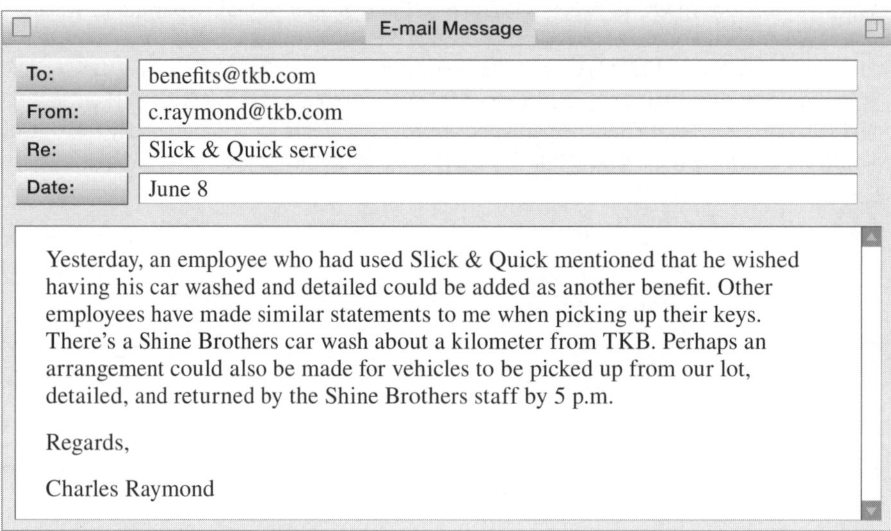
E-mail Message

To: benefits@tkb.com
From: c.raymond@tkb.com
Re: Slick & Quick service
Date: June 8

Yesterday, an employee who had used Slick & Quick mentioned that he wished having his car washed and detailed could be added as another benefit. Other employees have made similar statements to me when picking up their keys. There's a Shine Brothers car wash about a kilometer from TKB. Perhaps an arrangement could also be made for vehicles to be picked up from our lot, detailed, and returned by the Shine Brothers staff by 5 p.m.

Regards,

Charles Raymond

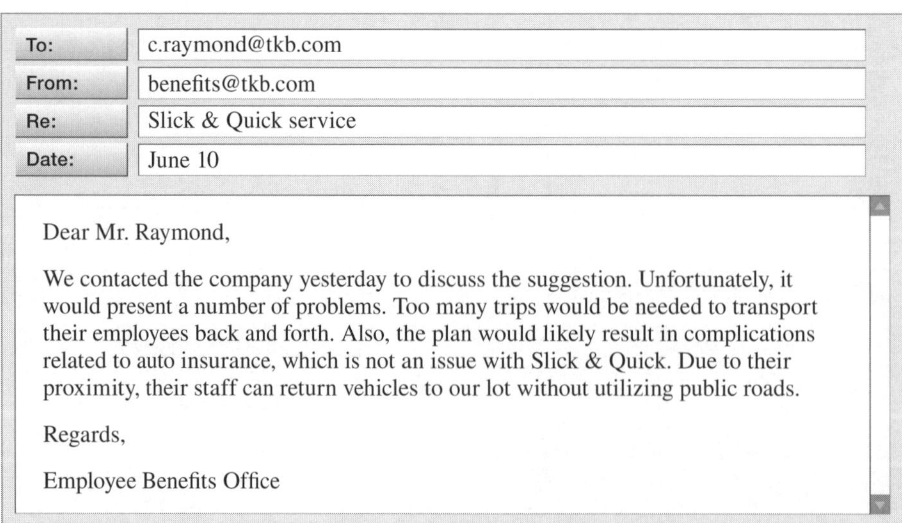
To: c.raymond@tkb.com
From: benefits@tkb.com
Re: Slick & Quick service
Date: June 10

Dear Mr. Raymond,

We contacted the company yesterday to discuss the suggestion. Unfortunately, it would present a number of problems. Too many trips would be needed to transport their employees back and forth. Also, the plan would likely result in complications related to auto insurance, which is not an issue with Slick & Quick. Due to their proximity, their staff can return vehicles to our lot without utilizing public roads.

Regards,

Employee Benefits Office

191-195 番は次の社内連絡と 2 通のメールに関するものです。

送信者：TKB 社員福利厚生室
あて先：全従業員

6 月 1 日から、TKB の全社員は、オイル交換、調整、潤滑油、フィルター交換の際、従業員の駐車場に隣接するスリック＆クイックに各自の車両を預けることが可能になります。スリック＆クイックは、営業日の午後 5 時までに作業を完了することを保証し、さらに作業完了時に車両を TKB の駐車場まで移動します。鍵と書類は、駐車場の正面入り口の警備室にいる警備員に渡されます。

福利厚生室では、勤務時間中に提供してもらえる同様のサービスについて、社員からのアイデアを歓迎します。私たちの目的は、高いレベルの生産性を維持するために、従業員の皆さんが個人的な用事を楽に管理できるようにすることです。

あて先：　benefits@tkb.com
送信者：　c.raymond@tkb.com
件名：　スリック＆クイックのサービス
日付：　6 月 8 日

昨日、スリック＆クイックを利用した社員が、さらに福利厚生として洗車とディテイリングのサービスも加わるといいのにと話していました。別の社員たちも、彼らが鍵を受け取るときに同様のことを言っていました。TKB から約 1 キロのところにシャイン・ブラザーズという洗車サービス店があります。おそらく、私たちの駐車場から車を受け取ってディテイリングを行い、午後 5 時までにシャイン・ブラザーズのスタッフによって車を戻してもらう手はずを整えることも可能だと思います。

よろしくお願いいたします。

チャールズ・レイモンド

あて先：　c.raymond@tkb.com
送信者：　benefits@tkb.com
件名：　スリック＆クイックのサービス
日付：　6 月 10 日

レイモンド様

昨日、その企業に連絡をとり、ご提案について話し合いました。残念なことに、多くの問題が生じそうです。同社の従業員に行き来してもらうには移動回数がかかりすぎる見込みです。また、この計画は、スリック＆クイックの場合には問題にならない、車両保険に関して厄介な問題につながる可能性があります。スリック＆クイックは近くにあるので、同社スタッフは公道を使わずに車両を私たちの駐車場に戻すことができるのです。

よろしくお願いいたします。

社員福利厚生室

Vocab. 本文 □ **effective**「～から有効の」 □ **personnel**「全社員」 □ **vehicle**「車両」 □ **adjacent to**「～に隣接して」 □ **tune-up**「調整」 □ **lube**「潤滑油」 □ **lot**「駐車場」 □ **staff**「～で職員として働く」 □ **working hours**「勤務時間」 □ **simplify**「～を簡略化する」 □ **detail**「車にディテイリング（細部まできれいにすること）をする」 □ **complication**「複雑な問題」 □ **proximity**「近接していること」 選択肢 □ **optional**「任意の」 □ **implementation**「実施」 □ **send out to**「～に送信する」 □ **coverage**「補償範囲」

191 What is the memo mainly about?
(A) The renovation of a parking facility
(B) The introduction of an optional service
(C) The opening of a nearby business
(D) The implementation of a ride-sharing program

この社内連絡はおもに何に関するものですか?
(A) 駐車施設の改修
(B) オプションサービスの導入
(C) 近所の店の開店
(D) 相乗りプログラムの実施

正解 B
[正答率 58.4%]

社内連絡の本文冒頭を見ると、TKB personnel may arrange to leave their vehicles with Slick & Quick ... for an oil change, tune-up, lube, and filter change.(TKB の全社員は、オイル交換、調整、潤滑油、フィルター交換の際…スリック&クイックに各自の車両を預けることが可能になります)と書かれている。また、第2段落2～3行目に、help TKB employees simplify their management of personal affairs(従業員の皆さんが個人的な用事を楽に管理できるようにする)とあり、社員の車に関するサービスについて書かれていることがわかるので、正解は (B)。

192 What most likely is Slick & Quick?
(A) A public transportation firm
(B) An automobile dealership
(C) A vehicle maintenance shop
(D) A car rental agency

スリック&クイックは何だと思われますか?
(A) 公共交通機関の会社
(B) 自動車販売店
(C) 車のメンテナンスショップ
(D) レンタカー代理店

正解 C
[正答率 71.6%]

社内連絡の本文冒頭を見ると、TKB personnel may arrange to leave their vehicles with Slick & Quick ... for an oil change, tune-up, lube, and filter change.(TKB の全社員は、オイル交換、調整、潤滑油、フィルター交換の際…スリック&クイックに各自の車両を預けることが可能になります)と書かれており、スリック&クイックは車のオイル交換をはじめとするメンテナンスを行う店だということがわかるので、(C) が正解。automobile dealership(車の販売店)でメンテナンスを行っている場合もあるが、販売店だという記述はないので (B) は誤り。

193 What is suggested about Charles Raymond?
(A) He usually drives his own car to TKB.
(B) He works as a security guard.
(C) He is a staff member in the Benefits Office.
(D) He has been nominated for a promotion.

チャールズ・レイモンドに関して何が示唆されていますか?
(A) 彼は普段、自分の車で TKB に通っている。
(B) 彼は警備員として勤務している。
(C) 彼は福利厚生室のスタッフだ。
(D) 彼は昇進に指名された。

正解 B
[正答率 18.8%]

1つ目のメールは送信者のアドレスや署名からチャールズ・レイモンドが書いたものだとわかり、2～3行目に Other employees have made similar statements to me when picking up their keys.(別の社員たちも、彼らが鍵を受け取るときに同様のことを言っていました)と書かれている。また、社内連絡の第1段落5～6行目に Keys and paperwork will be left with the guard(鍵と書類は警備員に渡されます)とあり、チャールズ・レイモンドはスリック&クイックから受け取った車の鍵を社員に渡していることから警備員であると推測される。よって正解は (B)。2通のメールのあて先と送信者から、レイモンドさんは福利厚生室とは別の部門で働いていることがわかるので、(C) は不正解。

194 What most likely happened on June 9?
(A) Mr. Raymond had his vehicle serviced.
(B) Quick & Slick announced a new policy.
(C) An update was sent out to TKB personnel.
(D) A TKB representative contacted Shine Brothers.

6月9日に何が起こったと思われますか?
(A) レイモンドさんが自分の車にサービスを受けた。
(B) クイック&スリックが新方針を発表した。
(C) 最新情報がTKBの全社員に送られた。
(D) TKBの担当者がシャイン・ブラザーズに連絡した。

正解 **D**
[正答率 73.5%]

6月9日は2つのメールが送られた6月8日と6月10日の間の日。2つ目のメール(TKBの福利厚生室がレイモンドさんに送信)の本文冒頭に、We contacted the company yesterday to discuss the suggestion.(昨日、その企業に連絡をとり、ご提案について話し合いました)と書かれている。レイモンドさんは1つ目のメールで、シャイン・ブラザーズの洗車とディテイリングサービスを利用することを提案しており、福利厚生室の担当者が連絡したthe companyとはシャイン・ブラザーズのことだと考えられる。よって、(D)が正解。

195 What is implied about Mr. Raymond's proposal?
(A) It could affect employees' insurance coverage.
(B) It has already been accepted.
(C) It will be given further consideration.
(D) It would require him to transfer branches.

レイモンドさんの提案に関して何が示唆されていますか?
(A) 従業員の保険の補償範囲に影響を与える可能性がある。
(B) すでに受け入れられた。
(C) さらに検討されるだろう。
(D) 彼が支店を異動する必要が生じるだろう。

正解 **A**
[正答率 37.7%]

2つ目のメールは、あて先と送信者(署名)、件名と日付から、レイモンドさんの提案に対する福利厚生室の返事であることがわかる。メール本文の3~4行目を見ると、the plan would likely result in complications related to auto insurance(この計画は、車両保険に関して厄介な問題につながる可能性があります)と書かれており、さらにその先を読むと、スリック&クイックはTKBの駐車場に隣接しており社員の車の移動に公道を走らなくて済むが、シャイン・ブラザーズの場合は公道を走る必要があり、社員の保険の補償範囲に影響を与える可能性があることが読み取れるので、(A)が正解。

これがエッセンス

トリプルパッセージの問題は読む分量が多く、できるだけ速く理解する必要があります。しかし、文章が長くなればそれだけ未知の単語に出くわす可能性も高くなります。そこで必要になるのが、スキミングというスキルです。これは一語一語丁寧に読むのではなく、仮に未知の単語があっても気にかけずに文の大まかな意味をつかみながら読み進める技術です。ハイスコアの獲得に向けて、このスキルを磨いておきましょう。

Questions 196-200 refer to the following Web page, online form, and review.

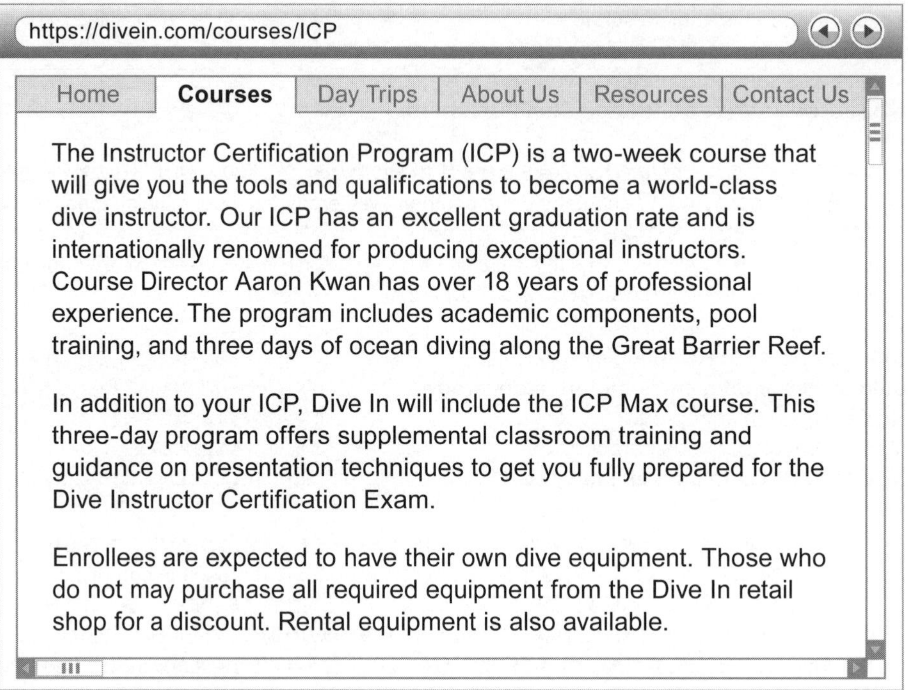
https://divein.com/courses/ICP

Home | Courses | Day Trips | About Us | Resources | Contact Us

The Instructor Certification Program (ICP) is a two-week course that will give you the tools and qualifications to become a world-class dive instructor. Our ICP has an excellent graduation rate and is internationally renowned for producing exceptional instructors. Course Director Aaron Kwan has over 18 years of professional experience. The program includes academic components, pool training, and three days of ocean diving along the Great Barrier Reef.

In addition to your ICP, Dive In will include the ICP Max course. This three-day program offers supplemental classroom training and guidance on presentation techniques to get you fully prepared for the Dive Instructor Certification Exam.

Enrollees are expected to have their own dive equipment. Those who do not may purchase all required equipment from the Dive In retail shop for a discount. Rental equipment is also available.

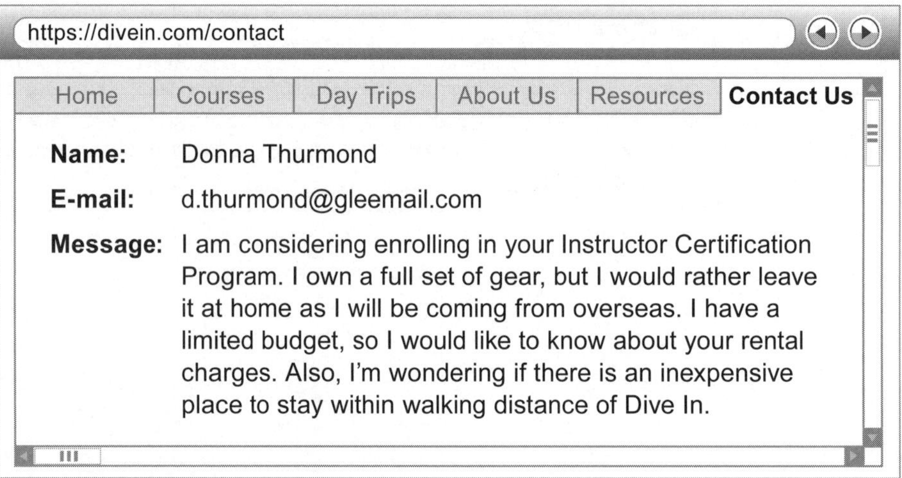
https://divein.com/contact

Home | Courses | Day Trips | About Us | Resources | Contact Us

Name: Donna Thurmond

E-mail: d.thurmond@gleemail.com

Message: I am considering enrolling in your Instructor Certification Program. I own a full set of gear, but I would rather leave it at home as I will be coming from overseas. I have a limited budget, so I would like to know about your rental charges. Also, I'm wondering if there is an inexpensive place to stay within walking distance of Dive In.

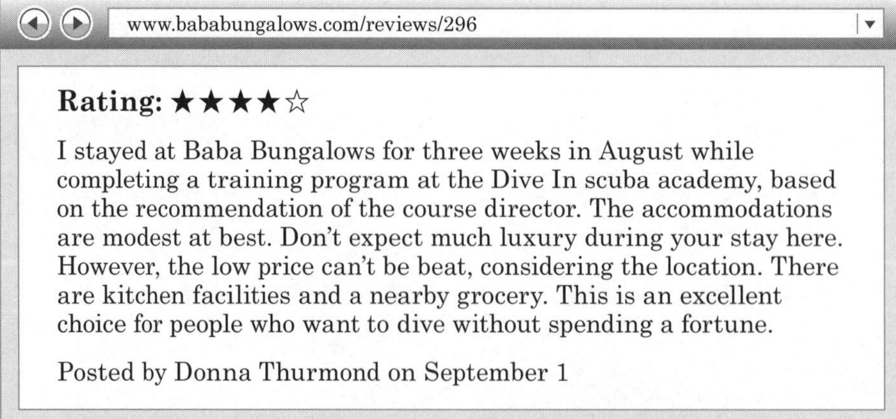
www.bababungalows.com/reviews/296

Rating: ★★★★☆

I stayed at Baba Bungalows for three weeks in August while completing a training program at the Dive In scuba academy, based on the recommendation of the course director. The accommodations are modest at best. Don't expect much luxury during your stay here. However, the low price can't be beat, considering the location. There are kitchen facilities and a nearby grocery. This is an excellent choice for people who want to dive without spending a fortune.

Posted by Donna Thurmond on September 1

196-200 番は次のウェブページとオンラインフォームとレビューに関するものです。

https://divein.com/courses/ICP

ホーム　**コース**　1日見学　私たちについて　リソース　お問い合わせ

インストラクター認定プログラム（ICP）は、世界レベルのダイビング・インストラクターになるための技能と資格を与える2週間のコースです。ICPは素晴らしい卒業率を誇り、優秀なインストラクターを輩出していることで世界的に知られています。コースの指導者のアーロン・クワンは18年超のプロ経験を有しています。このプログラムには、学術的な要素とプールでの研修、グレート・バリア・リーフ沿いの海での3日間のダイビングが含まれています。

ICPに加え、ダイブ・インにはICPマックスコースもあります。この3日間のプログラムでは、ダイビング・インストラクター認定試験のための準備が万全になるように、プレゼンテーション技術についての授業形式での研修とガイダンスを追加で受講いただけます。

入校者は、ご自身のダイビング用品を持っているものと想定されています。そうでない方は必要な全用品をダイブ・インの小売店にて割引価格で購入することができます。レンタル用品も利用可能です。

---

https://divein.com/contact

ホーム　コース　1日見学　私たちについて　リソース　**お問い合わせ**

お名前：　ドナ・サーモンド

メール：　d.thurmond@gleemail.com

メッセージ：　そちらのインストラクター認定プログラムへの申し込みを検討しています。ギア一式はすべて持っていますが、海外から参加するのでできれば家に置いていきたいです。予算が限られているため、レンタル料金について知りたいと思っています。また、ダイブ・インから歩いて行ける距離にそれほど高くない宿泊場所はあるでしょうか。

---

www.bababungalows.com/reviews/296

評価：★★★★☆

ダイブ・イン・スキューバ・アカデミーの研修プログラムを修了するまでの間、このコースの指導者の推薦を基に、ババ・バンガローに8月の3週間滞在しました。宿泊設備はそこそこでした。ここでの宿泊中にあまり贅沢を期待してはいけません。しかし、立地を考えると低価格には勝てません。キッチン設備があり、近くには食料品店もあります。お金をかけずにダイビングをしたい人には最高の選択肢です。

9月1日　ドナ・サーモンドによる投稿

Vocab. 本文 □ **qualification**「資格」 □ **renowned for**「～で有名な」 □ **produce**「～を輩出する」 □ **component**「要素」 □ **supplemental**「補足の」 □ **enrollee**「入学者」 □ **for a discount**「割引価格で」 □ **enroll in**「～を受講する」 □ **inexpensive**「値段が高くない」 □ **complete**「～を完了する」 □ **recommendation**「推薦」 □ **accommodation**「宿泊設備」 □ **modest**「質素な」 □ **at best**「せいぜい」 □ **luxury**「贅沢」 □ **beat**「～を打ち負かす（beatの過去分詞形。beatとbeatenの両方が使われる）」 □ **facility**「設備」 □ **spend a fortune**「大金を使う」 選択肢 □ **premise**「敷地」 □ **affordability**「手ごろさ」

196 What is implied on the Web page?
(A) There are Dive In academies worldwide.
(B) Most Dive In students become certified teachers.
(C) Dive In has operated for more than 20 years.
(D) Dive In's prices include all necessary equipment.

ウェブページでは何が示唆されていますか?
(A) ダイブ・インの学校は世界中にある。
(B) ダイブ・インの生徒のほとんどは認定講師になる。
(C) ダイブ・インは20年以上運営されている。
(D) ダイブ・インの価格には必要なすべての装備の費用が含まれる。

正解 B
[正答率 56.5%]

ウェブページではDive Inのインストラクター認定プログラム (The Instructor Certification Program) が説明されている。第1段落3～4行目にOur ICP has an excellent graduation rate and is internationally renowned for producing exceptional instructors. (ICPは素晴らしい卒業率を誇り、優秀なインストラクターを輩出していることで世界的に知られています) とあり、このプログラムは卒業率が高く、修了生が優れた講師になっているとうたわれている。卒業率が素晴らしいということは、受講者の多くが認定講師になっていると考えられるので、正解は(B)。

197 What is the purpose of Ms. Thurmond's message to Dive In?
(A) To request a list of items
(B) To inquire about a cost
(C) To obtain a course schedule
(D) To submit an application

サーモンドさんからダイブ・インへのメッセージの目的は何ですか?
(A) 品物の一覧を依頼すること
(B) 費用について問い合わせること
(C) コースのスケジュールを得ること
(D) 申込書を提出すること

正解 B
[正答率 67.8%]

サーモンドさんは、オンラインフォームのメッセージの冒頭でインストラクター認定プログラムの受講を検討していることを伝えたうえで、I would rather leave it at home as I will be coming from overseas (海外から参加するのでできれば[用具は]家に置いていきたい)、I have a limited budget (予算が限られている) と事情を説明した後、4～5行目でI would like to know about your rental charges (レンタル料金について知りたい) と具体的に情報を求めている。プログラム参加に必要なダイビング用品のレンタル費用を問い合わせているので、(B)が正解となる。

198 What is suggested about Baba Bungalows?
(A) It was recommended by Aaron Kwan.
(B) It offers luxury accommodations.
(C) It is located on Dive In's premises.
(D) It offers diving gear for rent.

ババ・バンガローに関して何が示唆されていますか?
(A) アーロン・クワンに推薦された。
(B) 豪華な宿泊設備を提供している。
(C) ダイブ・インの敷地内にある。
(D) ダイビング用品のレンタルを提供している。

正解 A
[正答率 47.1%]

Baba Bungalowsはレビューで評価されている宿泊施設。投稿者名はオンラインフォームの送信者と同じDonna Thurmondになっている。レビューの2～3行目にbased on the recommendation of the course director (このコースの指導者の推薦を基に) とあり、この直前でサーモンドさんはDive Inのプログラム参加中に宿泊したと述べている。ウェブページの5行目にCourse Director Aaron Kwanとあることから、Baba Bungalowsを推薦したのはAaron Kwanだとわかる。よって、(A)が正解。

199 What aspect of Baba Bungalows is praised in the review?
(A) The quality of its restaurant
(B) The comfort of its rooms
(C) The beauty of its surroundings
(D) The affordability of its rates

ババ・バンガローのどの側面がレビューでほめられていますか？
(A) レストランのクオリティ
(B) 部屋の快適さ
(C) 周囲の環境の美しさ
(D) 料金の手ごろさ

正解 D
[正答率 65.9%]

サーモンドさんがババ・バンガローについて書いたレビュー本文の5行目にはthe low price can't be beat, considering the location（立地を考えると低価格には勝てません）とあり、最後にもThis is an excellent choice for people who want to dive without spending a fortune.（お金をかけずにダイビングをしたい人には最高の選択肢です）とある。サーモンドさんは価格面を高く評価しているので、宿泊費が低価格であることをaffordability（手ごろさ）で表した(D)が正解。

200 What is indicated about Donna Thurmond?
(A) She is now employed as a dive instructor.
(B) She worked in the Dive In retail shop.
(C) She went ocean diving on three days in August.
(D) She will stay at Baba Bungalows again.

ドナ・サーモンドに関して何が示されていますか？
(A) 今はダイビング講師として雇用されている。
(B) ダイブ・インのレンタルショップで働いていた。
(C) 8月に3日間海へダイビングに行った。
(D) ババ・バンガローに再び宿泊する予定だ。

正解 C
[正答率 58.4%]

レビューの本文の1～2行目にあるI stayed ... in August while completing a training program at the Dive In scuba academyから、サーモンドさんは8月にDive Inのインストラクター認定プログラムに参加していたことがわかる。ウェブページの6～7行目にはThe program includes ... three days of ocean diving（このプログラムには…海での3日間のダイビングが含まれています）とあり、このプログラム中にサーモンドさんは3日間海でダイビングをしたと考えられる。よって、(C)が正解となる。

これがエッセンス

ある程度英語の勉強を重ねているのに、スコアが伸び悩んでいるという方は少なくありません。英語の知識はあるのにスコアに結びつかない、ゆっくり解けば正解を見抜けるのに…というように、英語力以外の要素が関係することがあります。短時間での解答を可能にするには問題の「勘所」をつかむ必要があります。問題を解いて答え合わせをして終わりにせず、その問題を解くための戦略を確認する習慣をつけていきましょう。

TEST 4 正解一覧

チェックボックスは答え合わせや習熟度確認のためにお使いください。

No.	正解		No.	正解		No.	正解	
101	B	□□□	135	C	□□□	169	B	□□□
102	C	□□□	136	C	□□□	170	A	□□□
103	A	□□□	137	C	□□□	171	B	□□□
104	B	□□□	138	B	□□□	172	D	□□□
105	A	□□□	139	A	□□□	173	A	□□□
106	B	□□□	140	D	□□□	174	B	□□□
107	B	□□□	141	A	□□□	175	C	□□□
108	A	□□□	142	D	□□□	176	B	□□□
109	D	□□□	143	B	□□□	177	D	□□□
110	D	□□□	144	C	□□□	178	B	□□□
111	A	□□□	145	B	□□□	179	A	□□□
112	B	□□□	146	C	□□□	180	B	□□□
113	D	□□□	147	C	□□□	181	D	□□□
114	C	□□□	148	D	□□□	182	A	□□□
115	B	□□□	149	C	□□□	183	B	□□□
116	B	□□□	150	A	□□□	184	D	□□□
117	D	□□□	151	D	□□□	185	A	□□□
118	D	□□□	152	C	□□□	186	D	□□□
119	C	□□□	153	B	□□□	187	B	□□□
120	C	□□□	154	C	□□□	188	D	□□□
121	A	□□□	155	D	□□□	189	A	□□□
122	D	□□□	156	B	□□□	190	C	□□□
123	C	□□□	157	C	□□□	191	B	□□□
124	B	□□□	158	C	□□□	192	C	□□□
125	A	□□□	159	B	□□□	193	B	□□□
126	B	□□□	160	A	□□□	194	D	□□□
127	A	□□□	161	C	□□□	195	A	□□□
128	C	□□□	162	D	□□□	196	B	□□□
129	C	□□□	163	A	□□□	197	B	□□□
130	D	□□□	164	D	□□□	198	A	□□□
131	B	□□□	165	D	□□□	199	D	□□□
132	A	□□□	166	A	□□□	200	C	□□□
133	D	□□□	167	A	□□□			
134	D	□□□	168	A	□□□			

TEST 5 の解答・解説

101 When Ms. Kim arrives, please give ------- an update on the status of our project.

(A) herself (B) hers
(C) her (D) she

キムさんが到着したら、我々のプロジェクトの状況について彼女に最新情報を伝えてください。

正解 C 格 [正答率 78.6%]

代名詞の正しい格を選ぶ問題。空欄は〈give＋〈人〉＋X (an update)〉(〈人〉に最新情報を伝える) の〈人〉にあたる部分で、give の目的語が入るので、目的格の (C) her が正解。(A) herself は再帰代名詞、(B) hers (彼女のもの) は所有格、(D) she は主格。

Vocab. □ update「最新情報」

---

102 Consumer testing of RayBlok's new sunscreen will be ------- at major outdoor events this summer.

(A) conducted (B) transacted
(C) driven (D) contracted

レイブロック社の新しい日焼け止めの消費者テストは、この夏、大きな野外イベントで実施される。

正解 A 語彙 [正答率 89.3%]

will be の直後に空欄があることから、本文が〈will be＋過去分詞〉の形で未来時制の受動態だとわかる。主語は consumer testing (消費者テスト) なので、このテストが「どうされるか」を適切に表す動詞を選ぶ。正解は (A) conducted (実施される)。(B) transacted は「処理される」、(C) driven は「駆り立てられる」、(D) contracted は「契約が結ばれる」という意味。

Vocab. □ consumer testing「消費者テスト」

---

103 ------- from Mr. Sparrow, the directors were unanimous in their approval of the purchase of the new office space.

(A) Apart (B) Besides
(C) Against (D) Other

重役たちは、スパロー氏を除き、全員一致で新しいオフィススペースの購入を承認した。

正解 A 前置詞 [正答率 71.4%]

------- from Mr. Sparrow の部分に注目し、------- from の形で 1 つの前置詞として働く (A) Apart を選ぶ。Apart from ... は「…を除いて (＝except)」という意味。本文中の形容詞、unanimous (満場一致の) とセットで覚えておこう。(B) Besides (～に加えて、～を除いては) と (C) Against (～に反対して) は前置詞、(D) Other (ほかの；ほかのもの) は形容詞または代名詞。

Vocab. □ unanimous「満場一致の」 □ approval「承認」
□ purchase「購入」

---

104 The board ------- positively to the ideas of the new marketing director.

(A) reacting (B) reactive
(C) reactively **(D) reacted**

取締役会は新しいマーケティング部長のアイデアに好意的な反応を示した。

正解 D 品詞 [正答率 78.6%]

修飾語句を隠すと文の骨組みが見えやすくなる。まず副詞の positively と〈前置詞＋目的語〉の固まり (＝ to the ideas 以下) を消すと、The board ------- だけが残るので、空欄には述語動詞として機能する (D) reacted が入ることがわかる。

Vocab. □ board「取締役会」

990点 講師の目

Part 5 では主語、動詞、目的語や補語、そして副詞句や形容詞句といった文構造の理解が重要です。主語と動詞の後ろに「/」、前置詞の前に「//」を入れると文構造が見えやすくなります。この設問の英文なら The board/ reacted/ positively //to the ideas //of ... となります。本試験では記入できませんから、線を入れなくても構造が見えてくるように訓練を重ねましょう。

---

105 The ------- voucher is redeemable for a 15 percent discount on your next purchase at Penny Smart.

(A) satisfied **(B) enclosed**
(C) compensated (D) regarded

同封の割引券は、次回ペニー・スマートでお買い物いただく際、15%の割引にお使いいただけます。

正解 B 語彙 [正答率 78.6%]

主語は be 動詞 is の前にある The ------- voucher の部分。選択肢に並ぶ -ed 形の動詞が空欄に入ると、「～された」という〈受け身〉の意味を表し、後ろの名詞 voucher (割引券) を修飾する過去分詞として機能するので、「割引券がどうされているか」を適切に表す (B) enclosed (同封される) が正解。(A) satisfied は「満足した」、(C) compensated は「補償された」、(D) regarded は「見なされた」という意味。

Vocab. □ voucher「割引券」 □ redeemable「換金できる」

106 Efficiency at the plant will ------- increase as new assembly procedures are adopted.

(A) steady　(B) steadying
(C) steadily　(D) steadiness

新しい組み立て手順が採用されると、工場の生産効率は着実に向上するだろう。

正解 C　品詞　[正答率 82.1%]

形容詞および動詞 steady（安定した；安定させる）とその派生語が並ぶ品詞の問題。空欄部分がなくても文が成立していることから、空欄には後ろの動詞 increase を修飾する副詞の (C) steadily（着実に）が入ると判断できる。(B) steadying は動詞の現在分詞または動名詞、(D) steadiness（安定）は名詞。

Vocab.> □ **efficiency**「効率」 □ **assembly**「組み立て」 □ **procedure**「手順」

---

107 ------- guidebooks rank Platinum Suites as the area's top hotel, the Starlight Inn has received better online reviews.

(A) Regardless　**(B) While**
(C) Despite　(D) Always

ガイドブックはプラチナ・スイーツを地域随一のホテルと位置づけているが、スターライト・インのほうがオンラインでよい評価を獲得している。

正解 B　前置詞 vs 接続詞　[正答率 75.0%]

空欄の後ろからカンマの前までに主語と動詞のそろった文が成立しているか否かを確認し、成立していれば接続詞を、不成立であれば前置詞を選ぶ問題。ここでは主語 guidebooks と動詞 rank を確認し、接続詞の (B) While（～である一方）を選べばよい。(A) Regardless は regardless of（～に関係なく）の形で前置詞として機能する副詞。(C) Despite（～にもかかわらず）は前置詞、(D) Always（いつも）は〈頻度〉を表す副詞。

Vocab.> □ **rank A as B**「A を B に位置づける」

990点 講師の目

名詞と動詞が同じ形の単語は、文の構造を捉え間違う原因になるので要注意です。この問題も rank を動詞と見抜けなければ、正解を導き出せません。日本語の「ランク」と同様、英語の rank も「階級」という名詞の用法を持ちますが、ここでは rank A as B（A を B に位置づける）の形で使われている動詞である点を確認しましょう。

---

108 Parties without reservations are not guaranteed ------- at our restaurant.

(A) service　(B) are serving
(C) served　(D) to serve

予約をされていないお客様には当レストランでのサービスをお約束できません。

正解 A　語法　[正答率 28.6%]

動詞 serve（～に給仕する）のさまざまな形が並んでいる。空欄前の guaranteed が〈guarantee ＋ A〈人〉＋ B〉（A に B を確約する）という語法を持つ点が解答のカギ。この語法が受動態の形で使われ、A (Parties ...) are not guaranteed ------- となっているので、B にあたる空欄には名詞の (A) service（サービス）が入る。

Vocab.> □ **guarantee A B**「A に B を保証する、確約する」

---

109 The results of the clinical trial of the new medication are truly remarkable in light of the ------- outcome.

(A) predict　(B) predicting
(C) predicted　(D) prediction

新薬の臨床試験結果は、予測されていた成果から考えれば、実に素晴らしいものだった。

正解 C　品詞　[正答率 75.0%]

動詞 predict（～を予測する）が形を変えて並ぶ品詞の問題。慣用表現の in light of（～に照らせば）に続く the ------- outcome の部分に注目する。定冠詞 the と名詞 outcome にはさまれた空欄には名詞 outcome を修飾する形容詞が入る。現在分詞の (B) predicting と過去分詞の (C) predicted が形容詞の機能を持つが、「outcome が predict された」という受け身の関係を表す (C) predicted が適切。

Vocab.> □ **clinical trial**「臨床試験」 □ **medication**「薬剤」 □ **in light of**「～に照らせば」

---

110 The contents were ------- from the box so that it could be used for other purposes.

(A) avoided　(B) refrained
(C) emptied　(D) departed

箱がほかの用途に使えるよう、中身が出された。

正解 C　語彙　[正答率 39.3%]

be 動詞 were に続く空欄に選択肢に並ぶ -ed 形の動詞が入れば、〈be 動詞＋過去分詞〉の受動態の形が完成する。主語の The contents（中身）が「どうされるか」を考えよう。empty（～を出す）の過去分詞 (C) emptied が入れば、「中身が出される」となり文意が通る。(A) avoided は「避けられた」、(B) refrained は「控えられた」、(D) departed は「去られた」という意味。

Vocab.> □ **content**「中身」

111 ------- the end of this week, the contractor will have completed the remodeling work.

(A) Once **(B) By**
(C) Sure (D) To

今週末までには、請負業者が改築工事を完了させるだろう。

正解 B 前置詞 vs 接続詞 [正答率 92.9%]

空欄の後ろにあるthe end of this week（今週末）に注目する。空欄にはこの名詞句をカンマの後の文につなげる前置詞が入るので、候補は(B) Byと(D) Toに絞られる。カンマの後の文は未来完了時制（will have completed）で「未来の一時点までに完了すること」を述べているので、「～までに」という意味で〈期限〉を示す(B) Byが正解。

Vocab. □ **contractor**「請負業者」 □ **complete**「～を完了する」

---

112 Stage productions with ------- of more than a hundred are held at Cliffside Auditorium.

(A) sizes (B) venues
(C) seats **(D) casts**

100人を超す出演者がいる舞台作品は、クリフサイド・オーディトリアムで上演される。

正解 D 語彙 [正答率 28.6%]

選択肢に名詞が並ぶ語彙問題。with ------- of more than a hundred（100人超の～）の部分が、この文の主語であるStage productionを修飾している。(D) casts（出演者）を選べば「100人を超す出演者がいる舞台作品」となり、文意が通る。(B) venuesは「会場」、(C) seatsは「座席」という意味。(A)はsを取ってsize of ～なら正解となる。

Vocab. □ **stage production**「舞台作品」

---

113 Customers can count ------- Williams & Sons to maintain the best selection of home appliances in Newport City.

(A) up (B) for
(C) on (D) at

顧客の皆様には、ウィリアム・アンド・サンズ社がニューポート市で随一の家電製品の品ぞろえを維持するものとご期待いただけます。

正解 C 語彙 [正答率 64.3%]

選択肢に並ぶ副詞と前置詞の中から、空欄前の動詞countとともに文脈に合う句動詞（熟語）を成すものを選ぶ語彙問題。空欄後の会社名Williams & Sonsを目的語にとって文意を成立させるのは、count onで「～を信頼する、～に頼る」という意味を表す(C) on。(A)のcount upは「～を合計する」、(B)のcount forは「～の価値がある」という意味。

Vocab. □ **maintain**「～を維持する」 □ **home appliance**「家電」

---

114 Emergency ------- undergo an extensive training program before they can receive certification.

(A) medics (B) medically
(C) medical (D) medicine

救急医療の研修医は、広範囲に及ぶ研修プログラムを受けた後に、資格を取得できる。

正解 A 品詞／語彙 [正答率 32.1%]

まず問題文の骨組みとなる主語のEmergency -------と動詞undergo（～を受ける）、目的語の核となる語句training program（研修プログラム）を押さえよう。研修を受けるのは〈人〉だから、選択肢の中から〈人〉を表す語を選べばよい。正解は(A) medics（研修医、救急医療隊員）。(B) medically（医学的に）は副詞、(C) medical（医学上の）は形容詞、(D) medicine（薬）は名詞。

Vocab. □ **undergo**「～を受ける、～に耐える」 □ **extensive**「広範囲の」
□ **certification**「資格（認定）」

---

115 ------- test takers to achieve a passing score, they must answer at least eighty percent of the questions correctly.

(A) In case of (B) To be certain
(C) In order for (D) For instance

受験者が合格点を取るには、最低でも問題を8割正解しなければならない。

正解 C 構文 [正答率 82.1%]

空欄の後ろに〈名詞句（test takers）＋to不定詞（to achieve）〉の形が続いている点に気がつけば、後ろにこの構造をとる(C) In order forを即座に選ぶことができる。〈in order for X to不定詞〉で「Xが～するために」という定型構文。(A) In case ofは「～の場合は」、(B) To be certainはjust to be certainの形で「念のために」、(D) For instanceは「たとえば」という意味。

Vocab. □ **achieve**「～を達成する」 □ **passing score**「合格点」

これがエッセンス

前置詞の使い分けが苦手な学習者は、前置詞の表す位置関係や抽象的な意味合いをリストアップして、それぞれの前置詞のイメージをつかみましょう。前置詞のイメージが頭に定着し、意味合いがわかってくると、熟語や慣用表現の理解も深まります。

116 People who take frequent trips abroad tend ------- bookings farther in advance than less experienced travelers.

(A) have made (B) made
(C) to make (D) making

頻繁に海外旅行に出かける人は、旅行経験の浅い人に比べると、かなり前から予約をする傾向にある。

正解 C 準動詞／語法 [正答率 89.3%]

動詞 make の適切な形を判断する問題。決め手は空欄の前にある動詞 tend の語法。〈tend to 不定詞〉の形で「〜する傾向がある」という意味を表すので、空欄に入るのは to 不定詞の (C) to make。文の中で tend が述語動詞だと気づけなかった人は、People の後ろの who 節（who ... abroad）を隠し、文の核となる構造をあらためて確認しておこう。

Vocab. □ **frequent**「頻繁な」 □ **booking**「予約」

990点 講師の目

関係詞が出てきたら、どこまでが関係詞節なのかを考えます。この問題では who から abroad までが関係詞節ですね。文の構造をつかむうえで、この関係詞節は直前の名詞 people を後ろから説明する修飾語句として無視することができます。関係詞節の範囲を特定することで、people と tend の結びつきが見えてきます。

---

117 The musical attracts ------- large audiences that tickets are always in short supply.

(A) very **(B) such**
(C) so (D) more

そのミュージカルは、とても多くの観客を魅了するので、チケットは常に不足している。

正解 B 構文 [正答率 28.6%]

that の前は「ミュージカルが大勢の観客を魅了する」、後ろは「チケットが常に不足の状態だ」という〈原因〉と〈結果〉を伝える文脈。だが、この 2 つの文にはさまれた that には、このような〈因果関係〉にある 2 文を単独でつなぐ機能はない。(B) such が空欄に入れば、「〜なので…だ」と〈因果関係〉を表す〈such ＋名詞＋ that 節〉の形の構文が完成する。おなじみの〈so ＋形容詞／副詞＋ that 節〉との使い分けを確認しておこう。

Vocab. □ **attract**「〜を引きつける」 □ **audience**「観客」
□ **in short supply**「不足して」

---

118 ------- of the iconic Tarpin Bridge is set to begin during the first week of August.

(A) Distraction **(B) Restoration**
(C) Generation (D) Variation

象徴的存在であるタービン橋の復元工事は、8 月の第 1 週に開始される予定だ。

正解 B 語彙 [正答率 60.7%]

問題文の主語は be 動詞 is の前の ------- of the iconic Tarpin Bridge の部分。ざっくりと「T 橋の何か」が主語だと押さえれば十分だ。「橋の」と限定されて意味を成す語は (B) Restoration（復元）。(A) Distraction は「気を散らすもの」、(C) Generation は「世代、発生」という意味の名詞。(D) Variation は variation of の形で「〜の一種」という意味を表す。

Vocab. □ **iconic**「象徴的な」 □ **be set to *do***「〜する予定だ」

---

119 The Blueberry Inn holds guests ------- for any damage they cause to the rooms.

(A) accounts (B) accounted
(C) accountancy **(D) accountable**

ブルーベリー・インは、お客様が部屋に与えたいかなる損傷についても、お客様に責任をお取りいただいています。

正解 D 語法 [正答率 60.7%]

選択肢には動詞または名詞の account（責任を持つ；口座、報告）と派生語が並んでいる。解答のカギは、問題文の動詞 hold。〈hold ＋〈人〉＋形容詞〉の形で「〈人〉を〜だと判断する」という意味を表すので、hold guests に続く空欄に入るのは形容詞の (D) accountable（責任がある）。(C) accountancy（会計職）は名詞。

Vocab. □ **cause**「〜を引き起こす、もたらす」

---

120 Management implemented stricter safety guidelines for machine operators, ------- reducing the likelihood of an accident.

(A) so that **(B) thus**
(C) which (D) such as

経営陣が機械操作技師用のより厳しい安全基準を実施し、その結果、事故の起こる可能性が減った。

正解 B 語法 [正答率 32.1%]

カンマの前には「経営陣がより厳しい安全基準を実施した」という、文の必要要素がそろった文が成立している。この後ろに〈, ------- -ing〉の形で分詞句をつなぐ語法を持ち、文意を成すのは接続副詞の (B) thus。〈, thus -ing〉で「結果として〜する」という意味を表す。(A) so that（〜となるように）と (C) which は、原則として主語と動詞のある節をつなぐ。(D) such as は「（たとえば）〜のような」という意味。

Vocab. □ **implement**「〜を実行する」 □ **likelihood**「可能性」

121 Su-Li Ming ------- a position at Nardcot Industries by impressing the recruiters during her interviews.

(A) presumed (B) offered
(C) adopted **(D) secured**

ミン・スーリーは、面接で採用担当者に好印象を与えて、ナードコット産業での職を確実に手に入れた。

正解 D 語彙 [正答率 32.1%]

問題文の骨組みが Ming -----ed a position（ミンさんが職を～した）である点を確認する。職をどうしたかを考えると、by impressing recruiters（採用担当者に好印象を与えて）の部分からミンさんが求職者だとわかるので、(D) secured（～を確保した）が正解。(A) presumed は「～と推定した」、(B) offered は「～を申し出た」、(C) adopted は「～を採用した」という意味。

Vocab. □ **impress**「～に印象づける」 □ **recruiter**「採用担当者」

---

122 Miriam Cosmetics' new mascara line is its most popular -------, and retailers are struggling to keep it in stock.

(A) far (B) before
(C) yet (D) way

ミリアム・コスメティック社の新しいマスカラは同社史上一番の人気を博しており、小売業者は在庫を切らさないよう奮闘している。

正解 C 修飾 [正答率 28.6%]

空欄の直前に most popular（最も人気がある）という最上級の表現がある点に注目する。この最上級を後ろから修飾し、「今までで最も」と意味を強める働きをする (C) yet が正解。(A) far と (D) way は、比較級の前に置かれると far/way more valuable（もっとずっと価値がある）のように程度を強める副詞として機能する。

Vocab. □ **retailer**「小売業者」 □ **in stock**「在庫があって」

---

123 Owing ------- to its central location, The Pines apartment complex seldom has vacancies.

(A) greatly (B) greater
(C) great (D) greats

一等地に位置していることが大いに貢献し、ザ・パインズ集合住宅ではめったに空室が出ない。

正解 A 品詞 [正答率 89.3%]

空欄部分がなくても文が成立しているから、空欄に入る語は修飾語。前置詞句 owing to its central location（一等地に位置しているために）を修飾するのは副詞なので、(A) greatly（大いに）が正解。owing to（～のために）は TOEIC で頻出の慣用句なので押さえておこう。

Vocab. □ **owing to**「～のために」 □ **complex**「複合施設」
□ **vacancy**「空室」

---

124 To show our ------- to improving the local community, we urge employees to volunteer with area charities.

(A) judgment (B) development
(C) management **(D) commitment**

地域社会の改善に献身していることを示すため、わが社は、従業員が地区の慈善活動に無償奉仕することを奨励しています。

正解 D 語彙 [正答率 71.4%]

空欄に入る語は、① to 不定詞の to show（～を見せる）の目的語になり、②後ろの前置詞句 to improving the local community（地域社会を向上させることに対して）と意味がつながる、という 2 つの条件を満たす必要がある。条件に合うのは (D) commitment（献身）のみ。(A) judgment は「判断」、(B) development は「開発」、(C) management は「管理、運営」という意味の名詞。

Vocab. □ **urge 〈人〉 to *do***「～するように〈人〉を促す」

990点 講師の目

動詞の後に接尾辞 -ment が付くと〈動作〉や〈結果〉を表す名詞になります。逆に、選択肢から -ment を取れば動詞の develop / manage / commit が残るわけですが、(A) の judgment から -ment を取ると judg で judge ではありません。judgment は米語式、judgement が英語式のスペルです。

---

125 ------- Mr. James had publicly announced his plans to move to London, he decided to remain working in Seoul.

(A) Except for **(B) Although**
(C) In spite of (D) Wherever

ジェームズ氏はロンドンへ移る計画を公表していたが、ソウルでの勤務を続けることに決めた。

正解 B 前置詞 vs 接続詞 [正答率 89.3%]

カンマの前に Mr. James had publicly announced his plans（ジェームズ氏は計画を公表した）、後ろには he decided to remain（とどまる決意をした）という節があるので、2 つの節をつなぐ接続詞の (B) Although が正解。「～だが」という意味で〈譲歩〉を表す。(A) Except for（～を除いて）と (C) In spite of（～にもかかわらず）は前置詞。(D) Wherever（～はどこでも）は関係副詞。

Vocab. □ **publicly**「公に」 □ **remain**「～のままでいる」

126 There has been no difficulty so far, but the shift changes could lead to ------- scheduling problems.

(A) consensual (B) manual
(C) eventual (D) punctual

これまで問題は起きていないが、シフトの変更はいずれスケジュールの問題を引き起こす可能性がある。

正解 C 語彙 [正答率 25.0%]

選択肢に並ぶ -al で終わる形容詞の中から文意が通る語を選ぶ語彙問題。空欄に入る形容詞は、直後の名詞 scheduling problems（スケジュールの問題）を修飾するので、意味がかみ合う (C) eventual（結果的に起こる）が正解。(A) consensual は「合意の」、(D) punctual は「（人が）時間を守る」という意味。(B) manual は形容詞で「手動の」、名詞で「手引き」という意味になる。

Vocab. □ **difficulty**「困難」 □ **shift**「（交代制の）勤務時間」

---

127 Mr. Li and Ms. Day disagreed on a few details of the promotion, but ------- believed the overall strategy was sound.

(A) both (B) one another
(C) each other (D) other

リーさんとデイさんは、販売促進キャンペーンの一部詳細について意見が一致しなかったが、両者とも全体的な戦略はしっかりしていると認めていた。

正解 A 指示語 [正答率 64.3%]

カンマの前の文の主語は Mr. Li と Ms. Day の二人なので、空欄には「両者」の意味でカンマの後の文の主語になりえる (A) both を選ぶ。(B) one another（お互い）は主語には使わない。(C) each other（お互いに）は副詞表現。(D) other（ほかの）は the other の形で「もう一方の人」という意味を表す。

Vocab. □ **overall**「全体的な」 □ **sound**「適切な、しっかりした」

---

128 Designers can use this software to create original graphics and artwork ------- to manipulate and alter digital photography.

(A) as well as (B) rather
(C) along with (D) in addition

デザイナーは、このソフトウェアをオリジナルの描画や作品の制作だけでなく、デジタル写真の加工や変更にも活用できる。

正解 A 構文 [正答率 82.1%]

問題文に 2 つの不定詞句、① to create ... と② to manipulate and alter ... がある点に注目する。このような 2 つの同形の表現をつなぐのは、(A) as well as。A as well as B（B に加えて A も）の形で押さえておこう。(B) rather は A rather than B の形で「B よりむしろ A」、(C) along with は「～と一緒に」、(D) in addition は「加えて、さらに」という意味を表す。

Vocab. □ **artwork**「作品、（広告などの）写真」
□ **manipulate**「（データ、画像など）を処理する、加工する」
□ **alter**「～を変更する」

---

129 Your membership in the Bayonne Professionals' Group ------- once your credentials are brought back up to date.

(A) had reinstated
(B) will be reinstated
(C) was reinstating
(D) has been reinstating

バイヨンヌ・プロフェッショナル・グループの会員資格は、資格証明書類の更新が終わると元に戻されます。

正解 B 態 [正答率 82.1%]

動詞 reinstate（～を復活させる）の時制と態の異なる形が選択肢に並んでいる。主語 membership（会員資格）と動詞 reinstate は「資格が復活される」という〈受け身〉の関係にあるので、選択肢中で唯一受動態の (B) will be reinstated が正解となる。

Vocab. □ **credential**「資格証明書」 □ **bring back**「～を戻す」
□ **up to date**「最新で」

990点 講師の目

once は「いったん～すると」という意味の〈条件〉を表す接続詞です。この文のように〈時・条件〉を表す副詞節に限り、未来のことを現在時制で表します。節内の be 動詞が are と現在形になっている点を確認しておきましょう。

---

130 This book will equip business owners with the tools and knowledge they need to ------- a profit within a short time.

(A) inquire (B) captivate
(C) deploy **(D) realize**

本書は経営者の方々に、短期間で収益を生み出すために必要なツールと知識を提供いたします。

正解 D 語彙 [正答率 25.0%]

選択肢はすべて原形動詞。空欄に原形動詞が入ると、〈to 不定詞〉（～するために）の形ができる。また、空欄後に profit（利益）が続いているので、「利益をどうするか」を考える。(D) realize（[利益など] を手にする）を入れれば、「利益を手にするために」となり文意が通る。(A) inquire は「～に尋ねる」、(B) captivate は「～を魅了する」、(C) deploy は「～を活用する」という意味。

Vocab. □ **equip A with B**「A に B を身につけさせる」 □ **profit**「利益」

Questions 131-134 refer to the following letter.

January 14

Nuts & Bolts Monthly
114 Piedmont St.
Atlanta, GA 30316

To whom it may concern:

I have been an avid reader of *Nuts & Bolts Monthly* for over a decade. In fact, I started my ------- **131.** shortly before I was hired at Turkell Manufacturing, where I have worked for 11 years as a senior mechanic. I have delightedly renewed it every year since.

I would like to share my professional expertise with ------- **132.** readership. ------- **133.**. Topics would range from locating reliable suppliers to picking the right tools for the job. For your consideration, I have selected a few articles from the Turkell newsletter as samples of my writing. They are ------- **134.** with this letter. I think you will see how I can be a valuable contributor to your publication.

I eagerly await your reply.

Highest regards,

Kyle Fung

131-134 番は次の手紙に関するものです。

1月14日

『月刊ナッツ&ボルツ』
ピエモンド通り114番地
アトランタ市 ジョージア州 30316

ご担当者様

私は10年以上にわたる『月刊ナッツ&ボルト』の熱心な読者です。実際、上級整備士として11年間勤務しているターケル製造社で雇われるすぐ前から購読を始めました。それ以来ずっと、毎年喜んで購読を更新しています。

私は読者の皆さんと私のプロフェッショナルな専門的知識を共有したいと思っています。定期的にアドバイスをするコラムを書くことを提案いたします。トピックスは信用できる供給業者を探し出すことから、仕事に対して正しい道具を選ぶことまで多岐にわたります。ご検討いただくために、執筆サンプルとしてターケル社の社内通信から私が書いた記事をいくつか選びました。それらはこの手紙に同封されています。私が御社の出版物にとっていかに価値ある寄稿者になりえるか、ご理解いただけると思います。

お返事を心よりお待ちしております。

どうぞよろしくお願い申し上げます。

カイル・ファング

Vocab. 本文 □ **to whom it may concern**「ご担当者様」 □ **avid**「熱心な」 □ **expertise**「専門知識」 □ **locate**「～を見つける」 □ **consideration**「検討」 □ **contributor**「寄稿者」 □ **eagerly**「熱心に」 □ **await**「～を待つ」 選択肢 □ **conduct**「～を行う」 □ **occasionally**「時々」 □ **revise**「～を変更する」 □ **seal**「～を密封する」

131

(A) business
(B) education
(C) subscription
(D) publication

正解 C　語彙／文脈　[正答率 42.9%]

空欄部分は、I started my ------- となっているので、目的語となる「始めたもの」が入る。前の文が「10 年以上にわたる『月刊ナッツ&ボルト』の熱心な読者です」と述べていることから、読むことを始めたと推測される。よって (C) subscription（購読）が正解。

132

(A) you
(B) your
(C) yours
(D) yourselves

正解 B　格　[正答率 99%]

選択肢には人称代名詞が格を変えて並んでいる。空欄の直前の with は前置詞なので、with の後ろには名詞または名詞句が来なくてはならない。空欄直後の名詞 readership と名詞句を作れるのは、名詞を修飾する所有格のみ。よって、(B) your（あなたの）が正解。

133

(A) I conduct such workshops occasionally at Turkell.
(B) I plan to visit Atlanta in the near future.
(C) I was particularly impressed with your latest issue.
(D) I am offering to write a regular advice column.

(A) 私はターケルでそのようなワークショップを時々行っています。
(B) 私は近いうちにアトランタを訪ねるつもりです。
(C) 私はとくに最新号に感心しました。
(D) 定期的にアドバイスをするコラムを書くことを提案いたします。

正解 D　一文選択／文脈　[正答率 46.4%]

空欄の前の文に「専門的知識を読者と共有したい」、空欄の後ろの文には「トピックスは多岐にわたる」と述べられている。したがって、さまざまなトピックで専門知識を共有することに関する文が空欄に入ると推測できる。よって (D) が正解。

990点 講師の目

動詞 conduct（～を行う、管理する）は①「行い」、②「実施、遂行」の意味を表す名詞の用法も持ちます。「～する人」の意味を持つ接尾辞 -or を付けて conductor とすると、①「車掌、乗務員」②「（オーケストラの）指揮者」になります。交通系の問題で出題されることがありますので押さえておきましょう。

134

(A) revised
(B) sealed
(C) written
(D) included

正解 D　語彙／文脈　[正答率 89.3%]

〈be 動詞＋過去分詞〉で「～される」という受動態を作る。選択肢には They are ------- with this letter（それらはこの手紙に～されている）の「～されている」にあたる過去分詞が並んでいる。They は前文の a few articles from the Turkell newsletter（ターケル社の社内通信からのいくつかの記事）を指しているので、記事がこの手紙に同封されているとする (D) が正解。

Questions 135-138 refer to the following notice.

NOTICE

The company cafeteria will be closed from January 15 through 18 for scheduled remodeling. During that time, access will be limited to only those doing the -------. **135.** The usual fees for membership in the company meal plan will not ------- **136.** from employee salaries over these four days. -------. **137.** This is to compensate for the lack of dining establishments in the immediate vicinity of our offices.

Please accept our sincerest ------- **138.** for the inconvenience.

135-138 番は次の通知に関するものです。

通知

社員食堂は、予定されていた模様替えのため1月15日から18日まで閉鎖されます。この期間中、食堂への出入りは改装を行う人々に限られます。この4日間、社食プランの通常の会員費は社員の給与から引き落としされません。昼食休憩はこの工事中1時間半に延長されます。これは私たちのオフィスのすぐ近くに食事を取るための施設がないことを埋め合わせするためです。

ご不便をかけることに心よりおわびいたします。

Vocab. 本文 □ **remodeling**「改装」 □ **fee**「料金」 □ **compensate for**「～を埋め合わせる」 □ **dining establishment**「飲食施設」 □ **immediate**「(場所が) 非常に近い、すぐの」 □ **vicinity**「近所」 □ **sincere**「心からの」 □ **inconvenience**「不便」 選択肢 □ **extend**「～を延長する」 □ **underway**「進行中で」

135

(A) trials
(B) ceremonies
(C) renovations
(D) performances

正解 **C** 語彙／文脈 [正答率 89.3%]

選択肢には名詞が並ぶ。空欄の前の those は通例〈those + who +動詞〉の形で「～する人々」という意味を表す。この設問では who are が省略され、those *doing* となっている。社員食堂が閉鎖される理由は scheduled remodeling なので、それをしている人々以外は出入りできない、と推測できる。よって、remodeling の類語である (C) renovations（リノベーション、改装）が正解。

136

(A) have deducted
(B) be deducting
(C) have been deducted
(D) be deducted

正解 **D** 時制／態 [正答率 89.3%]

選択肢には動詞 deduct（～を差し引く）が形を変えて並んでいる。この文の主語 The usual fees（通常料金）は引く側ではなく、引かれる側なので、動詞は能動態ではなく、受動態にするのが適切。よって、(D) が正解。(C) have been deducted は完了形の受動態になり、すでに差し引かれていることを表すため、不適切。

137

(A) Lunch breaks will be extended to 1.5 hours while the work is underway.
(B) Fortunately, there are many restaurants located within walking distance.
(C) The cafeteria is highly rated among company employees.
(D) Palmer's Bistro will provide the catering for our event.

(A) 昼食休憩はこの工事中1時間半に延長されます。
(B) 幸いなことに、徒歩圏内にたくさんのレストランがあります。
(C) 食堂は社員の間で高く評価されています。
(D) パルマー・ビストロが私たちのイベントのためにケータリングを提供します。

正解 **A** 一文選択／文脈 [正答率 53.6%]

空欄の後ろの文に「このことはオフィスのすぐ近くに食事を取るための施設がないことを埋め合わせするためです」と続いているので、「このこと」は何か、何をすれば埋め合わせができるか考える。埋め合わせとして適切な内容は (A)。

138

(A) apologize
(B) apologizing
(C) apologies
(D) apologetically

正解 **C** 慣用表現／品詞 [正答率 82.1%]

選択肢には動詞 apologize（謝る）が品詞を変えて並んでいる。空欄の直前は our sincerest（私たちの心からの）と形容詞句なので、空欄は形容詞に修飾される名詞が適切。よって (C) apologies（謝罪）が正解。また accept *one*'s apologies は謝罪するときの慣用表現であることからも (C) が正解とわかる。

Es これがエッセンス

ハイスコア獲得のためにはリーディングスピードと単語力が必要です。単語を増やすには多読が効果的ですが、多読するためにはリーディングスピードを上げなければなりませんので、その時点の英語力で楽に読める素材を選びましょう。英字新聞はスキャニング力を鍛えるのでおすすめですが、ハードルも高いです。初級者、中級者は挫折しにくい英語学習週刊紙 The Japan Times Alpha などをおすすめします。

Questions 139-142 refer to the following e-mail.

To: kbhutchins@friendshare.org
From: mbradshaw@broxco.com
Subject: Office equipment
Date: 12 July

Dear Ms. Hutchins,

Please forgive my delayed response to your recent -------. (139.) We do in fact have a fairly large number of computers, printers, and copiers that we no ------- (140.) use and would be willing to contribute to your non-profit organization. I personally tested each of the devices after receiving your e-mail. -------. (141.) We also have all the necessary cables and accessories.

Feel free to visit ------- (142.) you would like to take a look.

Best regards,

Morris Bradshaw

139-142 番は次のメールに関するものです。

あて先：kbhutchins@friendshare.org
送信者：mbradshaw@broxco.com
件名：オフィス備品
日付：7月12日

ハッチンス様

問い合わせへの返信が遅くなり、たいへん申し訳ありません。私たちは実際かなり多くの数のもう使わないPC、プリンタ、コピー機を所有しており、あなた方の非営利団体に寄付したいと思っています。あなたからメールをもらった後、個人的に機器をそれぞれ試してみました。すべて正常に機能しているようです。必要なケーブルや周辺機器もすべてそろっています。

ご覧になりたいときにいつでもご訪問ください。

どうぞよろしくお願いいたします。

モリス・ブラッドショー

Vocab. 本文 □ **forgive**「～を許す」 □ **contribute**「寄付する」 選択肢 □ **appear to be**「～であるようだ」 □ **in good working order**「（機械が）正常に作動して」 □ **quote**「～を見積もる」 □ **reasonable**「妥当な」

139

(A) donation
(B) inquiry
(C) article
(D) discovery

正解 **B** 語彙 [正答率 89.3%]

空欄部分は delayed response to your ------- (あなたの～への遅い返信) と述べている。したがって返信は何に対してするものか考えれば、(B) inquiry (問い合わせ) が適切だとわかる。(A) donation は「寄付」、(C) article は「記事」、(D) discovery は「発見」という意味。

990点 講師の目

inquiry は inquiry about で「～についての問い合わせ、質問」ですが、inquiry into は「(事件などの) 調査」と前置詞によって別の意味になります。同様に動詞 inquire も inquire about は「～について尋ねる、問い合わせする」ですが、inquire into は「～を調査する、調べる」(= look into / investigate) になることに注意しましょう。

140

(A) farther
(B) longer
(C) wider
(D) better

正解 **B** 慣用表現/修飾 [正答率 99%]

空欄の直前にある no に注目する。no longer (もはや～でない) という否定の慣用的な表現を完成させる (B) longer が正解。not ～ any longer を使っても同じ意味を表すことができる。

141

(A) Thank you for providing your honest opinion.
(B) They all appear to be in good working order.
(C) We look forward to your presentation.
(D) The quoted prices seem quite reasonable to me.

(A) 正直なご意見をお寄せくださり、ありがとうございます。
(B) それらはすべて正常に機能しているようです。
(C) 私たちはあなたのプレゼンテーションを楽しみにしています。
(D) 見積もられた価格は私にはかなり妥当だと思われます。

正解 **B** 一文選択/文脈 [正答率 78.6%]

空欄の前に「機器を試してみた」、空欄の後に「必要な機器はすべてある」と述べていることから、試した結果は良好だったことが推測される。よって、(B) が正解。

142

(A) whoever
(B) wherever
(C) whatever
(D) whenever

正解 **D** 関係詞/文脈 [正答率 78.6%]

選択肢には関係代名詞 who と what、関係副詞 where と when にそれぞれ -ever が付いた複合関係詞が並ぶ。空欄の後の文 you would like to take a look (あなたが見たい) に主語 you と動詞 take、目的語 a look はあるので、主語や目的語を作る複合代名詞である (A) whoever と (C) whatever は不適切。(B) wherever は「～するところはどこでも、どこへでも」、(D) whenever は「～するときはいつでも」を表す。機器の置き場所についてはとくに言及がないので、(D) を選べば「あなたが見たいときにいつでも」と、自然な流れになる。

Questions 143-146 refer to the following memo.

To: All department heads
From: Dana Watkins, Committee Chair
Date: November 18
Subject: Budget Meeting

A committee will convene on December 10 to ascertain the likely budgetary needs for a proposed new branch in Deerfield. Details regarding its size and the scale of operations ------- **143.** to you within one week. Upon receiving the information, please review it and prepare a preliminary forecast of the budget requirements of your ------- **144.** departments at the branch should we decide to move forward. ------- **145.**. Those with previous appointments or other scheduling conflicts on that date may send their ------- **146.** to me by e-mail.

143-146 番は次の社内連絡に関するものです。

あて先：全部署の部長
送信者：ダナ・ワトキンズ委員長
日付：11 月 18 日
件名：予算会議

ディアフィールドに開設を検討中の新しい支店に関して、想定される必要予算額を確認するために、12 月 10 日に委員会を開催します。支店の大きさや運営の規模に関する詳細は 1 週間以内に送付される予定です。詳細を受け取ったら再検討し、計画を進めることが決まった場合にかかる、支店の各部署での仮の必要予算を準備してください。この会議には出席をお願いいたします。その日にすでに約束がある人や、ほかのスケジュールがあって出席できない人は、見積もりを私にメールするのでも構いません。

Vocab. 本文 □ **convene**「開催される」 □ **ascertain**「～を確かめる」 □ **regarding**「～に関して」 □ **preliminary**「予備の、仮の」 □ **forecast**「予測」 □ **requirement**「必要条件」 □ **scheduling conflict**「予定の重複」 選択肢 □ **attendance**「参加」 □ **time slot**「時間帯、時間枠」

143
(A) are sending
(B) were sent
(C) will be sent
(D) have sent

正解 C　時制／態　[正答率 85.7%]

選択肢には動詞 send（～を送る）が時制と態を変えて並んでいる。主語 details（詳細）は送られる側なので、動詞は受動態が適切。また、副詞句 within one week（1 週間以内に）は〈期間の範囲内〉を表すので、これから起こることに対する期間の指定と考えるのが自然。よって、未来の受動態である (C) が正解。

144
(A) respect
(B) respective
(C) respecting
(D) respectable

正解 B　品詞／語彙　[正答率 67.9%]

選択肢には動詞 respect（～を尊敬する）とその形容詞が並んでいる。空欄は所有格 your（あなたの）と名詞 department（部署）の間にあり、空欄がなくても文は成立する。よって、空欄には名詞を修飾する形容詞が入る。(B) ～ (D) はすべて形容詞なので、正解するためにはそれぞれの意味を正しく理解していなければならない。正解は (B) respective（それぞれの）。(C) respecting は「尊敬している」、(D) respectable は「立派な」という意味。

990点 講師の目

助動詞 should は①「～すべきだ」(義務・助言)、②「～のはずだ」(推量)、③「(if とともに用いて) 万が一～の場合は」(仮定法) の 3 つの意味が大事です。should が仮定法として使われるとき、if を省略し should を文頭に置いて（倒置して）条件節を作ることができます。あらたまった表現として書き言葉のみで用いられますが、TOEIC では頻出表現です。本文の should we decide to move forward がこれにあたります。

145
(A) Your attendance at this meeting is requested.
(B) Deerfield is not far from our current location.
(C) There are several available time slots.
(D) The new branch will open at the end of this month.

(A) この会議には出席をお願いいたします。
(B) ディアフィールドはわが社の現在地から遠くありません。
(C) 利用できる時間帯はいくつかあります。
(D) 新しい支店は今月末に開店します。

正解 A　一文選択／文脈　[正答率 35.7%]

空欄の後ろの文は先約などで出席できない場合の指示を出しているので、空欄には出席に関する文が入ると推測される。よって、正解は (A)。

146
(A) estimates
(B) offers
(C) applications
(D) contracts

正解 A　語彙／文脈　[正答率 46.4%]

この社内連絡の目的は the likely budgetary needs（想定される必要予算額）を確認するための会議開催の日程連絡である。よって、会議に出られない場合にメールで連絡する必要があるのは the likely budgetary needs（想定される必要予算額）である。したがって、予算を言い換えた (A) estimate（見積もり）が正解。(B) offers は「提案」、(C) applications は「申込書」、(D) contracts は「契約書」という意味。

Questions 147-148 refer to the following text-message chain.

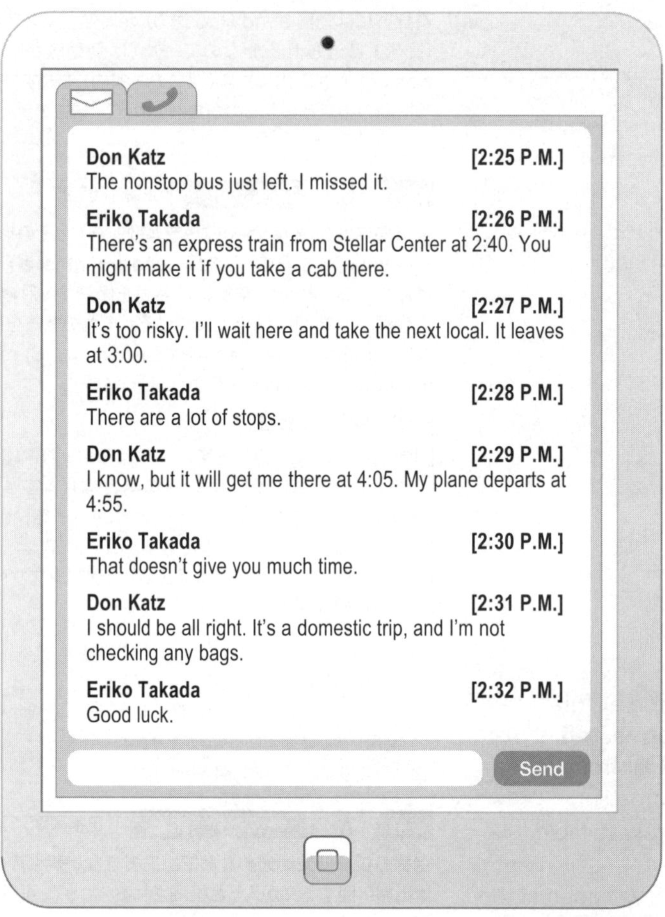

Don Katz [2:25 P.M.]
The nonstop bus just left. I missed it.

Eriko Takada [2:26 P.M.]
There's an express train from Stellar Center at 2:40. You might make it if you take a cab there.

Don Katz [2:27 P.M.]
It's too risky. I'll wait here and take the next local. It leaves at 3:00.

Eriko Takada [2:28 P.M.]
There are a lot of stops.

Don Katz [2:29 P.M.]
I know, but it will get me there at 4:05. My plane departs at 4:55.

Eriko Takada [2:30 P.M.]
That doesn't give you much time.

Don Katz [2:31 P.M.]
I should be all right. It's a domestic trip, and I'm not checking any bags.

Eriko Takada [2:32 P.M.]
Good luck.

147-148 番は次のテキストメッセージのやり取りに関するものです。

ドン・カッツ [午後 2 時 25 分]
直行便のバスが行っちゃった。乗り遅れちゃったよ。

エリコ・タカダ [午後 2 時 26 分]
ステラー中央駅から 2 時 40 分発の急行列車があるよ。そこからタクシーで行けば間に合うかも。

ドン・カッツ [午後 2 時 27 分]
危険すぎるなあ。次の各駅停車便まで待つよ。3 時発だし。

エリコ・タカダ [午後 2 時 28 分]
たくさん停留所があるよ。

ドン・カッツ [午後 2 時 29 分]
わかっているよ。でも、4 時 05 分の到着だよ。僕のフライトは 4 時 55 分発だからね。

エリコ・タカダ [午後 2 時 30 分]
あまり時間がないわよ。

ドン・カッツ [午後 2 時 31 分]
きっと大丈夫。国内線だし、預け入れ荷物もないしね。

エリコ・タカダ [午後 2 時 32 分]
うまくいくといいわね。

Vocab. 本文 □ **miss**「～に乗り遅れる」 □ **make it**「間に合う」 □ **cab**「タクシー」 選択肢 □ **taxicab**「タクシー」 □ **luggage**「手荷物」

147 Where most likely is Mr. Katz as he writes to Ms. Takada?
(A) At a train station
(B) In a taxicab
(C) At an airport
(D) At a bus terminal

カッツさんがタカダさんにメッセージを送っているのはどこだと思われますか？
(A) 鉄道の駅
(B) タクシーの中
(C) 空港
(D) バスターミナル

正解 **D**
[正答率 63.7%]

カッツさんの2時25分の記述に The nonstop bus just left. I missed it.（直行便のバスが行っちゃった。乗り遅れちゃったよ）とあることから、カッツさんがテキストメッセージを送っている場所は、バスの乗り場であることがわかる。よって正解は (D)。

148 At 2:31 P.M., what does Mr. Katz most likely mean when he writes, "I should be all right"?
(A) He does not think he will miss his flight.
(B) He believes there are still tickets available.
(C) He does not require a larger piece of luggage.
(D) He is confident about his health.

午後2時31分に、カッツさんが「きっと大丈夫」と書いているのはどういう意味ですか？
(A) 彼はフライトに乗り遅れないと考えている。
(B) 彼はまだチケットがあるはずだと考えている。
(C) 彼にはもっと大きな手荷物は必要ない。
(D) 彼は自分の健康に自信がある。

正解 **A**
[正答率 67.6%]

2時27分の記述で、3時発の各駅停車のバスで行くことを決めたカッツさんに対し、タカダさんは停車する停留所が多いと心配する。それに対し、カッツさんが2時29分に it will get me there at 4:05. My flight leaves at 4:55.（バスは4時05分の到着だよ。僕のフライトは4時55分発だからね）と答えると、2時30分にタカダさんが That doesn't give you much time.（あまり時間がないわよ）と述べる。それに対しての I should be all right.（きっと大丈夫）なので、カッツさんはフライトに間に合うという意味でこのメッセージを送っている。よって正解は (A)。

これがエッセンス

Part 7で出題されるテキストメッセージやオンラインチャットのやり取りは、いわば Part 3の会話を文字で追っているようなものです。実は設問のパターンもそれほど違いがあるわけではなく、主題や記述の意図が問われます。英語を理解することを主眼として、それが音と文字の2つの側面から試されていると言えるでしょう。

Questions 149-150 refer to the following letter.

23 Northbridge Drive
Spring, TX 77319
January 1

Parker Medical Center
101 Highlander Ridge Road
Houston, TX 77304

To whom it may concern:

Thank you for the courteous and competent medical services you have provided for me here in the Houston area.

I have recently accepted a transfer to my company's Austin branch, and I intend to take up residence somewhere in the neighboring town of Round Rock in March of this year. Therefore, I am writing to authorize Parker Medical Center to release a copy of my full set of medical records to the office of my new primary physician, Dr. Gregory Sloan.

Please send all files to:
Hill Country Clinic
92 Willow Lake Boulevard
Austin, TX 78719

Wendy McDaniel
Wendy McDaniel
Patient ID: G23-145-9933

149-150 番は次の手紙に関するものです。

ノースブリッジ・ドライブ 23 番地
スプリングス市 テキサス州 77319
1月1日

パーカー・メディカル・センター御中
ハイランディア・リッジ通り 101 番地
ヒューストン市 テキサス州 77304

関係者各位

貴院がヒューストン地区で提供してくださった丁寧で熟練した医療サービスに対し、感謝いたします。

私は最近、勤務先のオースティン支店への異動を承諾しました、そして今年の 3 月にその近隣のラウンドロック町のあたりに居を構えるつもりです。そのため、パーカー・メディカル・センターから私のすべての医療記録を新しい主治医であるグレゴリー・スローン医師の医院にお送りいただくようお願い申し上げます。

すべての記録を以下にお送りください:
ヒル・カントリー・クリニック
ウィロー・レイク大通り 92 番地
オースティン市 テキサス州 78719

ウェンディ・マックダニエル
Wendy McDaniel
患者 ID : G23-145-9933

Vocab. 本文 □ **to whom it may concern**「ご担当者様」 □ **courteous**「丁寧な」 □ **competent**「満足のいく、技術がある」 □ **transfer**「転勤、異動」 □ **branch**「支店」 □ **authorize**「～に権限を与える」 選択肢 □ **treatment procedure**「治療法」

149 Why did Ms. McDaniel write the letter?
(A) To request a transfer of documents
(B) To provide updated contact information
(C) To schedule a medical appointment
(D) To authorize a treatment procedure

マックダニエルさんはなぜこの手紙を書いたのですか？
(A) 書類の転送を依頼するため
(B) 最新の連絡先を知らせるため
(C) 診療予約をするため
(D) 治療法を承諾するため

正解 A
[正答率 63.7%]

本文の第2段落3～5行目に Therefore, I am writing to authorize Parker Medical Center to release a copy of my full set of medical records to the office of my new primary physician, Dr. Gregory Sloan.（そのため、パーカー・メディカル・センターから私のすべての医療記録を新しい主治医であるグレゴリー・スローン医師の医院にお送りいただくようお願い申し上げます）とあるので、診療記録を新しい主治医に送ってもらうよう依頼する手紙であることがわかる。よって正解は (A)。medical records を documents という汎用的な語で言い換えている点を確認しておこう。

150 Where does Dr. Sloan probably work?
(A) In Parker
(B) In Houston
(C) In Austin
(D) In Round Rock

スローン医師はおそらくどこで働いていますか？
(A) パーカー
(B) ヒューストン
(C) オースティン
(D) ラウンドロック

正解 C
[正答率 54.0%]

第3段落に診療記録の送付先が書かれており、その4行目に Austin, TX 78719 とある。また、第2段落の最後で送り先は the office of my new primary physician, Dr. Gregory Sloan と書いているので、スローン医師はオースティンの診療所に勤務していることがわかる。よって正解は (C)。

990点 講師の目

メールによるコミュニケーションが一般的になったため、英語での住所の書き方に慣れていないという人が少なからずいらっしゃいます。この文書でもアメリカの住所の書き方を知っていればどこに何が書かれているのかはすぐにわかるので、慣れていない人はこの問題でしっかり確認しておきましょう。

Questions 151-153 refer to the following advertisement.

Volunteers Needed

Companies in your area may be looking for volunteers for focus group sessions. Participants are invited into conference rooms where they are asked to offer feedback on marketing materials or products companies are developing. Sometimes, the sessions are recorded on video. Others allow company officials to observe reactions from behind a two-way mirror. Participants may be paid $100—or more—for only a few hours of their time. To look for focus group studies in your area, go to FocusFinder.org and create a profile by filling out a simple online form. Then you can browse through descriptions of upcoming studies to see if you might be a suitable participant. You can log in anytime to check for new opportunities.

151-153 番は次の広告に関するものです。

ボランティア募集

あなたがお住まいの地域の会社が、フォーカスグループセッションのボランティアを探しているかもしれません。参加者は会議室で、その会社が開発している宣伝資料や製品についてのフィードバックを求められます。セッションの様子は録画されることもあります。また役員がマジックミラー越しに反応を観察できるようにしているものもあります。参加者は、わずか数時間で100ドル以上が得られることもあります。あなたの地域のフォーカスグループ調査を探すには、FocusFinder.orgにアクセスし、簡単なオンライン申込書に記入していただき、プロフィールを作成してください。その後、実施予定の調査の説明を閲覧して、自分がふさわしい参加者かどうかを確認できます。いつでもログインして新規の機会をお調べいただけます。

Vocab. 本文 □ **focus group session**「情報収集を目的としたフォーカスグループ（市場調査で意見を聞くために抽出された消費者グループ）へのインタビュー」 □ **participant**「参加者」 □ **material**「資料」 □ **observe**「～を観察する」 □ **two-way mirror**「マジックミラー」 □ **description**「記述、説明」 □ **suitable**「ふさわしい」 □ **opportunity**「機会」
選択肢 □ **keep ~ confidential**「～を秘密にする」 □ **proprietary information**「専有情報、企業機密」 □ **compensation**「報酬」 □ **submit**「～を提出する」 □ **application fee**「申込料」 □ **subscribe to**「～を定期購読する」

151 According to the advertisement, what might participants be asked to do?
(A) Keep proprietary information confidential
(B) Conduct surveys of local consumers
(C) Undergo a series of treatments
(D) Share their opinions on merchandise

広告によると、参加者は何をするように頼まれる可能性がありますか?
(A) 専有情報の機密を保持する
(B) 地元の消費者の調査を行う
(C) 一連の治療を受ける
(D) 商品に対する意見を共有する

正解 **D**
[正答率 61.8%]

本文の2～3行目に Participants are invited into conference rooms where they are asked to offer feedback on marketing materials or products companies are developing.(参加者は会議室で、その会社が開発している宣伝資料や製品についてのフィードバックを求められます)とあるので、その会社の製品への意見を述べることが求められているとわかる。よって正解は (D)。merchandise は「商品」という意味。

152 What does the advertisement mention about company officials?
(A) They might delay compensation for some sessions.
(B) They might observe sessions from a concealed location.
(C) They might occasionally hold outdoor sessions.
(D) They might appear on video during some sessions.

広告は会社の役員について何と述べていますか?
(A) セッションの報酬を遅らせるかもしれない。
(B) 隠された場所からセッションを見るかもしれない。
(C) 時々屋外でのセッションを開催するかもしれない。
(D) セッションの間にビデオに映るかもしれない。

正解 **B**
[正答率 57.9%]

company officials(会社の役員)に関して述べているのは本文の4～5行目で、Others allow company officials to observe reactions from behind a two-way mirror.(また役員がマジックミラー越しに反応を観察できるようにしているものもあります)とある。したがって、会社役員はほかの部屋など参加者に見えない場所からフォーカスグループの様子を見る可能性があることがわかる。よって正解は (B)。

153 How can people find out about upcoming studies?
(A) By submitting an application fee online
(B) By signing up for an e-mail list
(C) By creating a profile on a Web site
(D) By subscribing to a company newsletter

人々はどのように今後の調査について知ることができますか?
(A) オンラインで申込料を送金することで
(B) メーリングリストに申し込むことで
(C) サイトにプロフィールを作成することで
(D) 会社のニュースレターを購読することで

正解 **C**
[正答率 73.3%]

これから行われるフォーカスグループセッションについては、本文の6～7行目に To look for focus group studies in your area, go to FocusFinder.org and create a profile by filling out a simple online form.(あなたの地域のフォーカスグループ調査を探すには、FocusFinder.org にアクセスし、簡単なオンライン申込書に記入していただき、プロフィールを作成してください)とある。したがって、インターネット上にプロフィールを作成することで今後の調査を探せることがわかる。よって正解は (C)。

これがエッセンス

Part 7 では、文書の種類を把握することが大切です。冒頭の指示文 Questions 151-153 refer to の後を見ると、この文書は advertisement(広告)であるとわかります。広告の目的は何らかの商品やサービスを紹介することですから、その説明や利用条件などの注意点が説明されると想定して読んでいきます。

Questions 154-155 refer to the following memo.

From: Human Resources Department
To: All Employees
Date: June 10
Subject: Training Proposals

The Human Resources department is putting together a schedule of advanced workshops on management skills, office proficiency, and sales techniques to be conducted throughout the remainder of the year. Palmer & Associates is dedicated to improving the efficiency and productivity of all company personnel.
We invite suggestions for course topics related to existing job tasks as well as company products, services, policies, and procedures. Please send proposals to Claudia Denton in the HR training office by no later than June 24.

154-155 番は次の社内連絡に関するものです。

差出人: 人事部
あて先: 全社員
日付: 6月10日
件名: 研修の提案

人事部では、今年末までに実施すべき管理スキル、事務処理能力、および販売テクニックに関する上級ワークショップのスケジュールをまとめています。パーマー・アンド・アソシエイツは、全社員の効率と生産性の向上に取り組んでいます。
会社の製品、サービス、方針、手順だけでなく、現在の業務に関連する講座内容の提案を募集します。6月24日までに、人事部研修課のクラウディア・デントンに提案をお送りください。

Vocab. 本文 □ **human resources department**「人事部」 □ **put together**「～をまとめる、作成する」 □ **advanced**「上級の」 □ **proficiency**「熟達、技量」 □ **throughout the remainder of**「～の残りの時間を通して」 □ **dedicated**「打ち込んだ、専念して」 □ **efficiency**「効率、能率」 □ **productivity**「生産性」 □ **personnel**「社員」 □ **invite**「～を募る」 □ **procedure**「手順、手続き」
選択肢 □ **requirement**「要件」 □ **content**「内容」 □ **submission**「提出」 □ **credential**「身分証明（書）」 □ **quota**「割り当て量」

154 What is the purpose of the memo?
(A) To inform employees of training requirements
(B) To request suggestions for seminar content
(C) To remind staff of standard office procedures
(D) To announce an opening in a company department

この社内連絡の目的は何ですか？
(A) 従業員に研修の要件を通知すること
(B) セミナーの内容の提案を求めること
(C) スタッフに標準的な事務手続きを思い出させること
(D) 会社の部署の欠員募集を発表すること

正解 B
[正答率 54.0%]

人事部から全従業員への社内連絡だが、本文の 6 ～ 7 行目に We invite suggestions for course topics related to existing job tasks as well as company products, services, policies, and procedures.（会社の製品、サービス、方針、手順だけでなく、現在の業務に関連する講座内容の提案を募集します）とあるので、講座の内容についての提案を募集していることがわかる。よって正解は (B)。

155 What type of information is included in the memo?
(A) A submission deadline
(B) A workshop schedule
(C) A necessary credential
(D) A production quota

この社内連絡にはどのような情報が含まれていますか？
(A) 提出の締め切り日
(B) ワークショップのスケジュール
(C) 必要な身分証明
(D) 生産割り当て量

正解 A
[正答率 61.8%]

この社内連絡では研修の実施予定を述べたうえで、研修内容についての提案の募集とその提出先および締め切りが提示されている。本文の最後に Please send proposals to Claudia Denton in the HR training office by no later than June 24.（6 月 24 日までに、人事部研修課のクラウディア・デントンに提案をお送りください）とあり、提案の提出期限が示されている。よって正解は (A)。

990点 講師の目
本文中に書いてあるもの、書いていないものを選ぶ問題は選択肢の項目を一つひとつ点検しなくてはいけないので時間がかかります。しかし、本文中で何か項目が列挙されているところを参照することが多く、本文に分散して書かれていることはあまりありません。本文を読んでいるときに何かが列挙されているところがあれば、このような照合問題の解答のカギが隠れているかもしれないと考えましょう。

Questions 156-157 refer to the following commendation.

Employee Commendation

A special commendation is in order for Stella Hope for providing services to the firm above and beyond the call of duty. By accepting every request to put in overtime, Ms. Hope helped the shipping department get through one of our busiest seasons ever without hiring costly temporary workers to keep up with demand. At the same time, Ms. Hope found a way to upgrade our system of selecting the most appropriate shipping service based on the specific destination of the package. As a result, we have been able to get orders to our customers much more quickly while at the same time reducing our total shipping costs by approximately eight percent.

156-157 番は次の表彰文に関するものです。

従業員表彰

ステラ・ホープさんは会社に対し、職務範囲を超えて尽力しましたので特別表彰に値します。ホープさんには時間外労働の依頼をすべて快諾していただき、需要に対応するために費用のかかる派遣社員を雇うことなく、配送部門のかつてない繁忙期を乗り切るのを支援していただきました。同時に、ホープさんには、荷物の特定の目的地別に最も適した運送サービスを選べるよう、システムを更新する方法を見つけていただきました。その結果、注文品をはるかに迅速に顧客に届けることができ、同時に配送料を約 8%削減できました。

Vocab. 本文 □ **commendation**「表彰文、称賛」 □ **in order**「適切で、ふさわしい」 □ **call of duty**「履行請求、義務履行の要求」 □ **put in overtime**「時間外労働をする」 □ **get through**「～を切り抜ける、終える」 □ **temporary**「一時的な」 □ **keep up with**「(需要など) に遅れずに対応する」 □ **specific**「特定の」 □ **destination**「目的地」 □ **approximately**「約」
選択肢 □ **transfer**「転勤、異動」 □ **dispute**「論争」 □ **designate**「～を選定する」 □ **courier**「配送業者」 □ **streamline**「～を合理化する」

156 According to the commendation, what did Ms. Hope do?
(A) She accepted a transfer to an understaffed department.
(B) She recruited enough workers to meet high seasonal demand.
(C) She repeatedly agreed to work extra hours.
(D) She helped resolve a dispute with an important customer.

表彰文によると、ホープさんは何をしましたか?
(A) 彼女は人員不足の部署への異動を承諾した。
(B) 彼女は高い季節需要に見合う数の労働者を雇った。
(C) 彼女はたびたび残業をすることに同意した。
(D) 彼女は重要な顧客とのもめごとを解決するのに手を貸した。

正解 C
[正答率 34.7%]

本文の2～3行目にBy accepting every request to put in overtime (時間外労働の依頼をすべて快諾して) とあることから、ホープさんは繁忙期に快く残業を引き受けたとわかる。よって正解は (C)。

157 How did Ms. Hope most likely help reduce expenses?
(A) By improving the method for designating couriers
(B) By negotiating lower rates from service providers
(C) By finding less expensive packaging materials
(D) By streamlining a manufacturing process

ホープさんはどのように費用を抑える手助けをしたと思われますか?
(A) 配送業者の指定方法を改善することによって
(B) サービス提供者と今までより低い料金を交渉することによって
(C) より安価な梱包材料を見つけることによって
(D) 製造過程を合理化することによって

正解 A
[正答率 46.3%]

費用の削減について述べているのは下から4行目以降のAs a result, ... reducing our total shipping costs by approximately eight percent. (その結果…配送料を約8%削減できました) である。削減の要因はその前の文にMs. Hope found a way to upgrade our system of selecting the most appropriate shipping service ... (ホープさんには…最も適した運送サービスを選べるよう、システムを更新する方法を見つけていただきました) とあり、適した運送サービスを選べるようにして費用を削減させたことがわかる。よって正解は (A)。selectingをdesignatingに、shipping serviceをcourier(s)に言い換えている。

Es これがエッセンス

commendation (表彰文) は、優れた業績や功績を称える文書です。表彰状の場合もありますが、会社の社内報に掲載されるようなタイプもあります。いずれにせよ、だれが、どのような功績を上げたのかが書いてあるこものとして覚えておけば、読み取りやすくなるはずです。

Questions 158-160 refer to the following Web listing.

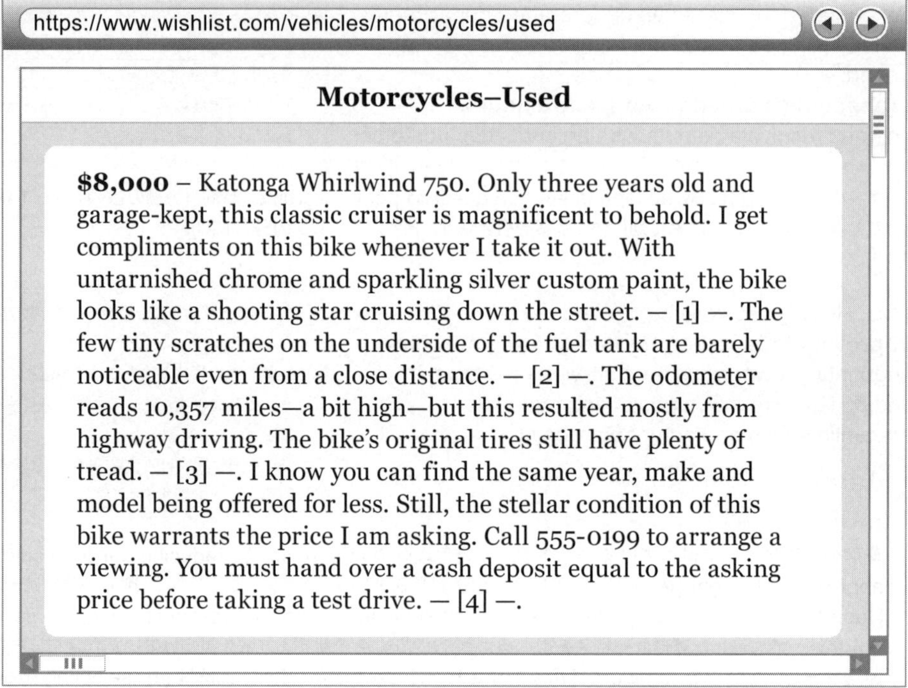

https://www.wishlist.com/vehicles/motorcycles/used

Motorcycles–Used

$8,000 – Katonga Whirlwind 750. Only three years old and garage-kept, this classic cruiser is magnificent to behold. I get compliments on this bike whenever I take it out. With untarnished chrome and sparkling silver custom paint, the bike looks like a shooting star cruising down the street. — [1] —. The few tiny scratches on the underside of the fuel tank are barely noticeable even from a close distance. — [2] —. The odometer reads 10,357 miles—a bit high—but this resulted mostly from highway driving. The bike's original tires still have plenty of tread. — [3] —. I know you can find the same year, make and model being offered for less. Still, the stellar condition of this bike warrants the price I am asking. Call 555-0199 to arrange a viewing. You must hand over a cash deposit equal to the asking price before taking a test drive. — [4] —.

158-160 番は次のウェブリストに関するものです。

https://www.wishlist.com/vehicles/motorcycles/used

オートバイ――中古

8000 ドル――カトンガ・ワールウィン・750 です。わずか 3 年落ち、車庫保管のこのクラシックスタイルのクルーザーバイクは見た目が素晴らしいです。車庫から出すたびに称賛を受けるほどです。錆のないメッキと輝く銀色のカスタム塗装により、バイクは道を走る流れ星のように見えます。―[1]―。燃料タンクの下部にいくつか小さなひっかき傷がありますが、至近距離からでもほぼ気づかないほどのものです。―[2]―。走行距離は 10,357 マイルとやや長めですが、これはほとんど高速道路を走行したことによるものです。このバイクの純正タイヤにはまだ多くのトレッドがあります。―[3]―。同じ製造年度、メーカー、モデルでほかの人はもっと安い価格で出しているのは承知していますが、このバイクの状態の素晴らしさは、提示している値段の価値があります。下見のご希望は 555-0199 にお電話ください。試乗する前に、提示金額と同額の保証金を現金でお預かりします。―[4]―。

Vocab. 本文 □ **magnificent**「立派な、とびきり上等な」 □ **behold**「～を見る、注視する」 □ **compliment**「賛辞」 □ **untarnished**「光沢を失っていない、変色していない」 □ **chrome**「クロムメッキ」 □ **custom**「特注の、オーダーメイドの」 □ **shooting star**「流れ星」 □ **scratch**「ひっかき傷」 □ **barely**「ほとんど～ない」 □ **odometer**「走行距離計」 □ **tread**「(タイヤの接地面の) 溝型模様」 □ **make**「型、～製」 □ **stellar**「傑出した」 □ **warrant**「～を保証する」 □ **deposit**「手付金、保証金」 選択肢 □ **innovative**「革新的な」 □ **appearance**「外見」 □ **feature**「～を特徴とする」

158 What aspect of the motorcycle does the seller emphasize?
(A) Its excellent fuel economy
(B) Its innovative engine design
(C) Its low total mileage
(D) Its attractive appearance

売り手はこのバイクのどんな面を強調していますか？
(A) 素晴らしい燃費
(B) 革新的なエンジン設計
(C) 短い走行距離
(D) 魅力的な外見

正解 **D**
[正答率 71.4%]

本文 2 行目の this classic cruiser is magnificent to behold（このクラシックスタイルのクルーザーバイクは見た目が素晴らしい）というフレーズの behold が「～を見る」という意味であること、3 ～ 4 行目に With untarnished chrome and sparkling silver custom paint ...（錆のないメッキと輝く銀色のカスタム塗装…）とあることから、売り手はバイクの外見を強調していることがわかる。よって正解は (D)。

159 What is NOT indicated about the motorcycle?
(A) It is still under warranty.
(B) It is parked indoors when not in use.
(C) It has some minor damage.
(D) It features a custom paint job.

オートバイについて示されていないのはどれですか？
(A) まだ保証期間中である。
(B) 使わないときは屋内に入れられていた。
(C) 小さな傷がいくつかある。
(D) カスタム塗装が特徴的である。

正解 **A**
[正答率 50.2%]

(B) については本文の 2 行目に garage-kept、(C) については [1] の直後に The few tiny scratches、(D) については 4 行目に sparkling silver custom paint と、それぞれ記述がある。しかし、バイクの保証期間について述べている箇所はないので、正解は (A) となる。

160 In which of the positions marked [1], [2], [3], and [4] does the following sentence best belong?

"This is owing to the smooth surfaces on the roads where I usually ride."

(A) [1]
(B) [2]
(C) [3]
(D) [4]

[1]、[2]、[3]、[4] のうち、次の文が入る最も適切な箇所はどこですか？
「これは、私がいつも走る路面が滑らかであることによるものです。」
(A) [1]
(B) [2]
(C) [3]
(D) [4]

正解 **C**
[正答率 63.7%]

挿入文は、この売り手がバイクを走らせる路面が滑らかであることを述べ、それを this の理由としている。したがって、路面が滑らかであることに帰結する文が直前にあると予測できる。[3] の直前で The bike's original tires still have plenty of tread.（このバイクの純正タイヤにはまだ多くのトレッドがあります）とある。tread とはタイヤが地面に触れる部分にある溝のことで使い古すと減って凸凹がなくなる。それを知らなくても、タイヤに言及していることから (C) が適切だと推測できる。

これがエッセンス

Part 7 で出題される文書の種類は多岐にわたります。したがって自分の興味と合致した文書は読みやすく、そうでないものは読みにくいと思われることでしょう。しかし、設問は基本的に前提知識を必要としないものです。もし文書が読みにくいと感じたら、設問から先に読みましょう。設問の中のキーワードを元に、文書の中から必要な情報を探すようにします。

Questions 161-163 refer to the following form.

Survey Form

Fritz Company appreciates your participation in our product trial. Please rank the five flavors, in order of preference, by circling the appropriate number, with 1 being the flavor you like best and 5 being the flavor you like least. If you elect not to try a flavor, circle N/A (not applicable) and provide a reason on the line below.

Sugar-free Mango	N/A	1	(2)	3	4	5
Sugar-free Vanilla	N/A	1	2	(3)	4	5
Sugar-free Cherry	N/A	(1)	2	3	4	5
Sugar-free Coconut	(N/A)	1	2	3	4	5
Sugar-free Melon	N/A	1	2	3	(4)	5

I have always strongly disliked this flavor, so I did not bother trying it.

How likely would you be to purchase these product flavors?

___ **Very likely** ___ **Somewhat likely** ✓ **Not at all likely**

Please explain.

I am not sure why, but the artificial sweeteners used in sugar-free products tend to cause me mild headaches when taken in quantity.

How likely are you to purchase Fritz products currently on the market?

___ **Very likely** ✓ **Somewhat likely** ___ **Not at all likely**

Please explain.

I have been trying to reduce my consumption of sweetened beverages, but I do like the fact that Fritz uses actual cane sugar rather than corn syrup in its regular sodas. I especially like Fritz root beer and will continue to buy it from time to time.

Name: Michael Plough

161-163 番は次のフォームに関するものです。

アンケート

フリッツ社の商品トライアルにご参加いただき、ありがとうございます。5つの味について、最もお好きな味を1、最もお好きでない味を5とし、あてはまる数字に丸を付けて好みの順位づけをしてください。もしもお試しいただかない味があれば、N/A（該当なし）に丸を付け、下部に理由をご記入ください。

無糖マンゴー味	N/A	1	(2)	3	4	5
無糖バニラ味	N/A	1	2	(3)	4	5
無糖チェリー味	N/A	(1)	2	3	4	5
無糖ココナッツ味	(N/A)	1	2	3	4	5
無糖メロン味	N/A	1	2	3	(4)	5

私はこの味がずっと大嫌いなので、試食しませんでした。

これらの味の商品を購入する可能性は？

___ とてもありえる ___ ややありえる ✓ まったくありえない

ご説明ください。

なぜかわかりませんが、無糖商品に使われている人工甘味料を多く摂取すると、軽い頭痛がします。

現在販売中のフリッツの製品を購入する可能性は？

___ とてもありえる ✓ ややありえる ___ まったくありえない

ご説明ください。

私は甘い飲み物の摂取を減らそうと思っているのですが、フリッツが標準の炭酸飲料にコーンシロップではなく本物の甘しょ糖を使っているのが気に入っています。私はとくにフリッツのルートビアが好きで、これからも時々買いたいと思います。

お名前：マイケル・プラウ

161 What flavor was Mr. Plough's favorite?
(A) Mango
(B) Vanilla
(C) Cherry
(D) Melon

どの味がプラウさんのお気に入りでしたか？
(A) マンゴー
(B) バニラ
(C) チェリー
(D) メロン

正解 C
[正答率 67.6%]

アンケートの本文の1～3行目にPlease rank the five flavors, in order of preference ... with 1 being the flavor you like best（5つの味について、最もお好きな味を1とし…好みの順位づけをしてください）とあるので、その回答がこの問題を解く手がかりになると判断する。下の一覧表で、プラウさんが1に丸を付けている(C) Cherry（チェリー）が正解。

162 What does Mr. Plough indicate about coconut?
(A) It was not available during his trial.
(B) He has never enjoyed the taste.
(C) It tends to give him headaches.
(D) The sample was too sweet for him.

プラウさんはココナッツについて何と述べていますか？
(A) 商品トライアルの間は入手できなかった。
(B) 彼はその味をおいしいと思ったことがない。
(C) それは彼に頭痛を起こさせる傾向がある。
(D) 試供品は彼にとって甘すぎた。

正解 B
[正答率 59.8%]

一覧表ではSugar-free Coconutの項目でN/Aに丸が付けられている。本文の3～4行目にIf you elect not to try a flavor, circle N/A (not applicable) and provide a reason on the line below.（もしもお試しいただかない味があれば、N/A［該当なし］に丸を付け、下部に理由をご記入ください）とあり、すぐ下のコメント欄にI have always strongly disliked this flavor（私はこの味がずっと大嫌いでした）とあることから、プラウさんはココナッツ味を嫌いだとわかる。よって正解は(B)。

163 What is indicated about Fritz Company?
(A) It sells only sugar-free products.
(B) It is holding trials all month long.
(C) It will market just one of the listed flavors.
(D) It produces a line of soft drinks.

フリッツ社について何と述べられていますか？
(A) 無糖製品のみを販売している。
(B) 1カ月ずっと商品トライアルをしている。
(C) 表に載っている味のうち1つだけを市場に出す予定だ。
(D) ソフトドリンクのシリーズを製造している。

正解 D
[正答率 65.6%]

本文の冒頭にFritz Company appreciates your participation in our product trial.（フリッツ社の商品トライアルにご参加いただき、ありがとうございます）とあるので、Fritz Companyは何かの商品を試作し、そのアンケートを取っている会社であることがわかる。最後の質問の自由記述欄にFritz uses actual cane sugar ... in its regular sodas.（フリッツは標準の炭酸飲料に…本物の甘しょ糖を使っている）と書いてあるので、同社は炭酸飲料を製造していることがわかる。よって正解は(D)。

これがエッセンス

図表を含むフォームの内容を理解するためには、図表と文章を照らし合わせるようにしましょう。とくに数字は何を示しているのかを確認しながら読む必要があります。注意書きや細かいところも含めて文書のあらゆる要素が出題対象になるものと考えておきましょう。

Vocab. 本文 □ **survey form**「アンケート用紙」 □ **appreciate**「～に感謝する」 □ **participation**「参加」 □ **in order**「順番どおりに」 □ **preference**「好み」 □ **appropriate**「適切な」 □ **sugar-free**「ノンシュガーの」 □ **bother *doing***「わざわざ～する」 □ **artificial sweetener**「人工甘味料」 □ **in quantity**「多量に」 □ **consumption**「消費、摂取」 □ **cane sugar**「甘しょ糖」 □ **root beer**「アルコールを含まない甘い炭酸飲料」 選択肢 □ **line**「（商品の）種類、シリーズ」

Questions 164-167 refer to the following online chat discussion.

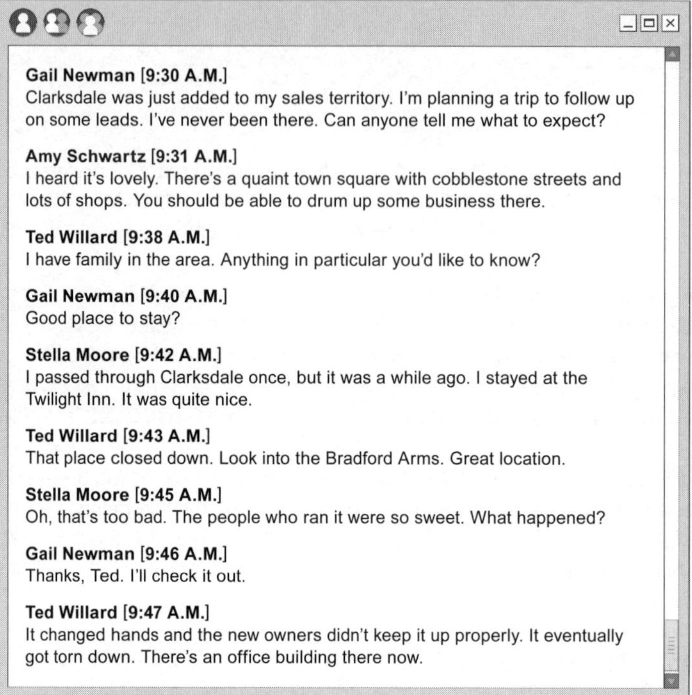

Gail Newman [9:30 A.M.]
Clarksdale was just added to my sales territory. I'm planning a trip to follow up on some leads. I've never been there. Can anyone tell me what to expect?

Amy Schwartz [9:31 A.M.]
I heard it's lovely. There's a quaint town square with cobblestone streets and lots of shops. You should be able to drum up some business there.

Ted Willard [9:38 A.M.]
I have family in the area. Anything in particular you'd like to know?

Gail Newman [9:40 A.M.]
Good place to stay?

Stella Moore [9:42 A.M.]
I passed through Clarksdale once, but it was a while ago. I stayed at the Twilight Inn. It was quite nice.

Ted Willard [9:43 A.M.]
That place closed down. Look into the Bradford Arms. Great location.

Stella Moore [9:45 A.M.]
Oh, that's too bad. The people who ran it were so sweet. What happened?

Gail Newman [9:46 A.M.]
Thanks, Ted. I'll check it out.

Ted Willard [9:47 A.M.]
It changed hands and the new owners didn't keep it up properly. It eventually got torn down. There's an office building there now.

164-167 番は次のオンラインチャットの話し合いに関するものです。

ゲイル・ニューマン [午前 9 時 30 分]
クラークスデールは、私の販売エリアに加わったばかりです。見込み客フォローをしようと計画しているのですが、私は一度もそこへ行ったことがありません。だれか私が何を踏まえておけばいいのか教えてもらえますか？

エイミー・シュワルツ [午前 9 時 31 分]
すてきなところだと聞きました。石畳の通りやたくさんのお店が並んだ趣のある町広場があります。きっとそこで大きな成果が上げられるはずですよ。

テッド・ウィラード [午前 9 時 38 分]
そのあたりに家族がいます。何かとくに知りたいことはありますか？

ゲイル・ニューマン [午前 9 時 40 分]
泊まるところでおすすめはありますか？

ステラ・ムーア [午前 9 時 42 分]
クラークスデールは行ったことがあるけれど、少し前のことです。トワイライト・インに泊まったのですが、とてもよかったですよ。

テッド・ウィラード [午前 9 時 43 分]
そこは廃業してしまいました。ブラッドフォード・アームズを調べてみてください。場所もいいですよ。

ステラ・ムーア [午前 9 時 45 分]
わあ、それは残念です。経営していた人たちがとてもすてきだったのです。何があったのでしょうか？

ゲイル・ニューマン [午前 9 時 46 分]
ありがとう、テッド。調べてみます。

テッド・ウィラード [午前 9 時 47 分]
あそこは人手に渡って、新しいオーナーがきちんと経営しなかったんですよ。最終的には取り壊されて、今はオフィスビルができています。

164 What most likely is the reason for Ms. Newman's trip to Clarksdale?
(A) To do some sightseeing
(B) To visit family members
(C) To seek out customers
(D) To attend an industry convention

ニューマンさんがクラークスデールに出かける理由は何だと思われますか？
(A) 観光すること
(B) 家族を訪問すること
(C) 顧客を探しに行くこと
(D) 業界の大会に参加すること

正解 C
［正答率 75.3%］
ニューマンさんは 9 時 30 分にクラークスデールが担当の販売エリアに加わったことを述べた後に I'm planning a trip to follow up on some leads.（見込み客フォローをしようと計画しています）と書いている。この記述から、クラークスデールに行く目的は新規顧客を探すことだとわかる。よって正解は (C)。

165 What is Mr. Willard asked to recommend?
(A) A lodging option
(B) A dining establishment
(C) A retail shop
(D) An event venue

ウィラードさんは何をすすめるように頼まれましたか？
(A) 宿泊の選択肢
(B) 飲食店
(C) 小売店
(D) 催事場

正解 A
［正答率 69.5%］
9 時 38 分に Anything in particular you'd like to know?（何かとくに知りたいことはありますか？）と尋ねるウィラードさんに対し、ニューマンさんは 9 時 40 分に Good place to stay?（泊まるところでおすすめはありますか？）と聞いている。また、その後、9 時 42 分にムーアさんが the Twilight Inn を話題にしていることからも、宿泊するところを紹介してくれるように頼んだことがわかる。よって正解は (A)。

166 What does Ms. Moore indicate about Clarksdale?
(A) She frequently travels to the area.
(B) She once resided nearby.
(C) She plans to open a business there.
(D) She has not been there recently.

ムーアさんはクラークスデールについて何と述べていますか？
(A) 彼女はその地域をよく訪れる。
(B) 彼女はかつてその近くに住んでいた。
(C) 彼女はそこで事業を始める計画がある。
(D) 彼女は最近そこに行っていない。

正解 D
［正答率 59.8%］
9 時 42 分の記述で I passed through Clarksdale once, but it was a while ago.（クラークスデールは行ったことがあるけれど、少し前のことです）と述べている。ムーアさんはしばらくクラークスデールを訪れていないとわかるので、正解は (D)。

167 At 9:46 A.M., what does Ms. Newman mean when she writes, "I'll check it out"?
(A) She will investigate the Bradford Arms.
(B) She will go to Clarksdale's town square.
(C) She will inspect a new office building.
(D) She will respond to Ms. Moore's question.

午前 9 時 46 分にニューマンさんが「調べてみます」と書いたのは、何を意味していますか？
(A) 彼女はブラッドフォード・アームズを調べるつもりである。
(B) 彼女はクラークスデールの町広場を訪れるつもりである。
(C) 彼女は新しい事務所の建物を調査するつもりである。
(D) 彼女はムーアさんの質問に答えるつもりである。

正解 A
［正答率 69.5%］
〈check ＋目的語＋ out〉で「～を調べる」という意味の熟語である。9 時 43 分にウィラードさんからブラッドフォード・アームズを調べるように言われた返答として、I'll check it out.（調べてみます）と送っている。よって正解は (A)。

これがエッセンス
オンラインチャットでは登場人物の人数に着目しましょう。2 人ならお互いのメッセージのやり取りですが、3 人以上のやり取りは一つ一つのメッセージがどのようにかみ合わさっているのかを考えながら読まなくてはいけません。だれがだれあてに、何を伝えるメッセージなのかを理解しましょう。

Vocab. 本文 □ **follow up on**「～をさらに詳しく調べる、追求する」 □ **lead**「手がかり（ここでは「見込み客」を指す）」
□ **what to expect**「期待すべきこと、予期すべきこと」 □ **quaint**「古風で趣のある」 □ **square**「広場」
□ **cobblestone**「丸石、玉石」 □ **drum up**「（顧客など）を必死で獲得しようとする、（事業）を拡大する」
□ **pass through**「～に立ち寄る」 □ **look into**「～を調べる」 □ **run**「～を経営する」
□ **change hands**「持ち主が代わる、人手に渡る」 □ **tear down**「～を取り壊す」 選択肢 □ **seek out**「～を探し出す」
□ **dining establishment**「飲食施設」 □ **venue**「開催地」 □ **reside**「住む」

Questions 168-171 refer to the following e-mail.

E-mail Message

To: Kate Hadley <k.hadley@fostersolutions.com>
From: Jung Men <j.men@pzm.com>
Subject: Your visit
Date: July 10

Dear Ms. Hadley,

Thank you for agreeing to visit PZM's main production facility in Beijing. Foster Solutions has an excellent reputation for helping major manufacturers to better coordinate the activities of large numbers of assembly personnel. We are sure the analysis and input you provide will be of great benefit to PZM. — [1] —.

While on premises, you will have direct exposure to PZM's product designs, technological innovations, and other intellectual property. Attached is our standard nondisclosure agreement. Please print it out, sign it, and mail it back to us at your earliest convenience. — [2] —. When doing so, please enclose two passport-sized photos so we can make your visitor's badge and a duplicate, which will be kept in our files. — [3] —. We will mail the badge to you prior to your visit. — [4] —. Having it in your possession when you arrive will save you quite a bit of time and hassle on your first visit to the plant.

Best regards,

Jung Men

168-171 番は次のメールに関するものです。

あて先： ケイト・ハドリー <k.hadley@fostersolutions.com>
送信者： ジュン・メン <j.men@pzm.com>
件名： 貴殿の訪問
日付： 7月10日

ハドリー様

北京の PZM 社の主要な生産施設への訪問をご快諾いただき、ありがとうございます。フォスター・ソリューション様は、大手メーカーが多くの組立作業員の作業をよりよく調整する際のサポートに定評がございます。貴社の分析とご意見は PZM にとって大きな財産となることでしょう。―[1]―。

現地施設におきましては、PZM の製品設計、技術革新、またその他の知的財産を直接ご覧いただくことになります。添付いたしましたのは、わが社の標準の秘密保持契約書でございます。こちらを印刷し、ご署名のうえでご都合のよいときに弊社にご返送いただきたく思います。―[2]―。その際、パスポートサイズの写真を2枚同封していただけますと、入館バッジと控えをお作りすることができます。控えは弊社で保管させていただきます。―[3]―。お越しいただく前にバッジを郵送いたします。―[4]―。お越しの際にお持ちいただきますと最初に工場を訪れる際に大幅にお時間とお手間が省けるものと存じます。

よろしくお願いいたします。

ジュン・メン

Vocab. 本文 □ **assembly personnel**「組立作業員」 □ **premise**「構内、建物」 □ **exposure**「接触」
□ **intellectual property**「知的財産」 □ **nondisclosure agreement**「守秘義務契約（書）、機密保持契約（書）」
□ **at *one's* earliest convenience**「都合がつき次第」 □ **enclose**「～を同封する」 □ **duplicate**「写し、コピー」
□ **hassle**「面倒」 選択肢 □ **personnel department**「人事部」 □ **agenda**「議題」
□ **confidentiality agreement**「守秘義務契約（書）、機密保持契約（書）」 □ **correspond**「やり取りする」 □ **lot**「駐車場」

168 Who most likely is Ms. Hadley?
(A) An employee of a consulting firm
(B) A production manager at a factory
(C) A member of a government agency
(D) A personnel department supervisor

ハドリーさんはどんな人だと思われますか？
(A) コンサルティング会社の社員
(B) 工場の生産責任者
(C) 官庁の役人
(D) 人事部長

正解 A
[正答率 52.1%]

ハドリーさんはメールのあて先で、メールアドレスから Foster Solutions の社員であると推測できる。第1段落の1～3行目に Foster Solutions has an excellent reputation for helping major manufacturers to better coordinate the activities of large numbers of assembly personnel.（フォスター・ソリューション様は、大手メーカーが多くの組立作業員の作業をよりよく調整する際のサポートに定評がございます）とあり、3～4行目には the analysis and input you provide（貴社の分析とご意見）とあることから、ハドリーさんに仕事に関するアドバイスを求めているとわかる。よって正解は (A)。

990点 講師の目

Part 7にはすぐに正解が選べる問題と時間のかかる問題が混在します。なかでも問題文に most likely とあるものは文書中に直接的な情報が述べられているわけではなく、内容から推測して正解を選ぶ問題ですから手強いタイプと言えるでしょう。深追いするかどうかの判断が必要となります。

169 What was sent along with the e-mail?
(A) An identification form
(B) A pair of digital photographs
(C) An agenda for an upcoming meeting
(D) A confidentiality agreement

メールと一緒に送られたのは何ですか？
(A) 個人情報の記入用紙
(B) 1組のデジタル写真
(C) 今度の会議の議題
(D) 秘密保持契約書

正解 D
[正答率 73.3%]

メールとともに送られたものに関しては、第2段落の2～3行目に Attached is our standard nondisclosure agreement.（添付いたしましたのは、わが社の標準の秘密保持契約書でございます）とある。このことから、機密事項を流出させない旨の誓約書をメールに添付して送信したことがわかる。よって正解は (D)。「非公開」や「機密保持」の意味を表す nondisclosure を confidentiality と言い換えている。

170 According to the e-mail, what will save time?
(A) Bringing a badge to the facility
(B) Using e-mail to correspond
(C) Parking in the employee lot
(D) Visiting on a particular date

メールによると、何が時間を節約しますか？
(A) 施設にバッジを持参すること
(B) やり取りにメールを使うこと
(C) 従業員用駐車場に駐車すること
(D) ある特定の日に訪問すること

正解 A
[正答率 69.5%]

時間の節約については、第2段落の最後で Having it in your possession when you arrive will save you quite a bit of time ... on your first visit to the plant.（お越しの際にお持ちいただきますと最初に工場を訪れる際に大幅にお時間が節約できます）と述べている。持参するものは、その前の文の the badge なので、正解は (A)。

171 In which of the positions marked [1], [2], [3], and [4] does the following sentence best belong?

"This is both for security purposes as well as to serve as a replacement if needed."

(A) [1]
(B) [2]
(C) [3]
(D) [4]

[1]、[2]、[3]、[4] のうち、次の文が入る最も適切な箇所はどこですか？
「これは、必要な場合の代替用として使うほか、安全のためでもあります。」
(A) [1]
(B) [2]
(C) [3]
(D) [4]

正解 C
[正答率 61.8%]

挿入文は this という代名詞で始まっているので、その前の文の内容を受けていることがわかる。また、それが代替用と安全のためであると言っている。[3] の直前で we can make your visitor's badge and a duplicate, which will be kept in our files（入館バッジと控えをお作りすることができます。控えは弊社で保管させていただきます）とあることから、挿入文の this を控えと考えれば、前後の文脈がつながる。よって正解は (C)。

Questions 172-175 refer to the following minutes of a meeting.

Long Valley Pickling Association (LVPA)

Minutes
Meeting Date: April 25

Present Catalina Ramos, President; Tia Park, Secretary; Daphne West, Board Member; Rick Abrahams, Board Member; Alicia Patel, Board Member; Simon Clay, Executive Director
Absent Olivia Hudson, Marketing Director

Call to Order: A regular meeting of LVPA directors was held in the boardroom on April 25. The meeting convened at 6:00 P.M., with Catalina Ramos presiding.

Business from the Previous Meeting

Budget Committee Report: Committee Chair Daphne West distributed the finalized budget for this year. She read through line items, occasionally fielding questions by board members. The main change from last year's budget was an increase in marketing expenditure. The motion to accept the revised budget was seconded and passed.

New Jar Research: Rick Abrahams explained his research into the new Elko jars that some members have been using. He recommended against purchasing them in bulk for the association, citing storage and distribution problems. His motion to dismiss this proposal was seconded and passed.

New Business

Promotional Ideas for Pickle Fest: Deferred for next meeting, as Olivia Hudson was absent.

Additions to the Agenda

Rick Abrahams made a motion that pickle sales at the local farmers' market be discussed. Simon Clay dismissed the motion and proposed adding it to next month's meeting plan. Alicia Patel seconded the motion and it was added to the agenda for May.

Agenda for Next Meeting

Promotional Ideas for Pickle Fest
Farmers' Market Pickle Sale

Adjournment: Meeting was adjourned at 8:30 P.M. The next general meeting will convene at 6:00 P.M. on May 22 in the boardroom.

Minutes submitted by: Tia Park

Approved by: Simon Clay

172-175 番は次の会議の議事録に関するものです。

ロングバレー・漬物協会（LVPA）

議事録
開催日：4月25日

出席 カタリナ・ラモス会長、ティア・パーク秘書、ダフニー・ウェスト委員、リック・アブラハムズ委員、アリシア・パテル委員、サイモン・クレイ常任理事
欠席 オリヴィア・ハドソン マーケティング部長

開会： LVPA 定例役員会は4月25日に重役会議室において開催された。議事は午後6時にカタリナ・ラモスを議長として行われた。

継続審議事項

予算委員会報告： ダフニー・ウェスト委員長により、本年度の最終予算案が配布された。各項目が読み上げられ、適宜、委員より質疑を受けた。昨年度予算からの主な変更は、マーケティング費用の増額だった。修正予算を承認する動議が支持され、可決された。

新しいジャーについての調査： リック・アブラハムズにより、一部の会員が使用している新しいエルコ・ジャーに関する調査が説明された。保管と流通の問題点が指摘され、協会としての大量購入に反対する旨の進言がされた。この提案を却下するという彼の申し立ては支持され、可決された。

新規審議事項

ピックル・フェスタのプロモーション案： オリヴィア・ハドソンの欠席により、次回に繰り越しとなった。

追加審議事項

リック・アブラハムズにより、地元のファーマーズマーケットでの漬物の販売について審議する動議がなされた。サイモン・クレイによりこの申し立ては却下され、来月の議案に追加されることが提案された。アリシア・パテルによりこの動議は支持され、5月の議題に追加された。

次回審議事項

ピックル・フェスタのプロモーション案
ファーマーズマーケットでの漬物販売

散会： 会議は午後8時30分に散会し、次回の総会は5月22日午後6時に重役会議室で開催される予定である。

文責：ティア・パーク
承認：サイモン・クレイ

172 According to the minutes, what is expected to go up compared to last year?
(A) The number of association members
(B) The cost of leasing a facility
(C) The turnout for an annual event
(D) The money spent on advertising

議事録によると、昨年に比べて何が増加することが期待されますか?
(A) 協会員の人数
(B) 施設の賃貸費用
(C) 年中行事の参加者数
(D) 広告に費やされる金額

正解 D
[正答率 69.5%]

go up は「上がる」を意味する熟語である。Budget Committee Report (予算委員会報告) に The main change from last year's budget was an increase in marketing expenditure. (昨年度予算からの主な変更は、マーケティング費用の増額だった) とあるので、正解は (D)。

173 What was rejected at the meeting?
(A) A suggestion to buy containers in bulk
(B) A recommended revision to a budget
(C) A plan to conduct a market survey
(D) A request to conclude the session early

何が会議で否決されましたか?
(A) 容器を大量に購入する提案
(B) 予算に対して推奨された修正
(C) 市場調査の実施計画
(D) 早期散会の要望

正解 A
[正答率 71.4%]

New Jar Research (新しいジャーについての調査) で、リック・アブラハムズがジャーについて調べたうえで大量購入に反対する主張をしていることがわかる。この項目の最後に His motion to dismiss this proposal was seconded and passed. (この提案 [ジャーの購入] を却下するという彼の申し立ては賛成され、可決された) とある。新しいエルゴ・ジャーを購入する提案があり、それが否決されたとわかるので、正解は (A)。

174 Why most likely was discussion of one agenda item postponed?
(A) The necessary research data was not yet available.
(B) Discussion of other topics took longer than planned.
(C) The marketing director was not in attendance.
(D) Some members needed more time to prepare.

なぜ1つの議案の審議が延期されたと思われますか?
(A) 必要な調査データが得られなかったため
(B) ほかのトピックの審議が予定よりも長くなったため
(C) マーケティング部長が出席しなかったため
(D) 準備にさらに時間を必要とした会員がいたため

正解 C
[正答率 71.4%]

postpone は「~を延期する」という意味。延期された議案は New Business で Deferred for next meeting (次回に繰り越しとなった) とある Promotional Ideas for Pickle Fest (ピックル・フェスタのプロモーション案)。その理由は直後に as Olivia Hudson was absent (オリヴィア・ハドソンの欠席により) と書かかれている。ハドソンさんは議事録の最初のほうにある Absent (欠席) の記載からマーケティング部長だとわかるので、正解は (C)。

175 What is indicated about the farmers' market?
(A) It was not on the agenda for April 25.
(B) It coincides with Pickle Fest this year.
(C) It is now allowing sales of preserved foods.
(D) It will take place in May.

ファーマーズマーケットについて何が示されていますか?
(A) 4月25日の議題になかった。
(B) 今年のピックル・フェスタと同時開催である。
(C) 現在、保存食の販売を許可している。
(D) 5月に開催される予定である。

正解 A
[正答率 46.3%]

the farmers' market (ファーマーズマーケット) については Additions to the Agenda (追加審議事項) の1つ目に Rick Abrahams made a motion that pickle sales at the local farmers' market be discussed. (リック・アブラハムズにより、地元のファーマーズマーケットでの漬物の販売について審議する動議がなされた) とある。この記述からもともと議題になっていなかったことがわかる。よって正解は (A)。

これがエッセンス

minutes (議事録) は会議の議題や出席者の発言などをまとめた文書で、社内や部署内で情報を共有するために作成されるものです。フォーマットがほぼ決まっていて、もともと回覧するためのものなのでわかりやすく書かれています。しかし、基本的なアプローチ法はほかの文書と変わりません。Part 7 ではさまざまな文書が出題されますが、文書の形式に惑わされる必要はありません。

Vocab. 本文 □ **pickling**「漬物」 □ **convene**「開催される」 □ **preside**「議長を務める」 □ **line item**「(予算案などの) 項目」 □ **field**「(質問など) にうまく受け答えする」 □ **expenditure**「支出」 □ **motion**「動議」 □ **second**「~を支持する」 □ **in bulk**「大量に、大口で」 □ **cite**「~を引き合いに出す」 □ **dismiss**「~を退ける」 □ **defer**「~を延期する」 □ **adjournment**「散会、中断」 □ **adjourn**「~を散会・中断する」 選択肢 □ **turnout**「出席者数」 □ **coincide**「同時に起こる」

Questions 176-180 refer to the following e-mail and online form.

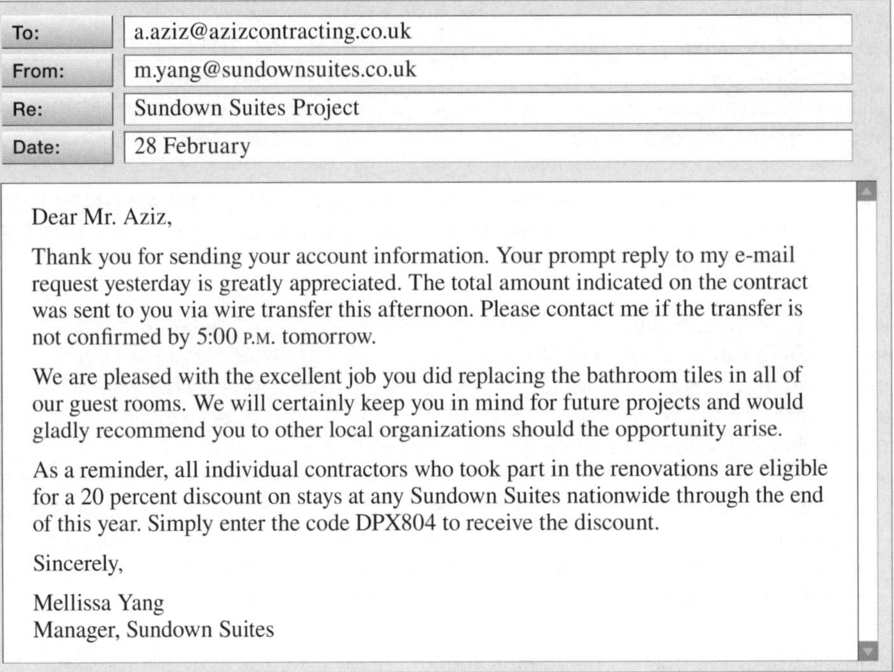

To:	a.aziz@azizcontracting.co.uk
From:	m.yang@sundownsuites.co.uk
Re:	Sundown Suites Project
Date:	28 February

Dear Mr. Aziz,

Thank you for sending your account information. Your prompt reply to my e-mail request yesterday is greatly appreciated. The total amount indicated on the contract was sent to you via wire transfer this afternoon. Please contact me if the transfer is not confirmed by 5:00 P.M. tomorrow.

We are pleased with the excellent job you did replacing the bathroom tiles in all of our guest rooms. We will certainly keep you in mind for future projects and would gladly recommend you to other local organizations should the opportunity arise.

As a reminder, all individual contractors who took part in the renovations are eligible for a 20 percent discount on stays at any Sundown Suites nationwide through the end of this year. Simply enter the code DPX804 to receive the discount.

Sincerely,

Mellissa Yang
Manager, Sundown Suites

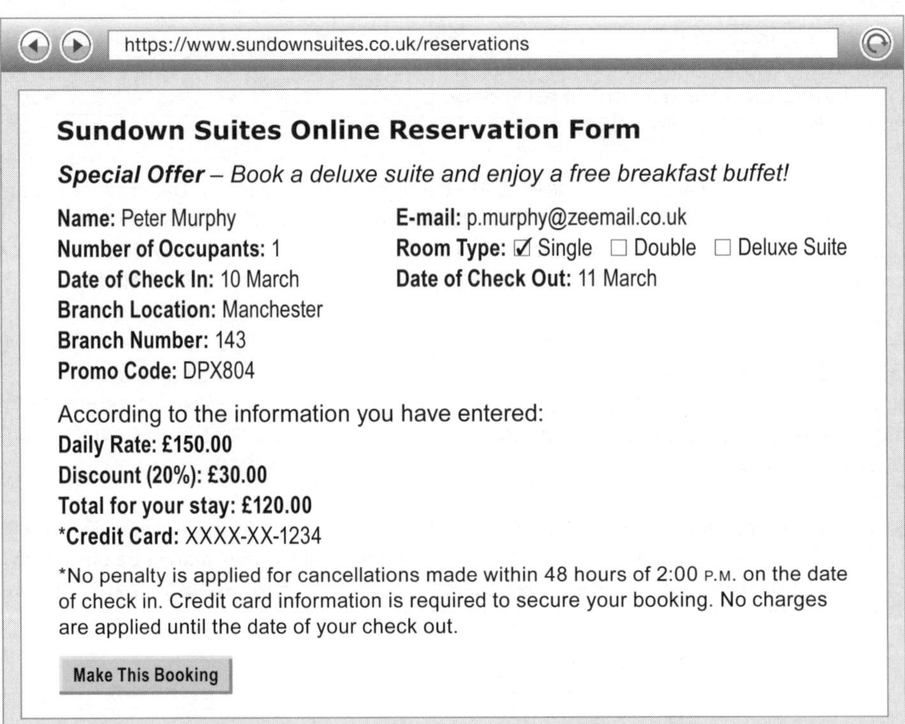

https://www.sundownsuites.co.uk/reservations

Sundown Suites Online Reservation Form

Special Offer *– Book a deluxe suite and enjoy a free breakfast buffet!*

Name: Peter Murphy
E-mail: p.murphy@zeemail.co.uk
Number of Occupants: 1
Room Type: ☑ Single ☐ Double ☐ Deluxe Suite
Date of Check In: 10 March
Date of Check Out: 11 March
Branch Location: Manchester
Branch Number: 143
Promo Code: DPX804

According to the information you have entered:
Daily Rate: £150.00
Discount (20%): £30.00
Total for your stay: £120.00
***Credit Card:** XXXX-XX-1234

*No penalty is applied for cancellations made within 48 hours of 2:00 P.M. on the date of check in. Credit card information is required to secure your booking. No charges are applied until the date of your check out.

Make This Booking

176-180 番は次のメールとオンラインフォームに関するものです。

あて先: a.aziz@azizcontracting.co.uk
送信者: m.yang@sundownsuites.co.uk
件名: サンダウン・スイーツのプロジェクト
日付: 2月28日

アジズ様

口座情報をお送りいただき、ありがとうございます。昨日の私のメールでのお願いに対する早速のご返信、たいへん助かります。契約書に示された合計金額が、本日の午後、電信送金によってあなたに送られました。明日の午後5時までに送金が確認できなければ、私にご連絡ください。

すべてのゲストルームの浴室のタイル交換において素晴らしい仕事をしていただき、うれしく思っています。私たちは今後のプロジェクトに向けて、あなたのことを必ず覚えておきますし、機会があれば、ほかの地元の組織にも喜んであなたを推薦します。

念のためですが、改修にご協力いただいたすべての個人契約者様は、今年末まで、全国のどこのサンダウン・スイーツにおいても宿泊で20%の割引が受けられます。この割引を受けるには、DPX804のコードを入力するだけです。

よろしくお願いいたします。

メリッサ・ヤング
サンダウン・スイーツ支配人

---

https://www.sundownsuites.co.uk/reservations

サンダウン・スイーツ オンライン予約フォーム

特別なご提供 ― デラックススイートを予約し、無料のビュッフェ形式の朝食をお楽しみください!

名前: ピーター・マーフィー
メール: p.murphy@zeemail.co.uk
宿泊人数: 1
部屋のタイプ: ☑ シングル ☐ ダブル ☐ デラックススイート
チェックインの日付: 3月10日
チェックアウトの日付: 3月11日
店舗の場所: マンチェスター
店舗番号: 143
割引コード: DPX804

入力いただいた情報より:
1日あたりの宿泊料: **150 ポンド**
割引 (20%): **30 ポンド**
宿泊の合計金額: **120 ポンド**
***クレジットカード**: XXXX-XX-1234

* チェックインの日の午後2時の48時間前までに行われたキャンセルに取消料は適用されません。予約をお取りになるにはクレジットカードの情報が必要となります。チェックアウトの日まで請求が行われることはありません。

これで予約する

Vocab. 本文 ☐ **prompt**「迅速な」 ☐ **contract**「契約書」 ☐ **wire transfer**「電信送金」 ☐ **be pleased with**「~に喜んでいる」 ☐ **keep ~ in mind**「~を記憶しておく」 ☐ **reminder**「思い出させるもの」 ☐ **contractor**「契約者」 ☐ **renovation**「改修」 ☐ **be eligible for**「~の資格がある」 ☐ **occupant**「居住者(ここでは「宿泊者」を意味する)」 ☐ **branch**「支店(ここでは各地にある系列ホテルのこと)」 ☐ **promo**「販売促進(promotion の略)」 選択肢 ☐ **solicit**「~を募る」 ☐ **reimbursement**「補償、払い戻し」 ☐ **inquiry about**「~に関する問い合わせ」 ☐ **overlook**「~を見逃す」 ☐ **on *one's* behalf**「~の代わりに」 ☐ **revision to**「~に対する修正」

176 What is the main purpose of the e-mail?
(A) To ask Mr. Aziz to review a contract
(B) To inform Mr. Aziz a payment has been made
(C) To solicit workers for an upcoming project
(D) To seek reimbursement for some damage to a room

このメールの主な目的は何ですか？
(A) アジズさんに契約を再検討してくれるように頼むこと
(B) アジズさんに支払いが行われたと知らせること
(C) 近々行われるプロジェクトのための働き手を求めること
(D) 部屋のいくらかの損傷に対する補償を求めること

正解 B
［正答率 54.0%］

メールの冒頭にThank you for sending your account information.（口座情報をお送りいただき、ありがとうございます）とあり、2～3行目にThe total amount indicated on the contract was sent to you via wire transfer this afternoon.（契約書に示された合計金額が、本日の午後、電信送金によってあなたに送られました）と書かれている。アジズさんから知らされた口座に送金したことを知らせるメールだと考えられるので、正解は(B)。英語のメールでは、最初のほうで目的や用件が書かれることが多い。

177 What was most likely sent to Mr. Aziz yesterday?
(A) An inquiry about his availability
(B) An estimate of some costs
(C) Confirmation of a wire transfer
(D) A request for banking details

昨日、アジズさんに送られたものは何だと思われますか？
(A) 彼の都合に関する問い合わせ
(B) いくつかの費用の見積もり
(C) 電信送金の確認
(D) 銀行口座の詳細の依頼

正解 D
［正答率 48.3%］

メールの冒頭に、Thank you for sending your account information. Your prompt reply to my e-mail request yesterday is greatly appreciated.（口座情報をお送りいただき、ありがとうございます。昨日の私のメールでのお願いに対する早速のご返信、たいへん助かります）とあり、ヤングさんの昨日の依頼に応じてアジズさんが銀行口座の情報をメールで知らせてきたと考えられるので、正解は(D)。メールのaccount information（銀行口座の情報）をbanking details（銀行口座の詳細）と言い換えている。

178 What does Ms. Yang mention that she is willing to do?
(A) Overlook some cracked floor tiles
(B) Refer area establishments to Mr. Aziz
(C) Contact a bank manager on Mr. Aziz's behalf
(D) Consider revisions to a previous agreement

ヤングさんは何をしても構わないと述べていますか？
(A) ひびの入ったタイルをいくつか見逃す
(B) 地域の施設にアジズさんを推薦する
(C) アジズさんの代わりに銀行の支店長に連絡する
(D) 以前の合意に対する修正を検討する

正解 B
［正答率 59.8%］

メールの第2段落の2～3行目に、We will certainly keep you in mind for future projects and would gladly recommend you to other local organizations should the opportunity arise.（私たちは今後のプロジェクトに向けて、あなたのことを必ず覚えておきますし、機会があれば、ほかの地元の組織にも喜んであなたを推薦します）と書かれているので、正解は(B)。local organizations（地元の組織）をarea establishments（地域の組織）と言い換えている。なお、本文のshould ... はif the opportunity should arise（もし機会があれば）ということ。

179 What is suggested about Peter Murphy?
(A) He is an employee of Mr. Aziz.
(B) He was hired to help renovate a hotel.
(C) He will be working in Manchester next month.
(D) He has stayed at Sundown Suites before.

ピーター・マーフィーに関して何が示唆されていますか？
(A) 彼はアジズさんに雇用されている。
(B) 彼はホテルの改修を手伝うために雇われた。
(C) 彼は来月、マンチェスターで働いている予定だ。
(D) 彼は以前、サンダウン・スイーツに宿泊した。

正解 B
[正答率 44.4%]

メールの第3段落の冒頭に all individual contractors who took part in the renovations are eligible for a 20 percent discount on stays at any Sundown Suites nationwide through the end of this year.（改修にご協力いただいたすべての個人契約者様は、今年末まで、全国のどこのサンダウン・スイーツにおいても宿泊で20%の割引が受けられます）とあり、次の文に Simply enter the code DPX804 to receive the discount.（この割引を受けるには、DPX804のコードを入力するだけです）と割引を受ける方法が書かれている。オンラインフォームの Name（名前）を見るとピーター・マーフィーの名前があり、Promo Code（割引コード）に DPX804 が入力されているので、ホテルの改修のために雇われていたことがわかる。よって正解は (B)。なお、アジズさんはメールの第3段落から individual contractor（個人契約者）だとわかり、マーフィーさんとの関係についても言及されていないので、(A) は誤り。

180 What is indicated about Mr. Murphy's booking?
(A) He will receive a free meal on March 11.
(B) He will share his room with one other guest.
(C) His credit card has not been charged yet.
(D) He must arrive at the hotel before 2:00 P.M.

マーフィーさんの予約に関して何が示されていますか？
(A) 彼は3月11日に無料の食事を得る予定だ。
(B) 彼は部屋をほかの宿泊者とシェアする予定だ。
(C) 彼のクレジットカードはまだ請求されていない。
(D) 彼はホテルに午後2時より前に到着しなければならない。

正解 C
[正答率 56.0%]

オンラインフォームの Credit Card（クレジットカード）の注釈（*）を見ると、最後の文に No charges are applied until the date of your check out.（チェックアウトの日まで請求が行われることはありません）と書かれている。ホテルに宿泊するよりも前の予約段階ではまだクレジットカードの請求が行われていないので、(C) が正解。オンラインフォーム冒頭の Special Offer（特別なご提供）の欄によると、Deluxe Suite（デラックススイート）に宿泊すれば無料の朝食が付くと書かれているが、マーフィーさんは Room Type の欄で Single（シングル）にチェックを入れているので、(A) は誤り。

これがエッセンス

Part 7 では設問のキーワードが文書中では別の言葉で表現されていることがあります。英語の文章では同じ単語や表現の繰り返しを避けることが一般的なので、ある単語の類義語を覚えておくことは英語を実際に使う場面で役に立つとともに、TOEIC のスコアアップにも効きます。語彙の学習の際には類義語もチェックしておきましょう。

Questions 181-185 refer to the following notice and memo.

Notice

Each day, Quantelle Holdings' e-mail servers detect and block dozens of malicious attempts to access our system and spread viruses or extract confidential data. Even with continuous upgrades to our automated antivirus and firewall defenses, the Information Technology Department cannot guarantee 100 percent protection for all incoming messages. Therefore, employees are strongly advised to take every precaution when receiving a file sent as an e-mail attachment. If the sender is unknown, or you suspect a file may not be legitimate, refrain from opening it. Instead, call the IT Department's dedicated hotline at extension 119 and request instructions. Do not be concerned about interrupting their work. IT staff would greatly prefer to spend a few minutes providing guidance or scanning an unsolicited file than to spend hours, if not days, removing a virus from our system.

From: Arianna Vella
To: Sales Personnel
Re: Anti-Virus Notice—Addendum
Date: November 6

In regard to the recently distributed notice concerning anti-virus measures, supervisors have been asked to forward the following addendum to their departmental staff:

Suppose you have followed all recommended guidelines but still have reason to believe your desktop or laptop computer has been infected.

Stop what you are doing immediately. Do not attempt to resolve the issue yourself or send out any messages. Pick up the phone and dial extension 119. Immediately disconnect your computer from our wi-fi network, and then shut it down. Do not worry about following usual shutdown procedures—any resulting problems with the operating system can easily be addressed once the computer has been removed from the network and the virus has been identified and eliminated.

181-185 番は次の通知と社内連絡に関するものです。

お知らせ

クワンテレ・ホールディングスのメールサーバーでは、当社のシステムに侵入してウイルスを広めたり、機密情報を抜き出そうとしたりする悪意ある試みを日に数十件検出し、ブロックしています。当社の自動ウイルス対策とファイアウォールといった防御措置は継続的に更新していますが、情報システム部（IT 部）では、受信するメッセージすべてについて 100%の防御を保証することはできません。そのため、従業員の皆様には、メールの添付ファイルを受け取る際には徹底的に注意していただきますよう強くお願いいたします。送信者が不明である場合や、ファイルが不正なものかもしれないと疑われる場合には、そのファイルを開くのはお控えください。ファイルを開かずに、内線 119 の IT 部の専用ホットラインまでお電話いただき、指示を求めてください。彼らの仕事の邪魔になるかもしれないなどとはご心配なさらないでください。IT 部のスタッフは、何時間も、ひょっとしたら何日もかけて、当社のシステムからウイルスを除去するよりも、指示を出したり、一方的に送られてきたファイルのスキャンをしたりして数分をかけるほうがずっといいと感じています。

発信者：アリアナ・ヴェラ
あて先：販売部社員
件名：ウイルス対策に関する通知について——追記
日付：11 月 6 日

最近配布されたウイルス対策措置に関する通知について、以下の追記を所属部員に転送するよう、部門長に依頼がありました。

皆様は推奨されているすべての指示に従っていただいているものと思いますが、それでもなお、お使いのデスクトップコンピュータまたはノートパソコンがウイルスに感染したと思われる理由があるとしましょう。

今なさっていることをただちにやめてください。問題をご自身で解決しようとしたり、メッセージを送信したりしないでください。電話をとり、内線 119 にかけてください。すぐにコンピュータを会社の Wi-fi ネットワークから切断し、電源を落としてください。シャットダウンの通常の手順に従う必要はありません——コンピュータがネットワークから切断され、ウイルスを特定して除去したら、オペレーティングシステムに結果として生じた問題については簡単に対処することができます。

Vocab. 本文 □ **detect**「～を検出する」 □ **malicious**「悪意のある」 □ **extract**「～を抜き取る」 □ **confidential**「機密の」 □ **continuous**「連続した」 □ **firewall**「ファイアウォール（インターネットからの不正侵入を防ぐ防御システム）」 □ **take every precaution**「あらゆる予防措置を講じる」 □ **legitimate**「正当な」 □ **refrain from *doing***「～することを控える」 □ **dedicated**「専用の」 □ **extension**「内線」 □ **unsolicited**「頼まれていない、望んでいない」 □ **addendum**「補足、追記」 □ **in regard to**「～について」 □ **infect**「～を感染させる」 □ **disconnect A from B**「A を B から切断する」 □ **eliminate**「～を除去する」 選択肢 □ **hazard**「危険」 □ **reputable**「評判のよい」 □ **exercise care with**「～に注意を払う」 □ **suspicious**「疑わしい」 □ **on *one*'s own**「自分で、単独で」

181 What is the purpose of the notice?
(A) To further clarify some previous instructions
(B) To assure employees their information is safe
(C) To warn employees about an interruption in service
(D) To caution workers about a potential hazard

この通知の目的は何ですか？
(A) 前回の指示のいくつかをさらに明確に説明すること
(B) 従業員に彼らの情報は安全だと保証すること
(C) 従業員にサービスの中断について通知すること
(D) 潜在的な危険について従業員に注意を促すこと

正解 D
［正答率 67.6%］

通知の冒頭で Each day, Quantelle Holdings' e-mail servers detect and block dozens of malicious attempts ... confidential data.（クワンテレ・ホールディングスのメールサーバーでは、当社のシステムに侵入してウイルスを広めたり、機密情報を抜き出そうとしたりする悪意ある試みを日に数十件検出し、ブロックしています）と状況を説明し、6～7行目で employees are strongly advised to take every precaution ... attachment（従業員の皆様には、メールの添付ファイルとして送付されたファイルを受け取る際には徹底的に注意していただきますよう強くお願いいたします）と注意を促している。ウイルス感染の危険について注意喚起しているので、(D) が正解となる。

182 What is mentioned about the firm's defense systems?
(A) They are run by a reputable business.
(B) They are updated on a regular basis.
(C) They have yet to be installed.
(D) They are no longer under warranty.

この会社の防御システムに関して何が述べられていますか？
(A) 定評のある事業者によって運営されている。
(B) 定期的に更新されている。
(C) まだインストールされていない。
(D) すでに保証外になっている。

正解 B
［正答率 67.6%］

通知の本文3～4行目にある Even with continuous upgrades to our automated antivirus and firewall defenses（当社の自動ウイルス対策とファイアウォールといった防御措置は継続的に更新していますが）から、サーバーの情報セキュリティ対策は継続的に更新されていることがわかる。したがって、continuous を on a regular basis（定期的に）で言い換えた (B) が正解となる。

183 What does the notice advise employees to do?
(A) Exercise care with suspicious digital files
(B) Report unusual behavior by colleagues
(C) Attempt to resolve common problems on their own
(D) Download any software updates immediately

通知は従業員に何をするようにすすめていますか？
(A) 疑わしい電子ファイルに注意する
(B) 同僚のいつもと違う動きを報告する
(C) よくある問題は自分で解決しようと試みる
(D) どんなソフトウェアの更新もすぐにダウンロードする

正解 A
［正答率 61.8%］

通知は、本文の6～7行目で employees are strongly advised to take every precaution when receiving a file sent as an e-mail attachment とメールの添付ファイルの受信に注意を促した後、If ... you suspect a file may not be legitimate, refrain from opening it.（もし…ファイルが不正なものかもしれないと疑われる場合には、そのファイルを開くのはお控えください）と具体的に指示を伝えている。疑わしい添付ファイルに注意するように通達されているので、正解は (A)。動詞の suspect を形容詞の suspicious で言い換えている。

184 According to the memo, what should employees do if they believe a laptop is already infected?
(A) Dial Ms. Vella's extension number
(B) Call a dedicated hotline
(C) Contact the maker's tech support center
(D) Notify the Internet service provider

社内連絡によると、ノートパソコンがすでにウイルスに感染していると思われる場合、従業員は何をすべきですか?
(A) ヴェラさんの内線に電話をかける
(B) 専用のホットラインに電話をかける
(C) メーカーの技術サポートセンターに連絡する
(D) インターネットのプロバイダに知らせる

正解 **B**
[正答率 59.8%]

社内連絡の第 3 段落 1 ~ 2 行目 Do not attempt to resolve the issue yourself (その問題をご自身で解決しようとしないでください) の the issue (その問題) は、前の段落に Suppose you ... still have reason to believe your desktop or laptop computer has been infected. とあることから、コンピュータにウイルス感染の疑いがある状況を指していると考えられる。第 3 段落 2 ~ 3 行目に Pick up the phone and dial extension 119. (電話をとり、内線 119 にかけてください) とあり、この内線は通知の本文 9 行目 call the IT Department's dedicated hotline at extension 119 から、IT 部の専用ホットラインだとわかる。ウイルスに感染したと思われる場合はすぐに IT 部の専用ホットライン 119 に電話するよう指示されているので、(B) が正解となる。dedicated はここでは、「割り当てられた、専用の」の意味で用いられている。

185 In the memo, the word "addressed" in paragraph 3, line 6, is closest in meaning to
(A) attempted
(B) discussed
(C) resolved
(D) dispatched

社内通知の第 3 段落 6 行目の addressed に最も意味が近い語は
(A) 試みられる
(B) 話し合われる
(C) 解決される
(D) 派遣される

正解 **C**
[正答率 59.8%]

設問の addressed は本文で、any resulting problems with the operating system can easily be addressed の形で、problems (問題) を主語にとる動詞として受動態で用いられている。動詞の address は多義だが、「問題が簡単にどうされるか」を考えると、「~に対処する」という意味が見えてくる。「オペレーティングシステムに結果として生じたどんな問題も簡単に対処できる」ということなので、選択肢の中では (C) resolved (解決される) が最もこの意味に近い。

これがエッセンス

リーディングセクションの解答時間が足りないと感じた方は、時間配分の見直しをしましょう。TOEIC の問題は、即答できるものと時間のかかるものが混在します。即答できるものは正確に検討しつつもなるべく速く解答し、ダブルパッセージやトリプルパッセージのための時間を確保しましょう。また、しばらく考えて手強いと思ったら後回しにするのも 1 つの作戦です。

Questions 186-190 refer to the following newspaper article, e-mail, and table of contents.

MIAMI (August 4)—Noted energy researcher Nathaniel Quinn has accepted an invitation to give a presentation at the Miami Technology Exposition. Founder and CEO of Atlantia Solar Labs, Mr. Quinn will speak on recent technological advances and future prospects for renewable energy sources.

A prominent voice among clean-energy advocates, Mr. Quinn is frequently asked to speak at industry events as well as on college campuses, both domestically and abroad.

"The people of the world will eventually have to rely almost exclusively on renewable energy sources," says Quinn. "It is not a matter of whether it will happen; it is a matter of when. To protect the world for future generations, I believe we should start making this transition right away."

Citizens of every industrialized country should make every effort to reduce energy use and fuel consumption," he adds. "Instead of driving to work, make use of public transportation. Better yet, ride a bike."

The exposition will be held on Saturday, August 8 at Kluborg Center. Mr. Quinn's presentation is scheduled for 4 P.M. Visit www.events-kluborg.org for more information.

To:	New World Monthly Contributors
From:	Charlotte Helms, Senior Editor
Re:	Miami Technology Expo
Date:	August 4

Dear *New World* writers,

According to the morning paper, Nathaniel Quinn is giving a presentation at Saturday's technology exposition. I had the opportunity to meet him once at Atlantia Solar Labs. I found him to be exceptionally intelligent and charming. I'm sure his presentation will be excellent. I'd like one of you to attend and write a piece on it for next month's edition.

Charlotte

New World Monthly

September Issue – Table of Contents

✦ Special Features

Page 3: My Clean Corps Experience by Jillian Lance
The author's personal account of her volunteer work for an environmental group with an innovative approach to activism

Page 7: The Coral Conundrum by Trevor Klutz
Interviews shed light on the difficulty researchers have encountered in trying to protect sensitive aquatic environments

Page 11: Bright Ideas by Walt Orton
One expert's thoughts on how rapid conversion to sustainable energy sources would make the world's future brighter

Page 15: Never Too Cold by Gilda Vasquez
An outline of various conservation projects slated to take place in the Miami area this winter

186-190 番は次の新聞記事とメールと目次に関するものです。

マイアミ（8月4日）――著名なエネルギー研究家、ナサニエル・クイン氏は、マイアミ・テクノロジー・エキスポでプレゼンテーションを行う招待を承諾した。アトランティア・ソーラー・ラボの創業者でCEOのクイン氏は、最近の技術的進歩や再生可能なエネルギー資源の今後の展望について話す予定だ。

クリーンエネルギーの支持者の中で著名な代弁者であるクイン氏は、国内でも国外でも、業界のイベントや大学での講演をたびたび求められている。

「世界中の人々はいずれほぼ再生可能エネルギー資源だけに頼らざるをえなくなるだろう」とクイン氏は話す。「それは起こるかどうか、という問題ではなく、いつそうなるかという問題だ。未来の世代のための世界を守るために、私たちは今すぐにこの移行を始めるべきだと思う」。

「すべての先進工業国の市民は、エネルギー使用や燃料消費を削減するためにあらゆる努力を行うべきだ」と彼は付け加える。「職場まで車で行くのではなく、公共交通機関を活用すべきだ。さらにいいのは、自転車に乗ることだ」。

このエキスポは、8月8日土曜日にクルボルグ・センターで開催される。クイン氏のプレゼンテーションは午後4時に予定されている。さらに詳しい情報については、www.events-kluborg.org にて。

あて先：ニュー・ワールド・マンスリーの寄稿者
送信者：シャーロット・ヘルムズ（シニア・エディター）
件名：マイアミ・テクノロジー・エキスポ
日付：8月4日

『ニュー・ワールド』のライターの皆様

朝刊によると、ナサニエル・クイン氏が土曜日のテクノロジー・エキスポでプレゼンを行うそうです。彼には一度、アトランティア・ソーラー・ラボでお会いする機会がありました。彼は非常に知的で魅力的な方でした。きっと彼のプレゼンは素晴らしいものになると思います。どなたか一人、出席して、来月号用にそれについて記事を書いていただけたらと思います。

シャーロット

『ニュー・ワールド・マンスリー』
9月号 ― 目次

✦ 特集

Vocab. 本文 □ **noted**「著名な」 □ **prospect**「展望」 □ **prominent**「著名な」 □ **advocate**「提唱者」 □ **exclusively**「もっぱら」 □ **make a transition**「移行する」 □ **make every effort**「あらゆる努力をする」 □ **better yet**「さらにいいのは」 □ **be scheduled for**「～に予定されている」 □ **have an opportunity to *do***「～する機会を得る」 □ **corps**「部隊、団体」 □ **account**「話、記述」 □ **conundrum**「難問」 □ **shed light on**「～に光を当てる」 □ **encounter**「～に遭遇する」 □ **aquatic**「水域の」 □ **(be) slated to *do***「～することが予定されている」 選択肢 □ **publicize**「～を公表する」 □ **install**「～を設置する」 □ **means**「手段」 □ **appliance**「電化製品、装置」 □ **cause**「主張、～運動」

186 What is main purpose of the newspaper article?

(A) To announce a special appearance at an event
(B) To report on recent technological advances
(C) To publicize the establishment of a new foundation
(D) To present the findings of a research project

この新聞記事の主な目的は何ですか？

(A) イベントの特別出演者を告知すること
(B) 最近の技術的進歩について報告すること
(C) 新しい財団の設立を公表すること
(D) 研究プロジェクトの成果を発表すること

正解 A
[正答率 63.7%]

新聞記事の冒頭に Noted energy researcher Nathaniel Quinn has accepted an invitation to give a presentation at the Miami Technology Exposition.（著名なエネルギー研究家、ナサニエル・クイン氏は、マイアミ・テクノロジー・エキスポでプレゼンテーションを行う招待を承諾した）と書かれており、その後もクイン氏のイベント（エキスポ）での登壇について書かれているので、(A) が正解。英文記事では、冒頭で記事の主題が示されることが多い。

187 In the newspaper article, what does Mr. Quinn say people should do?

(A) Install solar panels on their homes
(B) Consider alternative means of transportation
(C) Purchase energy-saving appliances
(D) Donate to environmental causes

この新聞記事で、クイン氏は人々が何をすべきだと言っていますか？

(A) 家にソーラーパネルを設置する
(B) 交通の代替手段を検討する
(C) エネルギーを節約する機器を購入する
(D) 環境活動に寄付をする

正解 B
[正答率 69.5%]

新聞記事の第 4 段落 4 ～ 5 行目に、Instead of driving to work, make use of public transportation.（職場まで車で行くのではなく、公共交通機関を活用すべきだ）というクイン氏の発言が紹介されている。車に乗る代わりに、代替手段（公共交通機関）を活用することをすすめているので、(B) が正解。mean の複数形 means に「手段」という意味があることを押さえておきたい。エネルギーの節約もすすめているが、機器の購入には触れていないので (C) は誤り。

188 What is indicated about Ms. Helms?

(A) She collaborated with Mr. Quinn on a study.
(B) She heard Mr. Quinn's speech at a local college.
(C) She has visited Mr. Quinn's organization.
(D) She accompanied Mr. Quinn on an overseas trip.

ヘルムズさんに関して何が示されていますか？

(A) 彼女は研究でクイン氏と協力した。
(B) 彼女はクイン氏のスピーチを地方の大学で聞いた。
(C) 彼女はクイン氏の組織を訪れたことがある。
(D) 彼女はクイン氏の海外旅行に随行した。

正解 C
[正答率 65.6%]

ヘルムズさんが送ったメールに、I had the opportunity to meet him once at Atlantia Solar Labs.（彼には一度、アトランティア・ソーラー・ラボでお会いする機会がありました）とあり、彼とはクイン氏のこと。新聞記事の第 1 段落 4 ～ 6 行目に Founder and CEO of Atlantia Solar Labs, Mr. Quinn（アトランティア・ソーラー・ラボの創業者で CEO のクイン氏）と書かれていて、アトランティア・ソーラー・ラボはクイン氏の組織であることがわかる。よって、正解は (C)。

189 What *New World Monthly* feature most likely includes a schedule of future activities?

(A) My Clean Corps Experience
(B) The Coral Conundrum
(C) Bright Ideas
(D) Never Too Cold

『ニュー・ワールド・マンスリー』のどの特集がこの先の活動のスケジュールを含むと思われますか?

(A) クリーン部隊に参加しての体験談
(B) サンゴの難題
(C) 輝かしいアイデア
(D) 寒さなんて気にしない

正解 D
[正答率 48.3%]

目次の Page 15:Never Too Cold (寒さなんて気にしない) を見ると、An outline of various conservation projects slated to take place (開催される予定のさまざまな保全活動の概要) とある。この先の活動やプロジェクトを内容とする特集はほかにないので (D) が正解。

190 Who was most likely among the audience at Mr. Quinn's presentation?

(A) Jillian Lance
(B) Trevor Klutz
(C) Walt Orton
(D) Gilda Vasquez

クイン氏のプレゼンテーションの観衆の中にいたのはだれだと思われますか?

(A) ジリアン・ランス
(B) トレヴァー・クルツ
(C) ウォルト・オートン
(D) ギルダ・ヴァスケス

正解 C
[正答率 73.3%]

新聞記事の第1段落目5～8行目目に Mr. Quinn will speak on recent technological advances and future prospects for renewable energy sources (クイン氏は、最近の技術的進歩や再生可能なエネルギー資源の今後の展望について話す予定だ) とあり、目次 Page 11 の One expert's thoughts on how rapid conversion to sustainable energy sources ... future brighter. (持続可能なエネルギー資源への早急な移行が、世界の未来をいかにより明るくするかに関する専門家の考察) と一致する。ヘルムズ氏のメールに attend and write a piece (出席して記事を書く) という依頼があり、この記事を書いたオートン氏が観衆の中にいたと考えられるので、(C) が正解。

これがエッセンス

TOEIC の勉強をしていて、語彙学習の必要性を痛感していらっしゃる方は少なくありません。しかし、単語を繰り返し書くといった学習より、ある単語を見て瞬間的に意味が思い浮かぶようにする練習、ある単語を見て同義語や反意語を思い浮かべる練習、ある単語を使って例文を考える練習のほうがはるかに実践的で、効果的です。

Questions 191-195 refer to the following excerpt from a manual, e-mail, and invoice.

Employees issued keys or swipe cards for entrance into secure locations are responsible for their safekeeping. Should employees lose possession of a key or card, they must notify our head of security immediately. In the instance of swipe cards, the lock will be re-coded by way of computer and a new card will be issued. The loss of a key necessitates total replacement of the corresponding lock(s). A swipe card or key issued to an employee should never be lent to another individual without written authorization from their department supervisor (Form K-3A).

Gable Incorporated Policy Manual Page 72

To: Wayne Thompson
From: Carol Tobin
Date: May 10
Subject: Key SB19

Regretfully, my key to the storage area adjacent to my office appears to have gone missing. I had it on a different ring from my house and car keys. I have thoroughly searched both my home and office, but have been unable to locate it. I am informing you of this in adherence to the policy specified on page 72 of the employee handbook.

I deeply apologize for the inconvenience.

Sincerely,

Carol Tobin
Accounting Department

Invoice A29-31 Stronghold Locksmith & Security System Services 183 Route16, Kylie, NH, 03036 (603) 555-0151	**Date:** May 12 **Customer:** Gable Incorporated **Address:** 65 Hampton Court, Kylie, NH 03042 **Telephone:** (603) 555-0178	
Description	**Parts**	**Labor**
Service Call	N/A	$85.00
Replace exit alarm, 2nd floor	$68.50	$50.00
Replace office door lock, 3rd floor	$23.50	$25.00
Replace storage room lock, 4th floor	$52.50	$25.00
Repair motion sensor at entrance, 1st floor	$15.50	$50.00
		Total Parts: $160.00 Total Labor: $235.00 **Total: $395**

191-195 番は次のマニュアルからの抜粋とメールと請求書に関するものです。

厳重に管理された場所へ入るための鍵または電子カードキーの発行を受けた従業員は、それらを安全に管理する責任があります。万が一、鍵やカードを紛失した場合は、ただちに当社の警備部長に知らせなければなりません。電子カードキーの場合は、コンピュータで錠のコードが組み直され、新しいカードが発行されます。鍵を紛失した場合は、対応する錠前全体の交換が必要になります。ある従業員に発行された電子カードキーまたは鍵は、所属部署の上司から書面での許可がなければ他者に貸すことはできません（書式 K-3A）。

ゲーブル社　社則　　　　72 ページ

あて先：　ウェイン・トンプソン
送信者：　キャロル・トービン
日付：　5 月 10 日
件名：　SB19 の鍵

申し訳ございませんが、私のオフィスに隣接する倉庫エリアの鍵が見当たりません。自宅と車の鍵とは別のリングにその鍵を付けていました。家も職場も徹底的に探しましたが、見つけることができませんでした。このことについて、従業員ハンドブックの 72 ページに明示されている社則に従ってお知らせいたします。

ご迷惑をおかけして、たいへん申し訳ございません。

どうぞよろしくお願いいたします。

キャロル・トービン
会計部

インボイス A29-31 ストロングホールド 鍵＆警備システムサービス 16 号線 183 番地　カイリー　ニューハンプシャー州　03036 (603) 555-0151	**日付：** 5 月 12 日 **お客様名：** ゲーブル社 **ご住所：** ハンプトンコート 65 番地 カイリー　ニューハンプシャー州　03042 **お電話番号：** (603) 555-0178	
詳細	**部品代**	**工賃**
出張修理	なし	85.00 ドル
2 階　出口の警報の交換	68.50 ドル	50.00 ドル
3 階　オフィスのドアの鍵の交換	23.50 ドル	25.00 ドル
4 階　倉庫ルームの鍵の交換	52.50 ドル	25.00 ドル
1 階　入り口の人感センサーの修理	15.50 ドル	50.00 ドル
		部品代合計：160.00 ドル 工賃合計：235.00 ドル **合計：395 ドル**

Vocab. 本文 □ **swipe card**「電子カードキー」 □ **secure**「安全が確保された、厳重に警備された」
□ **be responsible for**「～の責任がある」 □ **safekeeping**「保管」 □ **Should ...**「万一…の場合は (If employees should ...)」
□ **possession**「所持」 □ **notify**「～に知らせる」 □ **in the instance of**「～の場合には」
□ **by way of**「～によって、～を手段として」 □ **necessitate**「～を必要とする」 □ **corresponding**「対応する」
□ **authorization**「許可、承認」 □ **adjacent to**「～に隣接して」 □ **locate**「～の場所を特定する」
□ **in adherence to**「～に従って」 □ **locksmith**「錠前師」 選択肢 □ **inspection**「検査」 □ **separate from**「～と別の」
□ **charge 〈人〉 to *do***「〈人〉に～する対価を請求する」 □ **bill 〈人〉 for ～**「〈人〉に～の請求書を送る」

191 According to Gable policy, what happens if someone loses a swipe card?
(A) A security inspection is conducted.
(B) The lock is reprogrammed electronically.
(C) The employee must pay for its replacement.
(D) A new lock must be installed immediately.

ゲーブル社の社則によると、電子カードキーを紛失した場合、どうなりますか？
(A) 安全点検が実施される。
(B) 錠のプログラムが電子的に組み直される。
(C) 従業員は交換にかかる費用を支払わなければならない。
(D) 新しい錠前がただちに取り付けられなければならない。

正解 B
[正答率 71.4%]

鍵を紛失した場合の規則は、社則の2行目の Should employees lose possession of a key or card（万が一、鍵やカードを紛失した場合は）以降に具体的に書かれている。3～4行目にある In the instance of swipe cards, the lock will be re-coded by way of computer（電子カードキーの場合は、コンピュータで錠のコードが組み直される）という規定が (B) に合致する。なお、4～5行目の The loss of a key necessitates total replacement of the corresponding lock(s).（鍵を紛失した場合は、対応する錠前全体の交換が必要になります）から、新しい錠前の取り付けが必要なのは swipe card ではなく key（鍵）の場合だとわかるので、(D) は誤り。

192 What does Ms. Tobin mention about key SB19?
(A) She accidentally took it home.
(B) She lent it to her coworker.
(C) She kept it separate from her other keys.
(D) She dropped it in the parking lot.

トービンさんが SB19 の鍵について述べていることは何ですか？
(A) 彼女は鍵を誤って家に持ち帰った。
(B) 彼女は鍵を同僚に貸した。
(C) 彼女は鍵をほかの鍵とは分けて保管していた。
(D) 彼女は鍵を駐車場で落とした。

正解 C
[正答率 65.6%]

トービンさんはメールの送信者である。メールの冒頭で my key to the storage area adjacent to my office appears to have gone missing（私のオフィスに隣接する倉庫エリアの鍵が見当たりません）と状況を説明した後、I had it on a different ring from my house and car keys.（自宅と車の鍵とは別のリングにその鍵を付けていました）と述べている。it は my key to the storage area を指しており、トービンさんは倉庫の鍵をほかの鍵と分けて管理していたことがわかる。よって正解は (C)。

193 Who most likely is Wayne Thompson?
(A) A new employee at Gable
(B) The accounting department supervisor
(C) A security department head
(D) The operator of a locksmith service

ウェイン・トンプソンはどういう人だと思われますか？
(A) ゲーブル社の新入社員
(B) 会計部の責任者
(C) 警備部長
(D) 鍵のサービスの運営者

正解 C
[正答率 56.0%]

Wayne Thompson の名前はトービンさんのメールのあて先欄にある。トービンさんはメールで倉庫の鍵を紛失したことを伝えた後、第1段落の最後で I am informing you of this in adherence to the policy specified on page 72 of the employee handbook.（従業員ハンドブックの72ページに明示されている社則に従ってお知らせいたします）と書いている。社則を確認すると2～3行目に、鍵や電子カードキーを紛失した社員は they must notify our head of security immediately（ただちに当社の警備部長に知らせなければなりません）とある。トンプソンさんは head of security（警備部長）だと考えられるので、(C) が正解となる。

194 Where is Ms. Tobin's office probably located?
(A) On the first floor
(B) On the second floor
(C) On the third floor
(D) On the fourth floor

トービンさんのオフィスはどこにあると思われますか?
(A) 1階
(B) 2階
(C) 3階
(D) 4階

正解 D
[正答率 54.0%]

トービンさんはメールの冒頭で my key to the storage area adjacent to my office appears to have gone missing (私のオフィスに隣接する倉庫エリアの鍵が見当たりません) と書いている。請求書で倉庫の鍵に関連する部分を探すと、Description (詳細) 欄の4行目に Replace storage room lock, 4th floor (4階　倉庫ルームの鍵の交換) という記述が見つかる。トービンさんのオフィスはこの倉庫ルームに隣接していることから、(D) の4階にあると考えられる。

195 What is indicated about Stronghold on the invoice?
(A) It charged the client to visit their location.
(B) It installed the building's original security system.
(C) It provided some equipment free of charge.
(D) It billed the client extra for weekend labor.

ストロングホールドに関して、請求書で何が示されていますか?
(A) 顧客のいるところへ出張するのに費用を請求した。
(B) その建物の元の警備システムを設置した。
(C) いくつかの器具については無料で提供した。
(D) 週末の作業代について顧客に追加で請求した。

正解 A
[正答率 40.5%]

請求書の Description (詳細) 欄の最初にある Service Call の call には「訪問」という意味もあり、Service Call はここではサービスを提供するための訪問、つまり、修理などの出張サービスを指している。この欄の Labor (工賃) の欄に金額が記入されているので、出張サービスにも料金が発生することがうかがえる。よって、Service Call を to visit their location (顧客のいる場所を訪れる) と言い換えた (A) が正解。

これがエッセンス

ダブルパッセージやトリプルパッセージの問題でも、問題191のように According to (~によると) などで文書を指定した問題があります。このタイプの問題は、シングルパッセージ問題と同様に1つの文書の内容で選択肢を絞ることができます。ダブルあるいはトリプルパッセージでよく出る複数の文書を参照するタイプの問題に比べると短時間で解答することができますから、制限時間が迫っているときでもこのような問題は解いておきましょう。

Questions 196-200 refer to the following letter, e-mail, and article.

North Lake Community College
1 Pine Nut Lane, Tahoe City, CA 96145

March 12

Paulo Limited, HR Dept.
52 Skidmore Street
Reno, NV 89509

Dear Sir or Madam:

North Lake Community College cordially invites Paulo Limited to take part in the NLCC Job Fair. The event will be held on campus in Clark Gymnasium from 10 A.M. to 4 P.M. on Saturday, May 11.

We anticipate over six hundred job seekers at the event. Attendees are free to stop by the booth of any company at the fair. However, NLCC staff will offer assistance in matching the most suitable applicants to prospective employers.

There are no fees involved and booths will be provided. A list of companies planning to be at the event will be published in the Sunday, May 5 edition of the *Tahoe Tribune*. To be included, companies must reply to confirm their participation by letter or e-mail (p.riksan@nlcc.edu) by May 1.

Sincerely,

Penny Riksan
Penny Riksan
Event Coordinator, NLCC

To:	Penny Riksan <p.riksan@nlcc.edu>
From:	Gabe Alejandro <g.alejandro@paulo.ltd.com>
Subject:	Job Fair
Date:	March 30

Dear Ms. Riksan,

Thank you for sending us the invitation to the NLCC Job Fair. We had not initially planned to participate, as we were not seeking employees when we received your letter. Our situation has changed due to a recent development. Plans are now underway to open a second office in Las Vegas, and many of our personnel have expressed interest in transfers.

Two of my departmental colleagues will be joining me in staffing the Paulo Limited booth at the fair. Kindly forward any additional details that we may require concerning the event.

Best regards,

Gabe Alejandro
Paulo Limited

TAHOE TRIBUNE

NLCC Job Fair

Tahoe City (May 12)—A job fair held on the North Lake Community College campus attracted nearly four hundred attendees eagerly seeking employment. While mostly US companies with branches in California or the neighboring state of Nevada participated in the fair, many non-regional organizations were represented as well. These included firms based in Canada, Mexico, and even Brazil.

A survey carried out at the conclusion of the event indicated that approximately three quarters of attendees were invited to at least one interview. Company recruiters also confirmed that over thirty attendees received job offers at the event.

196-200 番は次の手紙とメールと記事に関するものです。

ノースレイク・コミュニティカレッジ
パインナット通り1番地　タホシティ　カリフォルニア州　96145

3月12日

パウロ・リミテッド　人事部
スキッドモア通り52番地
リノ　ネバダ州　89509

ご担当者様

ノースレイク・コミュニティカレッジ（NLCC）では、NLCC 就職フェアへのご参加に貴パウロ・リミテッド社を謹んでご招待申し上げます。この催しは5月11日土曜日の午前10時から午後4時までクラーク体育館で開催されます。

こちらの催しには600人を超える求職者の来場が予想されます。参加者はこのフェアで、どの企業のブースにも自由に立ち寄ることができます。しかし、NLCC 職員が最も適切な応募者と彼らの将来の雇用主とのマッチングをお手伝いいたします。

関連費用はなく、ブースはこちらでご用意します。こちらの催しに参加する予定の企業の一覧が5月5日（日）の『タホ・トリビューン』紙に掲載されます。一覧に掲載されるには、企業は5月1日までに書面かメール（p.riksan@nlcc.edu）で参加確認の返信をする必要がございます。

どうぞよろしくお願いいたします。

Penny Riksan
ペニー・リクサン
イベントコーディネーター　NLCC

あて先：　ペニー・リクサン <p.riksan@nlcc.edu>
送信者：　ゲイブ・アレハンドロ <g.alejandro@paulo.ltd.com>
件名：　就職フェア
日付：　3月30日

リクサン様

NLCC 就職フェアへの招待状をお送りくださり、ありがとうございます。お手紙をいただいたときには求人をしていなかったので、わが社では当初、参加しないつもりでした。最近の発展により、状況が変わりました。現在、ラスベガスに2つ目の事務所を開く計画が進んでおり、当社の人員の多くが異動に関心を示しています。

同じ部署の同僚二人が私と一緒にフェアでパウロ・リミテッドのブースを担当する予定です。こちらのイベントに関して、我々が知っておくべき詳細がほかにあればお送りいただけると助かります。

どうぞよろしくお願いいたします。

ゲイブ・アレハンドロ
パウロ・リミテッド

『タホ・トリビューン』

NLCC 就職フェア

タホシティ（5月12日）――ノースレイク・コミュニティカレッジのキャンパスで開催された就職フェアに400人近くの参加者が就職先を熱心に求めて集まった。参加企業のほとんどがカリフォルニア州や近隣のネバダ州に支社を持つアメリカの企業だったが、ほかの地域の組織も多数参加した。カナダ、メキシコ、なかにはブラジルに拠点を持つ企業などもあった。

イベントの最後に行われたアンケート調査では、参加者の約4分の3が少なくとも1回は面接に招かれていることが示されている。企業の採用担当者からも、30人を超える参加者がこのイベントで仕事のオファーを受けたことが確認された。

Vocab. 本文 □ **cordially**「心から」 □ **take part in**「～に参加する」 □ **hold**「～を開催する」 □ **gymnasium**「体育館」 □ **anticipate**「～を予測する」 □ **job seeker**「求職者」 □ **suitable**「ふさわしい」 □ **prospective**「将来の、見込みのある」 □ **initially**「当初」 □ **personnel**「社員」 □ **forward**「（情報など）を送る」 □ **non-regional**「地域外の」 □ **carry out**「～を実施する」 □ **conclusion**「終わり」 選択肢 □ **vocational**「職業（指導）の」 □ **staffer**「（大企業の）従業員」 □ **extend an offer**「オファーする、提案する」 □ **turnout**「参加者数」 □ **nominal fee**「わずかな料金」 □ **conduct**「～を行う」

196 According to the letter, how will NLCC personnel help at the event?
(A) By distributing application forms to attendees
(B) By encouraging enrollment in vocational programs
(C) By directing job seekers to appropriate firms
(D) By providing booth staffers with refreshments

手紙によると、NLCC の職員はイベントでどうやって手助けをしますか？
(A) 申込用紙を参加者に配布することによって
(B) 職業訓練プログラムへの参加を促すことによって
(C) 求職者を適切な企業へ向かわせることによって
(D) ブースにいる担当者に軽食を提供することによって

正解 C
[正答率 59.8%]

手紙は、ノースレイク・コミュニティカレッジ (NLCC) 主催の就職フェアへ企業の出展を促す招待状。設問の the event とは NLCC Job Fair を指している。第 2 段落 2～3 行目に NLCC staff will offer assistance in matching the most suitable applicants to prospective employers. (NLCC 職員が最も適切な応募者と彼らの将来の雇用主とのマッチングをお手伝いいたします) とあり、NLCC の職員はこの就職フェアで企業と求職者のマッチングを促すことがわかるので、(C) が正解。

197 According to the e-mail, what does Mr. Alejandro intend to do?
(A) Consider transferring to a new branch
(B) Be present on the NLCC campus on May 11
(C) Set up a meeting within his department
(D) Send Ms. Riksan information about his company

メールによると、アレハンドロさんは何をするつもりですか？
(A) 新支店への異動を検討する
(B) 5 月 11 日に NLCC のキャンパスに行く
(C) 部署内での会議を開く
(D) リクサンさんに自社の情報を送る

正解 B
[正答率 48.3%]

メールを書いたゲイブ・アレハンドロは、メールの第 2 段落 1～2 行目に Two of my departmental colleagues will be joining me in staffing the Paulo Limited booth at the fair. (同じ部署の同僚二人が私と一緒にフェアでパウロ・リミテッドのブースを担当する予定です) と述べている。the fair とは、NLCC Job Fair のこと。手紙の第 1 段落 2～3 行目に The event will be held ... on Saturday, May 11. (この催しは 5 月 11 日土曜日…に開催される) とあるので、アレハンドロさんは 5 月 11 日の就職フェアに参加し、会社のブースを出す予定である。また、記事の冒頭の A job fair held on the North Lake Community College campus (NLCC のキャンパスで開催された就職フェア) から、開催場所が NLCC のキャンパスだとわかる。これらを合わせて考えると、(B) が正解となる。

198 What is implied about Paulo Limited?
(A) It has offices in multiple countries.
(B) Its name was in the newspaper on May 5.
(C) It extended job offers to applicants at the fair.
(D) It offers internships to NLCC students.

パウロ・リミテッドに関して何が示唆されていますか？
(A) 複数の国に支社がある。
(B) 社名が 5 月 5 日に新聞に載った。
(C) フェアで参加者に仕事のオファーをした。
(D) NLCC の学生にインターンシップを提供する。

正解 B
[正答率 44.4%]

手紙の第 3 段落 1～3 行目に A list of companies planning to be at the event will be published in the Sunday, May 5 edition of the *Tahoe Tribune*. (こちらの催しに参加する予定の企業の一覧が 5 月 5 日 (日) の『タホ・トリビューン』紙に掲載されます) とあり、続く To be included, companies must reply to confirm their participation by letter or e-mail ... by May 1. から、5 月 1 日までに手紙かメールで参加確認の返信をすれば、5 月 5 日付けの新聞に社名が掲載されるとわかる。Paulo Limited の社員であるアレハンドロさんのメールの日付を確認すると、3 月 30 日となっているので、この期日に間に合っている。したがって、正解は (B)。

199 What is indicated about the job fair?
(A) Turnout was lower than expected.
(B) Companies pay nominal fees to take part.
(C) NLCC holds a similar event every year.
(D) Only local employers were present.

この就職フェアに関して何が示されていますか？
(A) 来場者数は予想よりも少なかった。
(B) 企業は少額の参加費を支払う。
(C) NLCC は毎年同様のイベントを開催している。
(D) 地元の会社しか参加しなかった。

正解 A
[正答率 57.9%]

手紙の第 2 段落冒頭に We anticipate over six hundred job seekers at the event.（こちらの催しには 600 人を超える求職者の来場が予想されます）とあるが、記事の冒頭の A job fair ... attracted nearly four hundred attendees（…就職フェアに 400 人近くの参加者が集まった）から、予想の 600 人を下回る 400 人が参加したとわかるので、正解は (A)。(B) の参加費については手紙の第 3 段落に There are no fees involved（関連費用はない）とあり、(C) の開催頻度については言及がなく、(D) の参加企業については記事の第 1 段落に many non-regional organizations were represented as well（ほかの地域の組織も多数参加した）とある。

200 What is most likely true about the survey of fair attendees?
(A) It was conducted by e-mail.
(B) It was conducted by a local newspaper.
(C) It was conducted in the afternoon.
(D) It was conducted by Penny Riksan.

フェアの参加者のアンケート調査についてどれが正しい記述だと思われますか？
(A) メールで実施された。
(B) 地元紙によって実施された。
(C) 午後に実施された。
(D) ペニー・リクサンによって実施された。

正解 C
[正答率 30.9%]

記事の第 2 段落冒頭に A survey carried out at the conclusion of the event ...（イベントの最後に行われたアンケート調査では…）とある。conclusion はよく「結論」という意味で用いられるが、このように何かの「結び、最後」という意味でも用いられる。開催時刻については、手紙の第 1 段落 2 ～ 3 行目に from 10 A.M. to 4 P.M. とあるので、イベントは午後 4 時までだったことがわかる。アンケートは午後 4 時ごろに実施されたものと考えられるので、正解は (C)。本文の carry out（～を実施する）を選択肢では conduct（～を実施する）と言い換えている。

これがエッセンス

ハイスコアを獲得するには英語力を付けることはもちろんですが、集中力を維持することも必要です。同じ作業を続けるとどうしても集中力は下がりますが、時間に迫られている TOEIC では気を抜く暇などありません。そこで、Part 5 を 5 題解いたら Part6 を 1 題、その後 Part 7 を 1 ～ 2 題というふうに目先を変えることによって気分転換を図るのはいかがでしょう？ ただし、マークシートの解答欄には要注意です。

TEST 5 正解一覧

チェックボックスは答え合わせや習熟度確認のためにお使いください。

問題	正解	チェック
101	C	□□□
102	A	□□□
103	A	□□□
104	D	□□□
105	B	□□□
106	C	□□□
107	B	□□□
108	A	□□□
109	C	□□□
110	C	□□□
111	B	□□□
112	D	□□□
113	C	□□□
114	A	□□□
115	C	□□□
116	C	□□□
117	B	□□□
118	B	□□□
119	D	□□□
120	B	□□□
121	D	□□□
122	C	□□□
123	A	□□□
124	D	□□□
125	B	□□□
126	C	□□□
127	A	□□□
128	A	□□□
129	B	□□□
130	D	□□□
131	C	□□□
132	B	□□□
133	D	□□□
134	D	□□□
135	C	□□□
136	D	□□□
137	A	□□□
138	C	□□□
139	B	□□□
140	B	□□□
141	B	□□□
142	D	□□□
143	C	□□□
144	B	□□□
145	A	□□□
146	A	□□□
147	D	□□□
148	A	□□□
149	A	□□□
150	C	□□□
151	D	□□□
152	B	□□□
153	C	□□□
154	B	□□□
155	A	□□□
156	C	□□□
157	A	□□□
158	D	□□□
159	A	□□□
160	C	□□□
161	C	□□□
162	B	□□□
163	D	□□□
164	C	□□□
165	A	□□□
166	D	□□□
167	A	□□□
168	A	□□□
169	D	□□□
170	A	□□□
171	C	□□□
172	D	□□□
173	A	□□□
174	C	□□□
175	A	□□□
176	B	□□□
177	D	□□□
178	B	□□□
179	B	□□□
180	C	□□□
181	D	□□□
182	B	□□□
183	A	□□□
184	B	□□□
185	C	□□□
186	A	□□□
187	B	□□□
188	C	□□□
189	D	□□□
190	C	□□□
191	B	□□□
192	C	□□□
193	C	□□□
194	D	□□□
195	A	□□□
196	C	□□□
197	B	□□□
198	B	□□□
199	A	□□□
200	C	□□□

予想スコア算出表

5つの模試それぞれの正答数から、実際の TOEIC でのスコアが予測できます。学習記録をつけて、目標スコアの達成を目指しましょう。

TEST 1

正答数	スコア	正答数	スコア	正答数	スコア
100	495	66	335	32	165
99	495	65	330	31	160
98	495	64	325	30	150
97	490	63	320	29	140
96	490	62	315	28	130
95	485	61	310	27	110
94	480	60	305	26	90
93	480	59	300	25	予想不可
92	475	58	295	24	予想不可
91	470	57	290	23	予想不可
90	465	56	285	22	予想不可
89	460	55	280	21	予想不可
88	450	54	275	20	予想不可
87	445	53	270	19	予想不可
86	440	52	265	18	予想不可
85	430	51	260	17	予想不可
84	425	50	255	16	予想不可
83	420	49	250	15	予想不可
82	415	48	245	14	予想不可
81	410	47	240	13	予想不可
80	405	46	235	12	予想不可
79	400	45	230	11	予想不可
78	395	44	225	10	予想不可
77	390	43	220	9	予想不可
76	385	42	215	8	予想不可
75	380	41	210	7	予想不可
74	375	40	205	6	予想不可
73	370	39	200	5	予想不可
72	365	38	195	4	予想不可
71	360	37	190	3	予想不可
70	355	36	185	2	予想不可
69	350	35	180	1	予想不可
68	345	34	175	0	予想不可
67	340	33	170		

■ 学習記録

1回目　　年　月　日　　点

2回目　　年　月　日　　点

3回目　　年　月　日　　点

TEST 2

正答数	スコア	正答数	スコア	正答数	スコア
100	495	66	345	32	170
99	495	65	340	31	160
98	490	64	335	30	150
97	490	63	330	29	140
96	490	62	325	28	130
95	485	61	320	27	110
94	485	60	315	26	90
93	480	59	310	25	予想不可
92	475	58	305	24	予想不可
91	470	57	300	23	予想不可
90	465	56	295	22	予想不可
89	460	55	290	21	予想不可
88	455	54	285	20	予想不可
87	450	53	280	19	予想不可
86	445	52	275	18	予想不可
85	440	51	270	17	予想不可
84	435	50	265	16	予想不可
83	430	49	260	15	予想不可
82	425	48	255	14	予想不可
81	420	47	250	13	予想不可
80	415	46	245	12	予想不可
79	410	45	240	11	予想不可
78	405	44	235	10	予想不可
77	400	43	230	9	予想不可
76	395	42	225	8	予想不可
75	390	41	220	7	予想不可
74	385	40	215	6	予想不可
73	380	39	210	5	予想不可
72	375	38	205	4	予想不可
71	370	37	200	3	予想不可
70	365	36	195	2	予想不可
69	360	35	190	1	予想不可
68	355	34	185	0	予想不可
67	350	33	175		

■ 学習記録

1回目　　年　月　日　　点

2回目　　年　月　日　　点

3回目　　年　月　日　　点

TEST 3

正答数	スコア	正答数	スコア	正答数	スコア
100	495	66	340	32	165
99	495	65	335	31	160
98	495	64	330	30	150
97	490	63	325	29	140
96	490	62	320	28	130
95	485	61	315	27	110
94	480	60	310	26	90
93	475	59	305	25	予想不可
92	470	58	300	24	予想不可
91	465	57	295	23	予想不可
90	460	56	290	22	予想不可
89	455	55	285	21	予想不可
88	450	54	280	20	予想不可
87	445	53	275	19	予想不可
86	440	52	270	18	予想不可
85	435	51	265	17	予想不可
84	430	50	260	16	予想不可
83	425	49	255	15	予想不可
82	420	48	250	14	予想不可
81	415	47	245	13	予想不可
80	410	46	240	12	予想不可
79	405	45	235	11	予想不可
78	400	44	230	10	予想不可
77	395	43	225	9	予想不可
76	390	42	220	8	予想不可
75	385	41	215	7	予想不可
74	380	40	210	6	予想不可
73	375	39	205	5	予想不可
72	370	38	200	4	予想不可
71	365	37	195	3	予想不可
70	360	36	190	2	予想不可
69	355	35	185	1	予想不可
68	350	34	175	0	予想不可
67	345	33	170		

■ 学習記録

1回目	年　月　日	点
2回目	年　月　日	点
3回目	年　月　日	点

TEST 4

正答数	スコア	正答数	スコア	正答数	スコア
100	495	66	340	32	165
99	495	65	335	31	160
98	490	64	330	30	150
97	490	63	325	29	140
96	490	62	320	28	130
95	485	61	315	27	110
94	480	60	310	26	90
93	475	59	305	25	予想不可
92	470	58	300	24	予想不可
91	465	57	295	23	予想不可
90	460	56	290	22	予想不可
89	455	55	285	21	予想不可
88	450	54	280	20	予想不可
87	445	53	275	19	予想不可
86	440	52	270	18	予想不可
85	435	51	265	17	予想不可
84	430	50	260	16	予想不可
83	425	49	255	15	予想不可
82	420	48	250	14	予想不可
81	415	47	245	13	予想不可
80	410	46	240	12	予想不可
79	405	45	235	11	予想不可
78	400	44	230	10	予想不可
77	395	43	225	9	予想不可
76	390	42	220	8	予想不可
75	385	41	215	7	予想不可
74	380	40	210	6	予想不可
73	375	39	205	5	予想不可
72	370	38	200	4	予想不可
71	365	37	195	3	予想不可
70	360	36	190	2	予想不可
69	355	35	185	1	予想不可
68	350	34	175	0	予想不可
67	345	33	170		

■ 学習記録

1回目	年　月　日	点
2回目	年　月　日	点
3回目	年　月　日	点

TEST 5

正答数	スコア
100	495
99	495
98	490
97	490
96	490
95	485
94	485
93	480
92	475
91	470
90	465
89	460
88	455
87	450
86	445
85	440
84	435
83	430
82	425
81	420
80	415
79	410
78	405
77	400
76	395
75	390
74	385
73	380
72	375
71	370
70	365
69	360
68	355
67	350

正答数	スコア
66	345
65	340
64	335
63	330
62	325
61	320
60	315
59	310
58	305
57	300
56	295
55	290
54	285
53	280
52	275
51	270
50	265
49	260
48	255
47	250
46	245
45	240
44	235
43	230
42	225
41	220
40	215
39	210
38	205
37	200
36	195
35	190
34	185
33	175

正答数	スコア
32	170
31	160
30	150
29	140
28	130
27	110
26	90
25	予想不可
24	予想不可
23	予想不可
22	予想不可
21	予想不可
20	予想不可
19	予想不可
18	予想不可
17	予想不可
16	予想不可
15	予想不可
14	予想不可
13	予想不可
12	予想不可
11	予想不可
10	予想不可
9	予想不可
8	予想不可
7	予想不可
6	予想不可
5	予想不可
4	予想不可
3	予想不可
2	予想不可
1	予想不可
0	予想不可

■ 学習記録

1 回目　　年　月　日　　点

2 回目　　年　月　日　　点

3 回目　　年　月　日　　点

■ 監修者・著者紹介

中村紳一郎（なかむら・しんいちろう）

東京都立大法学部卒業。コロラド大学とエジンバラ大学で経営学を学ぶ。エッセンス イングリッシュ スクール学校長。TOEIC 990点、TOEFL (PBT) 657点、英検1級、GMAT数学満点。『TOEIC® TEST完全攻略3000語』（語研）、『TOEIC® テスト990点新・全方位』シリーズ、『精選模試』シリーズ（ジャパンタイムズ出版）など著書・監修書多数。趣味は旅行と登山。

Susan Anderton（スーザン・アンダトン）

コロラド大学卒業。スペイン語専攻。エッセンス イングリッシュ スクール副校長。TOEIC 990点。『TOEIC® TEST完全攻略3000語』（語研）、『TOEIC® テスト990点新・全方位』シリーズ、『精選模試』シリーズ（ジャパンタイムズ出版）など著書・監修書多数。趣味はサイクリングと家庭菜園。

小林美和（こばやし・みわ）

白百合女子大文学部卒業。TOEIC 990点、英検1級、JBSビジネス・コンピュータ1級。元エッセンス イングリッシュ スクール講師。共著書に『TOEIC® テスト990点新・全方位』シリーズ、『精選模試』シリーズ（ジャパンタイムズ出版）などがある。趣味は卓球とソーイング。

Bradley Towle（ブラッドリー・トール）

テキサス大学卒業。財政学専攻。TOEIC990点。エッセンス イングリッシュ スクール講師。豊富なビジネスバックグラウンドを生かした授業は受講生から高く評価されている。作成した教材が多くのTOEIC専門書で使用されている。共著書に『精選模試』シリーズ（ジャパンタイムズ出版）などがある。趣味はチェスと街歩き。

〈執筆協力〉原功／武方加枝

エッセンス イングリッシュ スクール（www.essence.co.jp）

TOEIC指導の専門校。講師陣全員990点満点。ネイティヴ講師も日本人講師とともに常時TOEICを受験。最新傾向をオリジナル教材に生かした指導が好評で、多くの高得点者を輩出している。得点アップコース（対象：500点前後～800点）、900点クラブ（対象：800点前後～990点）、プレミアムクラス（少人数制）、弱点補強クラス、短期集中講座などを開講。オンライン受講も可能で、全国どこからでも授業が受けられる。

TOEIC® L&R テスト 精選模試 リーディング 3

2020年 7月 5日 初版発行
2024年 5月20日 第8刷発行

監修者 中村紳一郎／Susan Anderton
© Shinichiro Nakamura, Susan Anderton, Essence English School, 2020
著者 小林美和／Bradley Towle
© Miwa Kobayashi, Bradley Towle, 2020
発行者 伊藤秀樹
発行所 株式会社 ジャパンタイムズ出版
〒102-0082 東京都千代田区一番町 2-2 一番町第二TGビル 2F
ウェブサイト https://jtpublishing.co.jp/
印刷所 日経印刷株式会社

本書の内容に関するお問い合わせは、上記ウェブサイトまたは郵便でお受けいたします。
定価はカバーに表示してあります。
万一、乱丁落丁のある場合は、送料当社負担でお取り替えいたします。
(株) ジャパンタイムズ出版・出版営業部あてにお送りください。

Printed in Japan ISBN978-4-7890-1762-6

本書のご感想をお寄せください。
https://jtpublishing.co.jp/contact/comment/

TOEIC® L&Rテスト 精選模試 リーディング3

別冊TEST 1〜5

the japan times 出版

TEST 1

▶ 正解一覧は本冊の 56 ページ、解答・解説は 2 ～ 55 ページに掲載されています。

READING TEST

In the Reading test, you will read a variety of texts and answer several different types of reading comprehension questions. The entire Reading test will last 75 minutes. There are three parts, and directions are given for each part. You are encouraged to answer as many questions as possible within the time allowed.

You must mark your answers on the separate answer sheet. Do not write your answers in your test book.

PART 5

Directions: A word or phrase is missing in each of the sentences below. Four answer choices are given below each sentence. Select the best answer to complete the sentence. Then mark the letter (A), (B), (C), or (D) on your answer sheet.

101. While ------- are excited by the idea of relocation, the suggested timeline is problematic.

(A) we
(B) our
(C) ours
(D) ourselves

102. Work is underway to convert the vacant warehouse on Third Street ------- a restaurant.

(A) than
(B) as
(C) into
(D) with

103. Hossco has just announced the ------- annual revenues in company history.

(A) high
(B) higher
(C) highly
(D) highest

104. Ms. Gellar and Mr. Carlton will manage the new social media department -------.

(A) doubly
(B) jointly
(C) variously
(D) considerably

105. Processing time was increased because of an error on the permit -------.

(A) applying
(B) applicably
(C) applies
(D) application

106. No submissions for the photography competition will be accepted ------- the June 20 deadline.

(A) beyond
(B) since
(C) from
(D) once

107. Researchers have found ------- high levels of pollution in a number of local ponds.

(A) alarm
(B) alarmingly
(C) alarming
(D) alarmed

108. The food that was provided for the conference on Saturday morning had actually been prepared the day -------.

(A) ago
(B) early
(C) before
(D) away

109. For details about our language course offerings, or ------- in a class, please visit our Web site.

(A) to enroll
(B) enrolled
(C) enrolls
(D) are enrolling

110. The employees at Alcott, Inc. always try to fill supply ------- as quickly as possible.

(A) customers
(B) placements
(C) deliveries
(D) orders

111. Our Stellar Strands line of hair-care products will be ------- as of January 1.

(A) hopeful
(B) discontinued
(C) aspiring
(D) permissive

112. At this time, Mr. McCauley has neither booked a flight to Berlin ------- arranged accommodations for his stay.

(A) yet
(B) and
(C) nor
(D) but

113. The Edge Technology Web site ------- several tutorial videos demonstrating the various functions of its software.

(A) watches
(B) remains
(C) features
(D) appears

114. General audiences have proven to be more ------- of director Alvin Stern's movies than professional film critics.

(A) appreciation
(B) appreciate
(C) appreciates
(D) appreciative

115. Uncertainty about Dextracom's future has increased ------- rumors that the CEO intends to resign.

(A) amid
(B) beside
(C) above
(D) near

116. ------- all executives have had a chance to review it, the draft of the press release cannot be considered finalized.

(A) Even
(B) Without
(C) Despite
(D) Unless

117. Ms. Costanza handles all article ------- for *City Scenes* magazine and also assists with editing duties.

(A) submit
(B) submitter
(C) submissions
(D) submitted

118. Although sales did not meet expectations, all representatives were awarded a bonus -------.

(A) however
(B) anyway
(C) especially
(D) instead

119. Ms. Liu sent the client an e-mail in which she ------- the urgency of a prompt reply to her questions regarding the project.

(A) to explain
(B) explained
(C) explain
(D) was explained

120. The budget committee eventually agreed on a ------- for achieving its financial goals.

(A) negotiation
(B) confidence
(C) result
(D) strategy

GO ON TO THE NEXT PAGE

121. Heavy snow is predicted for tomorrow morning, ------- commuters are advised to allow extra time for traffic delays.

(A) during
(B) because
(C) as long as
(D) so

122. This textile processing equipment was designed ------- according to the recommendations of Dr. Alejandro.

(A) partly
(B) partial
(C) parts
(D) part

123. ------- eats a meal in the break room should wash and put away any dishes before returning to the office.

(A) Whom
(B) Who
(C) Whoever
(D) Whose

124. A successful product launch will require a large amount of ------- among the company's various departments.

(A) collaboration
(B) attraction
(C) initiation
(D) combination

125. Interviews have been set up with ------- of the four candidates under consideration for the teaching position.

(A) which
(B) each
(C) these
(D) much

126. As with most manufacturers, LMS Inc. is ------- to sudden changes in the price of raw materials.

(A) vulnerable
(B) hesitant
(C) charged
(D) expensive

127. This product review gives a thorough ------- of not only the new smartphone but also its optional accessories.

(A) describe
(B) description
(C) to describe
(D) descriptive

128. The design of the promotional brochure ------- to have been changed without the client's authorization.

(A) formatted
(B) allowed
(C) differed
(D) seemed

129. Unless any unexpected problems arise, construction of the new Compton Building downtown ------- precisely on schedule.

(A) concluded
(B) concluding
(C) will conclude
(D) has concluded

130. The seminar instructor provided so much ------- information that attendees felt they had not learned much from her session.

(A) accountable
(B) impatient
(C) repetitive
(D) dissatisfied

PART 6

Directions: Read the texts that follow. A word, phrase, or sentence is missing in parts of each text. Four answer choices for each question are given below the text. Select the best answer to complete the text. Then mark the letter (A), (B), (C), or (D) on your answer sheet.

Questions 131-134 refer to the following e-mail.

To: a.scalia@wemail.com
From: employment@kiefercorp.com
Date: May 10
Subject: Your Application

Dear Mr. Scalia,

Thank you for your recent application for the night-shift security guard opening at Kiefer Corporation. Unfortunately, the position already ------- **131.** by the time your submission was received. ------- **132.**, there are no other vacancies within our security department. ------- **133.**. We will therefore keep your document on file and notify you of any future openings on our security team.

We appreciate your interest and wish you the best of luck in your ------- **134.**.

Natalia Pinewood
Human Resources Manager
Kiefer Corporation

131. (A) is filled
(B) has filled
(C) has been filled
(D) had been filled

132. (A) At present
(B) Meanwhile
(C) Until then
(D) Otherwise

133. (A) Visit our Web site for a complete list of available positions.
(B) Your résumé shows you to be a highly qualified candidate.
(C) All of our personnel must clear a thorough background check.
(D) Our company maintains an exemplary safety record.

134. (A) role
(B) interview
(C) training
(D) search

GO ON TO THE NEXT PAGE

Questions 135-138 refer to the following article.

Entrepreneur Makes Educational Effort

Entrepreneur Richard Ramos is -------(135.) a new scholarship program for students of business at Bengal College. According to a Bengal spokesperson, the first Ramos Scholarships are to be awarded prior to the start of Bengal's upcoming fall term. These one-year scholarships -------(136.) the cost of books, tuition, and general living expenses for three undergraduate students per year.

-------(137.). After 20 successful years in the industry, he sold his business and dedicated -------(138.) to helping promising entrepreneurs acquire start-up financing. Today, Ramos runs the venture capital firm Swell Capital.

135. (A) receiving
(B) contesting
(C) funding
(D) considering

136. (A) covering
(B) to cover
(C) have covered
(D) will cover

137. (A) Ramos is a former surf shop owner without a college degree.
(B) We have interviewed many of his current students.
(C) This prestigious institution has a unique history.
(D) Ramos stressed the importance of education at the ceremony.

138. (A) he
(B) his
(C) him
(D) himself

Questions 139-142 refer to the following excerpt from a manual.

Digital files -------(139.) to hiring decisions must not be deleted until at least one calendar year passes following their creation. These records are necessary for maintaining proper oversight of our -------(140.). The files may also be used in their defense in case an unsuccessful candidate makes a claim against them. -------(141.). This policy allows for routine backups and annual archiving. The Information Technology Department automatically makes backups of such files as they enter the system. The backups are then uploaded into cloud storage and other offsite storage media on a -------(142.) basis to ensure an accessible archive.

139. (A) relate
(B) related
(C) relation
(D) relatively

140. (A) elections
(B) premises
(C) recruiters
(D) standards

141. (A) It is important for this type of data to be preserved.
(B) So far only one applicant meets our requirements.
(C) The results will be determined within seven days.
(D) We have since negotiated a reasonable settlement.

142. (A) daily
(B) weekly
(C) monthly
(D) yearly

GO ON TO THE NEXT PAGE

Questions 143-146 refer to the following e-mail.

To: customerservice@townsbank.com
From: haley_tatum@wizmail.com
Date: December 20
Subject: Credit Card 024613-91-434

Dear Service Representative,

I am writing to dispute a transaction in the amount of $232.47 on my most recent credit card billing statement. It was posted on November 24 from the Waterford Hotel. This charge was presumably for ------- **143.** on that date. The fact is ------- **144.** I canceled my booking with Waterford at 11 A.M. on November 22. Their reservation policy clearly states, "no expense will be incurred when cancelations are made at least 48 hours prior to 6 P.M. on the check-in date."

A clerk by the name of Beth spoke with me during the call I made to cancel my reservation. ------- **145.** gave me a confirmation code of 7A18.

------- **146.**.

Thank you,

Haley Tatum

143. (A) lodging
(B) banking
(C) shopping
(D) accounting

144. (A) when
(B) how
(C) why
(D) that

145. (A) Both
(B) She
(C) You
(D) It

146. (A) Please check your inventory for this model number.
(B) Please remove the above charge from my bill.
(C) Please convey my sincere appreciation.
(D) Please inform Waterford of the change in plans.

PART 7

Directions: In this part you will read a selection of texts, such as magazine and newspaper articles, e-mails, and instant messages. Each text or set of texts is followed by several questions. Select the best answer for each question and mark the letter (A), (B), (C), or (D) on your answer sheet.

Questions 147-148 refer to the following form.

Full Name: Brandon Scott Monroe

Address: Rua São Cristóvão 1677, Salvador, Bahia 40220-370

Telephone: (71) 5913-7093

By signing below, I agree to allow the use of my image in promotional materials concerning the services and operations of OPAL. These materials include but are not limited to posters, brochures, advertisements and the OPAL Web site. Personal or group portraits may be used as well as photos taken of me actively providing instruction in OPAL classrooms. I will not seek payment for use of my image, and I release OPAL from any liability in regard to such use.

Signature: Brandon Monroe

Date: March 1

147. What is the purpose of the form?

(A) To grant permission
(B) To accept responsibility
(C) To make a complaint
(D) To submit a request

148. What most likely is OPAL?

(A) A publishing company
(B) An advertising agency
(C) An educational organization
(D) A photography studio

GO ON TO THE NEXT PAGE

Questions 149-150 refer to the following invitation.

You Are Invited To

The Law Offices of Vern & Dunn

Client Appreciation Party

Saturday, March 10
From 4 P.M. to 8 P.M.
Lion Heart Hotel
Grand Ballroom
2801 Kingsley Court
Memphis, TN 38019

We are so very thankful for all those who support our firm as clients, business associates, and with referrals. We hope you will join us for an evening of appetizers, drinks and live music by the Four Corners Jazz Quartet.

You may even be the winner of a wonderful door prize!

Family and group portraits will be available on site, taken by local photographer Shane Langford.

See you there!

149. What information is included on the invitation?

(A) The name of a performing group
(B) The deadline for a reply
(C) The telephone number of a venue
(D) The address of a legal firm

150. What is indicated about Shane Langford?

(A) His co-workers will be at the event.
(B) He will accept a prize at the event.
(C) His art will be exhibited at the event.
(D) He will photograph attendees at the event.

Questions 151-152 refer to the following text-message chain.

Tina Castro **10:05 A.M.**
I just got to the banquet hall. Everything's here already. Will you be much longer?

Chris Vernon **10:06 A.M.**
Traffic is pretty bad. I'd say another twenty minutes or so. Sorry.

Tina Castro **10:08 A.M.**
It's OK. I'll start by placing the tablecloths and arranging the centerpieces. I hope you didn't forget the ladders. This place has very high ceilings. We'll need them for hanging the garlands.

Chris Vernon **10:09 A.M.**
I have them with me. We'll need them for the other mounted decorations too.

Tina Castro **10:12 A.M.**
I wonder if we should have hired some extra help for this. The caterers want us finished before they start setting up at 11:30.

Chris Vernon **10:13 A.M.**
It'll be tight but we can do it. Looks like traffic is starting to move. I should be there shortly.

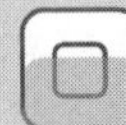

151. What does Ms. Castro say she will do next?

(A) Contact a catering service
(B) Start painting a room
(C) Purchase additional items
(D) Begin to prepare tables

152. At 10:09 A.M., what does Mr. Vernon mean when he writes, "I have them with me"?

(A) He is bringing some other workers.
(B) He is transporting the rest of the decorations.
(C) He remembered to obtain some equipment.
(D) He put all the food into his vehicle.

GO ON TO THE NEXT PAGE

Questions 153-155 refer to the following e-mail.

To:	Aaron Holms <a.holmes@kwikautoloans.com>
From:	Dirk Woodruff <d.woodruff@armand.com>
Re:	Request
Date:	10 February
Attached:	document1.doc

Dear Mr. Holms,

I am writing in response to your request for confirmation of the occupational status of Gwyneth Nester. It is Armand Inc.'s policy that we must obtain written consent before we disclose information about an employee. Please print out the attached form, have Ms. Nester complete and sign it, and then return it to us. Barring legal requirements, Armand reserves the right to decline requests for information about any employee, regardless of consent, for any reason.

Sincerely,

Dirk Woodruff
Director of Human Resources

153. Why did Mr. Holms most likely contact Armand Inc.?

(A) To verify details about Ms. Nester's employment
(B) To request clarification on a policy
(C) To recommend a job candidate
(D) To compliment the work of Ms. Nester

154. What was most likely sent along with the e-mail?

(A) A performance evaluation
(B) An authorization form
(C) A job application
(D) A list of references

155. According to Mr. Woodruff, what is Armand Inc. entitled to do?

(A) Renegotiate an agreement
(B) Withhold certain information
(C) Modify job requirements
(D) Retract an employment offer

Questions 156-157 refer to the following e-mail.

To:	Human Resources Department
From:	Ahmad Hussein
Re:	Transfer request
Date:	May 3

I am writing to request a transfer from the Accounts Payable Department to Employee Benefits. I noticed an open position for a financial analyst posted on the Human Resources page of the internal Web site. I spoke with the head of Personnel, who indicated I have all of the necessary qualifications.

Despite the transfer being a lateral move in terms of duties and pay grade, I make this request in hopes of broadening my background in financial management here at Vector Consolidated.

I look forward to an opportunity to interview for the opening.

Sincerely,

Ahmad Hussein

156. Where does Mr. Hussein aspire to work?
(A) In the Information Technology Department
(B) In the Human Resources Department
(C) In the Accounts Payable Department
(D) In the Employee Benefits Department

157. Why most likely does Mr. Hussein want the transfer?
(A) To increase his monthly salary
(B) To assume a supervisory position
(C) To add to his experience in a field
(D) To qualify for better insurance benefits

GO ON TO THE NEXT PAGE

Questions 158-160 refer to the following article.

HELOC Pros and Cons

By Caleb Zernn, Certified Financial Planner

Homeowners who have built up equity in their homes but are short of cash may consider HELOCs, or home-equity lines of credit. A line of credit is a set amount of money that a bank or other institution agrees to lend you. If and when you need it, you can draw money from the line up to that amount. — [1] —. HELOCs are fairly simple to obtain and relatively inexpensive. The initiation fees are typically low, as are the interest rates. The low costs of HELOCs make them a good choice for homeowners who want greater flexibility to cover unanticipated expenses such as the sudden need to purchase a new furnace or make an emergency repair. — [2] —.

Generally, borrowers are only required to make interest payments at first. They will eventually have to start paying off the principal at the conclusion of the "draw period". — [3] —. A disadvantage of HELOCs is that nearly all of these loans have variable interest rates. This means the borrower's costs could potentially go up after the loan has been secured. Also, lenders usually have the option to cancel the line of credit at any time. — [4] —.

---

158. According to Mr. Zernn, what would a HELOC enable someone to do?

(A) Obtain an advanced educational degree
(B) Replace a major home appliance
(C) Purchase a more economical automobile
(D) Pay off a large credit card debt

159. What is NOT mentioned about HELOCs in the article?

(A) They offer low interest rates on borrowed money.
(B) They can be terminated without notice.
(C) They usually do not cost much to initiate.
(D) They may charge high fees for late payments.

160. In which of the positions marked [1], [2], [3], and [4] does the following sentence best belong?

"This is the official time during which money can be borrowed using the credit line."

(A) [1]
(B) [2]
(C) [3]
(D) [4]

Questions 161-163 refer to the following information.

Congratulations! The entire Cooper & Jung team would like to thank you for choosing us to help you find an ideal location for your business, and we wish you much success. As a tenant, you will be responsible for any items used or stored on the rental premises, as well as any damage that may occur to the property throughout the term of your lease. We want to ensure that our clients are protected financially. To this effect, we highly recommend purchasing commercial rental insurance from our friends at the Stonewell Company. Their commercial insurance policies provide coverage for property damage, loss of merchandise, and even lawsuits filed by customers. While our clients consistently say that Stonewell Company offers affordable rates, your monthly premiums will depend on various risk factors as well as the safety and security features of the space you occupy. For more information about commercial rental insurance, visit Stonewell Company online at www.stonewell.com.

161. What type of organization most likely produced this information?

(A) A retail shop
(B) An insurance company
(C) A real estate agency
(D) A law firm

162. The word "term" in paragraph 1, line 5, is closest in meaning to

(A) condition
(B) duration
(C) expression
(D) description

163. What is mentioned about Stonewell Company's rates?

(A) They are the lowest in the region.
(B) They are higher for patrons involved in legal proceedings.
(C) They are adjusted on a monthly basis.
(D) They are influenced by aspects of the rental property.

GO ON TO THE NEXT PAGE

Questions 164-167 refer to the following online chat discussion.

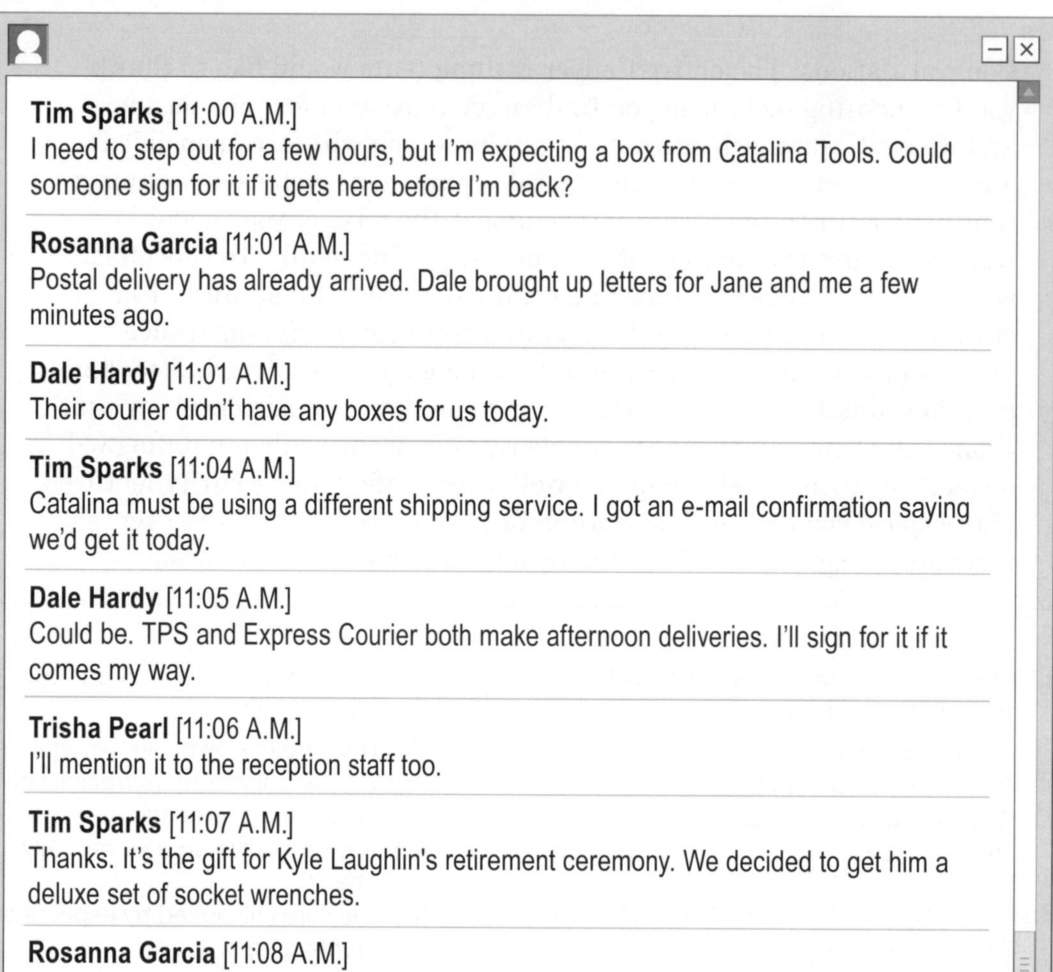

Tim Sparks [11:00 A.M.]
I need to step out for a few hours, but I'm expecting a box from Catalina Tools. Could someone sign for it if it gets here before I'm back?

Rosanna Garcia [11:01 A.M.]
Postal delivery has already arrived. Dale brought up letters for Jane and me a few minutes ago.

Dale Hardy [11:01 A.M.]
Their courier didn't have any boxes for us today.

Tim Sparks [11:04 A.M.]
Catalina must be using a different shipping service. I got an e-mail confirmation saying we'd get it today.

Dale Hardy [11:05 A.M.]
Could be. TPS and Express Courier both make afternoon deliveries. I'll sign for it if it comes my way.

Trisha Pearl [11:06 A.M.]
I'll mention it to the reception staff too.

Tim Sparks [11:07 A.M.]
Thanks. It's the gift for Kyle Laughlin's retirement ceremony. We decided to get him a deluxe set of socket wrenches.

Rosanna Garcia [11:08 A.M.]
Nice. He spends almost all of his free time fixing up old cars.

164. Why did Mr. Sparks start the online chat discussion?
(A) He wants to arrange a meeting.
(B) He wants someone to accept a delivery.
(C) He needs help transporting some goods.
(D) He would like people to make suggestions.

165. What did Mr. Hardy do shortly before the discussion began?
(A) Contacted Catalina Tools
(B) Distributed mail to coworkers
(C) Packaged some merchandise
(D) Confirmed a shipping deadline

166. What is suggested about Kyle Laughlin?
(A) He arrived late to the office today.
(B) He is employed as an auto mechanic.
(C) He intends to stop working soon.
(D) He planned a recent company event.

167. At 11:08 A.M., what does Ms. Garcia most likely mean when she writes, "Nice"?
(A) She trusts the quality of a brand.
(B) She enjoyed attending the ceremony.
(C) She is impressed with some work.
(D) She approves of a selection.

Questions 168-171 refer to the following e-mail.

E-mail Message	
To:	r.huntsman@tripmasters.com
From:	c.logiudice@mymail.com
Re:	Mediterranean trip
Date:	May 18

Dear Mr. Huntsman,

As discussed earlier today, I am writing to provide a summary of our telephone conversation to prevent any potential confusion. Three companions in addition to myself plan to travel to the Mediterranean this summer. — [1] —. We would like to leave Manchester on June 20 and return on July 11. Our schedule is flexible to some degree. — [2] —. Our departure date is firm, but we could return to Manchester as late as July 14 if better prices or more convenient arrangements become available.

We wish to visit the following locations, spending four to six nights at each stop: Athens, the Isle of Crete, Rome, and Florence. — [3] —. Please feel free to arrange the sequence of the visits based on the best available airfares and hotel vacancies. I also saw an architectural tour advertised online that we would like to include in our trip. — [4] —. Here is a link to the page: www.athens-journeys.com.

I look forward to receiving our proposed itinerary.

Sincerely,

Carol LoGiudice

168. Why most likely did Ms. LoGiudice write the e-mail?

(A) To correct a previous mistake
(B) To resolve a minor disagreement
(C) To change the number of travelers
(D) To ensure mutual understanding

169. What does Ms. LoGiudice mention about the trip she is planning?

(A) She must postpone her departure until July.
(B) She is open to certain types of changes.
(C) She will be traveling with a group of fellow employees.
(D) She intends to meet with clients in several cities.

170. What will Mr. Huntsman see by clicking on the included link?

(A) A promotion for a tour
(B) An offer from an airline
(C) An advertisement for a hotel
(D) A review of a travel agency

171. In which of the positions marked [1], [2], [3], and [4] does the following sentence best belong?

"We are not concerned about the order."

(A) [1]
(B) [2]
(C) [3]
(D) [4]

GO ON TO THE NEXT PAGE

Questions 172-175 refer to the following form.

Peak Trust Bank
Customer Satisfaction Survey

Please check the boxes to indicate your level of agreement with the statements. If you wish to speak to a representative about anything on this survey, please provide contact information along with your name.

1 = Strongly Disagree **2 = Disagree** **3 = Not Sure**
4 = Agree **5 = Strongly Agree**

	1	2	3	4	5
Overall, I am satisfied as a customer of Peak Trust Bank.				X	
I feel Peak Trust Bank values me as a customer.				X	
Peak Trust Bank's online services are convenient and easy to use.			X		
The employees at Peak Trust Bank are courteous and helpful.		X			
The employees at Peak Trust Bank appreciate my business.		X			
Necessary forms are easy to find and readily available in the lobby.					X
Furniture in the lobby is neatly arranged, comfortable, and functional.					X

Comments:
I initially found the online bill payment system confusing, but a call center employee helpfully talked me through the process. I need more experience before I can form an opinion. The tellers and staff at this branch are usually courteous, but I had a recent negative experience here. I came in to ask about possibly securing a small business loan. During my appointment with the loan officer, another employee stepped into the room and said he needed to talk to her—she then left me waiting for over 20 minutes. Neither employee apologized.

Name: *Chelsea Trent (642)555-0139*

172. What does Ms. Trent indicate on the form?

(A) She has never used the bank's online services.

(B) She appreciates the furniture in the bank's lobby.

(C) She often has difficulty finding the bank's forms.

(D) She thinks the bank's location is very convenient.

173. What is suggested about the form?

(A) Ms. Trent downloaded it from a Web site.

(B) Ms. Trent completed it at a bank branch.

(C) Ms. Trent received it in the mail.

(D) Ms. Trent requested it from an employee.

174. What does Ms. Trent complain about?

(A) The time she spent waiting on the telephone

(B) Stricter requirements for loans

(C) The interruption of a meeting

(D) Her credit card's high interest rate

175. What is implied about Peak Trust Bank?

(A) It will have a representative contact Ms. Trent.

(B) It declined Ms. Trent's loan application.

(C) It has staff available 24 hours a day.

(D) It will require its tellers to undergo additional training.

GO ON TO THE NEXT PAGE

Questions 176-180 refer to the following articles.

Say Goodbye to D-Loop

DALTON (10 November)—After over a year of deliberation, Dalton Mayor Ursula Kruger announced at a press briefing today plans for complete reconstruction of the juncture of Piedmont Avenue and Melrose Lane. A proposed expansion of the roundabout connecting the two roads, locally known as "D-Loop", was deemed infeasible due to spatial constraints.

The decision to build a standard 4-way crossing, complete with traffic lights, comes despite objections by many local groups and individuals. "I've lived here all my life, and D-Loop has been part of this town since before I was born," says Dalton resident Norman Marcos. "It's an integral part of Dalton's charm and character."

Mayor Kruger also expressed regret at the loss of the notable landmark, but she said increasingly heavy traffic in the area leaves the town government with little choice. Asked about the 10-metre bronze statue in the center of the roundabout, Mayor Kruger responded that its fate has yet to be determined.

Cultural Heritage Museum Opens to the Public

DALTON (20 March)—The new Cultural Heritage Museum officially opened its doors today with a special ribbon-cutting ceremony. The Dalton Heritage Society provided all of the funding for the creation of the new building. The museum houses artwork, photographs, old newspaper clippings and other cultural artifacts associated with Dalton's history and its founders. The town mayor spoke briefly at the opening before cutting the ceremonial ribbon. She later posed for photos with *The Sentinel*, which was dedicated to the museum after she decided its removal would be necessary to facilitate the roadwork project at Piedmont and Melrose.

176. What was most likely announced on November 10?

(A) A plan to vote on a controversial issue
(B) A plan to seek a new town leader
(C) A plan to convene a special committee
(D) A plan to redesign a busy intersection

177. According to the first article, why was the proposed expansion rejected?

(A) Because of the high cost
(B) Because of public opposition
(C) Because of a lack of space
(D) Because of a famous landmark

178. What is implied about Ursula Kruger?

(A) She was born and raised in Dalton.
(B) She belongs to the Dalton Heritage Society.
(C) She has begun her campaign for reelection.
(D) She spoke at the Cultural Heritage Museum.

179. What is mentioned about the Dalton Heritage Society?

(A) It financed a construction project.
(B) It is headquartered inside a museum.
(C) It is displaying the works of Norman Marcos.
(D) It is opposed to a roadwork project.

180. What most likely is *The Sentinel*?

(A) A local newspaper
(B) A bronze statue
(C) An outdoor mural
(D) A historical plaque

GO ON TO THE NEXT PAGE

Questions 181-185 refer to the following Web page and e-mail.

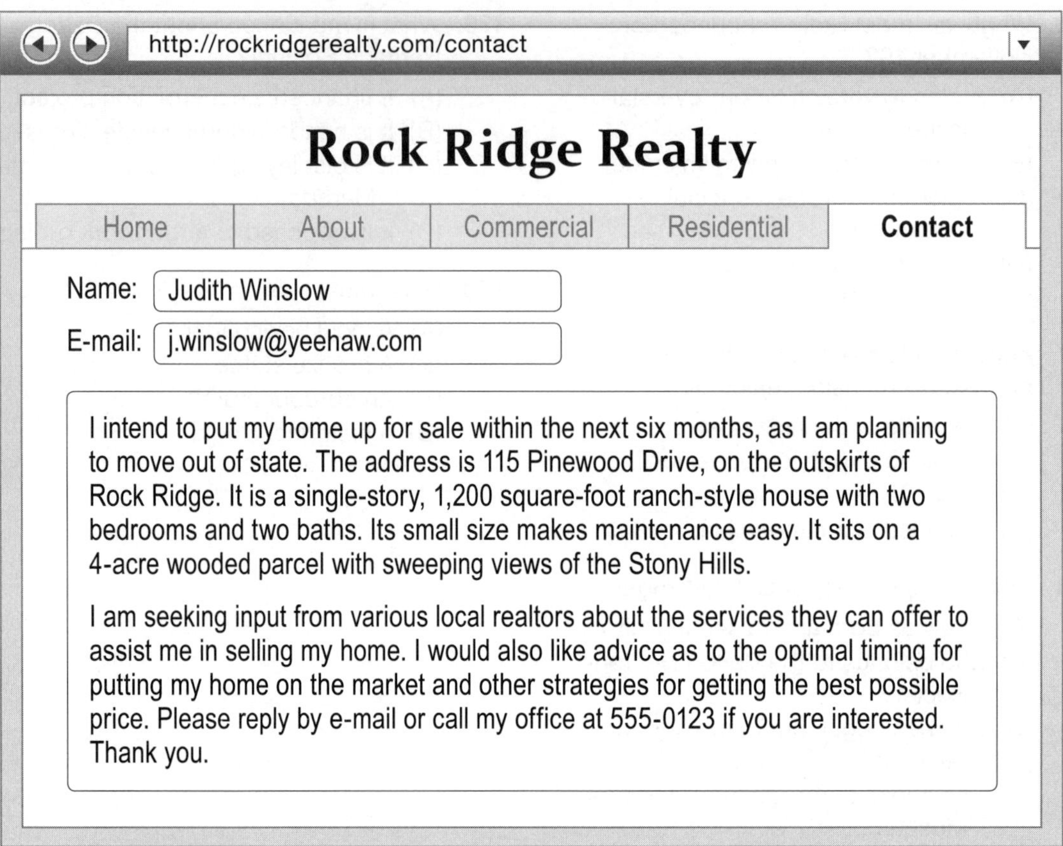
http://rockridgerealty.com/contact

Rock Ridge Realty

Home | About | Commercial | Residential | **Contact**

Name: Judith Winslow

E-mail: j.winslow@yeehaw.com

I intend to put my home up for sale within the next six months, as I am planning to move out of state. The address is 115 Pinewood Drive, on the outskirts of Rock Ridge. It is a single-story, 1,200 square-foot ranch-style house with two bedrooms and two baths. Its small size makes maintenance easy. It sits on a 4-acre wooded parcel with sweeping views of the Stony Hills.

I am seeking input from various local realtors about the services they can offer to assist me in selling my home. I would also like advice as to the optimal timing for putting my home on the market and other strategies for getting the best possible price. Please reply by e-mail or call my office at 555-0123 if you are interested. Thank you.

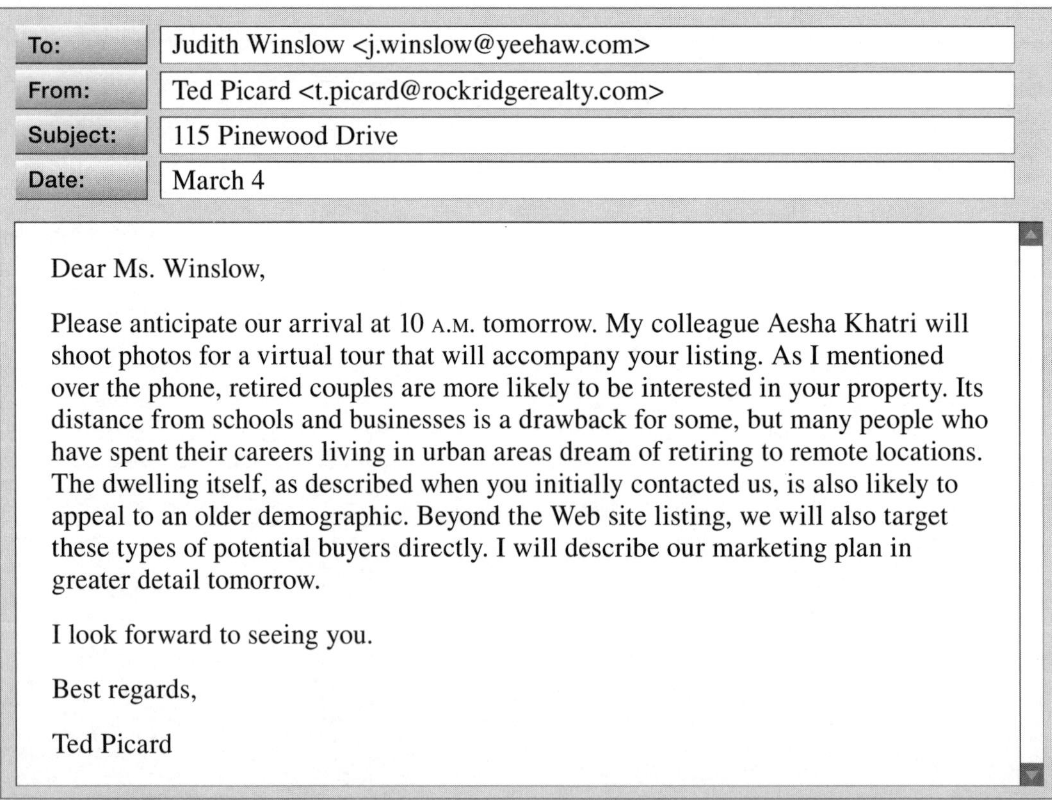
To: Judith Winslow <j.winslow@yeehaw.com>

From: Ted Picard <t.picard@rockridgerealty.com>

Subject: 115 Pinewood Drive

Date: March 4

Dear Ms. Winslow,

Please anticipate our arrival at 10 A.M. tomorrow. My colleague Aesha Khatri will shoot photos for a virtual tour that will accompany your listing. As I mentioned over the phone, retired couples are more likely to be interested in your property. Its distance from schools and businesses is a drawback for some, but many people who have spent their careers living in urban areas dream of retiring to remote locations. The dwelling itself, as described when you initially contacted us, is also likely to appeal to an older demographic. Beyond the Web site listing, we will also target these types of potential buyers directly. I will describe our marketing plan in greater detail tomorrow.

I look forward to seeing you.

Best regards,

Ted Picard

181. What does Ms. Winslow indicate that she is uncertain about?

(A) Where she intends to relocate
(B) How much she can pay for a realtor
(C) When she will put her home up for sale
(D) Whether she would consider renting her property

182. What did Mr. Picard most likely do prior to sending the e-mail?

(A) He posted a listing for Ms. Winslow's property.
(B) He asked Ms. Winslow to provide some documents.
(C) He inspected some land owned by Ms. Winslow.
(D) He contacted Ms. Winslow at her workplace.

183. What is implied about Aesha Khatri?

(A) She has met with Ms. Winslow once before.
(B) She helps create online marketing for real estate.
(C) She is considering making an offer on 115 Pinewood Drive.
(D) She has recently retired from her job in Rock Ridge.

184. Why does Mr. Picard most likely believe the house will attract potential buyers?

(A) It is close to a major employer.
(B) It is small and easy to maintain.
(C) It is situated in a good school district.
(D) It is being offered at a good price.

185. According to the e-mail, what will Mr. Picard do on March 5?

(A) Negotiate the terms of a contract
(B) Research a number of Web sites
(C) Contact a real estate agency
(D) Provide explanation of a strategy

GO ON TO THE NEXT PAGE

Questions 186-190 refer to the following excerpt from a guidebook, e-mail, and information.

Outdoor Recreation

As visitors to Albuston surely know, Eldora Valley is one of the warmest regions in the country. Fortunately, there are many places to cool down while enjoying the area's natural wonders.

Natural Swimming Holes

Waterloo Pool – Fed by frosty cold spring water, this popular pool south of downtown in Albuston's Hester Park maintains a consistent temperature throughout the year. The water level can be lower in dry seasons, but cases of the pool running completely dry are extremely rare. Be warned—it's a long, hot walk to and from the parking lot.

Hampton Pool – Located in Eldora Park, Hampton Pool offers beautiful scenery, consistent water level and temperature, and smaller crowds than Waterloo Pool. Through centuries of erosion, the water has carved a cavern into an adjacent cliff, which provides plenty of cooling shade. Spring water steadily drips down from the ceiling of rock above and also pours over the edge of the cliff as a small waterfall. Admission into the park is limited, so get there early, especially on weekends.

To:	g.thompson@zemail.com
From:	f.holder@woohoo.com
Date:	May 10
Subject:	Business idea

Hi Gary,

The shaved ice vendor in the Waterloo Pool parking lot does great business. Why don't we look into doing the same thing at Hampton Pool on weekends? The product cost is low. After all, it's just ice, syrup and a paper cone. We could sell from a compact minivan equipped with a freezer and run a gas-powered generator to provide the electricity.

There are fewer people than at Waterloo, since Hampton is out of town and visitor entry is limited. Still, there is always a long line of cars filled with people waiting to get in on weekends. The pool is far from the parking lot too, so everyone is hot by the time they get back to their cars. If we could get permission to set up near the entrance, we could sell to people both coming in and going out.

Regards,

Fred Holder

Visitor Information

Eldora Park and the Hampton Pool are open daily from 10:00 A.M. to 6:00 P.M. Vehicle entry is limited to the number of available parking spaces. All vehicles must fit neatly into a standard-sized parking space. Trailers and oversized vehicles, such as campers, are not allowed. The parking area gate is locked at 6:30 P.M.

Food and beverages are permitted, but no glass containers are allowed. Please make use of garbage and recycling bins in the parking area and along the trail leading to the pool. The use of cooking appliances or any type of motorized equipment is not permitted anywhere on these premises.

186. According to the guidebook, what is true of both pools?

(A) They are both situated near cliffs.
(B) They are both fed by spring water.
(C) They both have consistent water levels year-round.
(D) They both feature waterfalls.

187. In the guidebook excerpt, the word "cases" in paragraph 2, line 4, is closest in meaning to

(A) samples
(B) claims
(C) instances
(D) studies

188. What is suggested about Eldora Park?

(A) It charges less for admission than Hester Park.
(B) It is not accessible on weekdays.
(C) It operates a concession stand.
(D) It is located outside of Albuston.

189. What part of Mr. Holder's business idea would most likely violate a rule?

(A) The type of serving containers
(B) The size of the proposed vehicle
(C) The suggested energy source
(D) The planned hours of operation

190. According to the information, what does the park make available to visitors?

(A) Picnic tables
(B) Barbecue grills
(C) Waste receptacles
(D) Camping sites

GO ON TO THE NEXT PAGE

Questions 191-195 refer to the following e-mail, list, and receipt.

To:	h.wells@skylarkair.com
From:	a.geller@mymail.com
Subject:	Claim R90124
Date:	February 14
Attached:	R90124_list receipt

Dear Ms. Wells,

Please find attached a list of the contents of my suitcase lost by Skylark Air on Flight 901 to Tucson on February 6, along with the value of each item. I have included a listing for the case itself. As you requested during our call the other day, I have attached scanned copies of receipts for some of the more expensive items, such as a brand-new designer suit and a number of recently purchased electronic devices.

According to Skylark's claims department, I should receive payment equal to the value of the bag and its contents within four weeks. Please keep me informed as to progress on my claim.

Best regards,

Albert Geller

Claim # R90124

Item	Value
K&K Stallion	$125.00
Molva 3-piece silk suit	$895.00
Miscellaneous clothing	$550.00
Tablet computer	$610.00
Digital video recorder	$320.00
External storage device	$90.00
Smartphone	$800.00

Voltz Electronics

Thank you for dropping by!

Purchase date: January 22 **Member Name:** Albert Geller
Store Clerk: Kate Oliver **Member ID:** 234-116

Parker Omega III	$800.00
Sharpscreen EP24	$900.00
Warp Elephant TZ9	$90.00
Reynolds HG1 4-Pack	$18.00
Ping Ultra	$320.00
Lunestra B130	$610.00
Inkwell Color Set	$40.00
Subtotal	$2778.00
Tax	$222.24
Total	$3000.24

Congratulations! You earned 139 points that can be applied to your next purchase! Save time and money by shopping online at www.voltz.com. Free delivery for orders over $1,000.

191. What is the main purpose of the e-mail?
(A) To obtain reimbursement
(B) To claim a lost item
(C) To confirm an order
(D) To complain about a delay

192. What is indicated about Ms. Wells?
(A) She is stationed at an airport in Tucson.
(B) She spoke with Mr. Geller prior to February 14.
(C) She handled Mr. Geller's booking on February 6.
(D) She was an attendant on board Flight 901.

193. What most likely is K&K?
(A) A brand of luggage
(B) A brand of wristwatch
(C) A brand of business apparel
(D) A brand of electronics

194. Which item on the receipt is most likely a tablet computer?
(A) Parker Omega III
(B) Sharpscreen EP24
(C) Ping Ultra
(D) Lunestra B130

195. On the receipt, what is implied about Mr. Geller?
(A) His purchase was shipped at no cost.
(B) He redeemed a coupon on January 22.
(C) He belongs to a customer loyalty program.
(D) His order was placed on a Web site.

GO ON TO THE NEXT PAGE

Questions 196-200 refer to the following product description, customer review, and online response.

EZ Reader Online Store

Here is our top suggestion for you, based on your recent account activity.

Veggie Delicious Dishes

Description: Written by Charlene Boucher, executive director of the acclaimed Parisian Culinary Institute, *Veggie Delicious Dishes* features lists of all necessary ingredients and equipment and has easy-to-follow instructions for preparing a vast array of vegetarian and vegan cuisine, from appetizers to entrées.

[**Suggested Item Guarantee**]
If you are not satisfied with your purchase of a suggested item, notify EZ Reader within 10 days. We will then delete it from your device and credit your account.

CLICK HERE to download now for $89.00 (EZR Club members pay just $79.00!)

EZ Reader Reviews

Share your opinion with other readers and post a review!

Title: *Veggie Delicious Dishes*
Author: Charlene Boucher
Publisher: Golden Leaves
Your First Name: Gail
Your Last Initial: K
Are you an EZR Club member? _X_ **Yes** ___ **No**

Number of Stars (0-5): 4.5

Comment:
The huge number and high quality of the recipes in this book makes it worth the price, even for a non-member. I have made over thirty of the dishes, and everything has turned out great. Patrons at my restaurant frequently request more vegan and vegetarian options on our menu, so this book helps. My favorite so far is the first recipe listed in the book. Unfortunately, it includes peanut oil, which we do not use unless the dish contains actual peanuts. This policy helps to eliminate potential confusion about ingredients. I would give this book five stars, but disappointingly, there are no desserts included.

Submit Review

 https://www.ezreader.com/books/reviews/reply 

Charlene Boucher – Reply to review by Gail K.

Addition of peanuts is a traditional variation of the recipe for Schezwan Veggie Medley. I recommend boiled rather than roasted peanuts for better texture. Otherwise, sunflower seed oil can be substituted for the peanut oil without significantly affecting flavor. Also, I am currently creating a vegan and vegetarian dessert book for the same publisher. It should be out this spring.

196. What is indicated in the description of *Veggie Delicious Dishes*?
(A) The author has received an award.
(B) Some dishes call for rare ingredients.
(C) The book is featured on a best-seller list.
(D) The recipes included are widely diverse.

197. What is implied about Gail K?
(A) She will have her EZ Reader account credited.
(B) She paid $79.00 for Charlene Boucher's book.
(C) She maintains a vegetarian diet.
(D) She has posted numerous book reviews.

198. Who most likely is Gail K?
(A) The operator of a dining establishment
(B) The director of a cooking school
(C) A food critic for a newspaper
(D) A producer of online cooking videos

199. What is suggested about Schezwan Veggie Medley?
(A) It cannot be prepared without peanut oil.
(B) It includes a variety of nuts and seeds.
(C) It is the first recipe in *Veggie Delicious Dishes*.
(D) It is Charlene Boucher's favorite dish.

200. What is most likely true about Charlene Boucher?
(A) She is currently collaborating with Golden Leaves.
(B) She refrains from offering alternatives for her recipes.
(C) She will begin writing another book this spring.
(D) She earns her income exclusively from publishing books.

Stop! This is the end of the test. If you finish before time is called, you may go back to Parts 5, 6, and 7 and check your work.

TEST 2

▶ 正解一覧は本冊の 112 ページ、解答・解説は 58 ～ 111 ページに掲載されています。

READING TEST

In the Reading test, you will read a variety of texts and answer several different types of reading comprehension questions. The entire Reading test will last 75 minutes. There are three parts, and directions are given for each part. You are encouraged to answer as many questions as possible within the time allowed.

You must mark your answers on the separate answer sheet. Do not write your answers in your test book.

PART 5

Directions: A word or phrase is missing in each of the sentences below. Four answer choices are given below each sentence. Select the best answer to complete the sentence. Then mark the letter (A), (B), (C), or (D) on your answer sheet.

101. The event planner was ------- with the price quote from Joshua's Catering.

(A) pleasure
(B) pleased
(C) pleasing
(D) pleasantly

102. Because our deadline for publication is very -------, we will have to work quickly.

(A) few
(B) tight
(C) small
(D) low

103. Glapper Company's financial situation has improved ------- the past few months.

(A) by
(B) on
(C) of
(D) in

104. A fault in the electrical system was ------- to blame for the recent drop in production at the Zurich plant.

(A) excluding
(B) exclusive
(C) exclusively
(D) exclusion

105. Before leaving the dental clinic, please set an appointment for your next ------- checkup.

(A) clean
(B) examined
(C) reminding
(D) routine

106. In addition to beach access, Grand Kohai Resort ------- features three beautiful swimming pools.

(A) many
(B) other
(C) more
(D) also

107. Mr. Cade and Mr. Oswald were ------- introduced at a reception late last year.

(A) formality
(B) formal
(C) formals
(D) formally

108. Project leader Mia Na will monitor the activity of every member of ------- team.

(A) she
(B) hers
(C) her
(D) herself

109. Austin Art Supply has earned many loyal customers ------- its wide selection and friendly staff.

(A) given that
(B) resulting
(C) thanks to
(D) both

110. The morning ------- of the customer service training workshop will take place on the seventh floor.

(A) session
(B) venue
(C) instructor
(D) admission

111. Brubaker Clothing's new factory will provide hundreds of jobs and other ------- benefits to the local community.

(A) economist
(B) economic
(C) economically
(D) economies

112. Journalist Natalie Chen not only writes articles for the *Daily Gazette* ------- is a novelist as well.

(A) and
(B) except
(C) but
(D) as

113. Though they dislike the new policies regarding work attire, the employees ------- them.

(A) following
(B) to follow
(C) will follow
(D) follows

114. Those seeking a budget increase must provide evidence that ------- supports the need for more funding.

(A) deeply
(B) hardly
(C) cordially
(D) durably

115. Merchandise ordered through our online store is usually delivered ------- two weeks.

(A) between
(B) within
(C) about
(D) less

116. The artist ------- praise for the attention to detail he put into the painting of the city skyline.

(A) awards
(B) deserves
(C) retrieves
(D) designs

117. We have asked a professional contractor to calculate the ------- cost of remodeling our showroom.

(A) approximate
(B) approximation
(C) approximating
(D) approximately

118. The committee head insists that Ms. Kim must attend the next meeting, ------- it is.

(A) whoever
(B) anyone
(C) everywhere
(D) whenever

119. ------- this week, Carson City will begin a massive project to resurface public roads in November.

(A) Announce
(B) Announced
(C) Announcing
(D) Announcement

120. The delicate machinery must be carefully inspected ------- the cause of the problem to be determined.

(A) such as
(B) in order for
(C) at once
(D) so that

GO ON TO THE NEXT PAGE →

121. Profiles of managers and executives at ------- branch are accessible on our Web site.

(A) any
(B) most
(C) entire
(D) all

122. Dale Gardener, who was hired just two years ago, has quickly become one of Titan Advertising's most ------- employees.

(A) valuing
(B) value
(C) valued
(D) valuation

123. A qualified jewelry appraiser can easily ------- between natural and synthetic gemstones.

(A) differentiate
(B) convince
(C) assess
(D) verify

124. Arguments presented by supporters of the restructuring plan were stronger than those of the -------.

(A) opposes
(B) opposing
(C) opposite
(D) opposition

125. The crew is confident that ------- progress being delayed, the construction work will finish on schedule.

(A) even though
(B) in spite of
(C) on the contrary
(D) no matter

126. While Mr. Bradford indeed violated company safety procedure, he did not do so -------.

(A) supposedly
(B) feasibly
(C) alternatively
(D) purposely

127. ------- the staff to make useful suggestions is a key trait of successful business managers.

(A) Inspiring
(B) Inspire
(C) Inspired
(D) Inspires

128. The ------- for your upcoming sales trip will be sent to you via e-mail once all of the reservations have been confirmed.

(A) reserve
(B) legibility
(C) itinerary
(D) statute

129. The largest piece in the popular Packstar brand luggage set is ------- lightweight and easy to maneuver through airports.

(A) related
(B) to relate
(C) relative
(D) relatively

130. Conservationists made a ------- effort to persuade lawmakers to strengthen local environmental protections.

(A) concerted
(B) multiple
(C) gathered
(D) respective

PART 6

Directions: Read the texts that follow. A word, phrase, or sentence is missing in parts of each text. Four answer choices for each question are given below the text. Select the best answer to complete the text. Then mark the letter (A), (B), (C), or (D) on your answer sheet.

Questions 131-134 refer to the following message.

Dear customer,

Magic Wok Chinese Restaurant would like to thank you for taking the time to complete our customer satisfaction survey during your recent visit to our establishment. We value our patrons and have always taken ------- **131.** in delivering exceptional quality and service at our restaurants. The ------- **132.** you provided will doubtlessly assist us in doing just that.

Please accept this gift as a token of appreciation. ------- **133.**. They are redeemable at any of ------- **134.** locations.

We look forward to your next visit!

Magic Wok Chinese Restaurant

131. (A) proud
(B) prides
(C) proudly
(D) pride

132. (A) supplies
(B) recipes
(C) feedback
(D) training

133. (A) May these cookies bring you great fortune.
(B) We hope more people will fill out survey forms.
(C) Enclosed is a booklet of discount coupons.
(D) The dish is quite simple to prepare.

134. (A) its
(B) my
(C) your
(D) our

GO ON TO THE NEXT PAGE

Questions 135-138 refer to the following Web page.

http://www.tiggler.ca/annualmeeting/webcast

Tiggler Incorporated holds an annual meeting to salute the achievements of our company and its people, as well as its sales and profits. ------- (**135.**) year's meeting will be available for viewing online via Webcast. Go to www.webcast.tiggler.ca to see a live stream of the session, beginning at 10 A.M. on November 1. ------- (**136.**). We encourage all company personnel, shareholders, clients, and any other interested parties to watch. Full video and audio of the entire meeting will be accessible throughout November at the same ------- (**137.**). It will be uploaded about one hour ------- (**138.**) the conclusion of the session.

135. (A) Each
(B) That
(C) Last
(D) This

136. (A) Company revenues have risen since then.
(B) Members of all departments are eligible for the award.
(C) Technicians are working to resolve the issue.
(D) No sign-in or registration is required.

137. (A) time
(B) venue
(C) event
(D) address

138. (A) after
(B) before
(C) since
(D) until

Questions 139-142 refer to the following advertisement.

Hammond Enterprises ------- (**139.**) bids from qualified area businesses to provide local transport and delivery services. Complete details of required services, including typical delivery range and cargo, can be found on our Web site at www.hammond.com.

------- (**140.**). All bidders must submit evidence of liability and other ------- (**141.**) forms of insurance. Additionally, all bidders must be able to provide verifiable documentation showing they meet licensing requirements for lawful provision of ------- (**142.**) services.

139. (A) seeks
(B) has sought
(C) sought
(D) seeking

140. (A) We welcome any suggestions for improving our site.
(B) We will only consider bids received by May 18.
(C) We have served the local community for over 30 years.
(D) We can take you to the area's most popular destinations.

141. (A) apply
(B) applicable
(C) applicably
(D) application

142. (A) freight
(B) legal
(C) tourist
(D) medical

GO ON TO THE NEXT PAGE

Questions 143-146 refer to the following notice.

At Newport Fishing Charters, our highest concern is the safety of our passengers, captain, and crew. -------. (**143.**) There is also a self-inflating raft, in the unlikely event that an evacuation is necessary. Life vests ------- (**144.**) at all times while on board.

Please follow any instructions issued by the captain or crew. This is for your own safety as well as ------- (**145.**). Unruly or risky conduct on the boat will not be tolerated. Such ------- (**146.**) will result in an immediate return to the dock.

143. (A) The pilot of this boat is Captain Lou Armand.
(B) Fishing gear is available for rental in the front office.
(C) Each of our vessels is equipped with a first-aid kit.
(D) A school of albacore has been spotted twenty miles offshore.

144. (A) have to wear
(B) have been worn
(C) must be wearing
(D) must be worn

145. (A) they
(B) their
(C) theirs
(D) themselves

146. (A) weather
(B) behavior
(C) security
(D) malfunction

PART 7

Directions: In this part you will read a selection of texts, such as magazine and newspaper articles, e-mails, and instant messages. Each text or set of texts is followed by several questions. Select the best answer for each question and mark the letter (A), (B), (C), or (D) on your answer sheet.

Questions 147-148 refer to the following memo.

From: Executive Office
To: All employees
Subject: Delegation visit
Date: 24 April

Board members and company executives will be hosting a delegation from South Korea on Tuesday, 8 June. The group is touring the UK in search of organizations with which they might form trade and financial partnerships. We expect all employees to show every courtesy to the guests as they tour our premises. Public relations personnel will be guiding the tour. The guests may have questions about various aspects of our operations; please take cues from our public relations representatives about how much detail to include in your responses.

147. Why most likely is the South Korean group visiting the UK?

(A) To finalize the terms of an acquisition
(B) To attend an international trade exposition
(C) To visit local tourist attractions
(D) To explore potential business relationships

148. According to the memo, what will public relations staff provide?

(A) Guidance on how to answer questions
(B) Transportation to and from company facilities
(C) Information on Korean cultural norms
(D) Answers to questions from news media

GO ON TO THE NEXT PAGE

Questions 149-150 refer to the following online chat discussion.

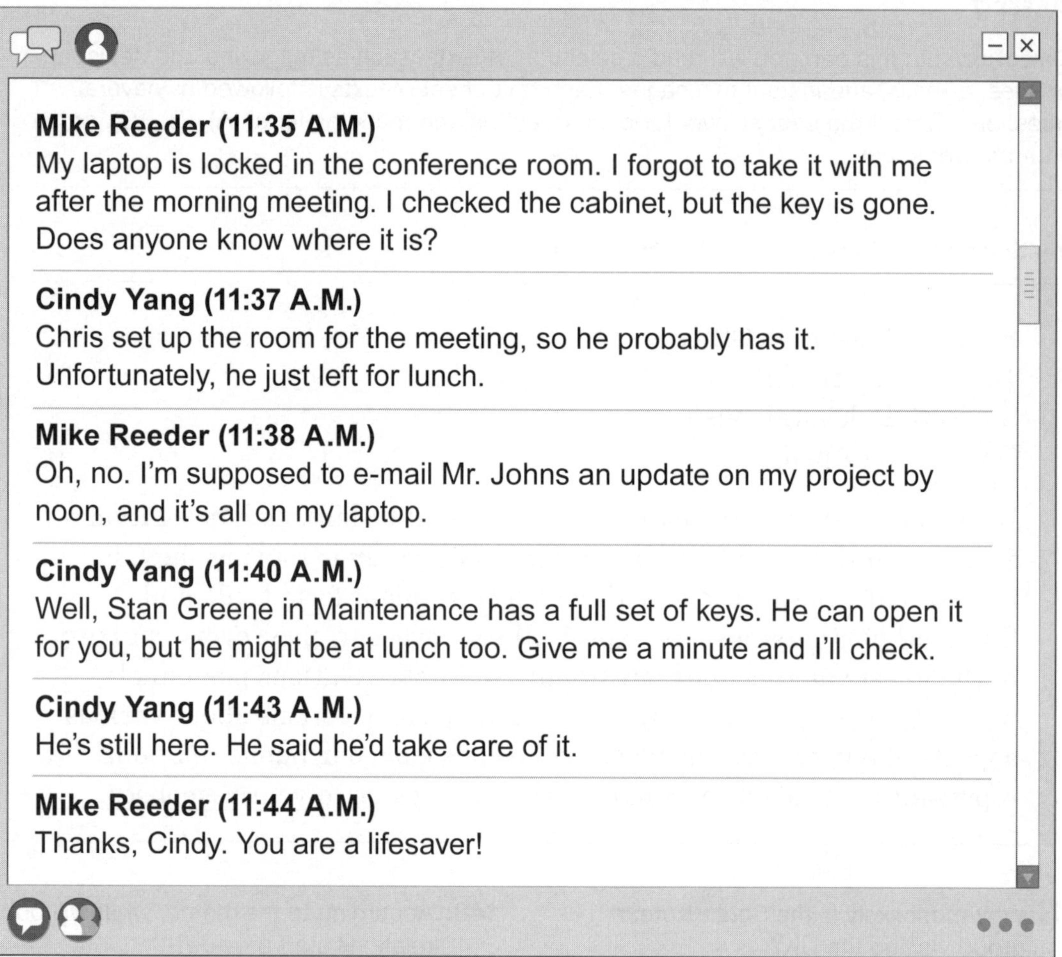

Mike Reeder (11:35 A.M.)
My laptop is locked in the conference room. I forgot to take it with me after the morning meeting. I checked the cabinet, but the key is gone. Does anyone know where it is?

Cindy Yang (11:37 A.M.)
Chris set up the room for the meeting, so he probably has it. Unfortunately, he just left for lunch.

Mike Reeder (11:38 A.M.)
Oh, no. I'm supposed to e-mail Mr. Johns an update on my project by noon, and it's all on my laptop.

Cindy Yang (11:40 A.M.)
Well, Stan Greene in Maintenance has a full set of keys. He can open it for you, but he might be at lunch too. Give me a minute and I'll check.

Cindy Yang (11:43 A.M.)
He's still here. He said he'd take care of it.

Mike Reeder (11:44 A.M.)
Thanks, Cindy. You are a lifesaver!

149. What was Mr. Reeder most likely asked to do today?

(A) Submit a status report
(B) Prepare a meeting room
(C) Meet a client for lunch
(D) Contact Stan in Maintenance

150. At 11:43 A.M., what does Ms. Yang mean when she writes, "He said he'd take care of it"?

(A) Mr. Greene will extend a deadline.
(B) Mr. Greene will access a computer file.
(C) Mr. Greene will unlock a facility.
(D) Mr. Greene will duplicate a key.

Questions 151-152 refer to the following list.

South Dakota Business Association Registration Levels

Level	Amount	Benefits
Platinum	$1,000	Bronze, Alpha, and Beta benefits, plus full-page advertisement in awards session program, and plaque presentation on stage at conference session
Gold	$750	Bronze, Alpha, and Beta benefits, plus 1/2 page advertisement in awards session program
Silver	$500	Bronze, Alpha, and Beta benefits, plus 1/4 page advertisement in awards session program
Bronze	$250	Alpha and Beta benefits, plus honorary certificate from the SDBA
Alpha	$100	Beta benefits, plus business logo featured in awards session program
Beta	$25	Company name listed in the SDBA State Conference program, recognized at the conference session, and listed on the SDBA Web site

If applicable, e-mail high-resolution image of your logo by May 1 to: JasmineGeller@sdba.org.

151. Why did the South Dakota Business Association most likely produce this list?

(A) To provide information on current SDBA members
(B) To announce the winners of a competition
(C) To encourage donations to a charity
(D) To solicit sponsorships for a conference

152. What is the lowest level for which the May 1 deadline would apply?

(A) Beta
(B) Alpha
(C) Bronze
(D) Silver

GO ON TO THE NEXT PAGE

Questions 153-155 refer to the following e-mail.

E-mail Message

To:	Tricia Cho <t.cho@arboreal.com>
From:	Mike Peters <m.peters@arboreal.com>
Subject:	Services
Date:	May 10

Dear Ms. Cho,

Thank you for the thought and effort you put into the ad copy. I would recommend using bullet points rather than a text block for the middle section. This would make the description of our services more to the point, reduce the total word count, and look more striking on the page. Here is an example of how that might appear.

- One-time and routine services available
- General lawn and garden care, including mowing, edging, and weeding
- Pruning and trimming services, including limb cutting and tree removal
- Installation of trees, shrubbery, hedges, and flowerbeds

Feel free to make additions or revisions, but please try to complete it as soon as possible. Also, I contacted Enrique Vasquez to find out how his illustrations of the gardening tools and plants are coming along, but I am still waiting to hear back. Elaine Garret needs to receive the final version by no later than Wednesday at 5 p.m. to include it in the Sunday edition of the paper.

Best regards,

Mike Peters

153. What is the main purpose of the e-mail?

(A) To recommend a landscaping company
(B) To suggest a formatting change
(C) To solicit business from a client
(D) To provide feedback on Web site content

154. What has Enrique Vasquez most likely been working on?

(A) Drawing up a business proposal
(B) Procuring equipment for a project
(C) Installing plants on a property
(D) Creating images for a promotion

155. What does Mr. Peters express concern about?

(A) Finding reliable suppliers
(B) Receiving negative publicity
(C) Meeting a submission deadline
(D) Launching by a target date

Questions 156-157 refer to the following Web page.

https://www.avellefurniture.com/about

Home | **About us** | Services | Gallery | Price Quotes | Contact

Avelle Furniture Company

About Us

Avelle Furniture Company provides quality upholstery and repairs, antique restoration, and custom design and production to suit our customers' individual needs. With a huge selection of leather and fabric available, we can reupholster your furniture to look as good as new. The quality of our craftsmanship is unparalleled, and our artistic and creative skills are unmatched. We can even service items with moving parts. Our expertise comes from decades of working with the nation's best manufacturers—providing warranty services for their furnishings has given us great familiarity with countless brands and designs.

156. According to the Web page, how did Avelle become proficient in its field?

(A) By upholding furniture makers' guarantees

(B) By recruiting graduates of vocational programs

(C) By only hiring people with years of experience

(D) By obtaining advice from expert consultants

157. What does the company NOT indicate that it can do?

(A) Provide transport services

(B) Replace the leather on an old sofa

(C) Produce custom-made furniture pieces

(D) Restore an antique table

GO ON TO THE NEXT PAGE

Questions 158-160 refer to the following letter.

Compucraft
Graphic Design

11 Dean Parker Boulevard
Boston, MA 02111
617-555-0123
www.compucraft.com
g.wilder@compucraft.com

Luther Property Management
21 South Burke St. Suite 3C
Seattle, WA 98110

Dear Mr. Luther:

I regret to inform you that I will vacate the property at 44 Pennington Lane in Seattle on March 31, one month prior to the conclusion of my 12-month lease. I have decided to move back east for business reasons. I understand that under the terms of our lease agreement, you are entitled to withhold $30 per day, to a maximum of $930 per month, from my $1,860 security deposit as a penalty for early termination. I would appreciate your sending me the remaining $930 as soon as possible. My new residential address will be the same as on the letterhead above.

I have been very pleased with the property and have found you to be an attentive and responsible landlord. Thank you for your kind consideration over the past year.

Sincerely,

Gina Wilder
Gina Wilder

158. Why did Ms. Wilder write this letter?

(A) To inform her tenant of property damage
(B) To apologize for a misunderstanding
(C) To give notice of her departure
(D) To explain why she is withholding funds

159. What does Ms. Wilder acknowledge that she must do?

(A) Forfeit a portion of her security deposit
(B) Find Luther Property Management a new renter
(C) Sign a new contract by the end of April
(D) Follow the recommendation of her lawyer

160. What is implied about Ms. Wilder?

(A) She plans to operate a business out of her home.
(B) She intends to change her career field.
(C) She has lived in Seattle for more than a year.
(D) She disagrees with the amount of a charge.

Questions 161-164 refer to the following text-message chain.

Maki Ono **(2:45 P.M.)**
Hi, Ben. Have you looked over the photographs yet? I thought I would have heard from you by now with some feedback.

Ben Fowler **(2:49 P.M.)**
Oh, right. Sorry. I've been busy writing the descriptions of the sites along the way, and it slipped my mind. They all look great, but remember I asked you to crop the picture of City Hall. We need space on that page for information about historic architecture downtown.

Maki Ono **(2:51 P.M.)**
I did crop it. I must have sent the original image by mistake. Hold on. Let me find it and I'll resend.

Maki Ono **(2:55 P.M.)**
All right. You should have it in your e-mail now.

Ben Fowler **(2:57 P.M.)**
OK, got it. Perfect. I think that's everything I need from you for the brochures. We should be ready to print by Friday. How about rental bikes for participants who can't provide their own?

Maki Ono **(2:59 P.M.)**
Good news on that. Spin Cycling has agreed to provide them, as well as helmets.

161. What project are the people most likely working on?
(A) Producing a magazine issue
(B) Organizing a tour
(C) Preparing a gallery exhibition
(D) Launching a new line of merchandise

162. Why does Mr. Fowler apologize?
(A) He neglected to reply in a timely manner.
(B) He sent the wrong item to Ms. Ono.
(C) He gave a confusing description of a location.
(D) He forgot to stop by Ms. Ono's building.

163. At 2:57 P.M., what does Mr. Fowler mean when he writes, "OK, got it"?
(A) He now understands some instructions.
(B) He has access to an image file.
(C) He is ready to write down a message.
(D) He understands the reason for a concern.

164. What does Mr. Fowler most likely expect to be finalized by Friday?
(A) The terms of a rental agreement
(B) Some promotional material
(C) An architectural illustration
(D) Some registration forms

GO ON TO THE NEXT PAGE

Questions 165-167 refer to the following e-mail.

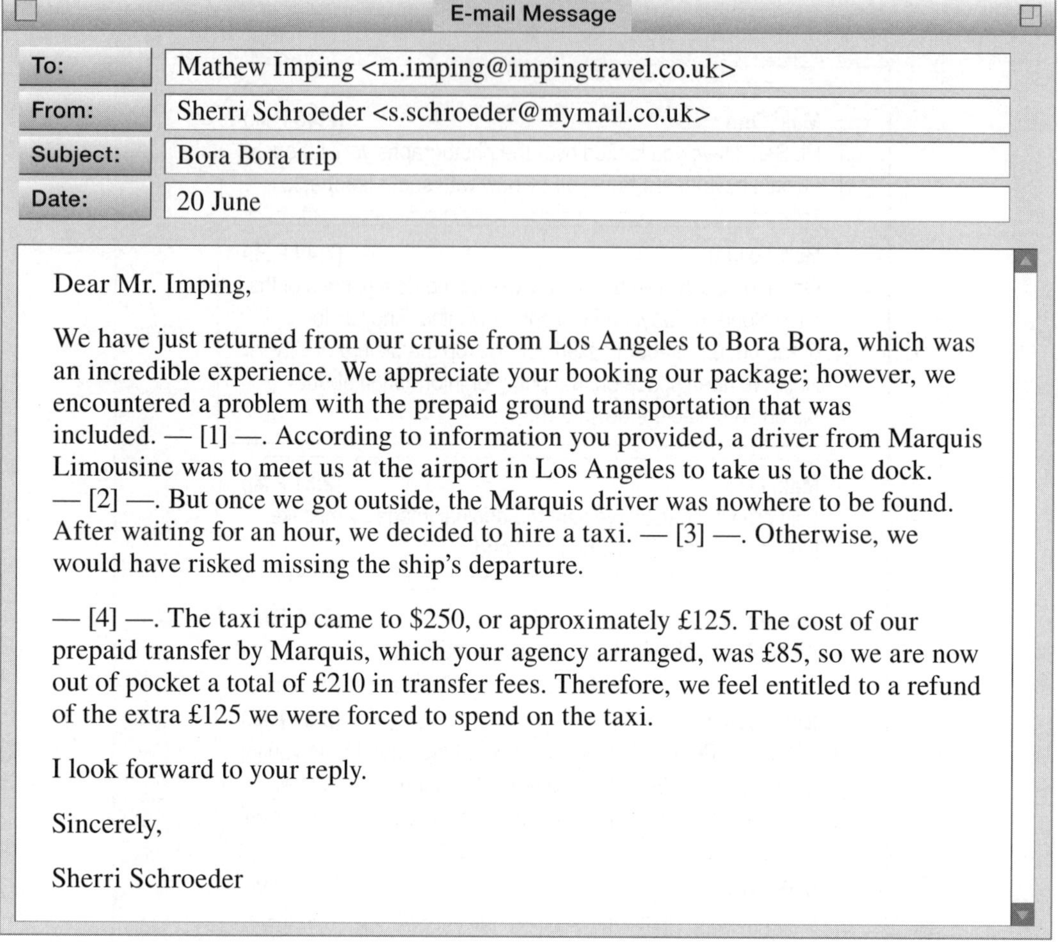

E-mail Message

To: Mathew Imping <m.imping@impingtravel.co.uk>

From: Sherri Schroeder <s.schroeder@mymail.co.uk>

Subject: Bora Bora trip

Date: 20 June

Dear Mr. Imping,

We have just returned from our cruise from Los Angeles to Bora Bora, which was an incredible experience. We appreciate your booking our package; however, we encountered a problem with the prepaid ground transportation that was included. — [1] —. According to information you provided, a driver from Marquis Limousine was to meet us at the airport in Los Angeles to take us to the dock. — [2] —. But once we got outside, the Marquis driver was nowhere to be found. After waiting for an hour, we decided to hire a taxi. — [3] —. Otherwise, we would have risked missing the ship's departure.

— [4] —. The taxi trip came to $250, or approximately £125. The cost of our prepaid transfer by Marquis, which your agency arranged, was £85, so we are now out of pocket a total of £210 in transfer fees. Therefore, we feel entitled to a refund of the extra £125 we were forced to spend on the taxi.

I look forward to your reply.

Sincerely,

Sherri Schroeder

165. Why does Ms. Schroeder thank Mr. Imping?

(A) For making her travel arrangements
(B) For accompanying her on a trip
(C) For providing her with accurate information
(D) For giving her a price discount

166. What is the main purpose of the e-mail?

(A) To commend a driver for performing an exceptional service
(B) To complain about the timing of a flight
(C) To request reimbursement for an expense
(D) To ask for more details on a promotion

167. In which of the positions marked [1], [2], [3], and [4] does the following sentence best belong?

"Our flight arrived on schedule, and we passed through customs without delay."

(A) [1]
(B) [2]
(C) [3]
(D) [4]

Questions 168-171 refer to the following information.

> For many types of goods, the potential benefit of extended warranties is not worth the price. Still, in some circumstances, purchasing one does make sense. Lawnmowers and other motorized equipment, for example, undergo heavy use. — [1] —. Also, the fuel these machines consume can degrade their parts. A few repairs, if not covered by a warranty, could end up costing as much as buying a replacement. — [2] —. As for passenger vehicles, their mechanical and electrical systems are increasingly more complex and costly to repair, despite being more reliable than in the past. — [3] —. If you intend to keep your car more than 3 years—or if you purchase a used vehicle—consider an extended warranty.
>
> — [4] —. Likewise, warranties are a good idea for high-priced home improvements, such as siding or roofing. Desktop and laptop computers, while typically dependable, can be expensive to repair without warranty coverage. Make sure to check into your credit card details; some cards offer special deals on extended warranties.

168. What is the main purpose of the information?

(A) To explain the terms and restrictions of a manufacturer's guarantee
(B) To report on a recent trend in the automotive industry
(C) To compare the quality of a variety of product brands
(D) To provide consumers with advice about an optional purchase

169. What category of merchandise is NOT addressed in the information?

(A) Consumer electronics
(B) Ventilation systems
(C) Construction materials
(D) Motorized equipment

170. According to the information, how can special bargains be obtained?

(A) By purchasing extended warranties with certain credit cards
(B) By purchasing equipment directly from the manufacturer
(C) By purchasing vehicles at a particular time of year
(D) By purchasing a company's more expensive models

171. In which of the positions marked [1], [2], [3], and [4] does the following sentence belong?

"An extension is not necessary if you plan to sell your new car before its standard warranty expires."

(A) [1]
(B) [2]
(C) [3]
(D) [4]

GO ON TO THE NEXT PAGE

Questions 172-175 refer to the following advertisement.

Position: Staff Reporter **Date Posted:** April 4

Powder Post is the premier online news source dedicated exclusively to winter sports. We are currently seeking an experienced reporter to join our team of content contributors. This is a full-time position and, as such, entitles the successful candidate to full health coverage and enrollment in our pension plan.

Required Skills:

- Producing accurate, compelling and unbiased articles
- Meeting strict deadlines (as evidenced by references or other means)
- Handling multiple assignments simultaneously
- Managing and collaborating with other writers
- Covering domestic and international competitions in person
- Conducting interviews with athletes, coaches, owners, officials, etc.
- Assisting with proofreading and editing of contributions by other reporters

Qualifications:

- Bachelor's degree in journalism or the equivalent
- 3 or more years of professional experience as a news reporter
- Experience covering or participating in winter sports preferred

Salary commensurate with demonstrated abilities and experience. E-mail résumé and cover letter to position@powderpost.com or apply online by accessing the "careers" section of our Web site at www.powderpost.com.

172. What are applicants required to provide?
(A) Proof of timely completion of assignments
(B) Letters of recommendation from employers
(C) Results of a recent medical examination
(D) Samples of previously published writing

173. What is mentioned about payment?
(A) It depends on the content submitted.
(B) It increases after a probationary period.
(C) It is partly based on experience.
(D) It will go up on an annual basis.

174. According to the advertisement, what must applicants be willing to do?
(A) Demonstrate their athletic abilities
(B) Appear in online video broadcasts
(C) Undergo a series of interviews
(D) Occasionally travel overseas

175. What is implied about *Powder Post*?
(A) Its readership is continuously expanding.
(B) It is looking to hire multiple reporters.
(C) It has a retirement plan for full-time employees.
(D) It accepts only résumés submitted by e-mail.

GO ON TO THE NEXT PAGE

Questions 176-180 refer to the following excerpt from a guidebook and ticket.

The Stills Museum
Renowned for its massive collection of images that, as a whole, detail the complete history of photography. The Stills recently relocated to a new building designed by famed architect Chadwick Broxton. The top floor has a large outdoor patio with a café that offers dramatic views of Carville. Admission: $15 adults; $11 seniors; 18 and under free.

The Biloac Art Museum
Carville's oldest museum, the Biloac recently doubled in size with a $200 million expansion. It features a "living wall" comprising roughly 10,000 plants. The Marshall collection, donated by Yelpco founder Bruce Marshall, could be an art museum on its own with over a thousand works on display. Admission: $20 adults; $18 seniors; 18 and under free.

CCC Museum
Just reopened at its new location on the campus of Carville Community College, the CCC houses an archive of over 15,000 movies. Additional artwork ranges from ancient sculptures to contemporary paintings. There are daily screenings of old, artistic, and foreign films you might not see elsewhere. Admission: $12 adults; $10 seniors; 18 and under free.

Carville Blues Museum
The CBM focuses on the history of blues music from its African roots to its influence on contemporary American music and artists. In the Blue Room you can play jug band instruments along with on-screen virtual performers. There are also studios for recording your own songs. Admission: $15 adults; $12 seniors; $10 for 17 and under.

CCC Museum

Open: 10:00 A.M. **Close:** 6:00 P.M.
Saturday 2/15 **Admit One:** Senior

Today's Featured Work: *Perplexity*
Start Time: 3:00 P.M.
Duration: 90 minutes
Directed by Harold Lamm

Nonrefundable. Enjoy your visit!

176. What is indicated about the listed museums?

(A) They have all undergone recent renovations.
(B) They all focus mainly on contemporary art.
(C) They all are located in the same city.
(D) They all admit children for no charge.

177. What museum description mentions an interactive exhibit?

(A) The Stills Museum
(B) The Biloac Art Museum
(C) CCC Museum
(D) Carville Blues Museum

178. What is mentioned about Bruce Marshall?

(A) He contributed the funding for a wall of plants.
(B) He established his own organization.
(C) He has designed a number of museum buildings.
(D) He has created over a thousand works of art.

179. How much did the ticket probably cost?

(A) $10.00
(B) $11.00
(C) $12.00
(D) $18.00

180. Who most likely is Harold Lamm?

(A) An exhibition guide
(B) A filmmaker
(C) A museum director
(D) A seminar presenter

GO ON TO THE NEXT PAGE

Questions 181-185 refer to the following letter and article.

June 10

Essential Living Journal
P.O. Box 30244
Jacksonville, FL 32130-244

Dear editor,

I have been a dedicated reader of *Essential Living Journal* ever since receiving a gift subscription three years ago. I especially value the Handy Household Hints column in each issue. I have saved much time, money and hassle by following the author's advice.

As an outdoor enthusiast, I carry my backpack with me on camping, hiking and beach trips. It has become quite dirty as a result. I would rather not replace it, because it is otherwise in great condition. It is lightweight, durable, and has a lot of clever pockets. I would love to get some tips for cleaning this and other hard-to-wash items in a future Handy Household Hints column.

Sincerely,

Jacob Ryan
Jacob Ryan

Essential Living Journal

Handy Household Hints:
Things you might not realize can be cleaned in a washing machine

By Catherine Powell

A subscriber recently wrote to seek my advice on cleaning hard-to-wash items.

Baseball Caps — Treat stains with stain remover prior to washing. Use a short, cold-water cycle.
Small Plastic Toys — First, place the toys into a mesh laundry bag. Then wash on a delicate cycle with cold water.
Pillows — Wash two at a time, using a gentle cycle and warm water. Rinse in cold water and spin.
Gym Bags and Backpacks — Open and turn out pockets. If pockets cannot be turned out, first try to remove debris such as beach sand with a vacuum cleaner. Place in a laundry bag and wash in cold water, using a small amount of detergent.
Sneakers — Remove inner soles and laces and put the shoes in a pillowcase. Use cold water and a delicate wash cycle. Add a tablespoon of white vinegar to deodorize.

181. In the letter, the word "dedicated" in paragraph 1, line 1, is closest in meaning to

(A) presented
(B) faithful
(C) allotted
(D) exclusive

182. What is the main purpose of Mr. Ryan's letter?

(A) To provide a reason for a cancelation
(B) To inquire about a product
(C) To suggest a theme for a column
(D) To point out an inaccuracy

183. What is suggested about Ms. Powell?

(A) She writes every Handy Household Hints column.
(B) She is an editor at *Essential Living Journal*.
(C) She communicated with Mr. Ryan prior to June 10.
(D) She has published books on home improvement.

184. For which items are a higher water temperature recommended?

(A) Baseball caps
(B) Plastic toys
(C) Pillows
(D) Sneakers

185. According to Ms. Powell, how can vinegar be used?

(A) To get rid of an unpleasant smell
(B) To disinfect children's toys
(C) To remove sticky substances from fabrics
(D) To clean the washing machine

GO ON TO THE NEXT PAGE

Questions 186-190 refer to the following list, e-mail, and text message.

Holther Penn Publishing
New Releases: Books on Business

New School – Oliver Pickard
Technological advances are altering how people work and communicate on a fundamental level. Pickard argues that business schools focus too much on traditional management principles. He proposes a bold new approach that he believes will better prepare students for the emerging new business world.

Looking Forward – Isabelle Duncan
Transformations in the marketplace and society start gradually but finish suddenly, presenting both risks and opportunities. For success, companies must be capable of seeing what lies ahead and taking action. Duncan lists steps firms can take to spot coming points of transition and create options for a successful future.

Massive Mentality – Lillian Farr
Managers of large companies must overcome obstacles that can hamper their ability to quickly adapt to rapidly changing times. In this book, Farr explains how Monguss, one of the world's biggest businesses, remains dynamic despite its huge scale of operations.

Leading the Way – Newt McGuire
Globally, corporations spend tens of billions annually on leadership development and training. McGuire says this investment generally produces little in return. McGuire outlines the shortcomings of the leadership industry and explains how it can be improved.

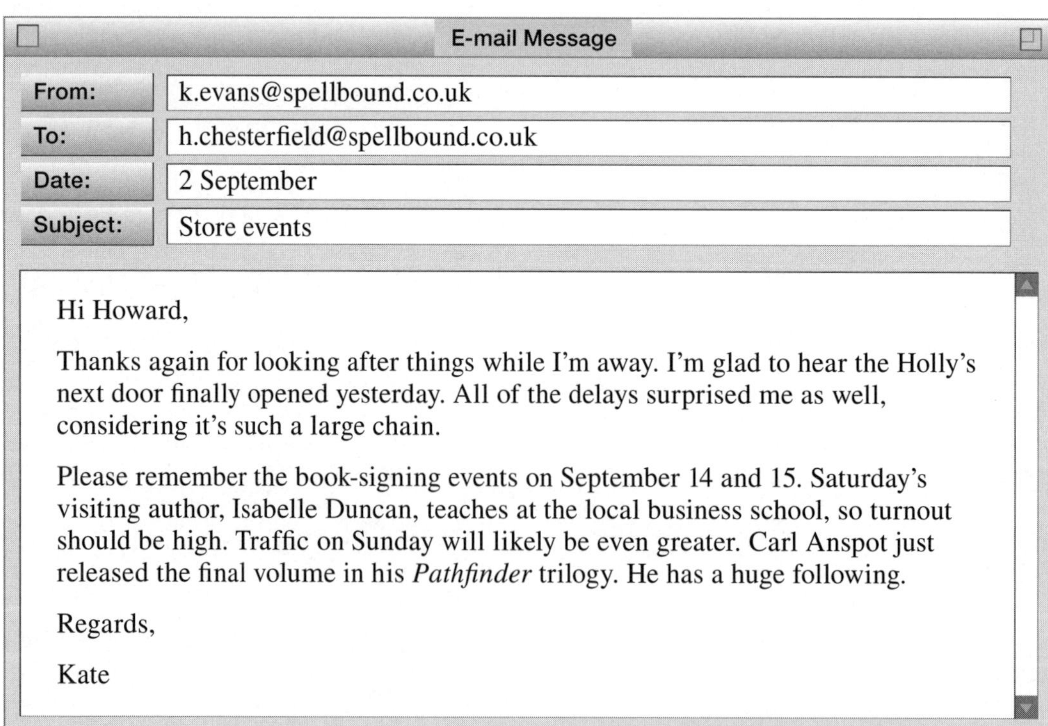

E-mail Message

From: k.evans@spellbound.co.uk
To: h.chesterfield@spellbound.co.uk
Date: 2 September
Subject: Store events

Hi Howard,

Thanks again for looking after things while I'm away. I'm glad to hear the Holly's next door finally opened yesterday. All of the delays surprised me as well, considering it's such a large chain.

Please remember the book-signing events on September 14 and 15. Saturday's visiting author, Isabelle Duncan, teaches at the local business school, so turnout should be high. Traffic on Sunday will likely be even greater. Carl Anspot just released the final volume in his *Pathfinder* trilogy. He has a huge following.

Regards,

Kate

Laney Kirk: 9:25 A.M.

Hey, Natalie. My favorite professor at school just published a book called *Looking Forward.* I'm going to Spellbound bookstore today to buy a copy and have it signed. Come with me! A new coffee shop opened right next door, too. We could check it out afterwards. –Laney

186. Which book focuses on one particular organization?

(A) *New School*
(B) *Looking Forward*
(C) *Massive Mentality*
(D) *Leading the Way*

187. How are the first three books on the list similar?

(A) They deal with developing better communication skills.
(B) They explain the risks of expanding too rapidly.
(C) They address issues related to adjustment to change.
(D) They offer advice to educational institutions.

188. What most likely is Holly's?

(A) A coffee shop
(B) A department store
(C) A bookstore chain
(D) A supermarket

189. In the e-mail, the word "volume" in paragraph 2, line 4, is closest in meaning to

(A) capacity
(B) noise
(C) quantity
(D) installment

190. On what date was the text message probably sent?

(A) September 1
(B) September 2
(C) September 14
(D) September 15

GO ON TO THE NEXT PAGE

Questions 191-195 refer to the following Web page, monitor display, and article.

http://longvalleylanes/tournament/rules/entry 

Businesses wishing to sponsor teams must operate locally and donate a minimum of $1,000 per entry. Event proceeds will benefit Long Valley Community Center. Entry is limited to 46 teams, as our four outer lanes will be held in reserve as a safeguard against equipment malfunction. Teams must consist of four employees, including a pre-designated captain. Current or former professional bowlers are ineligible to compete.

During preliminary rounds, each team member must bowl one full game per round. The three teams with the highest combined average score after two rounds will advance to the final. Team captains will bowl one full game each in a three-way standoff to determine the winner. Trophies will then be awarded for first, second, and third place. Live coverage will air on cable channel 93. Team uniforms featuring logos or other types of branding are both welcome and encouraged.

Long Valley Lanes will present an additional $5,000 donation to the community center should one or more participants manage to bowl a perfect game.

Current Ranking	**1**	**2**	**3**
Team Name	**The Crunchers**	**The Breakers**	**The Cappers**
Captain	Dan Norman	Beth Hotchkiss	Mark Travis
Sponsor	**Baker & Bean Accounting** "Count on us to handle your figures."	**Long Valley Demolition Co.** "You build it; we break it."	**Joy Beverages Bottling Plant** "Live to the fullest; enjoy every drop."
Round 1 Average	251	240	256
Round 2 Average	244	245	223
Combined Score	495	485	479

5 Minutes 23 Seconds Until Final Round Begins

Local Bowling Tournament Raises Over $50,000

Teams sponsored by local employers competed in a televised bowling tournament on April 10 at Long Valley Lanes. Area companies contributed $1,000 or more to enter their teams in the event. Over $50,000 in funding was raised to help Long Valley Community Center build a new recreational facility.

In a brief ceremony following the event, the team from Joy Beverages was awarded the top prize. Trophies were also presented to the second-place team from Baker & Bean Accounting and the third-place team from Long Valley Demolition Company. An honorary award for Best Uniform went to Apex Plumbing, whose team, called The Plungers, humorously dressed as rubber ducks. Additionally, Seth Alba, owner of Long Valley Lanes, pledged a donation of $5,000 in tribute to tournament participant Trisha Knowles.

191. What does the Web page mention about the outer bowling lanes?

(A) They will be available for practice before each round.
(B) They will serve as backups in case of problems.
(C) They will be used for spectator seating.
(D) They will be reserved for camera operators.

192. Which team posted the best average score in the second preliminary round?

(A) The Plungers
(B) The Crunchers
(C) The Breakers
(D) The Cappers

193. How will the proceeds from the tournament be used?

(A) To fund renovations at Long Valley Lanes
(B) To promote a local business association
(C) To assist in financing a construction project
(D) To provide scholarships for community residents

194. Who most likely accepted the top prize in the competition?

(A) Seth Alba
(B) Dan Norman
(C) Beth Hotchkiss
(D) Mark Travis

195. What is suggested about Trisha Knowles?

(A) She made a donation on behalf of her firm.
(B) She bowled a perfect game during the event.
(C) She is the director of Long Valley Community Center.
(D) She received special recognition for her uniform design.

GO ON TO THE NEXT PAGE

Questions 196-200 refer to the following e-mails and schedule.

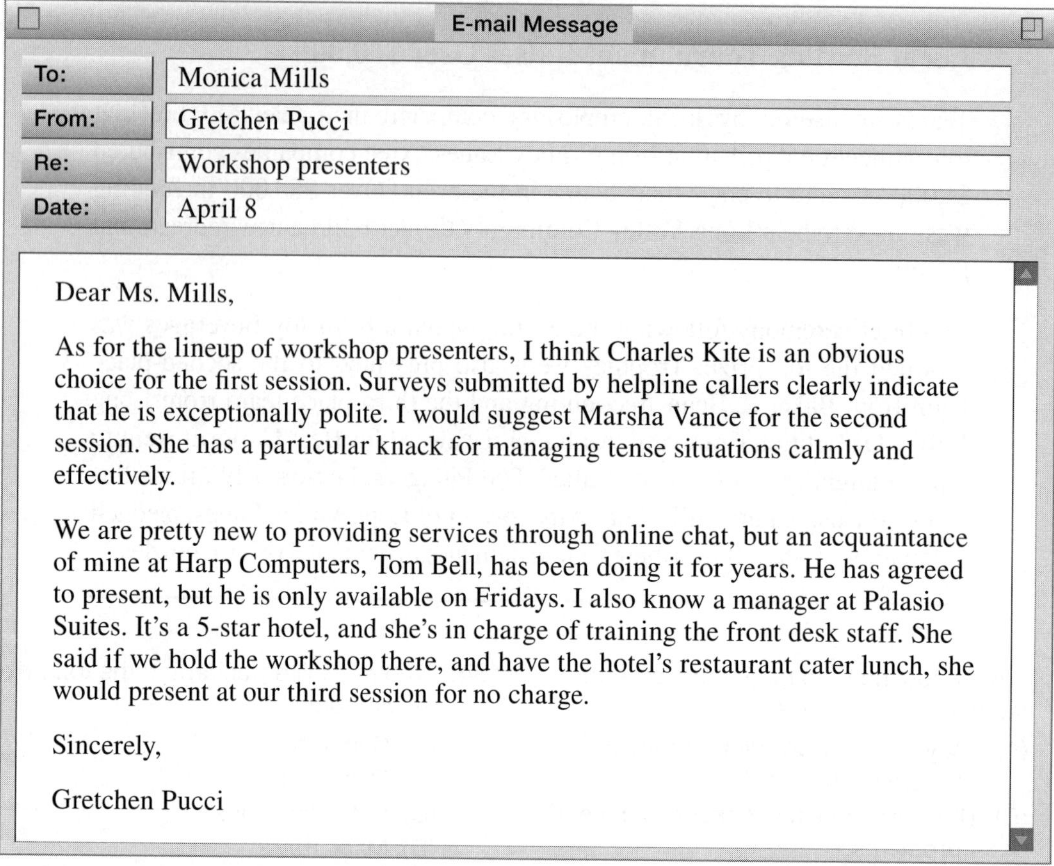

E-mail Message

To: Monica Mills

From: Gretchen Pucci

Re: Workshop presenters

Date: April 8

Dear Ms. Mills,

As for the lineup of workshop presenters, I think Charles Kite is an obvious choice for the first session. Surveys submitted by helpline callers clearly indicate that he is exceptionally polite. I would suggest Marsha Vance for the second session. She has a particular knack for managing tense situations calmly and effectively.

We are pretty new to providing services through online chat, but an acquaintance of mine at Harp Computers, Tom Bell, has been doing it for years. He has agreed to present, but he is only available on Fridays. I also know a manager at Palasio Suites. It's a 5-star hotel, and she's in charge of training the front desk staff. She said if we hold the workshop there, and have the hotel's restaurant cater lunch, she would present at our third session for no charge.

Sincerely,

Gretchen Pucci

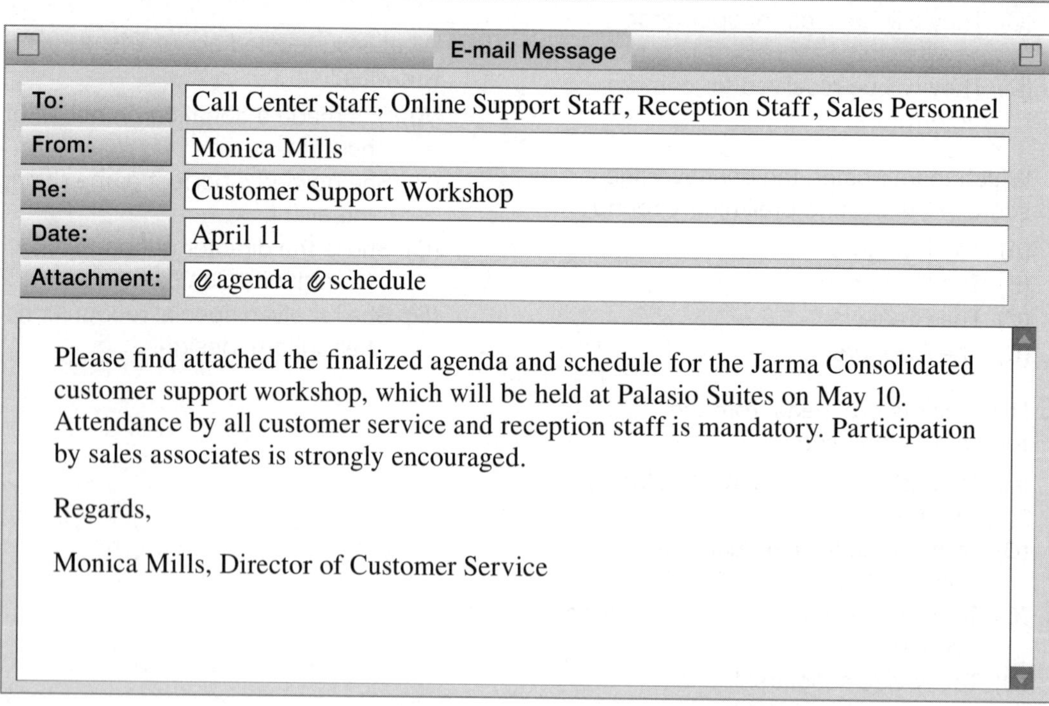

E-mail Message

To: Call Center Staff, Online Support Staff, Reception Staff, Sales Personnel

From: Monica Mills

Re: Customer Support Workshop

Date: April 11

Attachment: agenda schedule

Please find attached the finalized agenda and schedule for the Jarma Consolidated customer support workshop, which will be held at Palasio Suites on May 10. Attendance by all customer service and reception staff is mandatory. Participation by sales associates is strongly encouraged.

Regards,

Monica Mills, Director of Customer Service

10:00 A.M. – How May I Be Of Service?
Learn to use exemplary courtesy during telephone calls and the importance of doing so.
Presenter: Charles Kite

11:00 A.M. – Handle With Care
Learn to deal successfully with difficult and demanding callers by maintaining patience and grace.
Presenter: Marsha Vance

Noon: Lunch Break {Royal Banquet Hall – Catering by Coppellini's}

1:00 P.M. – The Right Impression
Learn to project a positive and professional image while addressing customers from behind the reception counter.
Presenter: Nancy Chesterfield

2:00 P.M. – Glad We Had This Chat
Learn the essentials of providing outstanding online service when communicating by text exchange.
Presenter: Tom Bell

196. What reason does Ms. Pucci give for recommending Charles Kite?
(A) His positive customer feedback
(B) His extensive experience in the field
(C) His educational background
(D) His departmental colleagues' praise

197. What does Ms. Mills mention about sales personnel?
(A) They are urged to attend the training workshop.
(B) They need to work on expanding their customer base.
(C) They are advised to communicate with customer service staff.
(D) They should contact her to address scheduling conflicts.

198. What is implied about Coppellini's?
(A) It is managed by Nancy Chesterfield.
(B) It has catered other Jarma Consolidated events.
(C) It operates on the premises of Palasio Suites.
(D) It will provide food for attendees at no cost.

199. Which session most likely focuses on face-to-face communication?
(A) How May I Be Of Service?
(B) Handle With Care
(C) The Right Impression
(D) Glad We Had This Chat

200. What can be understood about the workshop?
(A) It will be held on a Friday.
(B) It requires advance registration.
(C) Its schedule is subject to change.
(D) It can be accessed online.

Stop! This is the end of the test. If you finish before time is called, you may go back to Parts 5, 6, and 7 and check your work.

TEST 3

▶ 正解一覧は本冊の 168 ページ、解答・解説は 114 ～ 167 ページに掲載されています。

READING TEST

In the Reading test, you will read a variety of texts and answer several different types of reading comprehension questions. The entire Reading test will last 75 minutes. There are three parts, and directions are given for each part. You are encouraged to answer as many questions as possible within the time allowed.

You must mark your answers on the separate answer sheet. Do not write your answers in your test book.

PART 5

Directions: A word or phrase is missing in each of the sentences below. Four answer choices are given below each sentence. Select the best answer to complete the sentence. Then mark the letter (A), (B), (C), or (D) on your answer sheet.

101. Sales representative Reiko Nakano is ------- efficient at locating potential clients.

(A) far
(B) long
(C) twice
(D) very

102. We will have to take someone else's car to the airport, because ------- only seats five people.

(A) myself
(B) mine
(C) my
(D) I

103. The date of the next annual clean energy symposium has already been -------.

(A) finished
(B) placed
(C) launched
(D) confirmed

104. Each consultant at Victor Solutions has a high level of business ------- applicable in any corporate environment.

(A) expert
(B) expertly
(C) experts
(D) expertise

105. Cooper Automotive ------- that all job applicants submit their résumés by e-mail.

(A) asks
(B) to ask
(C) asking
(D) to be asked

106. The parties who sign this contract will be strictly held ------- its terms and conditions.

(A) down
(B) to
(C) between
(D) with

107. Pearl Street Bistro ------- its customer base by creating a rewards program that provides discounts to frequent patrons.

(A) offered
(B) broadened
(C) duplicated
(D) opened

108. Development of Restalyn's innovative skin treatment system is ------- credited to the research of Dr. Jabar.

(A) widely
(B) wide
(C) widest
(D) wider

109. The warranty on the file cabinet expires on June 10, ------- which it will be too late to have the lock repaired at no cost.

(A) then
(B) after
(C) for
(D) when

110. Our legal department will have to review the new hiring procedures before they can be put into -------.

(A) effect
(B) effective
(C) effects
(D) effectively

111. ------- unit manufactured by Parker Electronics is carefully examined for flaws prior to packaging.

(A) Anytime
(B) Total
(C) Full
(D) Every

112. Taking part in the study is -------, and participants may drop out at any time.

(A) tentative
(B) reluctant
(C) voluntary
(D) willing

113. Diana Green's test scores were high ------- for her to be eligible to receive the Newbury Scholarship.

(A) above
(B) even
(C) enough
(D) so

114. Mr. Alavario, while generally content working by -------, is always happy to be included in team projects.

(A) he
(B) his
(C) him
(D) himself

115. ------- on exhibit in Melbourne, the collection of rare fossils has been moved to a museum in Sydney.

(A) Previously
(B) Distantly
(C) Authentically
(D) Promptly

116. The redecorating project was ------- conclusion when we realized the available funds had been depleted.

(A) almost
(B) early for
(C) close to
(D) within

117. The *National Times* newspaper is renowned for its ------- edited articles and extremely informative content.

(A) profession
(B) professionalism
(C) professions
(D) professionally

118. Contrary to ------- that gasoline prices would rise throughout this year, they have instead remained remarkably steady.

(A) expected
(B) expectable
(C) expect
(D) expectations

119. The consensus ------- company executives is that our marketing strategy is ineffective and should be reconsidered.

(A) throughout
(B) sharing
(C) among
(D) now

120. A well-publicized report on the ------- effects of a fast-food diet inspired many people to change their eating habits.

(A) harmful
(B) harm
(C) harms
(D) harmfully

GO ON TO THE NEXT PAGE

121. The policy initiative is backed by most of the staff, ------- the director has yet to grant it her authorization.

(A) but
(B) nor
(C) why
(D) until

122. Gia's Department Store is ------- relocation to a more densely populated part of the city.

(A) transferring
(B) determining
(C) considering
(D) searching

123. Markel Flooring ------- posted a managerial opening online after Ms. Chen announced her plan to retire.

(A) swift
(B) swiftest
(C) swiftly
(D) swiftness

124. Recent improvements at the plant have increased productivity ------- also lowering the frequency of accidents.

(A) in case
(B) while
(C) and
(D) whether

125. The attorney's Web site includes numerous ------- from clients expressing positive opinions of her performance.

(A) aspects
(B) testimonials
(C) services
(D) backgrounds

126. The Shotech XG9 projector is designed to be ------- with all leading computer brands on the market.

(A) usual
(B) compatible
(C) qualified
(D) mutual

127. ------- of all the applications we have received for the internship program will probably take more than a week.

(A) Screened
(B) Screen
(C) Screening
(D) To screen

128. Mr. Delgado ------- the proposal until a cost analysis convinced him that it was not feasible.

(A) is supporting
(B) will be supporting
(C) has been supporting
(D) had been supporting

129. Documentation of business expenses is required ------- claim a tax exemption.

(A) in order to
(B) concerning
(C) on account of
(D) as for

130. Both ------- and visual appeal contributed to the success of Duval's new line of footwear.

(A) durability
(B) reliance
(C) cause
(D) option

PART 6

Directions: Read the texts that follow. A word, phrase, or sentence is missing in parts of each text. Four answer choices for each question are given below the text. Select the best answer to complete the text. Then mark the letter (A), (B), (C), or (D) on your answer sheet.

Questions 131-134 refer to the following memo.

From: Executive Office
To: Kenron Employees

The Executive Office is pleased to announce that Julia Ling has been promoted to senior research analyst in the Marketing Department. An exemplary employee of eight years, Julia sets herself ------- (**131.**) with a disciplined work ethic and careful attention to detail. This has led to her ------- (**132.**) as one of the most valuable members of the marketing team.

------- (**133.**). We encourage all personnel to regularly check for openings on the Human Resources page of our official Web site. ------- (**134.**), we urge all employees to take advantage of the various training and certification programs supported by the firm.

131. (A) aside
(B) up
(C) apart
(D) out

132. (A) regarded
(B) regarding
(C) being regarded
(D) having regarded

133. (A) Our policy is to promote from within whenever possible.
(B) All department members are invited to attend the event.
(C) Marketing is now developing a new series of television commercials.
(D) Applications for the position must be received by May 10.

134. (A) Instead
(B) Conversely
(C) Likewise
(D) Consequently

GO ON TO THE NEXT PAGE

Questions 135-138 refer to the following advertisement.

Turner & Holtz Advertising Agency specializes in creating -------- (135.) print advertisements to help small businesses attract local customers.

Never -------- (136.) have so many advertising media been available. Consumers can now even be reached with video ads on their smartphones and favorite Web sites. -------- (137.). This is due to its proven effectiveness in highly targeted marketing efforts. From direct mail to roadside billboards to good old-fashioned newspapers, Turner & Holtz can craft the perfect ad to appeal to consumers in your region. We will help ensure that your business offerings stay in -------- (138.). Let your company take advantage of the power of print with Turner & Holtz.

135. (A) engaging
(B) engaged
(C) engagingly
(D) engagement

136. (A) again
(B) there
(C) before
(D) more

137. (A) Therefore, the potential audience for television programming is limited.
(B) For example, our list of satisfied clients continues to grow rapidly.
(C) However, people are increasingly using computers to shop from home.
(D) Nevertheless, print remains a popular choice among successful companies.

138. (A) stock
(B) condition
(C) demand
(D) place

Questions 139-142 refer to the following e-mail.

To: rmason@pliskin.co.uk
From: kcrawford@pliskin.co.uk
Date: 1 August
Subject: Sales Initiative

Dear Mr. Mason,

The end of the fiscal year is fast approaching, and on 1 November we will take inventory at all of our warehouses for accounting -------**139.**. Needless to say, we want to make this procedure as -------**140.** as possible. -------**141.**. From now until 30 September, sales associates at all outlets are automatically enrolled in the Housecleaning Competition. Cash prizes of £200, £500, and £1,000 will be awarded to the salespersons with the highest total sales figures in that -------**142.**.

Please pass this information along to your team members.

Regards,

Karen Crawford
Sales Director

139. (A) purposeful
(B) purposes
(C) purposely
(D) purpose

140. (A) simple
(B) much
(C) soon
(D) large

141. (A) We have come up with a plan to try to reduce stock.
(B) First prize will go to whoever makes the biggest individual sale.
(C) Merchandise will be discounted throughout the month of December.
(D) There were errors discovered in previous documents.

142. (A) session
(B) region
(C) dealership
(D) period

TEST 1 TEST 2 TEST 3 TEST 4 TEST 5

GO ON TO THE NEXT PAGE

Questions 143-146 refer to the following article.

Profiles in Innovation: Stan Olsen of Avant Adornments

Former sanitation worker Stan Olsen occasionally ------- **143.** his days off volunteering for environmental causes—like picking up plastic bottles, candy wrappers, and other discarded items at local beaches. One day three years ago, it struck him that some of the ------- **144.** could potentially be used to create saleable products. He got the idea ------- **145.** jewelry and fashion accessories from 100% recycled materials and started his own business. "None of my friends thought it would work," says Olsen. "They said people wouldn't pay to wear garbage." ------- **146.**. Olson's company Avant Adornments now brings in over a million dollars in annual revenues.

143. (A) was spent
(B) will spend
(C) would spend
(D) would have spent

144. (A) money
(B) litter
(C) workers
(D) plants

145. (A) to manufacture
(B) manufacturing
(C) manufactured
(D) manufactures

146. (A) Fortunately for Olsen, he followed their advice.
(B) Rising pollution levels have become a global issue.
(C) It turns out his friends were wrong.
(D) These days, there is much greater competition.

PART 7

Directions: In this part you will read a selection of texts, such as magazine and newspaper articles, e-mails, and instant messages. Each text or set of texts is followed by several questions. Select the best answer for each question and mark the letter (A), (B), (C), or (D) on your answer sheet.

Questions 147-148 refer to the following excerpt from a manual.

Table of Contents

147. What type of product does the manual most likely accompany?

(A) A digital camera
(B) A mobile phone
(C) A laptop computer
(D) An audio player

148. Where most likely can instructions for installing a battery be found?

(A) Page 3
(B) Page 15
(C) Page 16
(D) Page 33

GO ON TO THE NEXT PAGE

TEST 1 TEST 2 TEST 3 TEST 4 TEST 5

Questions 149-150 refer to the following text message.

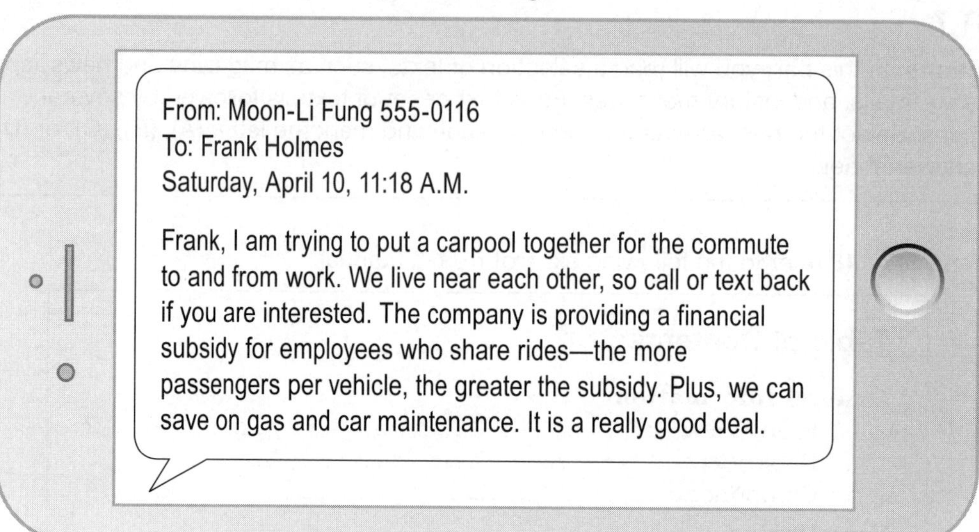

From: Moon-Li Fung 555-0116
To: Frank Holmes
Saturday, April 10, 11:18 A.M.

Frank, I am trying to put a carpool together for the commute to and from work. We live near each other, so call or text back if you are interested. The company is providing a financial subsidy for employees who share rides—the more passengers per vehicle, the greater the subsidy. Plus, we can save on gas and car maintenance. It is a really good deal.

149. According to the message, why should Mr. Holmes contact Ms. Fung?

(A) To learn about a work assignment
(B) To plan a recreational activity
(C) To accept an invitation
(D) To arrange a job interview

150. What does Ms. Fung say her employer is providing?

(A) Opportunities for career advancement
(B) Company vehicles for use by employees
(C) Monetary incentives for carpooling
(D) Discounted vehicle maintenance services

Questions 151-153 refer to the following information.

> Office equipment such as photocopiers, printers, scanners and all other ATD-owned devices are not to be used for personal purposes. — [1] —. This includes use of said equipment for the benefit of outside organizations or causes. — [2] —. For information about procedures for seeking commitment of employee time or company resources for the sake of community projects, please contact the ATD Public Relations Department. — [3] —. Further details can also be found on the PR page of our Web site. Look for the "Community Engagement" icon and select "Proposing a Community Initiative." — [4] —.

151. What does the information mainly address?

(A) An upcoming community event
(B) Modifications to a Web site
(C) The procurement of office machinery
(D) Restrictions on use of company property

152. According to the information, why should a reader contact the Public Relations Department?

(A) To learn about an official process
(B) To offer feedback on proposal
(C) To have a press release authorized
(D) To obtain a list of projects

153. In which of the positions marked [1], [2]. [3], and [4] does the following sentence best belong?

"The only exceptions are for official ATD-sponsored fundraising or publicity campaigns."

(A) [1]
(B) [2]
(C) [3]
(D) [4]

GO ON TO THE NEXT PAGE

Questions 154-155 refer to the following online chat discussion.

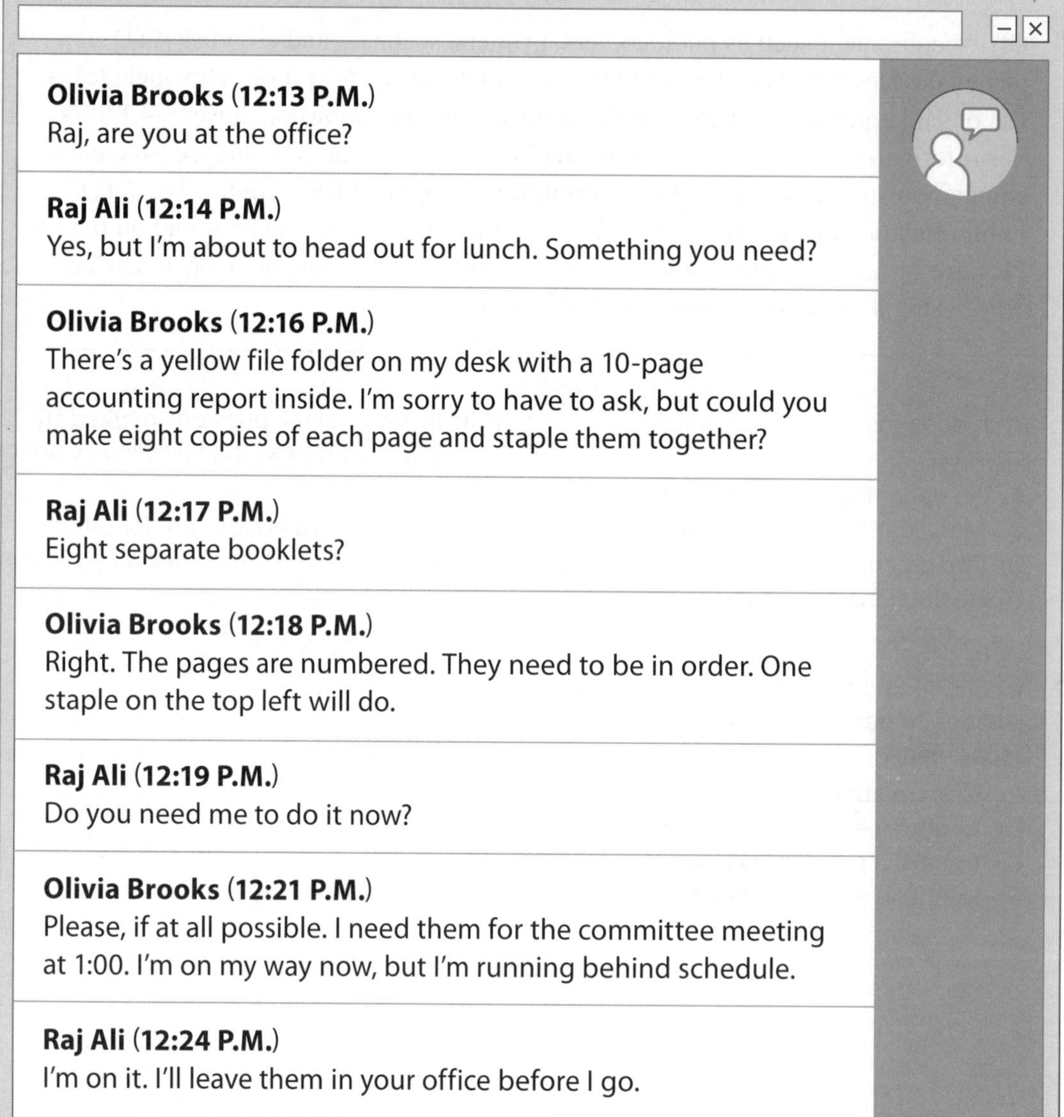

Olivia Brooks (12:13 P.M.)
Raj, are you at the office?

Raj Ali (12:14 P.M.)
Yes, but I'm about to head out for lunch. Something you need?

Olivia Brooks (12:16 P.M.)
There's a yellow file folder on my desk with a 10-page accounting report inside. I'm sorry to have to ask, but could you make eight copies of each page and staple them together?

Raj Ali (12:17 P.M.)
Eight separate booklets?

Olivia Brooks (12:18 P.M.)
Right. The pages are numbered. They need to be in order. One staple on the top left will do.

Raj Ali (12:19 P.M.)
Do you need me to do it now?

Olivia Brooks (12:21 P.M.)
Please, if at all possible. I need them for the committee meeting at 1:00. I'm on my way now, but I'm running behind schedule.

Raj Ali (12:24 P.M.)
I'm on it. I'll leave them in your office before I go.

154. What does Ms. Brooks ask Mr. Ali to do?

(A) Bring a file back to the office
(B) Calculate some financial figures
(C) Prepare sets of documents
(D) Make revisions to a report

155. At 12:24 P.M., what does Mr. Ali mean when he writes, "I'm on it"?

(A) He is a member of the committee.
(B) He has scheduled an appointment.
(C) He has accessed a computer system.
(D) He is willing to handle a task.

Questions 156-158 refer to the following article.

Color Appreciation

By Emi Okada

People painting their exterior or interior walls should consider colors that could potentially raise the future value of their homes. The soft shades of blue and gray that appeal to the buyers of today are likely to remain in style for many more years to come. Blue, in fact, has been the top choice for home paint color worldwide for the past several decades. Gray has been proven generally acceptable to nearly everyone as well. However, if you want a color with outstanding future potential, take a look at "Greenicious." This relatively bright shade of green has a fresh and natural look. The Cobbler Institute of Color has named it this year's "Color of the Year." This color-consulting organization has an excellent track record of accurately predicting color trends in a variety of industries.

156. What is the article mainly about?

(A) An innovative method for painting walls
(B) The benefits of hiring interior designers
(C) Choosing colors that add to resale value
(D) The introduction of a new color of house paint

157. What does Emi Okada mention about blue house paint?

(A) Its appeal is expected to decrease in the future.
(B) It is best for use on exterior walls.
(C) It is currently the most popular color.
(D) It is highly recommended by real estate professionals.

158. According to the article, what does the Cobbler Institute of Color do?

(A) Conducts research on colors and emotions
(B) Forecasts trends in color preferences
(C) Prepares students for careers as artists
(D) Provides decorating consultations for homeowners

TEST 1 TEST 2 TEST 3 TEST 4 TEST 5

GO ON TO THE NEXT PAGE

Questions 159-161 refer to the following form.

CUSG

Cuppertine University Student Government Elections
Private Business Consent Form

Cuppertine University
Student Government

Please fill out this form completely and submit it for approval by the Chair of the Student Elections Committee, Gatlin Hall Building Suite 271.

Name of Candidate: Jamaal Uric

Seat: Treasurer, Student Council

Candidate's Signature: Jamaal Uric

Name of Business: Colt Café

Business Owner's Name: Trudy Michaels

Business Owner's Signature: Trudy Michaels

To Candidate
By signing this form, you acknowledge that the Student Elections Committee must approve your campaign material before it is posted in any location, including a private business.

To Business Owner
By signing this form, you permit the candidate listed above to post SEC-approved campaign material at your place of business. This does not entitle the candidate to claim support from your business or to display other items without your authorization.

For SEC Use Only

Form Approved By: Mariko Takahashi Signature: Mariko Takahashi

Date Approved: August 18

159. What is most likely true about Jamaal Uric?

(A) He has applied for employment at a private company.
(B) He is running for a seat on the student council.
(C) He currently resides in Gatlin Hall.
(D) He is a faculty member at Cuppertine University.

160. Why did Trudy Michaels sign the form?

(A) To publicly endorse an election candidate
(B) To seek permission to advertise on campus
(C) To allow the display of material at a café
(D) To agree to be listed as a reference

161. What is indicated about Mariko Takahashi?

(A) She is the owner of a business.
(B) She is the head of a committee.
(C) She is the director of a campaign.
(D) She is in charge of recruiting.

TEST 1 TEST 2 **TEST 3** TEST 4 TEST 5

GO ON TO THE NEXT PAGE

Questions 162-163 refer to the following e-mail.

E-mail Message

To:	Compliance Office
From:	Lydia Snyder
Subject:	Environmental Impact Statement
Date:	August 10
Attached:	comment.doc

As requested by the Compliance Office on August 3, please find attached my comments on the draft version of the Environmental Impact Statement for the proposed expansion of our chemical processing plant in Greenfield.

Generally speaking, I found the statement to be largely problem-free. There are several sections where I feel the language should be adjusted to provide greater clarity. You will find suggestions for alternative wording among my comments. Additionally, I would advise that one section be omitted entirely—the relevant paragraphs appear on Page 11, and I have highlighted them on the attachment.

Although further expansion of the plant may indeed be necessary in years to come, I feel we should refrain from mentioning this in the statement. Otherwise, we risk the agency broadening its review, which could substantially delay the approval process.

162. On August 3, what did the Compliance Office most likely ask Ms. Snyder to do?

(A) Conduct research on the environment
(B) Inspect a facility in Greenfield
(C) Provide feedback on a document
(D) Report on the effectiveness of a new product

163. According to Ms. Snyder, what could cause a delay?

(A) A new governmental regulation
(B) Opposition by a conservation group
(C) Lack of training among new personnel
(D) Expansion of an agency's review

Questions 164-167 refer to the following text-message chain.

Harold Chen **[6:58 P.M.]**
I'm having trouble finding you. I think I might have walked past the turn.

Chloe Lee **[6:59 P.M.]**
Where are you now?

Harold Chen **[7:00 P.M.]**
In front of Ping Electronics.

Chloe Lee **[7:01 P.M.]**
You went too far. Head back the way you came. After you pass a yellow sign that says Chimes Music, take the next right.

Harold Chen **[7:02 P.M.]**
I remember seeing that. I'm on my way. Sorry.

Chloe Lee **[7:04 P.M.]**
No worries. Besides, it's packed. I put my name on the waiting list.

Harold Chen **[7:06 P.M.]**
I'm not surprised. The travel guide says everything is fantastic. How long until we can be seated?

Chloe Lee **[7:07 P.M.]**
Yeah — the chef is pretty famous. They said about thirty minutes.

Harold Chen **[7:09 P.M.]**
OK, I think I see it up ahead. Is it opposite a theater?

Chloe Lee **[7:10 P.M.]**
Yeah, that's it. See you in a minute.

164. Why most likely did Mr. Chen start the text message exchange?
(A) To get some directions
(B) To confirm a reservation
(C) To make a suggestion
(D) To forgive an error

165. At 7:04 P.M., what does Ms. Lee mean when she writes, "it's packed"?
(A) Traffic is heavy on the street.
(B) Her suitcase contains what she needs.
(C) A business is crowded with patrons.
(D) A train is filled to capacity.

166. What are Mr. Chen and Ms. Lee probably planning to do together?
(A) View a film
(B) Share a meal
(C) Attend a concert
(D) Watch a play

167. How did Mr. Chen most likely learn about his destination?
(A) From a colleague
(B) From a billboard
(C) From a radio commercial
(D) From a guidebook

GO ON TO THE NEXT PAGE

Questions 168-171 refer to the following advertisement.

Spacious North Rock Ridge home available for rent from November 1–11. This includes all five days of the famous Rock Ridge Rock & Roll Festival from November 6 through 10, plus the weekend prior. Both term and price are nonnegotiable. The property is located approximately five miles from downtown music venues, but a bus that will get you there stops just a short walk away. Three bedrooms and two baths. The living-room sofa converts into a double bed. Two cots are available to accommodate larger groups (10 guests maximum). Situated in a quiet residential neighborhood—parties and loud music are not allowed. Driveway and street parking available—garage is off-limits.

- ✦ Fully equipped kitchen with state-of-the art coffee machine for brewing espresso, cappuccino and lattes.
- ✦ Grocery within walking distance. The home has a supply of sugar, coffee creamer, and a variety of common spices available for guests.
- ✦ Vacuum cleaner, household cleansers, and washer & dryer. Laundry detergent also supplied. Housekeeping and laundry service available at an additional charge.
- ✦ TV and stereo. Large DVD and CD collection available for guest use. Wireless Internet access.

Price: $5,000, plus an additional $100 per guest for groups larger than six.

Click here for reservation details.

168. Who is the advertisement most likely intended to attract?

(A) A family planning a weekend vacation
(B) A rock band looking for rehearsal space
(C) People considering purchasing this home
(D) Event attendees from out of town

169. According to the advertisement, what is within walking distance of the home?

(A) A public transportation option
(B) A commercial parking garage
(C) Multiple downtown concert venues
(D) A variety of dining establishments

170. What is NOT mentioned as being provided for guests?

(A) Laundry detergent
(B) Cooking supplies
(C) Musical entertainment
(D) Instant coffee

171. According to the advertisement, what requires an extra fee?

(A) Accessing the Internet
(B) Having groceries delivered
(C) Arranging a cleaning service
(D) Holding a party

Questions 172-175 refer to the following e-mail.

From:	Human Resources
To: :	Benjamin Willard
Date:	October 2
Subject:	Employment status

Benjamin Willard:

We have received your request to switch from full-time to part-time status, stepping down to 20 hours per week, starting November 1. Your new schedule, subject to approval by your supervisor, would be Mondays through Fridays from 1:30 to 5:30 P.M. — [1] —.

As a part-time employee, however, you would lose your eligibility for company-sponsored health benefits, pension contributions, and bonuses. Therefore, prior to granting your request, we would like you to consider entering a formal job-sharing agreement with a fellow employee. — [2] —. We would first try to pair you with another tech support specialist in the call center. Otherwise, we could find someone who works outside your department but has a similar job description. — [3] —.

Under the terms of a job-sharing contract, two employees agree to provide a combined forty hours per week of labor, divided in a mutually agreeable manner. — [4] —. To employees who engage in such agreements, the following benefits apply:

- The company provides a subsidy equal to 50% of the cost of the same health coverage each employee would receive as a full-timer.
- The company maintains your pension, funding it at 50% of what you were receiving as a full-timer before the switch.
- Vacation days still accrue at a rate proportionate to the number of hours worked by each partner.

If you are interested in this type of arrangement, please contact us by no later than October 15.

172. Why was the e-mail sent?

(A) To offer a counterproposal to a request
(B) To provide authorization for a schedule
(C) To request a change in employment status
(D) To recognize an employee's achievement

173. What advantage of a job-sharing contract is mentioned in the e-mail?

(A) Scheduled work shifts are easier to modify.
(B) A return to full-time status is guaranteed.
(C) Some aspects of full-time benefits are retained.
(D) The amount of paperwork involved is reduced.

174. What is indicated about Benjamin Willard?

(A) He is on vacation until November 1.
(B) He works in tech support.
(C) He supervises a company department.
(D) He is considering early retirement.

175. In which of the positions marked [1], [2], [3], and [4] does the following sentence best belong?

"For the sake of simplicity, we encourage fifty-fifty time splits."

(A) [1]
(B) [2]
(C) [3]
(D) [4]

GO ON TO THE NEXT PAGE

Questions 176-180 refer to the following e-mail and Web page.

To:	Vella Parsec <v.parsec@zyco.co.uk>
From:	Todd Gainer <t.gainer@zyco.co.uk>
Subject:	Side trip
Date:	February 20

Dear Ms. Parsec,

Regrettably, I am behind schedule in preparing for my trip. There are some complications regarding transporting our merchandise not only abroad but to two different venues. I am also busy making sure our booth will have suitable displays and promotional materials. All my efforts should pay off, though. I expect to receive a lot of orders in both Doonesbury and Westerville.

Between the two shows, I want to fly to Cheshire for a few days. I set an appointment with a major toy store there to show our product samples and catalogue. Please book me a nonstop flight from Doonesbury, leaving March 6 and returning March 10. I will not require hotel accommodations, as I have relatives in Cheshire who have invited me to stay with them during my visit. I will be meeting with the store's purchasing manager on the morning of March 6. Fortunately, Cheshire time is two hours behind Doonesbury time, thus making this arrangement possible.

Thanks,

Todd Gainer

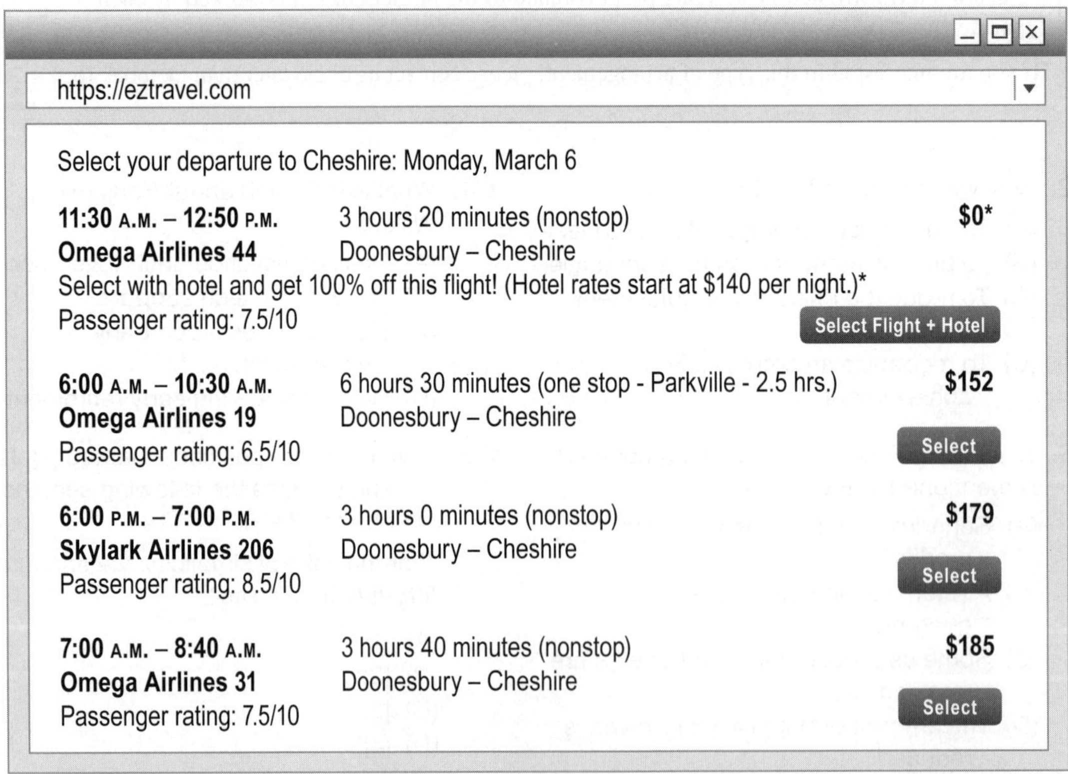

https://eztravel.com

Select your departure to Cheshire: Monday, March 6

11:30 A.M. – 12:50 P.M. 3 hours 20 minutes (nonstop) **$0***
Omega Airlines 44 Doonesbury – Cheshire
Select with hotel and get 100% off this flight! (Hotel rates start at $140 per night.)*
Passenger rating: 7.5/10 [Select Flight + Hotel]

6:00 A.M. – 10:30 A.M. 6 hours 30 minutes (one stop - Parkville - 2.5 hrs.) **$152**
Omega Airlines 19 Doonesbury – Cheshire
Passenger rating: 6.5/10 [Select]

6:00 P.M. – 7:00 P.M. 3 hours 0 minutes (nonstop) **$179**
Skylark Airlines 206 Doonesbury – Cheshire
Passenger rating: 8.5/10 [Select]

7:00 A.M. – 8:40 A.M. 3 hours 40 minutes (nonstop) **$185**
Omega Airlines 31 Doonesbury – Cheshire
Passenger rating: 7.5/10 [Select]

176. What type of organization do Ms. Parsec and Mr. Gainer probably work for?

(A) A gift shop
(B) A manufacturing firm
(C) A hotel chain
(D) An event venue

177. In what department does Mr. Gainer probably work?

(A) Accounting
(B) Purchasing
(C) Human Resources
(D) Sales

178. What does Mr. Gainer mention about Cheshire?

(A) He makes frequent visits there.
(B) He has family members there.
(C) He will attend an exposition there.
(D) He will obtain display equipment there.

179. Which flight will Ms. Parsec most likely select?

(A) Flight 19
(B) Flight 31
(C) Flight 44
(D) Flight 206

180. What factor most likely determines the order in which flights are listed?

(A) The name of the airline
(B) The flight duration
(C) The passenger rating
(D) The price of the flight

GO ON TO THE NEXT PAGE

Questions 181-185 refer to the following report and e-mail.

Sharkey's Seafood Shack Quarterly Revenue Report

	Revenues	Comments
Menu Items		
Seafood Platters	$48,100	Sales were nearly identical to pre-quarter forecasts.
Sandwiches	$27,300	Sales were 10 percent higher than pre-quarter forecasts.
Soups	$16,500	Two popular soups were unavailable for several weeks during the quarter due to a shortage of key ingredients. Our supplier assured me the issue is now resolved. Sales are expected to soon return to normal.
Appetizers	$19,800	Sales rose sharply at the end of the quarter, owing much to the oysters from Clearwater Tama. Customer response has been outstanding.
Salads	$9,100	Sales were nearly identical to pre-quarter forecasts.
Beverages	$28,400	Overall beverage sales were slightly above the usual quarterly levels.
Non-Menu Food Items		
Sharkey's Salad Dressing	$2,100	Sales have remained steady, but I think we could do better if we have our servers encourage patrons to try it when they order salads.
Sharkey Sauce	$2,300	Sales rose with the addition of the new Extra Spicy flavor.
Non-Food Gift Items		
Sharkey Shirts & Caps	$1,900	The drop resulted from an entire T-shirt order having to be returned due to discoloration of the fabric.

To:	c.parker@sharkeys.com
From:	l.beaumont@sharkeys.com
Re:	Revenue report
Date:	October 4

Dear Mr. Parker,

I am writing in response to the report that you sent me. As for the gift items, I will start looking into other vendors. When people wear our logo, it is free publicity for the business. As the owner, I must ensure the high quality and consistent availability of this type of merchandise.

In regard to the non-menu food sales, I want you to move forward with your idea. Please type up a memo and send it out to the wait staff. Also, it looks like Bernie Truitt's advice regarding our sauce is already paying off.

I am very happy to hear about the positive reaction to the farm-raised oysters. I had never heard of that supplier until last month. I am glad we decided to give them a try.

Sincerely,

Luanne Beaumont

181. For what menu item were sales probably much lower than predicted?

(A) Seafood platters
(B) Soups
(C) Salads
(D) Beverages

182. What problem occurred during the quarter?

(A) Patrons were disappointed with a new dish.
(B) There was high turnover among the employees.
(C) A shipment of flawed goods was received.
(D) The cost of ingredients went up dramatically.

183. What does Ms. Beaumont instruct Mr. Parker to do?

(A) Advertise Sharkey's in a local publication
(B) Seek out alternative food suppliers
(C) Tell staff to recommend a salad dressing
(D) Announce a new bonus system to employees

184. What is implied about Bernie Truitt?

(A) He is a frequent patron at the restaurant.
(B) He suggested an alternative version of a product.
(C) He is the head chef at Sharkey's.
(D) He is in charge of creating the menu.

185. What is suggested about Clearwater Tama?

(A) It made a delivery to Sharkey's in September.
(B) It produces a variety of condiments.
(C) It is a direct competitor of Sharkey's.
(D) It specializes in wild-caught seafood.

GO ON TO THE NEXT PAGE

Questions 186-190 refer to the following article, advertisement, and review.

Setting the Stage for Hazelwood

Patrons of the dramatic arts have reason to rejoice. Construction of the Hazelwood Theater has been completed, and it is set to open in early May. In a recent press release, theater owner Beatrice Lake remained secretive about the stage production scheduled for the opening day. She did, however, hint that famed opera singer Neville Shylock would somehow be involved, which has garnered both interest and speculation among the public.

Hazelwood Theater

Proudly Presents

The Cottage in Mystic Forest

A stage adaptation of the best-selling novel *The Hermit's Tale*

Starring

Maurice Fowler as Phineas McGregor
Sharon Krause as Ginny Wynn
Robert Thomas as The Stranger

Featuring

Neville Shylock as Farook

Directed by

Carlos Blanco

Performances are held every Saturday in May, beginning May 3, from 7:30 to 9:30 P.M. Advance ticket purchase or reservation is advised. Visit the Hazelwood Theater box office, or reserve online at www.hazelwoodtheater.com.

The Midfield Chronicle

Theater reviews: *The Cottage in Mystic Forest*
By Tia Ling

Rating ★★★★★

Like many others, I was skeptical as to whether the complex story in Igor Karkostra's novel could be adapted to the live stage. Last night's premiere of *The Cottage in Mystic Forest* proved us all wrong, owing much to the masterful talent of Carlos Blanco. In the book, the musical narration between chapters by Farook the songbird is left to the readers' imagination. Unsurprisingly, the highly acclaimed opera star who played him lived up to all expectations. The performance by Sharon Krause was equally impressive. I was thrilled at how skillfully she depicted my favorite character in the story. I spoke with Beatrice Lake after the show and congratulated her for the resounding success.

186. What is the main purpose of the article?
(A) To profile the career of a local theater owner
(B) To publicize the launch of a new performance venue
(C) To report the completion of auditions for a stage production
(D) To announce the date of an opening performance

187. In the article, the word "reason" in paragraph 1, line 1, is closest in meaning to
(A) purpose
(B) sense
(C) intention
(D) cause

188. What is implied about *The Hermit's Tale*?
(A) It was authored by Igor Karkostra.
(B) It has received a literary award.
(C) It has already been adapted into a movie.
(D) It was released within the past year.

189. What character does Neville Shylock most likely portray in the production?
(A) A bird
(B) A hermit
(C) A stranger
(D) A woodsman

190. What does Tia Ling NOT indicate about *The Cottage in Mystic Forest*?
(A) She attended on May 3.
(B) Ginny Wynn is her favorite character.
(C) The director deserves credit for its quality.
(D) She met a cast member after the show.

GO ON TO THE NEXT PAGE →

Questions 191-195 refer to the following Web page, e-mail, and reference.

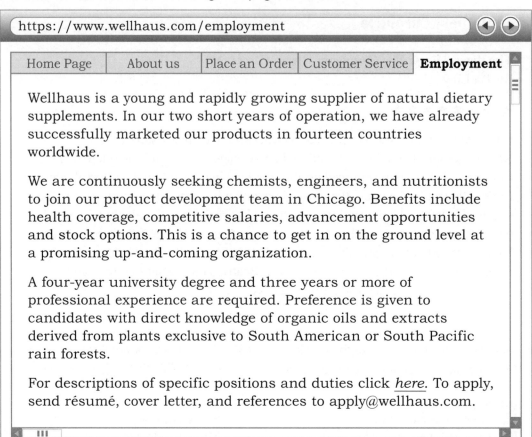

https://www.wellhaus.com/employment

Home Page | About us | Place an Order | Customer Service | **Employment**

Wellhaus is a young and rapidly growing supplier of natural dietary supplements. In our two short years of operation, we have already successfully marketed our products in fourteen countries worldwide.

We are continuously seeking chemists, engineers, and nutritionists to join our product development team in Chicago. Benefits include health coverage, competitive salaries, advancement opportunities and stock options. This is a chance to get in on the ground level at a promising up-and-coming organization.

A four-year university degree and three years or more of professional experience are required. Preference is given to candidates with direct knowledge of organic oils and extracts derived from plants exclusive to South American or South Pacific rain forests.

For descriptions of specific positions and duties click *here*. To apply, send résumé, cover letter, and references to apply@wellhaus.com.

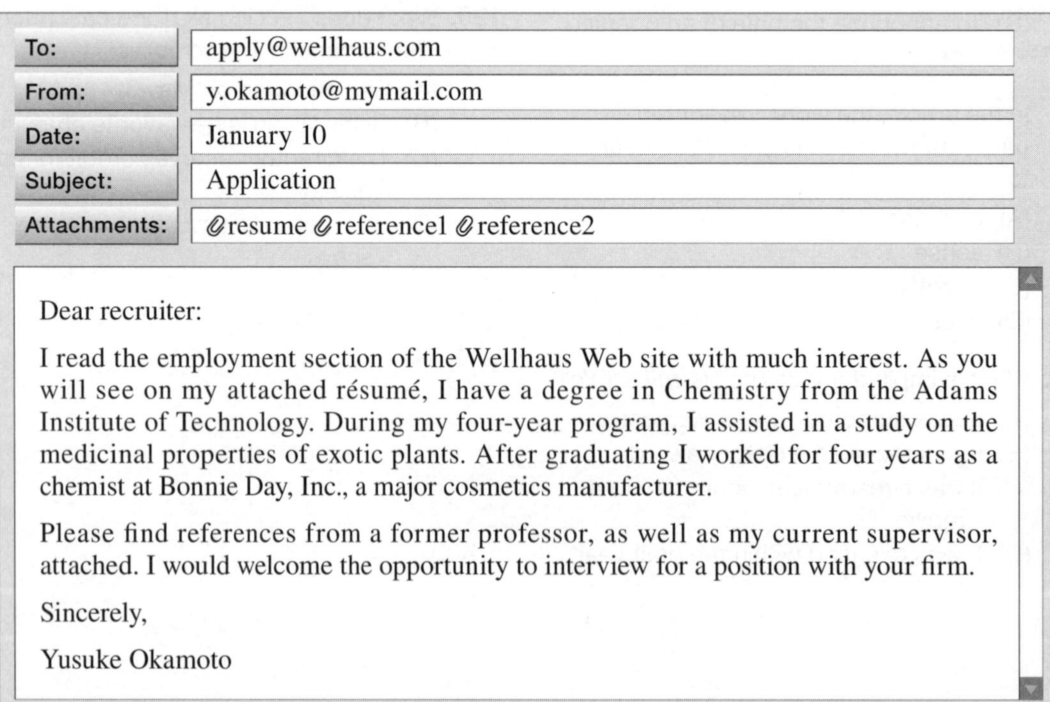

To: apply@wellhaus.com
From: y.okamoto@mymail.com
Date: January 10
Subject: Application
Attachments: resume reference1 reference2

Dear recruiter:

I read the employment section of the Wellhaus Web site with much interest. As you will see on my attached résumé, I have a degree in Chemistry from the Adams Institute of Technology. During my four-year program, I assisted in a study on the medicinal properties of exotic plants. After graduating I worked for four years as a chemist at Bonnie Day, Inc., a major cosmetics manufacturer.

Please find references from a former professor, as well as my current supervisor, attached. I would welcome the opportunity to interview for a position with your firm.

Sincerely,

Yusuke Okamoto

To whom it may concern:

I know Yusuke Okamoto to be both a quick learner and a diligent worker. His assistance was integral to my studies on South American plant oils and extracts. He wrote to me with great excitement about Wellhaus and his desire to relocate to a major metropolitan environment. I am sure his present employer does not wish to see him leave, as Mr. Okamoto would be a valuable asset to any organization. If I can be of any further assistance, feel free to contact me at 303-555-0156.

Sincerely,

Karl Stein

191. What is emphasized about Wellhaus on the Web page?

(A) The firm's recent establishment
(B) The number of its branch offices
(C) The health benefits of its products
(D) The diversity of the firm's employees

192. Why would someone most likely click the link at the bottom of the Web page?

(A) To download an online application form
(B) To view maps of store locations
(C) To access product information
(D) To learn about work responsibilities

193. In the e-mail, the word "interest" in paragraph 1, line 1, is closest in meaning to

(A) significance
(B) benefit
(C) influence
(D) attraction

194. What is suggested about Yusuke Okamoto?

(A) He resides in the city where Wellhaus is based.
(B) He has specific technical knowledge preferred by Wellhaus.
(C) His professional background does not match Wellhaus's requirements.
(D) He learned about Wellhaus through some colleagues.

195. Where does Karl Stein probably work?

(A) At an employment agency
(B) At a medical clinic
(C) At an academic institution
(D) At a manufacturing firm

GO ON TO THE NEXT PAGE →

Questions 196-200 refer to the following notice, advertisement, and online form.

Attention Members!

Physique Fitness runs a promotion every spring to encourage more people to join and enjoy our facilities and services. We are currently offering special rates for new members who sign up in the month of March. Flyers advertising our gym are readily on hand at the reception desk. Feel free to pass one along to anyone who might be interested in joining. If someone you send our way mentions your name when signing up for a plan of six months or longer, you will receive a one-month extension of your current membership at no charge.

Special March Sign-up Offer

Spring is here, and there's no better time than the present to get in shape by becoming a member at Physique Fitness. As an incentive, we are offering these discounted rates for any new member who signs up in March. We have three types of membership plans to fit your individual needs.

	Basic	**Standard**	**Premium**
Access to weights and exercise equipment	X	X	X
Access to swimming pool and sauna		X	X
Access to yoga, aerobics, and dance classes			X
Monthly Membership Rates for March Sign-Ups*			
One Year	$40	$60	$75
Six Months	$50	$70	$85
Three Months	$60	$80	$95
Special Trial Rates			
One-week trial**	Free	$10	$15

Register for membership in person at the Physique Fitness location nearest you, or sign up on our Web site at www.physiquefitness.com/membership/new.

* Payment may be made in monthly installments or with a one-time advance payment for the entire membership period. One-year memberships fully paid in advance are discounted by an additional 5%.

** Visit any Physique Fitness and fill out a registration form at the reception desk.

https:// www.physiquefitness.com/membership/new

Physique Fitness Membership Application

Date: March 8
Name: Brandon Rey
Mailing Address: 2234 Oak Street #202, Memphis, TN 38110
Telephone: 901-555-0113
E-mail: b.rey.99@wheemail.com
Credit Card (secured): XXXX-XXX-1234

How did you learn about us?

My office is on Clover Boulevard not far from Physique Fitness. I want to establish an exercise routine, but I have been putting it off. A client of mine, Theresa Hughes, is a member. She stopped by with one of your flyers and spoke highly of your facilities and staff. That persuaded me to finally make a commitment.

Please select your preferred membership options:

☐ Basic ☑ Standard ☐ Premium
☐ One Year ☑ Six Months ☐ Three Months

☐ I will pay in installments.
☑ I will make a one-time payment in full.

196. What is the purpose of the notice?
(A) To solicit feedback on services
(B) To urge members to make referrals
(C) To introduce new rates for all members
(D) To announce upcoming renovations

197. What is mentioned about Physique Fitness?
(A) It holds an annual recruitment drive.
(B) It is located on Clover Boulevard.
(C) Its promotional discount will end on March 1.
(D) It currently has no swimming facility.

198. What must people do to sign up for a free one-week trial?
(A) Download and print out a form
(B) Apply through the club's Web site
(C) Visit the club in person
(D) Sign a liability waiver

199. What is suggested about Theresa Hughes?
(A) She is on the staff at Mr. Rey's office.
(B) Her club membership will be extended.
(C) She helped create an advertisement.
(D) Her membership fees will be waived.

200. What is implied about Mr. Rey on his membership application?
(A) He will be charged $60 per month.
(B) He has consulted a fitness trainer.
(C) His company will cover his fees.
(D) He does not intend to take classes.

Stop! This is the end of the test. If you finish before time is called, you may go back to Parts 5, 6, and 7 and check your work.

TEST 4

▶ 正解一覧は本冊の 224 ページ、解答・解説は 170 ～ 223 ページに掲載されています。

READING TEST

In the Reading test, you will read a variety of texts and answer several different types of reading comprehension questions. The entire Reading test will last 75 minutes. There are three parts, and directions are given for each part. You are encouraged to answer as many questions as possible within the time allowed.

You must mark your answers on the separate answer sheet. Do not write your answers in your test book.

PART 5

Directions: A word or phrase is missing in each of the sentences below. Four answer choices are given below each sentence. Select the best answer to complete the sentence. Then mark the letter (A), (B), (C), or (D) on your answer sheet.

101. The nature documentary *Life in Blue* earned critical acclaim ------- its masterful cinematography.

(A) throughout
(B) for
(C) because
(D) apart

102. A ------- way for a new firm to establish name recognition in the area is to sponsor local sporting events.

(A) sense
(B) sensing
(C) sensible
(D) sensibly

103. Phillip Carmichael is ------- to serve Pacific City in his new capacity as Mayor.

(A) proud
(B) genuine
(C) complete
(D) purposeful

104. Modern appliances have been installed in each ------- unit of the apartment building.

(A) resident
(B) residential
(C) residency
(D) reside

105. The ------- of restrictions on work attire was met with approval by most of our employees.

(A) loosening
(B) loosens
(C) loosen
(D) loosest

106. Recent attempts to ------- tourism have greatly benefited the local economy on Teague Island.

(A) express
(B) boost
(C) reach
(D) surpass

107. In the event of malfunction, bring the camera to a qualified repair shop rather than attempting to fix it on -------.

(A) yourself
(B) your own
(C) you
(D) yours

108. Only a small number of ------- to our invitations remain to be received.

(A) replies
(B) replying
(C) replied
(D) reply

109. The extension of the recruiting drive by a week resulted from a ------- of eligible candidates.

(A) frequency
(B) vacancy
(C) few
(D) scarcity

110. Successful completion of the program ------- participation in several outdoor training exercises.

(A) involve
(B) is involved
(C) involving
(D) involves

111. Darrow Contracting Service uses only top-quality construction materials bought ------- reputable suppliers.

(A) from
(B) into
(C) out
(D) upon

112. Ms. Aoki and Ms. Iger seem to be ------- compatible and enjoy working together every day.

(A) much
(B) highly
(C) abruptly
(D) near

113. Please follow the current hiring guidelines ------- they are changed in September.

(A) without
(B) rather
(C) otherwise
(D) until

114. The ------- of tomorrow's meeting is to resolve the issues that are slowing our progress on the Simpson account.

(A) matter
(B) dedication
(C) point
(D) success

115. Brookfield Inn boasts ------- rooms than those of the Royal Crest Hotel.

(A) large
(B) larger
(C) largely
(D) largest

116. This tumble dryer contains an automatic shutoff mechanism ------- main purpose is to prevent the machine from overheating.

(A) that
(B) whose
(C) which
(D) what

117. Customer service at independently owned businesses is ------- better than at corporate chains.

(A) more common
(B) common
(C) commonality
(D) commonly

118. Lydia Dupree's upcoming exhibit will showcase sculptures ------- by her recent travels abroad.

(A) experienced
(B) reminded
(C) persuaded
(D) inspired

119. Make sure to remain perfectly still ------- the photographer takes the picture for your ID badge.

(A) whereas
(B) ever
(C) while
(D) during

120. Dr. Colbert's nomination for the Huntz Prize is one of the most ------- achievements of his scientific career.

(A) gifted
(B) talkative
(C) notable
(D) grateful

GO ON TO THE NEXT PAGE

121. When some ------- safety violations were reported to plant officials, an investigation was promptly scheduled.

(A) apparent
(B) apparently
(C) appearance
(D) appearances

122. Due to the play's popularity, we recommend that seat ------- be made well in advance.

(A) admissions
(B) expectations
(C) positions
(D) reservations

123. After the presentation next Tuesday, the board ------- whether or not the budget proposal is feasible.

(A) to discuss
(B) discussing
(C) will discuss
(D) has discussed

124. ------- the request for more funding was declined, the scientists will have to suspend their research.

(A) Unless
(B) Since
(C) Although
(D) Once

125. As the repaving work is slated ------- soon, work crews are preparing to block the affected roads off to through traffic.

(A) to begin
(B) begun
(C) will have begun
(D) beginning

126. With ------- of the consumer survey complete, development of our promotional strategy can now begin.

(A) analytic
(B) analysis
(C) analyze
(D) analyzed

127. Mr. Erickson, who was once ------- opposed to the recycling initiative, is now one of its biggest supporters.

(A) adamantly
(B) preferably
(C) dependently
(D) avoidably

128. It takes just ------- of one hour by taxi to reach the Banner Convention Center from Rochester Airport.

(A) below
(B) less
(C) short
(D) within

129. Workers are not ------- asked to transfer departments during their first six months of employment.

(A) customization
(B) customize
(C) customarily
(D) customary

130. Scarlet Chou is among the group of honorees being ------- at tonight's annual awards banquet.

(A) appraised
(B) implemented
(C) devoted
(D) recognized

PART 6

Directions: Read the texts that follow. A word, phrase, or sentence is missing in parts of each text. Four answer choices for each question are given below the text. Select the best answer to complete the text. Then mark the letter (A), (B), (C), or (D) on your answer sheet.

Questions 131-134 refer to the following invitation.

The Honorable Quinton Fletch
Mayor of the City of Colton

Dear Mayor Fletch,

On behalf of Transcon Merchandise, I wish to invite you to be our honored guest at a special event to -------(**131.**) the opening of our new regional warehouse and distribution center.

A ribbon-cutting ceremony will be held at noon on Saturday, February 15. -------(**132.**), refreshments will be served inside. Our board of directors and company executives would be delighted by your -------(**133.**) at the occasion.

-------(**134.**). We will be bringing roughly 100 new jobs to Colton. We hope you will join us and eagerly await your reply.

Sincerely,

Paul Redford
President, Transcon Merchandise

131. (A) plan
(B) mark
(C) negotiate
(D) schedule

132. (A) Afterwards
(B) Instead
(C) However
(D) Regardless

133. (A) presently
(B) presenter
(C) to present
(D) presence

134. (A) We are nearly ready to begin construction.
(B) These positions are described in detail on our Web site.
(C) The project requires your authorization to move forward.
(D) We are pleased to be opening this facility in your town.

GO ON TO THE NEXT PAGE

Questions 135-138 refer to the following review.

Game Review: Slideways

Slideways, the new game by Questar, is a virtual masterpiece. The action is fast-paced and exciting, the puzzles are challenging yet not impossibly difficult, and the graphics are out of this world! -------, I am impressed with the movie scenes that advance the storyline. I usually skip ------- those on other games. With Slideways, I watch them again and again. -------. My one complaint is that the tools for customizing my character's appearance are too limited. Game technology has advanced enough for players to have better control over how our characters -------.

(blanks numbered **135.**, **136.**, **137.**, **138.** in order)

135. (A) At first
(B) On the contrary
(C) In particular
(D) By comparison

136. (A) pass
(B) passing
(C) past
(D) passes

137. (A) The background music is often annoying.
(B) Yesterday the server was down for hours.
(C) I notice some new and interesting detail every time.
(D) There is a great theater in my neighborhood.

138. (A) move
(B) look
(C) speak
(D) think

Questions 139-142 refer to the following memo.

From: Human Resources Department
To: All Employees

All employees -------(**139.**) that information related to payroll is considered confidential. This includes salaries, hourly rates, bonuses, commissions and all other types of remuneration. Details of your personal income should not be -------(**140.**) to any other person or organization. -------(**141.**). Disclosure for tax purposes or to satisfy government requirements is also permitted.

Please direct any questions about this -------(**142.**) to Human Resources by calling extension 246.

139. (A) are reminded
(B) are to remind
(C) would be reminded
(D) have reminded

140. (A) revealingly
(B) reveals
(C) revelation
(D) revealed

141. (A) Exception is made in cases such as applying for a loan.
(B) Our employees are highly compensated for their work.
(C) Our department has set up a special hotline for this purpose.
(D) City officials are expected to approve the measure.

142. (A) form
(B) proposal
(C) offer
(D) policy

TEST 1
TEST 2
TEST 3
TEST 4
TEST 5

GO ON TO THE NEXT PAGE

Questions 143-146 refer to the following e-mail.

To: Mindy Singh <msingh@greystoke.com>
From: Barbara Powell <bpowell@greystoke.com>
Subject: Thanks!
Date: December 10

Dear Mindy,

Thank you for agreeing to ------- **143.** the attached spreadsheet. Specifications and instructions for making the changes are also attached. My department is currently short-staffed and under pressure to meet a number of deadlines. Your ------- **144.** this assignment came as a great relief to us all. Jung Men installed the spreadsheet application onto your office computer yesterday evening. ------- **145.**. Still, you may be unfamiliar with certain functions, so don't hesitate to ask for assistance.

If you have ------- **146.** downloading or opening either attachment, please let me know right away.

Thanks again,

Barbara

143. (A) overlook
(B) modify
(C) collaborate
(D) improvise

144. (A) acceptable
(B) accepted
(C) accepting
(D) acceptance

145. (A) He is the newest member of the department.
(B) It is fairly similar to the one you normally use.
(C) Thank you for letting him know right away.
(D) The large monitor is a particularly nice feature.

146. (A) more problems
(B) the problem
(C) any problems
(D) another problem

PART 7

Directions: In this part you will read a selection of texts, such as magazine and newspaper articles, e-mails, and instant messages. Each text or set of texts is followed by several questions. Select the best answer for each question and mark the letter (A), (B), (C), or (D) on your answer sheet.

Questions 147-148 refer to the following certificate.

Certificate of Authenticity

It is hereby certified that

Javier McCray

has personally autographed the baseball glove (stamped with serial number 04982764) that accompanies this document.
The item was signed under the observation of The Leader Mark, Inc.
The autograph is unconditionally guaranteed as to its authenticity.

William Bell
William Bell
President, Chairman and CEO
The Leader Mark, Inc.
21 Chestnut Hill Road
Pittsburgh, PA 15223

147. What is the purpose of the certificate?
(A) To prove a degree is legitimate
(B) To back up a product warranty
(C) To affirm a signature is genuine
(D) To honor a career achievement

148. What most likely accompanies the document?
(A) A photo of Javier McCray
(B) A business card
(C) A jewelry item
(D) A piece of sports equipment

GO ON TO THE NEXT PAGE

Questions 149-150 refer to the following e-mail.

E-mail Message

To:	Akira Ono <dr.a.ono@progolabs.org>
From:	Benjamin Tuttle <b.tuttle@howell.com>
Re:	Order 2A1936
Date:	May 8
Attachment:	2A1936

Dear Dr. Ono,

We have received and understand your cancelation of your last order. A document providing details about the product that had been placed on back order is attached for your review.

We deeply regret any inconvenience caused by our current lack of available merchandise. As your sales representative may have mentioned, Howell Manufacturing is experiencing ongoing difficulty in acquiring the raw material needed to produce one of the item's key components. We have been testing other materials as substitutes. However, we have yet to find one that meets our quality control standards.

Sincerely,

Benjamin Tuttle
Director of Sales
Howell Manufacturing

149. Why most likely did Dr. Ono cancel his order?

(A) He purchased the item from another vendor.
(B) He decided to use a different item.
(C) He had requested an item that was out of stock.
(D) He realized he no longer needed the item.

150. According to the e-mail, what has Howell Manufacturing been doing?

(A) Looking into alternatives
(B) Raising quality standards
(C) Seeking new suppliers
(D) Considering an expansion

Questions 151-152 refer to the following text-message chain.

Patty Silvers **[11:45 A.M.]**
Joel, would you mind switching weeknight shifts with me for the next four weeks? You take Tuesdays and I take Wednesdays?

Joel Tucker **[11:50 A.M.]**
Sure, no problem. But why? What's up?

Patty Silvers **[11:52 A.M.]**
Great. I'll inform Bob and the other kitchen staff. An instructor at the cooking school I attended has to go to Paris to take care of an urgent matter. They asked me to cover the rest of his classes for the term, starting Tuesday.

Joel Tucker **[11:53 A.M.]**
That doesn't give you much time to prepare. Are you sure you can handle it?

Patty Silvers **[11:54 A.M.]**
It's not a big deal. I took the course myself, and I did pretty well.

151. Where does Mr. Tucker probably work?
(A) At a school
(B) At a theater
(C) At a library
(D) At a restaurant

152. At 11:54 A.M., what does Ms. Silvers mean when she writes, "It's not a big deal"?
(A) She was not offered much compensation for a job.
(B) She is not upset about being turned down.
(C) She is able to do a task on short notice.
(D) She believes an issue will be resolved quickly.

GO ON TO THE NEXT PAGE

Questions 153-155 refer to the following invoice.

Norris Bros Heating & Plumbing

5252 Juniper Circle, Bakersfield, CA 93310
www.norrisbros.hp.com
661-555-0123

Bill To
Rosewood Apartments
20 Orville St., Bakersfield, CA 93312
manager@rosewoodapts.com
661-555-0198

Invoice Number: INV43648
Invoice Date: November 10

Date of Service Call: November 8

Description	Units/Hours	Total
Installation of sinks and fixtures in 3 residential units as requested by apartment manager Kate Hart (3 hours)	3	150.00
Pullman sink basins	3	450.00
Aquamax faucets	3	270.00
Aquamax water dials	6	120.00
Routine inspection and maintenance of building's water heater in accordance with existing service contract (1 hour)	N/A	

Invoice Total: $990.00

Thank you for your business!

Terms & Instructions
Please remit payment within 20 days of invoice date.
Products installed on November 8 covered by a 3-year warranty.

153. What is indicated about Rosewood Apartments?

(A) It has a total of three residential buildings.
(B) It incurred labor charges from the Norris Bros service call.
(C) It has a water heater in need of replacement.
(D) It hired Norris Bros for the first time in November.

154. What is most likely true about the Aquamax water dials?

(A) They were provided at a reduced price.
(B) They have been discontinued by Pullman.
(C) They are backed by a 3-year guarantee.
(D) They will be inspected yearly after installation.

155. By when must the invoice be paid?

(A) November 8
(B) November 10
(C) November 20
(D) November 30

GO ON TO THE NEXT PAGE

Questions 156-157 refer to the following e-mail.

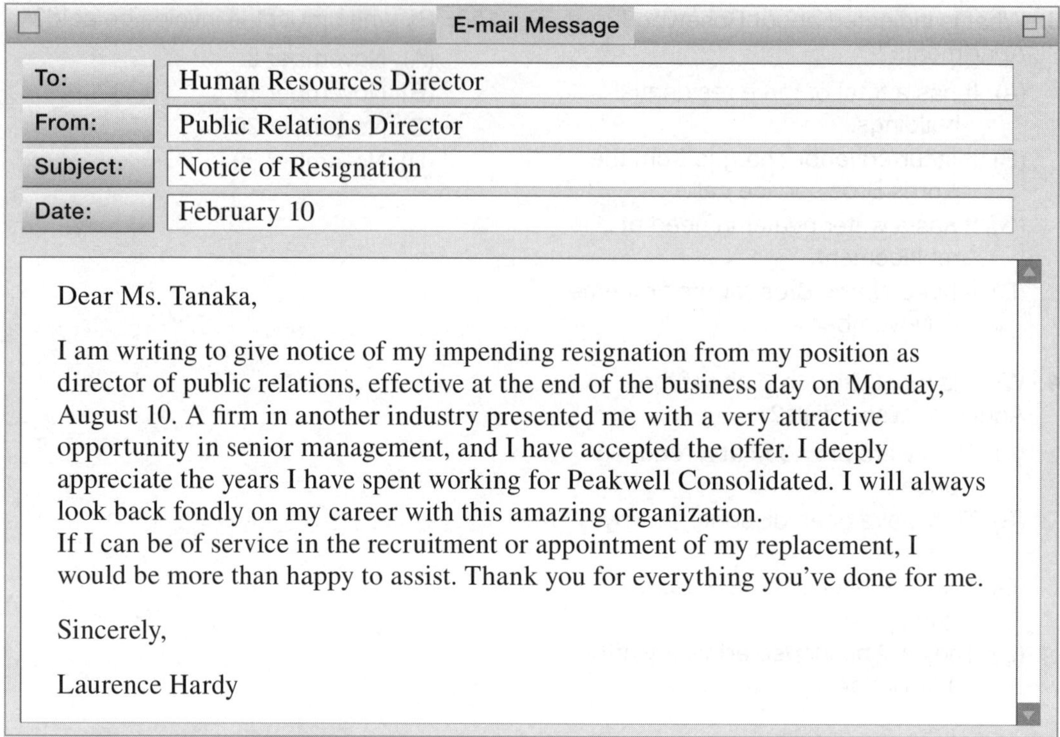

E-mail Message

To: Human Resources Director

From: Public Relations Director

Subject: Notice of Resignation

Date: February 10

Dear Ms. Tanaka,

I am writing to give notice of my impending resignation from my position as director of public relations, effective at the end of the business day on Monday, August 10. A firm in another industry presented me with a very attractive opportunity in senior management, and I have accepted the offer. I deeply appreciate the years I have spent working for Peakwell Consolidated. I will always look back fondly on my career with this amazing organization.
If I can be of service in the recruitment or appointment of my replacement, I would be more than happy to assist. Thank you for everything you've done for me.

Sincerely,

Laurence Hardy

156. What does Mr. Hardy say is different about his future employer?

(A) Its geographic location
(B) Its field of business
(C) Its corporate culture
(D) Its approach to management

157. What does Mr. Hardy offer to do?

(A) Postpone his date of departure
(B) Consider a counteroffer
(C) Help fill his position
(D) Meet with Ms. Tanaka

Questions 158-160 refer to the following article.

Shultz XLS Has Competition From Unlikely Source

By Lydia Flint

The Shultz XLS has long been the ideal choice for car buyers looking for a small sedan offering both luxury and superb handling. Now the XLS might finally have been caught—and even surpassed in value—by Otis, which is known for economy vehicles, not luxury automobiles. The new Otis Odyssey resembles a German luxury sedan in both appearance and handling ability. The standard two-liter, four-cylinder engine has plenty of power, while the optional three-liter V6 delivers even more. The Odyssey's price is far less than that of the Shultz XLS. The post-purchase cost of ownership will be lower, as well, owing to its excellent build. Otis recently ranked first among all automakers in initial quality. Compared to the XLS, the Odyssey has only one drawback—the Otis brand is less likely to impress your acquaintances.

158. What is most likely true about Otis?
- (A) It was recently established.
- (B) It is headquartered in Germany.
- (C) It mainly produces economy cars.
- (D) It has acquired an older company.

159. According to the article, what advantage does the Odyssey have over the XLS?
- (A) Its engine is more powerful.
- (B) Its price is less expensive.
- (C) Its brand name is more impressive.
- (D) Its maneuverability is superior.

160. According to the article, why will Odyssey owners save money over time?
- (A) Because of the sturdy construction
- (B) Because of the excellent fuel efficiency
- (C) Because of the long warranty period
- (D) Because of the low insurance costs

GO ON TO THE NEXT PAGE

Questions 161-164 refer to the following notice.

Notice

Presentation Workshop

Do you want to present like a pro? The Training Department of Vendo Incorporated, in conjunction with the IT Department, will be offering a five-part workshop on using the Slide Star application to create and deliver high-quality electronic presentations. — [1] —. Suitable for experts and novices alike, the workshop will be held Thursday afternoons from 3 P.M. to 5 P.M., November 14 to December 5, in Conference Room E. — [2] —. Those who take part will learn to combine text, graphic art, animation, video, and audio into impressive presentations that will impact audiences in venues from large auditoriums to small meeting rooms. Upon completion, you will have acquired the skills to make preprogrammed, informational presentations for broadcast online, as well as self-running product demonstrations for sales and marketing. — [3] —. All Vendo Incorporated employees are welcome to enroll. — [4] —. Contact the Training Department at extension 13 by October 6 to assure your space.

161. What will the workshop mainly teach?
(A) How to format business documents
(B) How to improve public speaking skills
(C) How to use a software program
(D) How to develop training procedures

162. What is indicated about the workshop?
(A) It will be conducted in more than one location.
(B) It is open only to sales and marketing personnel.
(C) It will be available on the Vendo Incorporated Web site.
(D) It will consist of five separate sessions.

163. The word "assure" in paragraph 1, line 12, is closest in meaning to
(A) secure
(B) convince
(C) promise
(D) console

164. In which of the positions marked [1], [2], [3], and [4] does the following sentence best belong?

"Permission must be obtained from their supervisors before doing so."

(A) [1]
(B) [2]
(C) [3]
(D) [4]

Questions 165-167 refer to the following letter.

Hotel Katze
Hochbaumstrasse 8
4231 Zuerich
SWITZERLAND

Dear Hotel Katze:

I recently arrived home after a trip to Switzerland during which I spent five nights at your hotel. — [1] — On the second day of my stay, I managed to injure my knee in your gym. Your concierge, Noah Keller, made arrangements for a doctor to come to my room and for the delivery of prescription medication from a nearby pharmacy. — [2] —. He checked on me regularly during my stay to see if I needed anything. Mr. Keller also arranged for special room service from your restaurant and coordinated with housekeeping staff to spare me any inconvenience. In other words, he did everything in his power to assist me while I was recovering. — [3] —. These efforts went far and beyond anything I would expect from a hotel employee. — [4] —. For that you have my deepest gratitude.

Sincerely,

Gina Rogers

Gina Rogers

165. Why did Ms. Rogers write the letter?
(A) To reschedule a hotel stay
(B) To complain about an employee
(C) To inquire about a service charge
(D) To express appreciation

166. What is NOT indicated about Hotel Katze?
(A) There is a physician on the staff.
(B) There is a dining establishment on the premises.
(C) There is a fitness facility available for guests.
(D) There is a pharmacy in its vicinity.

167. In which of the locations marked [1], [2], [3], and [4] does the following sentence best belong?

"I would like to convey my experience with a member of your staff."

(A) [1]
(B) [2]
(C) [3]
(D) [4]

GO ON TO THE NEXT PAGE

TEST 1 TEST 2 TEST 3 TEST 4 TEST 5

Questions 168-171 refer to the following online chat discussion.

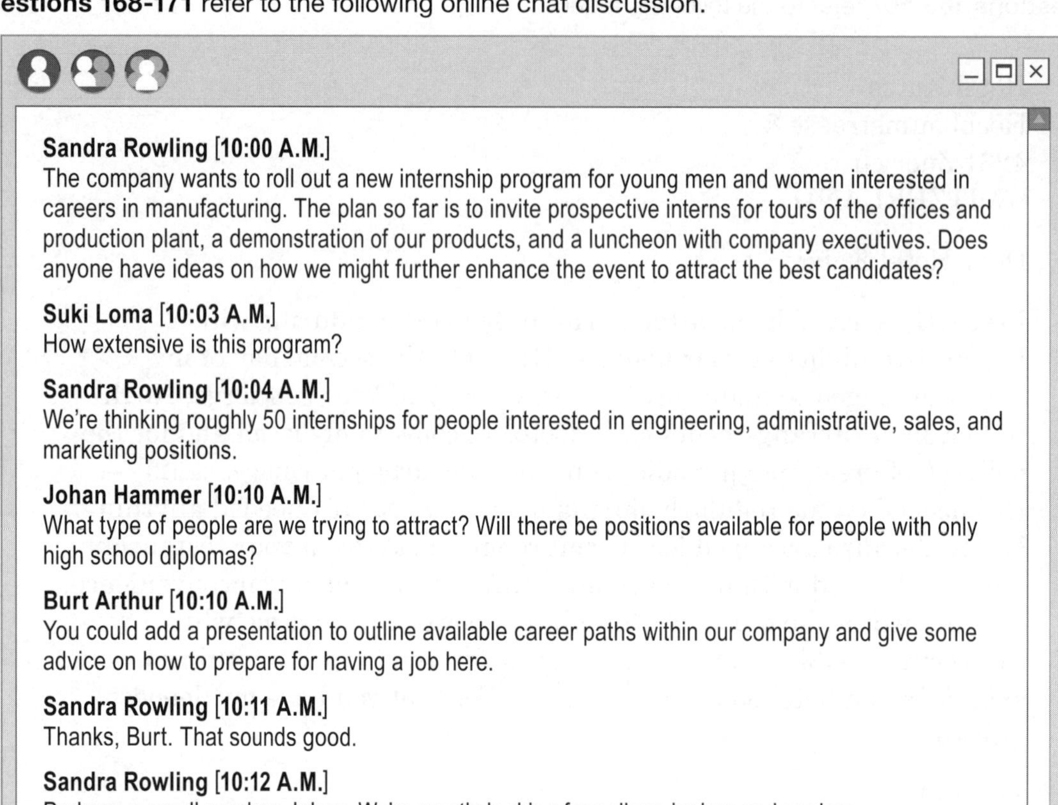

Sandra Rowling [10:00 A.M.]
The company wants to roll out a new internship program for young men and women interested in careers in manufacturing. The plan so far is to invite prospective interns for tours of the offices and production plant, a demonstration of our products, and a luncheon with company executives. Does anyone have ideas on how we might further enhance the event to attract the best candidates?

Suki Loma [10:03 A.M.]
How extensive is this program?

Sandra Rowling [10:04 A.M.]
We're thinking roughly 50 internships for people interested in engineering, administrative, sales, and marketing positions.

Johan Hammer [10:10 A.M.]
What type of people are we trying to attract? Will there be positions available for people with only high school diplomas?

Burt Arthur [10:10 A.M.]
You could add a presentation to outline available career paths within our company and give some advice on how to prepare for having a job here.

Sandra Rowling [10:11 A.M.]
Thanks, Burt. That sounds good.

Sandra Rowling [10:12 A.M.]
Perhaps a small number, Johan. We're mostly looking for college juniors and seniors.

Suki Loma [10:13 A.M.]
We could issue a press release to college newspapers.

Johan Hammer [10:15 A.M.]
It might be wise to get in direct touch with academic advisors as well.

168. Why most likely did Ms. Rowling start the online chat discussion?
(A) To solicit suggestions for a companywide initiative
(B) To provide feedback on a corporate meeting
(C) To seek volunteers to train new employees
(D) To propose changes to hiring practices

169. According to Ms. Rowling, what will prospective interns do during their visit?
(A) Attend planning sessions
(B) View factory operations
(C) Demonstrate their capabilities
(D) Take part in a survey

170. At 10:12 A.M., what does Ms. Rowling mean when she writes, "Perhaps a small number"?
(A) There are few positions for people without a college education.
(B) Participation in a program is expected to be low.
(C) Workers may be asked to oversee more than one trainee.
(D) She expects fewer than 50 openings to be available.

171. What recommendation is made during the online chat discussion?
(A) To subscribe to certain publications
(B) To make contact with university counselors
(C) To move an event to a different venue
(D) To post descriptions of internships online

Questions 172-175 refer to the following page of a journal.

Monday August 10	Met with the owner of Precious Treasures, Hershel Walker. He placed an order from our anniversary line but will wait on the holiday line until the new designs are in stock. He asked me to let him know when he can view them on our Web site.
Tuesday August 11	Attended a morning planning meeting today for our booth at the New York Gift Show next month. Sally Chen will book our flights and accommodations. Wrote Todd Paige for an update on the holiday line. Drove to Overton for calls at Rings & Things and Gina May's Gift Emporium.
Wednesday August 12	Sent e-mails to New York clients about our presence at the show. Two clients will not attend due to schedule conflicts. Made appointments to show them our new greeting cards in person afterward. Contacted Sally Chen to tell her I will be staying an extra couple of days.
Thursday August 13	Got update from Todd Paige that new designs will be in stock around the middle of the next month and be posted to the Web site on the 20th. Good timing! The gift show starts the following day. Called Mr. Walker with the news. Sally Chen told me she booked our stay at Starlight Suites.

172. Who most likely is the writer?
(A) An art designer
(B) An office manager
(C) An accounting executive
(D) A sales representative

173. What is indicated about the writer's company?
(A) It produces greeting cards.
(B) It is headquartered in New York.
(C) It is planning an anniversary celebration.
(D) It specializes in fine jewelry.

174. When is the first day of the New York Gift Show?
(A) August 21
(B) September 21
(C) October 21
(D) November 21

175. What organization did the writer most likely contact on August 13?
(A) Rings & Things
(B) Starlight Suites
(C) Precious Treasures
(D) Gina May's Gift Emporium

GO ON TO THE NEXT PAGE

Questions 176-180 refer to the following note and article.

Editor's Note

It is hard to believe that only one year ago we made the transition from an Internet blog to an internationally circulated print publication. And, oh, what a year it has been! Since this January edition of *Only Natural* marks our one-year anniversary, we wanted to make it special with this double-sized issue. Inside these pages you will find an amazing array of content, including never-before-seen aerial photographs of Icelandic landscapes, certain to change your perceptions about the planet on which we live. Speaking of aerial photography, don't miss the tips on photographing flying insects by the winner of the Liverpool Natural Photography Competition, held last September.

–Jamal Ahmad

Photographing Flying Insects

By Mei Zhou

Close-up photography gives us a window into a tiny world that exists all around us, yet often escapes our notice. Many flying insects have extraordinarily vibrant colors and striking patterns, but capturing perfectly focused images at close range requires both preparation and patience.

One key is to get out early. Dragonflies, butterflies and other insects worth pursuing are most active shortly after sunrise. Another advantage of working early is there are generally still drops of morning dew on flowers and leaves, which can bring a magical appearance to your images.

Bees and butterflies tend to repeatedly return to the same blossom. Set up a tripod and focus your camera on one blossom. Then simply wait for the insects to land. Magnification exaggerates movement, so the tripod keeps your camera perfectly steady. Additionally, using a flash effectively freezes the insects' motion in one frame.

---

176. What is suggested about *Only Natural*?

(A) It is available exclusively online.

(B) It is distributed in many countries.

(C) It hired Jamal Ahmad as a photographer.

(D) It is headquartered in Iceland.

177. What is NOT mentioned about the January edition of *Only Natural*?

(A) It has twice its usual content.

(B) It features some aerial photography.

(C) It is an anniversary issue.

(D) It includes some landscaping tips.

178. What is suggested about Mei Zhou?

(A) She is a regular contributor to the publication.

(B) She was the winner of a photography contest.

(C) She conducts workshops on photography.

(D) She earned her degree in journalism.

179. Why does Mei Zhou recommend working in the morning?

(A) To capture dewdrops in photos

(B) To photograph colorful sunrises

(C) To ensure the best natural lighting

(D) To take advantage of slower insect movement

180. What does Mei Zhou imply in the article?

(A) Magnification lenses are often expensive.

(B) Measures must be taken to achieve focused photos.

(C) Sudden movements may cause insects to fly away.

(D) Certain fragrances help attract butterflies.

GO ON TO THE NEXT PAGE

Questions 181-185 refer to the following e-mails.

To: bpenn@kwixmail.com
From: kokada@starlight.com
Subject: Thank you!
Date: December 14

Dear Ms. Penn,

Bob Arvelli asked me to convey his thanks for filling in for him last week. He tells me the stage scenery and props you created look very realistic. Everyone is quite impressed by your talent, especially since your field is in costuming rather than stage design.

Speaking of costumes, it seems we're a little behind schedule and need to catch up. We plan to use photographs of our performers in full costume for the posters and programs, so we need them done as soon as possible. Would it be possible for you to meet the following deadlines?

Starring cast: December 23
Dancers: December 31
Background extras: January 6

I hate to rush you, but I hope you understand further delay could hamper our marketing efforts for the show.

Best regards,

Ken Okada

To: kokada@starlight.com
From: bpenn@kwixmail.com
Subject: You are welcome!
Date: December 14

Dear Mr. Okada,

It was my pleasure to help out with the scenery. Please tell Mr. Arvelli I wish him a speedy recovery.

Yesterday I finished the basic costumes for the starring cast, but some adjustments will be necessary to ensure proper fit. My plan was to take care of that after the rehearsal on December 21. I could possibly do it sooner, but I would then need to schedule fitting sessions for each person separately.

As for the other proposed deadlines, I am uncertain whether I can meet them. That schedule might have been possible had it not been for my stepping in for Mr. Arvelli. The time I spent on the scenery further delayed my work on the costumes.

I have a suggestion for a backup plan. I know a talented freelance illustrator who happens to be between projects. Perhaps you could use illustrations instead of photographs for some of the images on your posters and programs. I would be happy to contact her if you are interested.

Best regards,

Brenda Penn

181. What type of project has Ms. Penn been working on?

(A) A television program
(B) A historical film
(C) A series of commercials
(D) A stage production

182. What does Mr. Okada mention about photographs?

(A) They are necessary for promotional materials.
(B) They were all taken last week.
(C) They have been sent as attachments.
(D) They will be used as part of the scenery.

183. Why most likely was Bob Arvelli unable to participate last week?

(A) He had missed an important deadline.
(B) He was suffering from an illness.
(C) He was working on a different assignment.
(D) He took a trip out of town.

184. According to Ms. Penn, what will happen in late December?

(A) Some auditions will be held.
(B) Tickets for a show will go on sale.
(C) Some posters will be printed.
(D) A rehearsal will take place.

185. What does Ms. Penn suggest that Mr. Okada do?

(A) Consider an alternative design
(B) Postpone a marketing campaign
(C) Use a particular type of film
(D) Get in touch with a director

GO ON TO THE NEXT PAGE

Questions 186-190 refer to the following advertisement, form, and e-mail.

Cornucopia

Cornucopia is your one-stop supplier for organic produce, grass-fed beef, wild-caught seafood, and other healthful food items. Family owned and operated, we pride ourselves on our friendly service, wide selection, and competitive prices. Don't forget to stop by any Friday in March to take advantage of discounts throughout our seafood department as part of our Fresh Fish Fiesta promotion.

21 Central Square Road, Pinkerton, TX 78601

512-555-0178

www.cornucopia.com

Thank you for shopping at Cornucopia. We are always striving to better satisfy our customers. Please help us by filling out this form.

[1 = Strongly Agree] [2 = Agree] [3 = Disagree] [4 = Strongly Disagree]

The prices are reasonable.	1	(2)	3	4
The staff is courteous and helpful.	(1)	2	3	4
The store is clean and well organized.	1	(2)	3	4
The product selection meets my needs.	1	2	(3)	4

We welcome any additional input. Should you wish for us to contact you, please include your name and contact information below your comments.

Comments:
I independently operate a food truck, and my sales volume isn't high enough for me to buy from wholesalers. My usual location is in Central Square, so it's convenient to shop here. I prefer organic ingredients despite the higher cost. Your Fresh Fish Fiesta sale helped me tremendously — thank you! If you stocked a wider variety of spicy peppers in your produce section, I could make fewer trips to other stores to get what I need.

Olivia G. Vasquez
o.g.vasquez@yeehaw.com

To:	o.g.vasquez@yeehaw.com
From:	service@cornucopia.com
Re:	Your comment card
Date:	April 2

Thank you for your feedback. We want to be good neighbors and support small businesses that help support us. Local demand is too low to make regularly carrying the items you desire feasible. However, the manager of that department, Willard Cobb, says that he can special-order any items for you personally, as long as you are willing to pay for the order in advance.

Sincerely,

Customer Service
Cornucopia

186. What most likely is Cornucopia?

(A) A restaurant
(B) A farmers' market
(C) A wholesale food distributor
(D) A grocery store

187. What aspect of Cornucopia does Ms. Vasquez most strongly commend?

(A) The pricing of the merchandise
(B) The assistance provided by employees
(C) The layout of the establishment
(D) The range of available options

188. What does Ms. Vasquez NOT indicate about Cornucopia on the form?

(A) She made a purchase there on a recent Friday.
(B) She wants its management to contact her.
(C) She runs a business in its vicinity.
(D) She cannot afford its organic options.

189. In the e-mail, the word "carrying" in paragraph 1, line 2, is closest in meaning to

(A) stocking
(B) driving
(C) packing
(D) conducting

190. What is most likely true about Willard Cobb?

(A) He is the head of customer service.
(B) He manages warehouse operations.
(C) He is in charge of procuring produce.
(D) He has placed special orders for Ms. Vasquez.

GO ON TO THE NEXT PAGE

Questions 191-195 refer to the following memo and e-mails.

From: TKB Employee Benefits Office
To: All employees

Effective June 1, TKB personnel may arrange to leave their vehicles with Slick & Quick—located adjacent to the employee parking area—for an oil change, tune-up, lube, and filter change. Slick & Quick guarantees completion of the work by 5 P.M. on any business day and will even bring your car to the TKB lot when the work is done. Keys and paperwork will be left with the guard staffing the security booth at the lot's main entrance.

The Benefits Office welcomes ideas from staff about similar services that could also be offered during working hours. Our goal is to help TKB employees simplify their management of personal affairs in order to maintain our high levels of productivity.

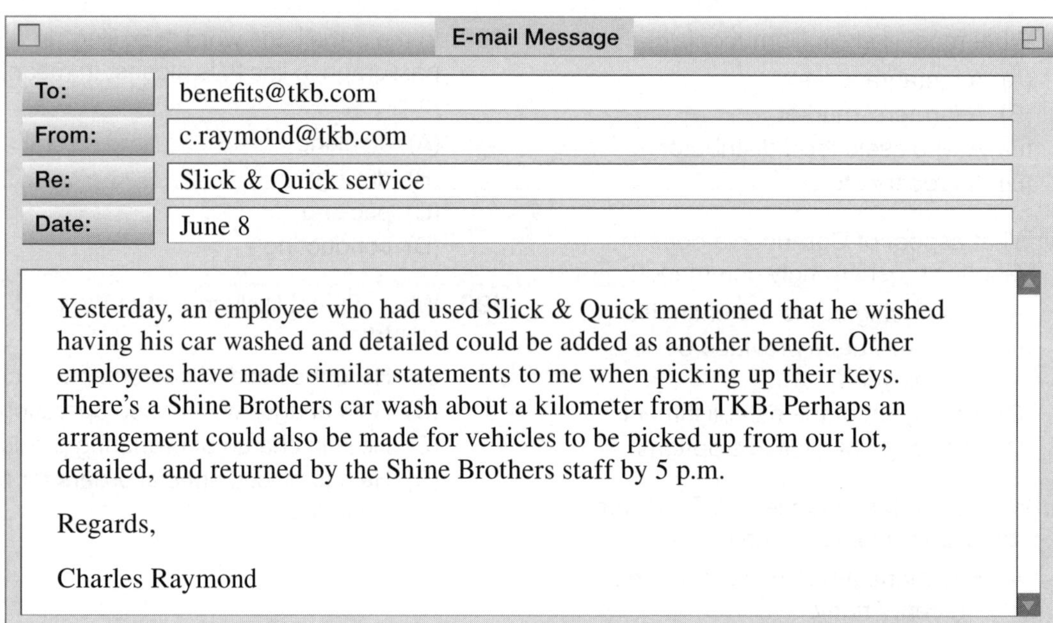
E-mail Message

To: benefits@tkb.com
From: c.raymond@tkb.com
Re: Slick & Quick service
Date: June 8

Yesterday, an employee who had used Slick & Quick mentioned that he wished having his car washed and detailed could be added as another benefit. Other employees have made similar statements to me when picking up their keys. There's a Shine Brothers car wash about a kilometer from TKB. Perhaps an arrangement could also be made for vehicles to be picked up from our lot, detailed, and returned by the Shine Brothers staff by 5 p.m.

Regards,

Charles Raymond

To:	c.raymond@tkb.com
From:	benefits@tkb.com
Re:	Slick & Quick service
Date:	June 10

Dear Mr. Raymond,

We contacted the company yesterday to discuss the suggestion. Unfortunately, it would present a number of problems. Too many trips would be needed to transport their employees back and forth. Also, the plan would likely result in complications related to auto insurance, which is not an issue with Slick & Quick. Due to their proximity, their staff can return vehicles to our lot without utilizing public roads.

Regards,

Employee Benefits Office

191. What is the memo mainly about?
(A) The renovation of a parking facility
(B) The introduction of an optional service
(C) The opening of a nearby business
(D) The implementation of a ride-sharing program

192. What most likely is Slick & Quick?
(A) A public transportation firm
(B) An automobile dealership
(C) A vehicle maintenance shop
(D) A car rental agency

193. What is suggested about Charles Raymond?
(A) He usually drives his own car to TKB.
(B) He works as a security guard.
(C) He is a staff member in the Benefits Office.
(D) He has been nominated for a promotion.

194. What most likely happened on June 9?
(A) Mr. Raymond had his vehicle serviced.
(B) Quick & Slick announced a new policy.
(C) An update was sent out to TKB personnel.
(D) A TKB representative contacted Shine Brothers.

195. What is implied about Mr. Raymond's proposal?
(A) It could affect employees' insurance coverage.
(B) It has already been accepted.
(C) It will be given further consideration.
(D) It would require him to transfer branches.

GO ON TO THE NEXT PAGE

Questions 196-200 refer to the following Web page, online form, and review.

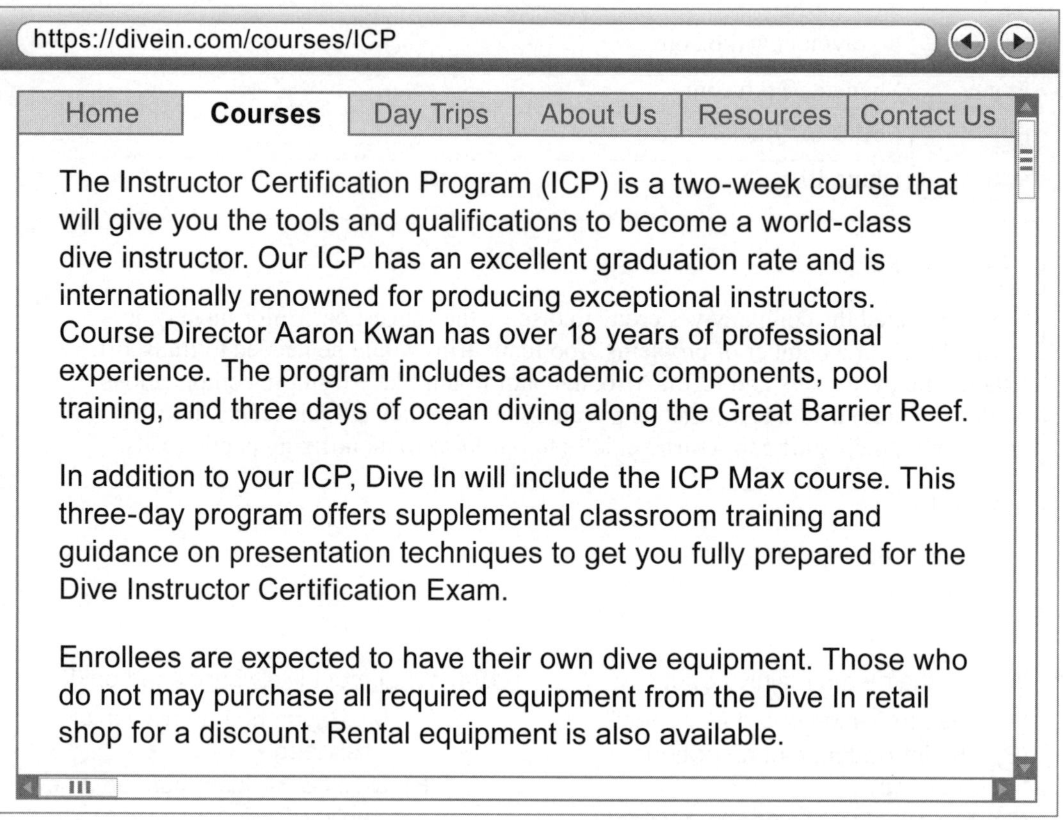

https://divein.com/courses/ICP

Home | **Courses** | Day Trips | About Us | Resources | Contact Us

The Instructor Certification Program (ICP) is a two-week course that will give you the tools and qualifications to become a world-class dive instructor. Our ICP has an excellent graduation rate and is internationally renowned for producing exceptional instructors. Course Director Aaron Kwan has over 18 years of professional experience. The program includes academic components, pool training, and three days of ocean diving along the Great Barrier Reef.

In addition to your ICP, Dive In will include the ICP Max course. This three-day program offers supplemental classroom training and guidance on presentation techniques to get you fully prepared for the Dive Instructor Certification Exam.

Enrollees are expected to have their own dive equipment. Those who do not may purchase all required equipment from the Dive In retail shop for a discount. Rental equipment is also available.

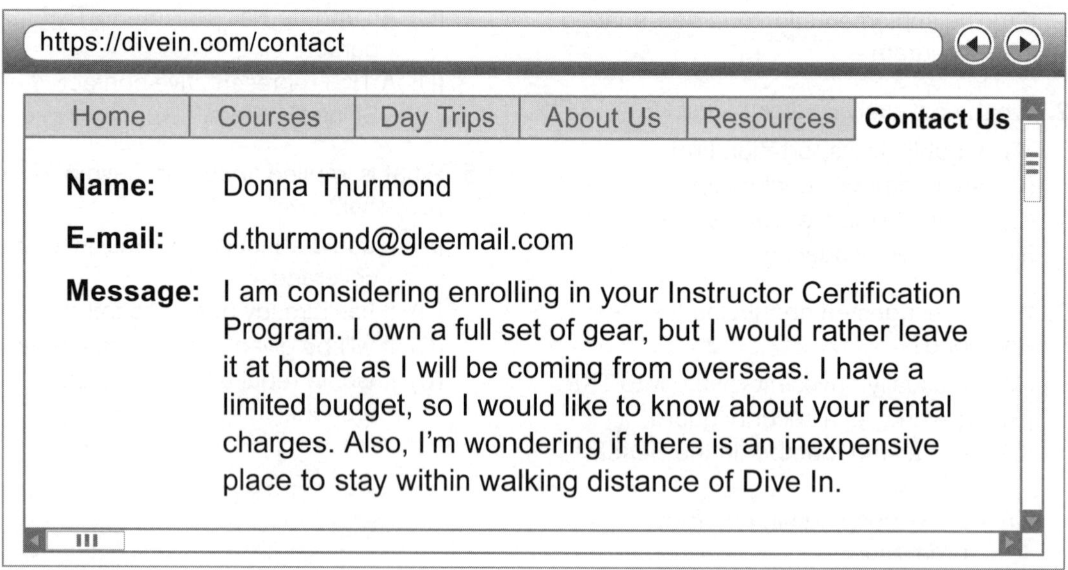

https://divein.com/contact

Home | Courses | Day Trips | About Us | Resources | **Contact Us**

Name: Donna Thurmond

E-mail: d.thurmond@gleemail.com

Message: I am considering enrolling in your Instructor Certification Program. I own a full set of gear, but I would rather leave it at home as I will be coming from overseas. I have a limited budget, so I would like to know about your rental charges. Also, I'm wondering if there is an inexpensive place to stay within walking distance of Dive In.

www.bababungalows.com/reviews/296

Rating: ★★★★☆

I stayed at Baba Bungalows for three weeks in August while completing a training program at the Dive In scuba academy, based on the recommendation of the course director. The accommodations are modest at best. Don't expect much luxury during your stay here. However, the low price can't be beat, considering the location. There are kitchen facilities and a nearby grocery. This is an excellent choice for people who want to dive without spending a fortune.

Posted by Donna Thurmond on September 1

196. What is implied on the Web page?
- (A) There are Dive In academies worldwide.
- (B) Most Dive In students become certified teachers.
- (C) Dive In has operated for more than 20 years.
- (D) Dive In's prices include all necessary equipment.

197. What is the purpose of Ms. Thurmond's message to Dive In?
- (A) To request a list of items
- (B) To inquire about a cost
- (C) To obtain a course schedule
- (D) To submit an application

198. What is suggested about Baba Bungalows?
- (A) It was recommended by Aaron Kwan.
- (B) It offers luxury accommodations.
- (C) It is located on Dive In's premises.
- (D) It offers diving gear for rent.

199. What aspect of Baba Bungalows is praised in the review?
- (A) The quality of its restaurant
- (B) The comfort of its rooms
- (C) The beauty of its surroundings
- (D) The affordability of its rates

200. What is indicated about Donna Thurmond?
- (A) She is now employed as a dive instructor.
- (B) She worked in the Dive In retail shop.
- (C) She went ocean diving on three days in August.
- (D) She will stay at Baba Bungalows again.

Stop! This is the end of the test. If you finish before time is called, you may go back to Parts 5, 6, and 7 and check your work.

TEST 5

▶ 正解一覧は本冊の 280 ページ、解答・解説は 226 ～ 279 ページに掲載されています。

READING TEST

In the Reading test, you will read a variety of texts and answer several different types of reading comprehension questions. The entire Reading test will last 75 minutes. There are three parts, and directions are given for each part. You are encouraged to answer as many questions as possible within the time allowed.

You must mark your answers on the separate answer sheet. Do not write your answers in your test book.

PART 5

Directions: A word or phrase is missing in each of the sentences below. Four answer choices are given below each sentence. Select the best answer to complete the sentence. Then mark the letter (A), (B), (C), or (D) on your answer sheet.

101. When Ms. Kim arrives, please give ------- an update on the status of our project.

(A) herself
(B) hers
(C) her
(D) she

102. Consumer testing of RayBlok's new sunscreen will be ------- at major outdoor events this summer.

(A) conducted
(B) transacted
(C) driven
(D) contracted

103. ------- from Mr. Sparrow, the directors were unanimous in their approval of the purchase of the new office space.

(A) Apart
(B) Besides
(C) Against
(D) Other

104. The board ------- positively to the ideas of the new marketing director.

(A) reacting
(B) reactive
(C) reactively
(D) reacted

105. The ------- voucher is redeemable for a 15 percent discount on your next purchase at Penny Smart.

(A) satisfied
(B) enclosed
(C) compensated
(D) regarded

106. Efficiency at the plant will ------- increase as new assembly procedures are adopted.

(A) steady
(B) steadying
(C) steadily
(D) steadiness

107. ------- guidebooks rank Platinum Suites as the area's top hotel, the Starlight Inn has received better online reviews.

(A) Regardless
(B) While
(C) Despite
(D) Always

108. Parties without reservations are not guaranteed ------- at our restaurant.

(A) service
(B) are serving
(C) served
(D) to serve

109. The results of the clinical trial of the new medication are truly remarkable in light of the ------- outcome.

(A) predict
(B) predicting
(C) predicted
(D) prediction

110. The contents were ------- from the box so that it could be used for other purposes.

(A) avoided
(B) refrained
(C) emptied
(D) departed

111. ------- the end of this week, the contractor will have completed the remodeling work.

(A) Once
(B) By
(C) Sure
(D) To

112. Stage productions with ------- of more than a hundred are held at Cliffside Auditorium.

(A) sizes
(B) venues
(C) seats
(D) casts

113. Customers can count ------- Williams & Sons to maintain the best selection of home appliances in Newport City.

(A) up
(B) for
(C) on
(D) at

114. Emergency ------- undergo an extensive training program before they can receive certification.

(A) medics
(B) medically
(C) medical
(D) medicine

115. ------- test takers to achieve a passing score, they must answer at least eighty percent of the questions correctly.

(A) In case of
(B) To be certain
(C) In order for
(D) For instance

116. People who take frequent trips abroad tend ------- bookings farther in advance than less experienced travelers.

(A) have made
(B) made
(C) to make
(D) making

117. The musical attracts ------- large audiences that tickets are always in short supply.

(A) very
(B) such
(C) so
(D) more

118. ------- of the iconic Tarpin Bridge is set to begin during the first week of August.

(A) Distraction
(B) Restoration
(C) Generation
(D) Variation

119. The Blueberry Inn holds guests ------- for any damage they cause to the rooms.

(A) accounts
(B) accounted
(C) accountancy
(D) accountable

120. Management implemented stricter safety guidelines for machine operators, ------- reducing the likelihood of an accident.

(A) so that
(B) thus
(C) which
(D) such as

GO ON TO THE NEXT PAGE →

121. Su-Li Ming ------- a position at Nardcot Industries by impressing the recruiters during her interviews.

(A) presumed
(B) offered
(C) adopted
(D) secured

122. Miriam Cosmetics' new mascara line is its most popular -------, and retailers are struggling to keep it in stock.

(A) far
(B) before
(C) yet
(D) way

123. Owing ------- to its central location, The Pines apartment complex seldom has vacancies.

(A) greatly
(B) greater
(C) great
(D) greats

124. To show our ------- to improving the local community, we urge employees to volunteer with area charities.

(A) judgment
(B) development
(C) management
(D) commitment

125. ------- Mr. James had publicly announced his plans to move to London, he decided to remain working in Seoul.

(A) Except for
(B) Although
(C) In spite of
(D) Wherever

126. There has been no difficulty so far, but the shift changes could lead to ------- scheduling problems.

(A) consensual
(B) manual
(C) eventual
(D) punctual

127. Mr. Li and Ms. Day disagreed on a few details of the promotion, but ------- believed the overall strategy was sound.

(A) both
(B) one another
(C) each other
(D) other

128. Designers can use this software to create original graphics and artwork ------- to manipulate and alter digital photography.

(A) as well as
(B) rather
(C) along with
(D) in addition

129. Your membership in the Bayonne Professionals' Group ------- once your credentials are brought back up to date.

(A) had reinstated
(B) will be reinstated
(C) was reinstating
(D) has been reinstating

130. This book will equip business owners with the tools and knowledge they need to ------- a profit within a short time.

(A) inquire
(B) captivate
(C) deploy
(D) realize

PART 6

Directions: Read the texts that follow. A word, phrase, or sentence is missing in parts of each text. Four answer choices for each question are given below the text. Select the best answer to complete the text. Then mark the letter (A), (B), (C), or (D) on your answer sheet.

Questions 131-134 refer to the following letter.

January 14

Nuts & Bolts Monthly
114 Piedmont St.
Atlanta, GA 30316

To whom it may concern:

I have been an avid reader of *Nuts & Bolts Monthly* for over a decade. In fact, I started my ------- (**131.**) shortly before I was hired at Turkell Manufacturing, where I have worked for 11 years as a senior mechanic. I have delightedly renewed it every year since.

I would like to share my professional expertise with ------- (**132.**) readership. ------- (**133.**). Topics would range from locating reliable suppliers to picking the right tools for the job. For your consideration, I have selected a few articles from the Turkell newsletter as samples of my writing. They are ------- (**134.**) with this letter. I think you will see how I can be a valuable contributor to your publication.

I eagerly await your reply.

Highest regards,

Kyle Fung

131. (A) business
(B) education
(C) subscription
(D) publication

132. (A) you
(B) your
(C) yours
(D) yourselves

133. (A) I conduct such workshops occasionally at Turkell.
(B) I plan to visit Atlanta in the near future.
(C) I was particularly impressed with your latest issue.
(D) I am offering to write a regular advice column.

134. (A) revised
(B) sealed
(C) written
(D) included

GO ON TO THE NEXT PAGE

TEST 1 TEST 2 TEST 3 TEST 4 **TEST 5**

Questions 135-138 refer to the following notice.

NOTICE

The company cafeteria will be closed from January 15 through 18 for scheduled remodeling. During that time, access will be limited to only those doing the -------(135.). The usual fees for membership in the company meal plan will not -------(136.) from employee salaries over these four days. -------(137.). This is to compensate for the lack of dining establishments in the immediate vicinity of our offices.

Please accept our sincerest -------(138.) for the inconvenience.

135. (A) trials
(B) ceremonies
(C) renovations
(D) performances

136. (A) have deducted
(B) be deducting
(C) have been deducted
(D) be deducted

137. (A) Lunch breaks will be extended to 1.5 hours while the work is underway.
(B) Fortunately, there are many restaurants located within walking distance.
(C) The cafeteria is highly rated among company employees.
(D) Palmer's Bistro will provide the catering for our event.

138. (A) apologize
(B) apologizing
(C) apologies
(D) apologetically

Questions 139-142 refer to the following e-mail.

To: kbhutchins@friendshare.org
From: mbradshaw@broxco.com
Subject: Office equipment
Date: 12 July

Dear Ms. Hutchins,

Please forgive my delayed response to your recent -------. (**139.**) We do in fact have a fairly large number of computers, printers, and copiers that we no ------- (**140.**) use and would be willing to contribute to your non-profit organization. I personally tested each of the devices after receiving your e-mail. -------. (**141.**) We also have all the necessary cables and accessories.

Feel free to visit ------- (**142.**) you would like to take a look.

Best regards,

Morris Bradshaw

139. (A) donation
(B) inquiry
(C) article
(D) discovery

140. (A) farther
(B) longer
(C) wider
(D) better

141. (A) Thank you for providing your honest opinion.
(B) They all appear to be in good working order.
(C) We look forward to your presentation.
(D) The quoted prices seem quite reasonable to me.

142. (A) whoever
(B) wherever
(C) whatever
(D) whenever

GO ON TO THE NEXT PAGE

Questions 143-146 refer to the following memo.

To: All department heads
From: Dana Watkins, Committee Chair
Date: November 18
Subject: Budget Meeting

A committee will convene on December 10 to ascertain the likely budgetary needs for a proposed new branch in Deerfield. Details regarding its size and the scale of operations ------- (143.) to you within one week. Upon receiving the information, please review it and prepare a preliminary forecast of the budget requirements of your ------- (144.) departments at the branch should we decide to move forward. ------- (145.). Those with previous appointments or other scheduling conflicts on that date may send their ------- (146.) to me by e-mail.

143. (A) are sending
(B) were sent
(C) will be sent
(D) have sent

144. (A) respect
(B) respective
(C) respecting
(D) respectable

145. (A) Your attendance at this meeting is requested.
(B) Deerfield is not far from our current location.
(C) There are several available time slots.
(D) The new branch will open at the end of this month.

146. (A) estimates
(B) offers
(C) applications
(D) contracts

PART 7

Directions: In this part you will read a selection of texts, such as magazine and newspaper articles, e-mails, and instant messages. Each text or set of texts is followed by several questions. Select the best answer for each question and mark the letter (A), (B), (C), or (D) on your answer sheet.

Questions 147-148 refer to the following text-message chain.

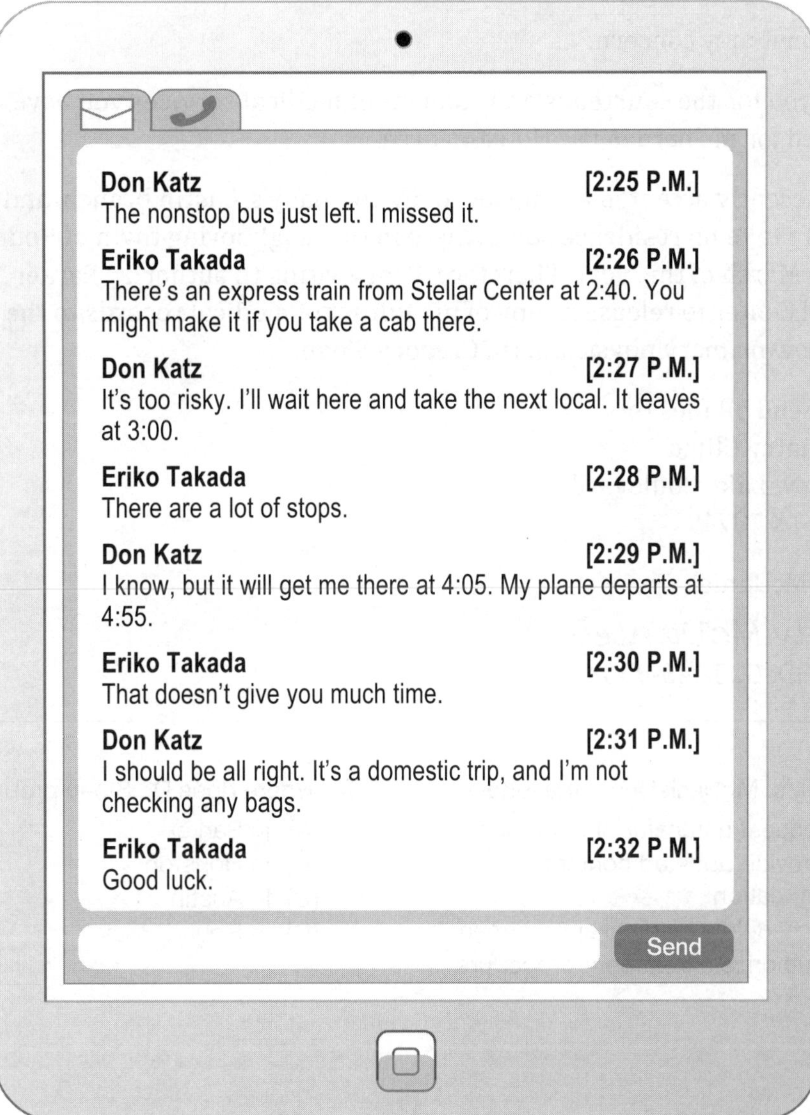

Don Katz [2:25 P.M.]
The nonstop bus just left. I missed it.

Eriko Takada [2:26 P.M.]
There's an express train from Stellar Center at 2:40. You might make it if you take a cab there.

Don Katz [2:27 P.M.]
It's too risky. I'll wait here and take the next local. It leaves at 3:00.

Eriko Takada [2:28 P.M.]
There are a lot of stops.

Don Katz [2:29 P.M.]
I know, but it will get me there at 4:05. My plane departs at 4:55.

Eriko Takada [2:30 P.M.]
That doesn't give you much time.

Don Katz [2:31 P.M.]
I should be all right. It's a domestic trip, and I'm not checking any bags.

Eriko Takada [2:32 P.M.]
Good luck.

147. Where most likely is Mr. Katz as he writes to Ms. Takada?

(A) At a train station
(B) In a taxicab
(C) At an airport
(D) At a bus terminal

148. At 2:31 P.M., what does Mr. Katz most likely mean when he writes, "I should be all right"?

(A) He does not think he will miss his flight.
(B) He believes there are still tickets available.
(C) He does not require a larger piece of luggage.
(D) He is confident about his health.

GO ON TO THE NEXT PAGE

Questions 149-150 refer to the following letter.

23 Northbridge Drive
Spring, TX 77319
January 1

Parker Medical Center
101 Highlander Ridge Road
Houston, TX 77304

To whom it may concern:

Thank you for the courteous and competent medical services you have provided for me here in the Houston area.

I have recently accepted a transfer to my company's Austin branch, and I intend to take up residence somewhere in the neighboring town of Round Rock in March of this year. Therefore, I am writing to authorize Parker Medical Center to release a copy of my full set of medical records to the office of my new primary physician, Dr. Gregory Sloan.

Please send all files to:
Hill Country Clinic
92 Willow Lake Boulevard
Austin, TX 78719

Wendy McDaniel
Wendy McDaniel
Patient ID: G23-145-9933

149. Why did Ms. McDaniel write the letter?
(A) To request a transfer of documents
(B) To provide updated contact information
(C) To schedule a medical appointment
(D) To authorize a treatment procedure

150. Where does Dr. Sloan probably work?
(A) In Parker
(B) In Houston
(C) In Austin
(D) In Round Rock

Questions 151-153 refer to the following advertisement.

Volunteers Needed

Companies in your area may be looking for volunteers for focus group sessions. Participants are invited into conference rooms where they are asked to offer feedback on marketing materials or products companies are developing. Sometimes, the sessions are recorded on video. Others allow company officials to observe reactions from behind a two-way mirror. Participants may be paid $100—or more—for only a few hours of their time. To look for focus group studies in your area, go to FocusFinder.org and create a profile by filling out a simple online form. Then you can browse through descriptions of upcoming studies to see if you might be a suitable participant. You can log in anytime to check for new opportunities.

151. According to the advertisement, what might participants be asked to do?

(A) Keep proprietary information confidential
(B) Conduct surveys of local consumers
(C) Undergo a series of treatments
(D) Share their opinions on merchandise

152. What does the advertisement mention about company officials?

(A) They might delay compensation for some sessions.
(B) They might observe sessions from a concealed location.
(C) They might occasionally hold outdoor sessions.
(D) They might appear on video during some sessions.

153. How can people find out about upcoming studies?

(A) By submitting an application fee online
(B) By signing up for an e-mail list
(C) By creating a profile on a Web site
(D) By subscribing to a company newsletter

GO ON TO THE NEXT PAGE

Questions 154-155 refer to the following memo.

From: Human Resources Department
To: All Employees
Date: June 10
Subject: Training Proposals

The Human Resources department is putting together a schedule of advanced workshops on management skills, office proficiency, and sales techniques to be conducted throughout the remainder of the year. Palmer & Associates is dedicated to improving the efficiency and productivity of all company personnel.

We invite suggestions for course topics related to existing job tasks as well as company products, services, policies, and procedures. Please send proposals to Claudia Denton in the HR training office by no later than June 24.

154. What is the purpose of the memo?

(A) To inform employees of training requirements
(B) To request suggestions for seminar content
(C) To remind staff of standard office procedures
(D) To announce an opening in a company department

155. What type of information is included in the memo?

(A) A submission deadline
(B) A workshop schedule
(C) A necessary credential
(D) A production quota

Questions 156-157 refer to the following commendation.

Employee Commendation

A special commendation is in order for Stella Hope for providing services to the firm above and beyond the call of duty. By accepting every request to put in overtime, Ms. Hope helped the shipping department get through one of our busiest seasons ever without hiring costly temporary workers to keep up with demand. At the same time, Ms. Hope found a way to upgrade our system of selecting the most appropriate shipping service based on the specific destination of the package. As a result, we have been able to get orders to our customers much more quickly while at the same time reducing our total shipping costs by approximately eight percent.

156. According to the commendation, what did Ms. Hope do?

(A) She accepted a transfer to an understaffed department.
(B) She recruited enough workers to meet high seasonal demand.
(C) She repeatedly agreed to work extra hours.
(D) She helped resolve a dispute with an important customer.

157. How did Ms. Hope most likely help reduce expenses?

(A) By improving the method for designating couriers
(B) By negotiating lower rates from service providers
(C) By finding less expensive packaging materials
(D) By streamlining a manufacturing process

GO ON TO THE NEXT PAGE

Questions 158-160 refer to the following Web listing.

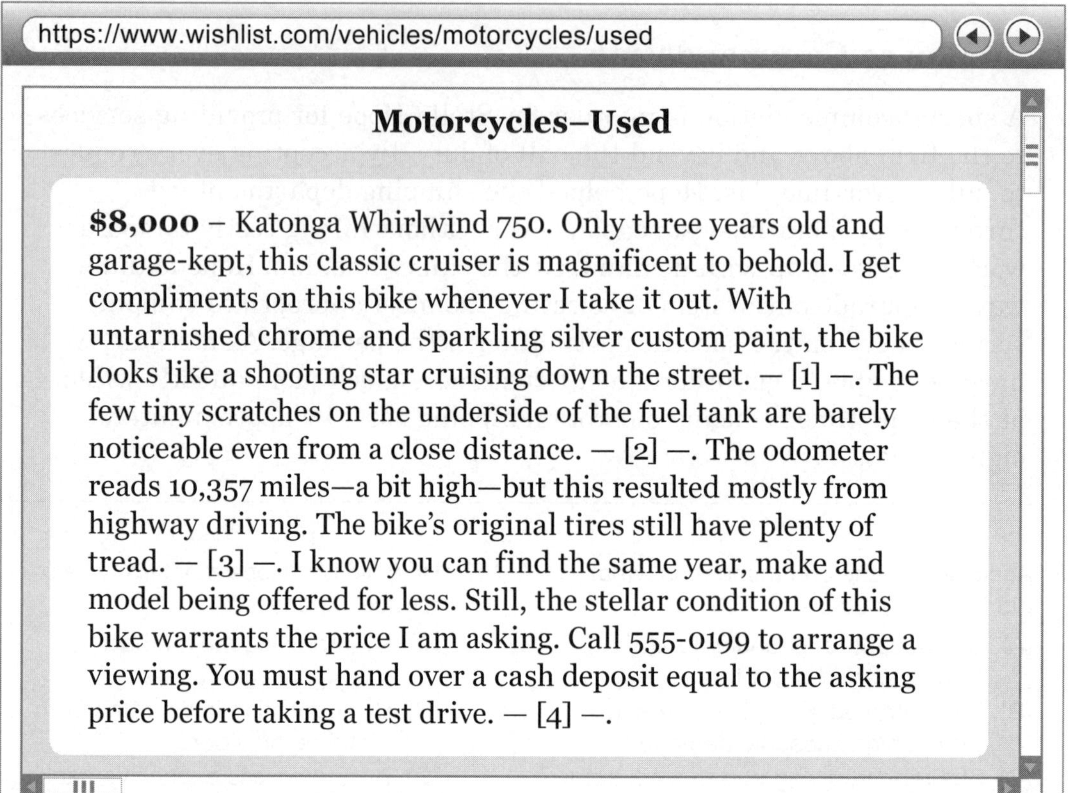

https://www.wishlist.com/vehicles/motorcycles/used

Motorcycles–Used

$8,000 – Katonga Whirlwind 750. Only three years old and garage-kept, this classic cruiser is magnificent to behold. I get compliments on this bike whenever I take it out. With untarnished chrome and sparkling silver custom paint, the bike looks like a shooting star cruising down the street. — [1] —. The few tiny scratches on the underside of the fuel tank are barely noticeable even from a close distance. — [2] —. The odometer reads 10,357 miles—a bit high—but this resulted mostly from highway driving. The bike's original tires still have plenty of tread. — [3] —. I know you can find the same year, make and model being offered for less. Still, the stellar condition of this bike warrants the price I am asking. Call 555-0199 to arrange a viewing. You must hand over a cash deposit equal to the asking price before taking a test drive. — [4] —.

158. What aspect of the motorcycle does the seller emphasize?

(A) Its excellent fuel economy
(B) Its innovative engine design
(C) Its low total mileage
(D) Its attractive appearance

159. What is NOT indicated about the motorcycle?

(A) It is still under warranty.
(B) It is parked indoors when not in use.
(C) It has some minor damage.
(D) It features a custom paint job.

160. In which of the positions marked [1], [2], [3], and [4] does the following sentence best belong?

"This is owing to the smooth surfaces on the roads where I usually ride."

(A) [1]
(B) [2]
(C) [3]
(D) [4]

Questions 161-163 refer to the following form.

Survey Form

Fritz Company appreciates your participation in our product trial. Please rank the five flavors, in order of preference, by circling the appropriate number, with 1 being the flavor you like best and 5 being the flavor you like least. If you elect not to try a flavor, circle N/A (not applicable) and provide a reason on the line below.

Sugar-free Mango	N/A	1	(2)	3	4	5
Sugar-free Vanilla	N/A	1	2	(3)	4	5
Sugar-free Cherry	N/A	(1)	2	3	4	5
Sugar-free Coconut	(N/A)	1	2	3	4	5
Sugar-free Melon	N/A	1	2	3	(4)	5

I have always strongly disliked this flavor, so I did not bother trying it.

How likely would you be to purchase these product flavors?

___ **Very likely** ___ **Somewhat likely** ✓ **Not at all likely**

Please explain.

I am not sure why, but the artificial sweeteners used in sugar-free products tend to cause me mild headaches when taken in quantity.

How likely are you to purchase Fritz products currently on the market?

___ **Very likely** ✓ **Somewhat likely** ___ **Not at all likely**

Please explain.

I have been trying to reduce my consumption of sweetened beverages, but I do like the fact that Fritz uses actual cane sugar rather than corn syrup in its regular sodas. I especially like Fritz root beer and will continue to buy it from time to time.

Name: Michael Plough

161. What flavor was Mr. Plough's favorite?

(A) Mango
(B) Vanilla
(C) Cherry
(D) Melon

162. What does Mr. Plough indicate about coconut?

(A) It was not available during his trial.
(B) He has never enjoyed the taste.
(C) It tends to give him headaches.
(D) The sample was too sweet for him.

163. What is indicated about Fritz Company?

(A) It sells only sugar-free products.
(B) It is holding trials all month long.
(C) It will market just one of the listed flavors.
(D) It produces a line of soft drinks.

GO ON TO THE NEXT PAGE

Questions 164-167 refer to the following online chat discussion.

Gail Newman [9:30 A.M.]
Clarksdale was just added to my sales territory. I'm planning a trip to follow up on some leads. I've never been there. Can anyone tell me what to expect?

Amy Schwartz [9:31 A.M.]
I heard it's lovely. There's a quaint town square with cobblestone streets and lots of shops. You should be able to drum up some business there.

Ted Willard [9:38 A.M.]
I have family in the area. Anything in particular you'd like to know?

Gail Newman [9:40 A.M.]
Good place to stay?

Stella Moore [9:42 A.M.]
I passed through Clarksdale once, but it was a while ago. I stayed at the Twilight Inn. It was quite nice.

Ted Willard [9:43 A.M.]
That place closed down. Look into the Bradford Arms. Great location.

Stella Moore [9:45 A.M.]
Oh, that's too bad. The people who ran it were so sweet. What happened?

Gail Newman [9:46 A.M.]
Thanks, Ted. I'll check it out.

Ted Willard [9:47 A.M.]
It changed hands and the new owners didn't keep it up properly. It eventually got torn down. There's an office building there now.

164. What most likely is the reason for Ms. Newman's trip to Clarksdale?
(A) To do some sightseeing
(B) To visit family members
(C) To seek out customers
(D) To attend an industry convention

165. What is Mr. Willard asked to recommend?
(A) A lodging option
(B) A dining establishment
(C) A retail shop
(D) An event venue

166. What does Ms. Moore indicate about Clarksdale?
(A) She frequently travels to the area.
(B) She once resided nearby.
(C) She plans to open a business there.
(D) She has not been there recently.

167. At 9:46 A.M., what does Ms. Newman mean when she writes, "I'll check it out"?
(A) She will investigate the Bradford Arms.
(B) She will go to Clarksdale's town square.
(C) She will inspect a new office building.
(D) She will respond to Ms. Moore's question.

Questions 168-171 refer to the following e-mail.

E-mail Message

To:	Kate Hadley <k.hadley@fostersolutions.com>
From:	Jung Men <j.men@pzm.com>
Subject:	Your visit
Date:	July 10

Dear Ms. Hadley,

Thank you for agreeing to visit PZM's main production facility in Beijing. Foster Solutions has an excellent reputation for helping major manufacturers to better coordinate the activities of large numbers of assembly personnel. We are sure the analysis and input you provide will be of great benefit to PZM. — [1] —.

While on premises, you will have direct exposure to PZM's product designs, technological innovations, and other intellectual property. Attached is our standard nondisclosure agreement. Please print it out, sign it, and mail it back to us at your earliest convenience. — [2] —. When doing so, please enclose two passport-sized photos so we can make your visitor's badge and a duplicate, which will be kept in our files. — [3] —. We will mail the badge to you prior to your visit. — [4] —. Having it in your possession when you arrive will save you quite a bit of time and hassle on your first visit to the plant.

Best regards,

Jung Men

168. Who most likely is Ms. Hadley?

(A) An employee of a consulting firm
(B) A production manager at a factory
(C) A member of a government agency
(D) A personnel department supervisor

169. What was sent along with the e-mail?

(A) An identification form
(B) A pair of digital photographs
(C) An agenda for an upcoming meeting
(D) A confidentiality agreement

170. According to the e-mail, what will save time?

(A) Bringing a badge to the facility
(B) Using e-mail to correspond
(C) Parking in the employee lot
(D) Visiting on a particular date

171. In which of the positions marked [1], [2], [3], and [4] does the following sentence best belong?

"This is both for security purposes as well as to serve as a replacement if needed."

(A) [1]
(B) [2]
(C) [3]
(D) [4]

TEST 1 TEST 2 TEST 3 TEST 4 TEST 5

GO ON TO THE NEXT PAGE

Questions 172-175 refer to the following minutes of a meeting.

Long Valley Pickling Association (LVPA)

Minutes
Meeting Date: April 25

Present Catalina Ramos, President; Tia Park, Secretary; Daphne West, Board Member; Rick Abrahams, Board Member; Alicia Patel, Board Member; Simon Clay, Executive Director

Absent Olivia Hudson, Marketing Director

Call to Order: A regular meeting of LVPA directors was held in the boardroom on April 25. The meeting convened at 6:00 P.M., with Catalina Ramos presiding.

Business from the Previous Meeting

Budget Committee Report: Committee Chair Daphne West distributed the finalized budget for this year. She read through line items, occasionally fielding questions by board members. The main change from last year's budget was an increase in marketing expenditure. The motion to accept the revised budget was seconded and passed.

New Jar Research: Rick Abrahams explained his research into the new Elko jars that some members have been using. He recommended against purchasing them in bulk for the association, citing storage and distribution problems. His motion to dismiss this proposal was seconded and passed.

New Business

Promotional Ideas for Pickle Fest: Deferred for next meeting, as Olivia Hudson was absent.

Additions to the Agenda

Rick Abrahams made a motion that pickle sales at the local farmers' market be discussed. Simon Clay dismissed the motion and proposed adding it to next month's meeting plan. Alicia Patel seconded the motion and it was added to the agenda for May.

Agenda for Next Meeting

Promotional Ideas for Pickle Fest
Farmers' Market Pickle Sale

Adjournment: Meeting was adjourned at 8:30 P.M. The next general meeting will convene at 6:00 P.M. on May 22 in the boardroom.

Minutes submitted by: Tia Park

Approved by: Simon Clay

172. According to the minutes, what is expected to go up compared to last year?

(A) The number of association members
(B) The cost of leasing a facility
(C) The turnout for an annual event
(D) The money spent on advertising

173. What was rejected at the meeting?

(A) A suggestion to buy containers in bulk
(B) A recommended revision to a budget
(C) A plan to conduct a market survey
(D) A request to conclude the session early

174. Why most likely was discussion of one agenda item postponed?

(A) The necessary research data was not yet available.
(B) Discussion of other topics took longer than planned.
(C) The marketing director was not in attendance.
(D) Some members needed more time to prepare.

175. What is indicated about the farmers' market?

(A) It was not on the agenda for April 25.
(B) It coincides with Pickle Fest this year.
(C) It is now allowing sales of preserved foods.
(D) It will take place in May.

TEST 1 TEST 2 TEST 3 TEST 4 TEST 5

GO ON TO THE NEXT PAGE

Questions 176-180 refer to the following e-mail and online form.

To: a.aziz@azizcontracting.co.uk
From: m.yang@sundownsuites.co.uk
Re: Sundown Suites Project
Date: 28 February

Dear Mr. Aziz,

Thank you for sending your account information. Your prompt reply to my e-mail request yesterday is greatly appreciated. The total amount indicated on the contract was sent to you via wire transfer this afternoon. Please contact me if the transfer is not confirmed by 5:00 P.M. tomorrow.

We are pleased with the excellent job you did replacing the bathroom tiles in all of our guest rooms. We will certainly keep you in mind for future projects and would gladly recommend you to other local organizations should the opportunity arise.

As a reminder, all individual contractors who took part in the renovations are eligible for a 20 percent discount on stays at any Sundown Suites nationwide through the end of this year. Simply enter the code DPX804 to receive the discount.

Sincerely,

Mellissa Yang
Manager, Sundown Suites

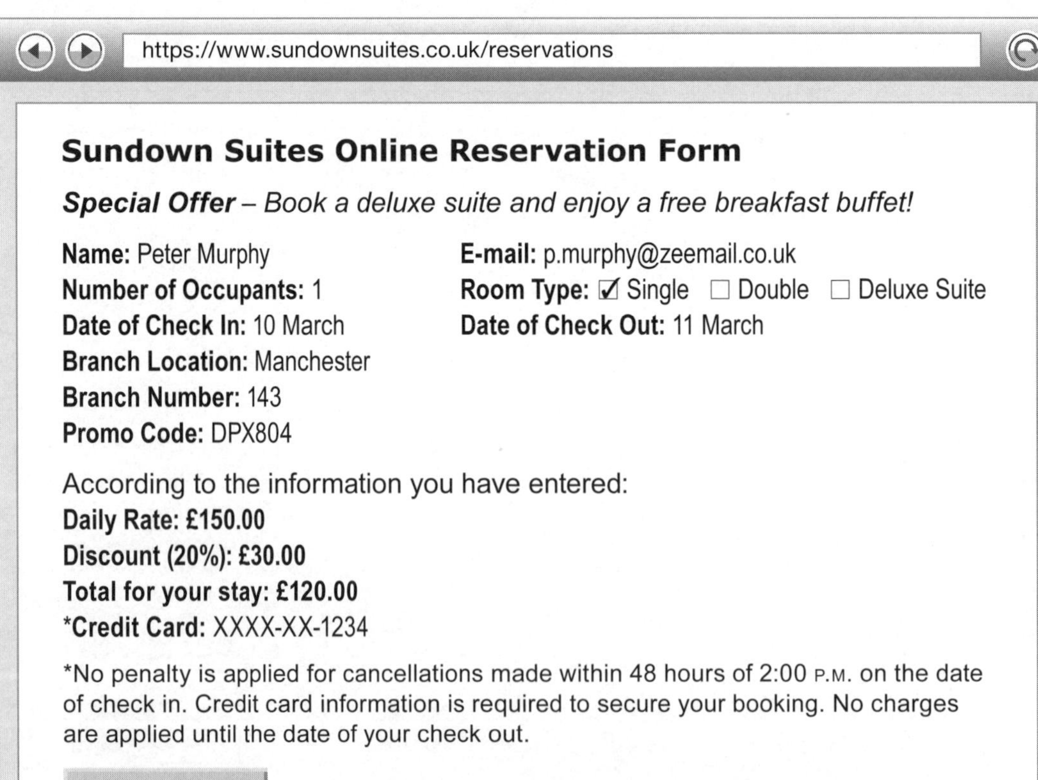

https://www.sundownsuites.co.uk/reservations

Sundown Suites Online Reservation Form

Special Offer *– Book a deluxe suite and enjoy a free breakfast buffet!*

Name: Peter Murphy
E-mail: p.murphy@zeemail.co.uk
Number of Occupants: 1
Room Type: ☑ Single ☐ Double ☐ Deluxe Suite
Date of Check In: 10 March
Date of Check Out: 11 March
Branch Location: Manchester
Branch Number: 143
Promo Code: DPX804

According to the information you have entered:
Daily Rate: £150.00
Discount (20%): £30.00
Total for your stay: £120.00
***Credit Card:** XXXX-XX-1234

*No penalty is applied for cancellations made within 48 hours of 2:00 P.M. on the date of check in. Credit card information is required to secure your booking. No charges are applied until the date of your check out.

Make This Booking

176. What is the main purpose of the e-mail?

(A) To ask Mr. Aziz to review a contract
(B) To inform Mr. Aziz a payment has been made
(C) To solicit workers for an upcoming project
(D) To seek reimbursement for some damage to a room

177. What was most likely sent to Mr. Aziz yesterday?

(A) An inquiry about his availability
(B) An estimate of some costs
(C) Confirmation of a wire transfer
(D) A request for banking details

178. What does Ms. Yang mention that she is willing to do?

(A) Overlook some cracked floor tiles
(B) Refer area establishments to Mr. Aziz
(C) Contact a bank manager on Mr. Aziz's behalf
(D) Consider revisions to a previous agreement

179. What is suggested about Peter Murphy?

(A) He is an employee of Mr. Aziz.
(B) He was hired to help renovate a hotel.
(C) He will be working in Manchester next month.
(D) He has stayed at Sundown Suites before.

180. What is indicated about Mr. Murphy's booking?

(A) He will receive a free meal on March 11.
(B) He will share his room with one other guest.
(C) His credit card has not been charged yet.
(D) He must arrive at the hotel before 2:00 P.M.

GO ON TO THE NEXT PAGE

Questions 181-185 refer to the following notice and memo.

Notice

Each day, Quantelle Holdings' e-mail servers detect and block dozens of malicious attempts to access our system and spread viruses or extract confidential data. Even with continuous upgrades to our automated antivirus and firewall defenses, the Information Technology Department cannot guarantee 100 percent protection for all incoming messages. Therefore, employees are strongly advised to take every precaution when receiving a file sent as an e-mail attachment. If the sender is unknown, or you suspect a file may not be legitimate, refrain from opening it. Instead, call the IT Department's dedicated hotline at extension 119 and request instructions. Do not be concerned about interrupting their work. IT staff would greatly prefer to spend a few minutes providing guidance or scanning an unsolicited file than to spend hours, if not days, removing a virus from our system.

From: Arianna Vella
To: Sales Personnel
Re: Anti-Virus Notice—Addendum
Date: November 6

In regard to the recently distributed notice concerning anti-virus measures, supervisors have been asked to forward the following addendum to their departmental staff:

Suppose you have followed all recommended guidelines but still have reason to believe your desktop or laptop computer has been infected.

Stop what you are doing immediately. Do not attempt to resolve the issue yourself or send out any messages. Pick up the phone and dial extension 119. Immediately disconnect your computer from our wi-fi network, and then shut it down. Do not worry about following usual shutdown procedures—any resulting problems with the operating system can easily be addressed once the computer has been removed from the network and the virus has been identified and eliminated.

181. What is the purpose of the notice?

(A) To further clarify some previous instructions

(B) To assure employees their information is safe

(C) To warn employees about an interruption in service

(D) To caution workers about a potential hazard

182. What is mentioned about the firm's defense systems?

(A) They are run by a reputable business.

(B) They are updated on a regular basis.

(C) They have yet to be installed.

(D) They are no longer under warranty.

183. What does the notice advise employees to do?

(A) Exercise care with suspicious digital files

(B) Report unusual behavior by colleagues

(C) Attempt to resolve common problems on their own

(D) Download any software updates immediately

184. According to the memo, what should employees do if they believe a laptop is already infected?

(A) Dial Ms. Vella's extension number

(B) Call a dedicated hotline

(C) Contact the maker's tech support center

(D) Notify the Internet service provider

185. In the memo, the word "addressed" in paragraph 3, line 6, is closest in meaning to

(A) attempted

(B) discussed

(C) resolved

(D) dispatched

GO ON TO THE NEXT PAGE

Questions 186-190 refer to the following newspaper article, e-mail, and table of contents.

MIAMI (August 4)—Noted energy researcher Nathaniel Quinn has accepted an invitation to give a presentation at the Miami Technology Exposition. Founder and CEO of Atlantia Solar Labs, Mr. Quinn will speak on recent technological advances and future prospects for renewable energy sources.

A prominent voice among clean-energy advocates, Mr. Quinn is frequently asked to speak at industry events as well as on college campuses, both domestically and abroad.

"The people of the world will eventually have to rely almost exclusively on renewable energy sources," says Quinn. "It is not a matter of whether it will happen; it is a matter of when. To protect the world for future generations, I believe we should start making this transition right away."

Citizens of every industrialized country should make every effort to reduce energy use and fuel consumption," he adds. "Instead of driving to work, make use of public transportation. Better yet, ride a bike."

The exposition will be held on Saturday, August 8 at Kluborg Center. Mr. Quinn's presentation is scheduled for 4 P.M. Visit www.events-kluborg.org for more information.

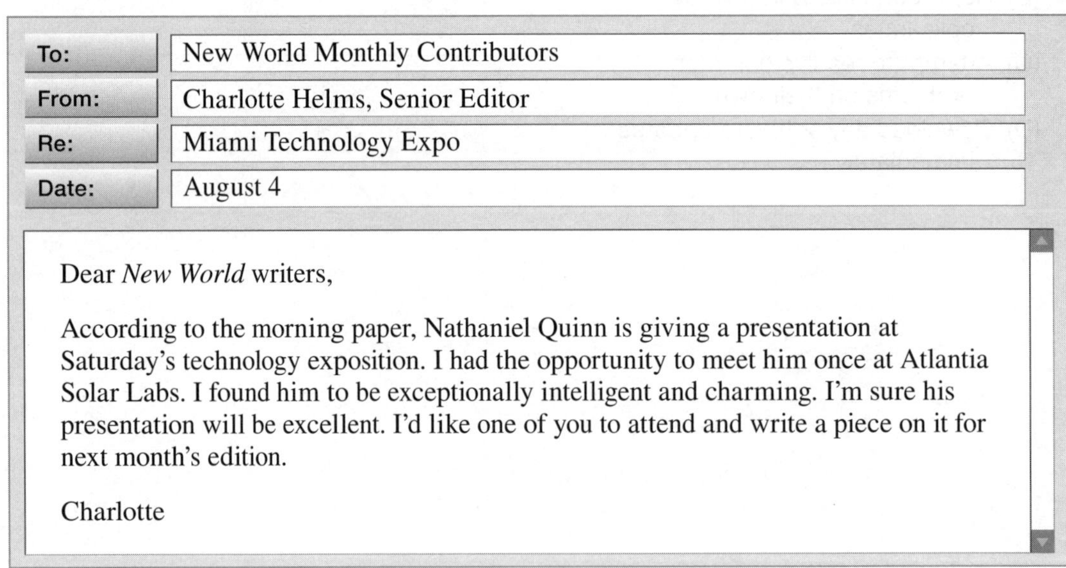

To:	New World Monthly Contributors
From:	Charlotte Helms, Senior Editor
Re:	Miami Technology Expo
Date:	August 4

Dear *New World* writers,

According to the morning paper, Nathaniel Quinn is giving a presentation at Saturday's technology exposition. I had the opportunity to meet him once at Atlantia Solar Labs. I found him to be exceptionally intelligent and charming. I'm sure his presentation will be excellent. I'd like one of you to attend and write a piece on it for next month's edition.

Charlotte

New World Monthly

September Issue – Table of Contents

✦ Special Features

Page 3: My Clean Corps Experience by Jillian Lance
The author's personal account of her volunteer work for an environmental group with an innovative approach to activism

Page 7: The Coral Conundrum by Trevor Klutz
Interviews shed light on the difficulty researchers have encountered in trying to protect sensitive aquatic environments

Page 11: Bright Ideas by Walt Orton
One expert's thoughts on how rapid conversion to sustainable energy sources would make the world's future brighter

Page 15: Never Too Cold by Gilda Vasquez
An outline of various conservation projects slated to take place in the Miami area this winter

186. What is main purpose of the newspaper article?
(A) To announce a special appearance at an event
(B) To report on recent technological advances
(C) To publicize the establishment of a new foundation
(D) To present the findings of a research project

187. In the newspaper article, what does Mr. Quinn say people should do?
(A) Install solar panels on their homes
(B) Consider alternative means of transportation
(C) Purchase energy-saving appliances
(D) Donate to environmental causes

188. What is indicated about Ms. Helms?
(A) She collaborated with Mr. Quinn on a study.
(B) She heard Mr. Quinn's speech at a local college.
(C) She has visited Mr. Quinn's organization.
(D) She accompanied Mr. Quinn on an overseas trip.

189. What *New World Monthly* feature most likely includes a schedule of future activities?
(A) My Clean Corps Experience
(B) The Coral Conundrum
(C) Bright Ideas
(D) Never Too Cold

190. Who was most likely among the audience at Mr. Quinn's presentation?
(A) Jillian Lance
(B) Trevor Klutz
(C) Walt Orton
(D) Gilda Vasquez

GO ON TO THE NEXT PAGE

Questions 191-195 refer to the following excerpt from a manual, e-mail, and invoice.

Employees issued keys or swipe cards for entrance into secure locations are responsible for their safekeeping. Should employees lose possession of a key or card, they must notify our head of security immediately. In the instance of swipe cards, the lock will be re-coded by way of computer and a new card will be issued. The loss of a key necessitates total replacement of the corresponding lock(s). A swipe card or key issued to an employee should never be lent to another individual without written authorization from their department supervisor (Form K-3A).

Gable Incorporated Policy Manual Page 72

To:	Wayne Thompson
From:	Carol Tobin
Date:	May 10
Subject:	Key SB19

Regretfully, my key to the storage area adjacent to my office appears to have gone missing. I had it on a different ring from my house and car keys. I have thoroughly searched both my home and office, but have been unable to locate it. I am informing you of this in adherence to the policy specified on page 72 of the employee handbook.

I deeply apologize for the inconvenience.

Sincerely,

Carol Tobin
Accounting Department

Invoice A29-31 Stronghold Locksmith & Security System Services 183 Route16, Kylie, NH, 03036 (603) 555-0151	**Date:** May 12 **Customer:** Gable Incorporated **Address:** 65 Hampton Court, Kylie, NH 03042 **Telephone:** (603) 555-0178	
Description	**Parts**	**Labor**
Service Call	N/A	$85.00
Replace exit alarm, 2nd floor	$68.50	$50.00
Replace office door lock, 3rd floor	$23.50	$25.00
Replace storage room lock, 4th floor	$52.50	$25.00
Repair motion sensor at entrance, 1st floor	$15.50	$50.00
		Total Parts: $160.00 Total Labor: $235.00 **Total: $395**

191. According to Gable policy, what happens if someone loses a swipe card?

(A) A security inspection is conducted.
(B) The lock is reprogrammed electronically.
(C) The employee must pay for its replacement.
(D) A new lock must be installed immediately.

192. What does Ms. Tobin mention about key SB19?

(A) She accidentally took it home.
(B) She lent it to her coworker.
(C) She kept it separate from her other keys.
(D) She dropped it in the parking lot.

193. Who most likely is Wayne Thompson?

(A) A new employee at Gable
(B) The accounting department supervisor
(C) A security department head
(D) The operator of a locksmith service

194. Where is Ms. Tobin's office probably located?

(A) On the first floor
(B) On the second floor
(C) On the third floor
(D) On the fourth floor

195. What is indicated about Stronghold on the invoice?

(A) It charged the client to visit their location.
(B) It installed the building's original security system.
(C) It provided some equipment free of charge.
(D) It billed the client extra for weekend labor.

GO ON TO THE NEXT PAGE

Questions 196-200 refer to the following letter, e-mail, and article.

North Lake Community College
1 Pine Nut Lane, Tahoe City, CA 96145

March 12

Paulo Limited, HR Dept.
52 Skidmore Street
Reno, NV 89509

Dear Sir or Madam:

North Lake Community College cordially invites Paulo Limited to take part in the NLCC Job Fair. The event will be held on campus in Clark Gymnasium from 10 A.M. to 4 P.M. on Saturday, May 11.

We anticipate over six hundred job seekers at the event. Attendees are free to stop by the booth of any company at the fair. However, NLCC staff will offer assistance in matching the most suitable applicants to prospective employers.

There are no fees involved and booths will be provided. A list of companies planning to be at the event will be published in the Sunday, May 5 edition of the *Tahoe Tribune*. To be included, companies must reply to confirm their participation by letter or e-mail (p.riksan@nlcc.edu) by May 1.

Sincerely,

Penny Riksan
Penny Riksan
Event Coordinator, NLCC

To:	Penny Riksan <p.riksan@nlcc.edu>
From:	Gabe Alejandro <g.alejandro@paulo.ltd.com>
Subject:	Job Fair
Date:	March 30

Dear Ms. Riksan,

Thank you for sending us the invitation to the NLCC Job Fair. We had not initially planned to participate, as we were not seeking employees when we received your letter. Our situation has changed due to a recent development. Plans are now underway to open a second office in Las Vegas, and many of our personnel have expressed interest in transfers.

Two of my departmental colleagues will be joining me in staffing the Paulo Limited booth at the fair. Kindly forward any additional details that we may require concerning the event.

Best regards,

Gabe Alejandro
Paulo Limited

TAHOE TRIBUNE

NLCC Job Fair

Tahoe City (May 12)—A job fair held on the North Lake Community College campus attracted nearly four hundred attendees eagerly seeking employment. While mostly US companies with branches in California or the neighboring state of Nevada participated in the fair, many non-regional organizations were represented as well. These included firms based in Canada, Mexico, and even Brazil.

A survey carried out at the conclusion of the event indicated that approximately three quarters of attendees were invited to at least one interview. Company recruiters also confirmed that over thirty attendees received job offers at the event.

196. According to the letter, how will NLCC personnel help at the event?

(A) By distributing application forms to attendees
(B) By encouraging enrollment in vocational programs
(C) By directing job seekers to appropriate firms
(D) By providing booth staffers with refreshments

197. According to the e-mail, what does Mr. Alejandro intend to do?

(A) Consider transferring to a new branch
(B) Be present on the NLCC campus on May 11
(C) Set up a meeting within his department
(D) Send Ms. Riksan information about his company

198. What is implied about Paulo Limited?

(A) It has offices in multiple countries.
(B) Its name was in the newspaper on May 5.
(C) It extended job offers to applicants at the fair.
(D) It offers internships to NLCC students.

199. What is indicated about the job fair?

(A) Turnout was lower than expected.
(B) Companies pay nominal fees to take part.
(C) NLCC holds a similar event every year.
(D) Only local employers were present.

200. What is most likely true about the survey of fair attendees?

(A) It was conducted by e-mail.
(B) It was conducted by a local newspaper.
(C) It was conducted in the afternoon.
(D) It was conducted by Penny Riksan.

Stop! This is the end of the test. If you finish before time is called, you may go back to Parts 5, 6, and 7 and check your work.

TOEIC® L&R テスト 精選模試 リーディング 3 TEST 1

Answer Sheet

実施日	年 月 日

Part 5															Part 6										Part 7																								
No.	ANSWER				No.	ANSWER				No.	ANSWER				No.	ANSWER				No.	ANSWER				No.	ANSWER				No.	ANSWER				No.	ANSWER				No.	ANSWER				No.	ANSWER			
	A	B	C	D		A	B	C	D		A	B	C	D		A	B	C	D		A	B	C	D		A	B	C	D		A	B	C	D		A	B	C	D		A	B	C	D		A	B	C	D
101	Ⓐ	Ⓑ	Ⓒ	Ⓓ	111	Ⓐ	Ⓑ	Ⓒ	Ⓓ	121	Ⓐ	Ⓑ	Ⓒ	Ⓓ	131	Ⓐ	Ⓑ	Ⓒ	Ⓓ	141	Ⓐ	Ⓑ	Ⓒ	Ⓓ	151	Ⓐ	Ⓑ	Ⓒ	Ⓓ	161	Ⓐ	Ⓑ	Ⓒ	Ⓓ	171	Ⓐ	Ⓑ	Ⓒ	Ⓓ	181	Ⓐ	Ⓑ	Ⓒ	Ⓓ	191	Ⓐ	Ⓑ	Ⓒ	Ⓓ
102	Ⓐ	Ⓑ	Ⓒ	Ⓓ	112	Ⓐ	Ⓑ	Ⓒ	Ⓓ	122	Ⓐ	Ⓑ	Ⓒ	Ⓓ	132	Ⓐ	Ⓑ	Ⓒ	Ⓓ	142	Ⓐ	Ⓑ	Ⓒ	Ⓓ	152	Ⓐ	Ⓑ	Ⓒ	Ⓓ	162	Ⓐ	Ⓑ	Ⓒ	Ⓓ	172	Ⓐ	Ⓑ	Ⓒ	Ⓓ	182	Ⓐ	Ⓑ	Ⓒ	Ⓓ	192	Ⓐ	Ⓑ	Ⓒ	Ⓓ
103	Ⓐ	Ⓑ	Ⓒ	Ⓓ	113	Ⓐ	Ⓑ	Ⓒ	Ⓓ	123	Ⓐ	Ⓑ	Ⓒ	Ⓓ	133	Ⓐ	Ⓑ	Ⓒ	Ⓓ	143	Ⓐ	Ⓑ	Ⓒ	Ⓓ	153	Ⓐ	Ⓑ	Ⓒ	Ⓓ	163	Ⓐ	Ⓑ	Ⓒ	Ⓓ	173	Ⓐ	Ⓑ	Ⓒ	Ⓓ	183	Ⓐ	Ⓑ	Ⓒ	Ⓓ	193	Ⓐ	Ⓑ	Ⓒ	Ⓓ
104	Ⓐ	Ⓑ	Ⓒ	Ⓓ	114	Ⓐ	Ⓑ	Ⓒ	Ⓓ	124	Ⓐ	Ⓑ	Ⓒ	Ⓓ	134	Ⓐ	Ⓑ	Ⓒ	Ⓓ	144	Ⓐ	Ⓑ	Ⓒ	Ⓓ	154	Ⓐ	Ⓑ	Ⓒ	Ⓓ	164	Ⓐ	Ⓑ	Ⓒ	Ⓓ	174	Ⓐ	Ⓑ	Ⓒ	Ⓓ	184	Ⓐ	Ⓑ	Ⓒ	Ⓓ	194	Ⓐ	Ⓑ	Ⓒ	Ⓓ
105	Ⓐ	Ⓑ	Ⓒ	Ⓓ	115	Ⓐ	Ⓑ	Ⓒ	Ⓓ	125	Ⓐ	Ⓑ	Ⓒ	Ⓓ	135	Ⓐ	Ⓑ	Ⓒ	Ⓓ	145	Ⓐ	Ⓑ	Ⓒ	Ⓓ	155	Ⓐ	Ⓑ	Ⓒ	Ⓓ	165	Ⓐ	Ⓑ	Ⓒ	Ⓓ	175	Ⓐ	Ⓑ	Ⓒ	Ⓓ	185	Ⓐ	Ⓑ	Ⓒ	Ⓓ	195	Ⓐ	Ⓑ	Ⓒ	Ⓓ
106	Ⓐ	Ⓑ	Ⓒ	Ⓓ	116	Ⓐ	Ⓑ	Ⓒ	Ⓓ	126	Ⓐ	Ⓑ	Ⓒ	Ⓓ	136	Ⓐ	Ⓑ	Ⓒ	Ⓓ	146	Ⓐ	Ⓑ	Ⓒ	Ⓓ	156	Ⓐ	Ⓑ	Ⓒ	Ⓓ	166	Ⓐ	Ⓑ	Ⓒ	Ⓓ	176	Ⓐ	Ⓑ	Ⓒ	Ⓓ	186	Ⓐ	Ⓑ	Ⓒ	Ⓓ	196	Ⓐ	Ⓑ	Ⓒ	Ⓓ
107	Ⓐ	Ⓑ	Ⓒ	Ⓓ	117	Ⓐ	Ⓑ	Ⓒ	Ⓓ	127	Ⓐ	Ⓑ	Ⓒ	Ⓓ	137	Ⓐ	Ⓑ	Ⓒ	Ⓓ	147	Ⓐ	Ⓑ	Ⓒ	Ⓓ	157	Ⓐ	Ⓑ	Ⓒ	Ⓓ	167	Ⓐ	Ⓑ	Ⓒ	Ⓓ	177	Ⓐ	Ⓑ	Ⓒ	Ⓓ	187	Ⓐ	Ⓑ	Ⓒ	Ⓓ	197	Ⓐ	Ⓑ	Ⓒ	Ⓓ
108	Ⓐ	Ⓑ	Ⓒ	Ⓓ	118	Ⓐ	Ⓑ	Ⓒ	Ⓓ	128	Ⓐ	Ⓑ	Ⓒ	Ⓓ	138	Ⓐ	Ⓑ	Ⓒ	Ⓓ	148	Ⓐ	Ⓑ	Ⓒ	Ⓓ	158	Ⓐ	Ⓑ	Ⓒ	Ⓓ	168	Ⓐ	Ⓑ	Ⓒ	Ⓓ	178	Ⓐ	Ⓑ	Ⓒ	Ⓓ	188	Ⓐ	Ⓑ	Ⓒ	Ⓓ	198	Ⓐ	Ⓑ	Ⓒ	Ⓓ
109	Ⓐ	Ⓑ	Ⓒ	Ⓓ	119	Ⓐ	Ⓑ	Ⓒ	Ⓓ	129	Ⓐ	Ⓑ	Ⓒ	Ⓓ	139	Ⓐ	Ⓑ	Ⓒ	Ⓓ	149	Ⓐ	Ⓑ	Ⓒ	Ⓓ	159	Ⓐ	Ⓑ	Ⓒ	Ⓓ	169	Ⓐ	Ⓑ	Ⓒ	Ⓓ	179	Ⓐ	Ⓑ	Ⓒ	Ⓓ	189	Ⓐ	Ⓑ	Ⓒ	Ⓓ	199	Ⓐ	Ⓑ	Ⓒ	Ⓓ
110	Ⓐ	Ⓑ	Ⓒ	Ⓓ	120	Ⓐ	Ⓑ	Ⓒ	Ⓓ	130	Ⓐ	Ⓑ	Ⓒ	Ⓓ	140	Ⓐ	Ⓑ	Ⓒ	Ⓓ	150	Ⓐ	Ⓑ	Ⓒ	Ⓓ	160	Ⓐ	Ⓑ	Ⓒ	Ⓓ	170	Ⓐ	Ⓑ	Ⓒ	Ⓓ	180	Ⓐ	Ⓑ	Ⓒ	Ⓓ	190	Ⓐ	Ⓑ	Ⓒ	Ⓓ	200	Ⓐ	Ⓑ	Ⓒ	Ⓓ

キリトリ

TOEIC® L&R テスト 精選模試 リーディング 3 TEST 2

Answer Sheet

実施日	年	月	日

Part 5

No.	A	B	C	D	No.	A	B	C	D	No.	A	B	C	D
101	Ⓐ	Ⓑ	Ⓒ	Ⓓ	111	Ⓐ	Ⓑ	Ⓒ	Ⓓ	121	Ⓐ	Ⓑ	Ⓒ	Ⓓ
102	Ⓐ	Ⓑ	Ⓒ	Ⓓ	112	Ⓐ	Ⓑ	Ⓒ	Ⓓ	122	Ⓐ	Ⓑ	Ⓒ	Ⓓ
103	Ⓐ	Ⓑ	Ⓒ	Ⓓ	113	Ⓐ	Ⓑ	Ⓒ	Ⓓ	123	Ⓐ	Ⓑ	Ⓒ	Ⓓ
104	Ⓐ	Ⓑ	Ⓒ	Ⓓ	114	Ⓐ	Ⓑ	Ⓒ	Ⓓ	124	Ⓐ	Ⓑ	Ⓒ	Ⓓ
105	Ⓐ	Ⓑ	Ⓒ	Ⓓ	115	Ⓐ	Ⓑ	Ⓒ	Ⓓ	125	Ⓐ	Ⓑ	Ⓒ	Ⓓ
106	Ⓐ	Ⓑ	Ⓒ	Ⓓ	116	Ⓐ	Ⓑ	Ⓒ	Ⓓ	126	Ⓐ	Ⓑ	Ⓒ	Ⓓ
107	Ⓐ	Ⓑ	Ⓒ	Ⓓ	117	Ⓐ	Ⓑ	Ⓒ	Ⓓ	127	Ⓐ	Ⓑ	Ⓒ	Ⓓ
108	Ⓐ	Ⓑ	Ⓒ	Ⓓ	118	Ⓐ	Ⓑ	Ⓒ	Ⓓ	128	Ⓐ	Ⓑ	Ⓒ	Ⓓ
109	Ⓐ	Ⓑ	Ⓒ	Ⓓ	119	Ⓐ	Ⓑ	Ⓒ	Ⓓ	129	Ⓐ	Ⓑ	Ⓒ	Ⓓ
110	Ⓐ	Ⓑ	Ⓒ	Ⓓ	120	Ⓐ	Ⓑ	Ⓒ	Ⓓ	130	Ⓐ	Ⓑ	Ⓒ	Ⓓ

Part 6 (131–146) / **Part 7** (147–200)

No.	A	B	C	D	No.	A	B	C	D
131	Ⓐ	Ⓑ	Ⓒ	Ⓓ	141	Ⓐ	Ⓑ	Ⓒ	Ⓓ
132	Ⓐ	Ⓑ	Ⓒ	Ⓓ	142	Ⓐ	Ⓑ	Ⓒ	Ⓓ
133	Ⓐ	Ⓑ	Ⓒ	Ⓓ	143	Ⓐ	Ⓑ	Ⓒ	Ⓓ
134	Ⓐ	Ⓑ	Ⓒ	Ⓓ	144	Ⓐ	Ⓑ	Ⓒ	Ⓓ
135	Ⓐ	Ⓑ	Ⓒ	Ⓓ	145	Ⓐ	Ⓑ	Ⓒ	Ⓓ
136	Ⓐ	Ⓑ	Ⓒ	Ⓓ	146	Ⓐ	Ⓑ	Ⓒ	Ⓓ
137	Ⓐ	Ⓑ	Ⓒ	Ⓓ	147	Ⓐ	Ⓑ	Ⓒ	Ⓓ
138	Ⓐ	Ⓑ	Ⓒ	Ⓓ	148	Ⓐ	Ⓑ	Ⓒ	Ⓓ
139	Ⓐ	Ⓑ	Ⓒ	Ⓓ	149	Ⓐ	Ⓑ	Ⓒ	Ⓓ
140	Ⓐ	Ⓑ	Ⓒ	Ⓓ	150	Ⓐ	Ⓑ	Ⓒ	Ⓓ

Part 7

No.	A	B	C	D	No.	A	B	C	D	No.	A	B	C	D	No.	A	B	C	D	No.	A	B	C	D
151	Ⓐ	Ⓑ	Ⓒ	Ⓓ	161	Ⓐ	Ⓑ	Ⓒ	Ⓓ	171	Ⓐ	Ⓑ	Ⓒ	Ⓓ	181	Ⓐ	Ⓑ	Ⓒ	Ⓓ	191	Ⓐ	Ⓑ	Ⓒ	Ⓓ
152	Ⓐ	Ⓑ	Ⓒ	Ⓓ	162	Ⓐ	Ⓑ	Ⓒ	Ⓓ	172	Ⓐ	Ⓑ	Ⓒ	Ⓓ	182	Ⓐ	Ⓑ	Ⓒ	Ⓓ	192	Ⓐ	Ⓑ	Ⓒ	Ⓓ
153	Ⓐ	Ⓑ	Ⓒ	Ⓓ	163	Ⓐ	Ⓑ	Ⓒ	Ⓓ	173	Ⓐ	Ⓑ	Ⓒ	Ⓓ	183	Ⓐ	Ⓑ	Ⓒ	Ⓓ	193	Ⓐ	Ⓑ	Ⓒ	Ⓓ
154	Ⓐ	Ⓑ	Ⓒ	Ⓓ	164	Ⓐ	Ⓑ	Ⓒ	Ⓓ	174	Ⓐ	Ⓑ	Ⓒ	Ⓓ	184	Ⓐ	Ⓑ	Ⓒ	Ⓓ	194	Ⓐ	Ⓑ	Ⓒ	Ⓓ
155	Ⓐ	Ⓑ	Ⓒ	Ⓓ	165	Ⓐ	Ⓑ	Ⓒ	Ⓓ	175	Ⓐ	Ⓑ	Ⓒ	Ⓓ	185	Ⓐ	Ⓑ	Ⓒ	Ⓓ	195	Ⓐ	Ⓑ	Ⓒ	Ⓓ
156	Ⓐ	Ⓑ	Ⓒ	Ⓓ	166	Ⓐ	Ⓑ	Ⓒ	Ⓓ	176	Ⓐ	Ⓑ	Ⓒ	Ⓓ	186	Ⓐ	Ⓑ	Ⓒ	Ⓓ	196	Ⓐ	Ⓑ	Ⓒ	Ⓓ
157	Ⓐ	Ⓑ	Ⓒ	Ⓓ	167	Ⓐ	Ⓑ	Ⓒ	Ⓓ	177	Ⓐ	Ⓑ	Ⓒ	Ⓓ	187	Ⓐ	Ⓑ	Ⓒ	Ⓓ	197	Ⓐ	Ⓑ	Ⓒ	Ⓓ
158	Ⓐ	Ⓑ	Ⓒ	Ⓓ	168	Ⓐ	Ⓑ	Ⓒ	Ⓓ	178	Ⓐ	Ⓑ	Ⓒ	Ⓓ	188	Ⓐ	Ⓑ	Ⓒ	Ⓓ	198	Ⓐ	Ⓑ	Ⓒ	Ⓓ
159	Ⓐ	Ⓑ	Ⓒ	Ⓓ	169	Ⓐ	Ⓑ	Ⓒ	Ⓓ	179	Ⓐ	Ⓑ	Ⓒ	Ⓓ	189	Ⓐ	Ⓑ	Ⓒ	Ⓓ	199	Ⓐ	Ⓑ	Ⓒ	Ⓓ
160	Ⓐ	Ⓑ	Ⓒ	Ⓓ	170	Ⓐ	Ⓑ	Ⓒ	Ⓓ	180	Ⓐ	Ⓑ	Ⓒ	Ⓓ	190	Ⓐ	Ⓑ	Ⓒ	Ⓓ	200	Ⓐ	Ⓑ	Ⓒ	Ⓓ

TOEIC® L&R テスト 精選模試 リーディング 3 TEST 3

Answer Sheet

実施日 　　年　　月　　日

Part 5															Part 6										Part 7																								
No.	ANSWER				No.	ANSWER				No.	ANSWER				No.	ANSWER				No.	ANSWER				No.	ANSWER				No.	ANSWER				No.	ANSWER				No.	ANSWER				No.	ANSWER			
	A	B	C	D		A	B	C	D		A	B	C	D		A	B	C	D		A	B	C	D		A	B	C	D		A	B	C	D		A	B	C	D		A	B	C	D		A	B	C	D
101	A	B	C	D	111	A	B	C	D	121	A	B	C	D	131	A	B	C	D	141	A	B	C	D	151	A	B	C	D	161	A	B	C	D	171	A	B	C	D	181	A	B	C	D	191	A	B	C	D
102	A	B	C	D	112	A	B	C	D	122	A	B	C	D	132	A	B	C	D	142	A	B	C	D	152	A	B	C	D	162	A	B	C	D	172	A	B	C	D	182	A	B	C	D	192	A	B	C	D
103	A	B	C	D	113	A	B	C	D	123	A	B	C	D	133	A	B	C	D	143	A	B	C	D	153	A	B	C	D	163	A	B	C	D	173	A	B	C	D	183	A	B	C	D	193	A	B	C	D
104	A	B	C	D	114	A	B	C	D	124	A	B	C	D	134	A	B	C	D	144	A	B	C	D	154	A	B	C	D	164	A	B	C	D	174	A	B	C	D	184	A	B	C	D	194	A	B	C	D
105	A	B	C	D	115	A	B	C	D	125	A	B	C	D	135	A	B	C	D	145	A	B	C	D	155	A	B	C	D	165	A	B	C	D	175	A	B	C	D	185	A	B	C	D	195	A	B	C	D
106	A	B	C	D	116	A	B	C	D	126	A	B	C	D	136	A	B	C	D	146	A	B	C	D	156	A	B	C	D	166	A	B	C	D	176	A	B	C	D	186	A	B	C	D	196	A	B	C	D
107	A	B	C	D	117	A	B	C	D	127	A	B	C	D	137	A	B	C	D	147	A	B	C	D	157	A	B	C	D	167	A	B	C	D	177	A	B	C	D	187	A	B	C	D	197	A	B	C	D
108	A	B	C	D	118	A	B	C	D	128	A	B	C	D	138	A	B	C	D	148	A	B	C	D	158	A	B	C	D	168	A	B	C	D	178	A	B	C	D	188	A	B	C	D	198	A	B	C	D
109	A	B	C	D	119	A	B	C	D	129	A	B	C	D	139	A	B	C	D	149	A	B	C	D	159	A	B	C	D	169	A	B	C	D	179	A	B	C	D	189	A	B	C	D	199	A	B	C	D
110	A	B	C	D	120	A	B	C	D	130	A	B	C	D	140	A	B	C	D	150	A	B	C	D	160	A	B	C	D	170	A	B	C	D	180	A	B	C	D	190	A	B	C	D	200	A	B	C	D

キリトリ

--- キリトリ ---

TOEIC® L&R テスト 精選模試 リーディング 3 TEST 4

Answer Sheet

実施日	年　月　日

Part 5

No.	ANSWER				No.	ANSWER				No.	ANSWER			
	A	B	C	D		A	B	C	D		A	B	C	D
101	A	B	C	D	111	A	B	C	D	121	A	B	C	D
102	A	B	C	D	112	A	B	C	D	122	A	B	C	D
103	A	B	C	D	113	A	B	C	D	123	A	B	C	D
104	A	B	C	D	114	A	B	C	D	124	A	B	C	D
105	A	B	C	D	115	A	B	C	D	125	A	B	C	D
106	A	B	C	D	116	A	B	C	D	126	A	B	C	D
107	A	B	C	D	117	A	B	C	D	127	A	B	C	D
108	A	B	C	D	118	A	B	C	D	128	A	B	C	D
109	A	B	C	D	119	A	B	C	D	129	A	B	C	D
110	A	B	C	D	120	A	B	C	D	130	A	B	C	D

Part 6

No.	ANSWER				No.	ANSWER			
	A	B	C	D		A	B	C	D
131	A	B	C	D	141	A	B	C	D
132	A	B	C	D	142	A	B	C	D
133	A	B	C	D	143	A	B	C	D
134	A	B	C	D	144	A	B	C	D
135	A	B	C	D	145	A	B	C	D
136	A	B	C	D	146	A	B	C	D
137	A	B	C	D	147	A	B	C	D
138	A	B	C	D	148	A	B	C	D
139	A	B	C	D	149	A	B	C	D
140	A	B	C	D	150	A	B	C	D

Part 7

No.	ANSWER				No.	ANSWER				No.	ANSWER				No.	ANSWER				No.	ANSWER			
	A	B	C	D		A	B	C	D		A	B	C	D		A	B	C	D		A	B	C	D
151	A	B	C	D	161	A	B	C	D	171	A	B	C	D	181	A	B	C	D	191	A	B	C	D
152	A	B	C	D	162	A	B	C	D	172	A	B	C	D	182	A	B	C	D	192	A	B	C	D
153	A	B	C	D	163	A	B	C	D	173	A	B	C	D	183	A	B	C	D	193	A	B	C	D
154	A	B	C	D	164	A	B	C	D	174	A	B	C	D	184	A	B	C	D	194	A	B	C	D
155	A	B	C	D	165	A	B	C	D	175	A	B	C	D	185	A	B	C	D	195	A	B	C	D
156	A	B	C	D	166	A	B	C	D	176	A	B	C	D	186	A	B	C	D	196	A	B	C	D
157	A	B	C	D	167	A	B	C	D	177	A	B	C	D	187	A	B	C	D	197	A	B	C	D
158	A	B	C	D	168	A	B	C	D	178	A	B	C	D	188	A	B	C	D	198	A	B	C	D
159	A	B	C	D	169	A	B	C	D	179	A	B	C	D	189	A	B	C	D	199	A	B	C	D
160	A	B	C	D	170	A	B	C	D	180	A	B	C	D	190	A	B	C	D	200	A	B	C	D

キリトリ

TOEIC® L&R テスト 精選模試 リーディング 3 TEST 5

Answer Sheet

実施日	年 月 日

Part 5

No.	ANSWER				No.	ANSWER				No.	ANSWER			
	A	B	C	D		A	B	C	D		A	B	C	D
101	A	B	C	D	111	A	B	C	D	121	A	B	C	D
102	A	B	C	D	112	A	B	C	D	122	A	B	C	D
103	A	B	C	D	113	A	B	C	D	123	A	B	C	D
104	A	B	C	D	114	A	B	C	D	124	A	B	C	D
105	A	B	C	D	115	A	B	C	D	125	A	B	C	D
106	A	B	C	D	116	A	B	C	D	126	A	B	C	D
107	A	B	C	D	117	A	B	C	D	127	A	B	C	D
108	A	B	C	D	118	A	B	C	D	128	A	B	C	D
109	A	B	C	D	119	A	B	C	D	129	A	B	C	D
110	A	B	C	D	120	A	B	C	D	130	A	B	C	D

Part 6

No.	ANSWER				No.	ANSWER			
	A	B	C	D		A	B	C	D
131	A	B	C	D	141	A	B	C	D
132	A	B	C	D	142	A	B	C	D
133	A	B	C	D	143	A	B	C	D
134	A	B	C	D	144	A	B	C	D
135	A	B	C	D	145	A	B	C	D
136	A	B	C	D	146	A	B	C	D
137	A	B	C	D	147	A	B	C	D
138	A	B	C	D	148	A	B	C	D
139	A	B	C	D	149	A	B	C	D
140	A	B	C	D	150	A	B	C	D

Part 7

No.	ANSWER				No.	ANSWER				No.	ANSWER				No.	ANSWER				No.	ANSWER			
	A	B	C	D		A	B	C	D		A	B	C	D		A	B	C	D		A	B	C	D
151	A	B	C	D	161	A	B	C	D	171	A	B	C	D	181	A	B	C	D	191	A	B	C	D
152	A	B	C	D	162	A	B	C	D	172	A	B	C	D	182	A	B	C	D	192	A	B	C	D
153	A	B	C	D	163	A	B	C	D	173	A	B	C	D	183	A	B	C	D	193	A	B	C	D
154	A	B	C	D	164	A	B	C	D	174	A	B	C	D	184	A	B	C	D	194	A	B	C	D
155	A	B	C	D	165	A	B	C	D	175	A	B	C	D	185	A	B	C	D	195	A	B	C	D
156	A	B	C	D	166	A	B	C	D	176	A	B	C	D	186	A	B	C	D	196	A	B	C	D
157	A	B	C	D	167	A	B	C	D	177	A	B	C	D	187	A	B	C	D	197	A	B	C	D
158	A	B	C	D	168	A	B	C	D	178	A	B	C	D	188	A	B	C	D	198	A	B	C	D
159	A	B	C	D	169	A	B	C	D	179	A	B	C	D	189	A	B	C	D	199	A	B	C	D
160	A	B	C	D	170	A	B	C	D	180	A	B	C	D	190	A	B	C	D	200	A	B	C	D